Patrick Kavanagh

Ankerlicht

ROMAN

Aus dem Englischen vo
Peter Pfaffinger

* *
*

Diana Verlag
München Zürich

Titel der Originalausgabe: Gaff Topsails
Originalverlag: Stoddart Publishing Co. Ltd., Canada

Copyright © 1996 by Patrick Kavanagh
Copyright © 1998 der deutschsprachigen Ausgabe
by Diana Verlag AG, München und Zürich
Umschlaggestaltung: Zero Werbeagentur, München
Satz: Filmsatz Schröter GmbH, München
Druck und Bindung: Franz Spiegel Buch GmbH, Ulm
Printed in Germany

ISBN 3-8284-0021-3

Für Sarah

Ob vom Meer oder vom Land,
wir sind dem Himmel gleich nah.

SIR HUMPHREY GILBERT

Inhalt

I

Lokomotive

Michael Barron greift nach dem Mond. Als knochenweiße, nicht ganz runde Scheibe hängt er über seinem Kopf. Michael streckt die Hände himmelwärts und greift nach dem Mond. Er hält ihn so lässig wie einen Baseball, den man in der Hand wiegt.

Er malt sich aus, wie er mitten auf dem *Diamond* steht. Seine Fingerkuppen berühren sanft die Nähte des Balls. Der Schlagmann, der Fänger, die Läufer, die Gegner, der Schiedsrichter, die Zuschauer – alle beobachten ihn, warten. Doch solange er sich nicht zum Werfen aufrafft, passiert gar nichts. Es ist ein aufregendes Gefühl – ganz ruhig zu sein und trotzdem beachtet zu werden. Er wünscht sich, für immer hier an dieser Stelle bleiben zu können und den Mond zu halten.

Gähnend spreizt er die Beine auf dem Achterdeck. In den Schultern spürt er es, wie ihn der Ozean träge hochhebt. Auch das macht der Mond: er lenkt die Gezeiten. Die Nähe des Erdtrabanten verleiht dem Himmel um ihn herum Struktur. Doch Michael Barron sieht mehr, nämlich die wahren Dimensionen der Ewigkeit. Er kann die Räume ermessen, die die Sterne voneinander trennen. Was für eine Vorstellung! Ein Schauer jagt seinen Rücken hinunter.

Plötzlich, ohne jede Warnung, steht der Himmel kopf.

Michael Barron stürzt.

In einem atemberaubenden Tempo schraubt er sich in den Himmel. Das sternenbedeckte Dach wird jäh weggerissen. Dahinter tut sich ein gähnender Abgrund auf. Frierend und allein wirbelt er auf die äußersten Grenzen des Universums zu.

Sein Bewußtsein dreht sich in endlosem Schwindel. So muß es sein, wenn man stirbt, denkt er mit dem Rest seines Verstandes.

Panisch greifen seine Hände ins Dunkel. Seine Finger bekommen das Ersatzruder zu fassen, das die Jungen als Pinne benutzen, und er richtet sich kerzengerade im Boot auf.

Sein Körper ist schweißnaß. Sein Herz hämmert gegen die Rippen. Seine Brust hebt und senkt sich.

Dann ist die Nacht wieder ruhig und vertraut.

Er fummelt unter dem Ölzeug nach den Streichhölzern und einer Selbstgedrehten und zündet sie sich an. Der Schweiß kühlt ihm die Haut. Langsam verebbt die Angst. Sein Herzklopfen und das Keuchen lassen nach. Dennoch wird er seine Unruhe nicht ganz los. Irgendwo da draußen in der Nacht lauert Gefahr.

Pop hat einmal zu ihm gesagt: Wenn ein Mann an Gott glauben soll, dann muß er 'ne Nacht in 'nem offenen Kahn verbringen, und zwar ein gutes Stück weit draußen, hinter dem Riff auf offener See, da, wo alles passieren kann. Aber Michael kennt Gottes Gesicht doch schon gut genug. Und was immer dieses Ding da in der Nacht sein mag, Gott ist es nicht. Es ist etwas anderes – etwas Bedrohliches.

Ihm fällt wieder ein, wie Pop ihn eines heißen Abends vor nicht allzu vielen Jahren auf den Brow mitnahm. Oben auf dem Gipfel forderte der alte Mann ihn auf, zu lauschen. Michael gehorchte und spürte schließlich ein Schnurren unter seinen Füßen. Es kam aber nicht aus der Erde, sondern vom Ozean her. Der Junge hielt es für ein Monster, eine Art riesige Katze, die auf dem Meeresgrund schlief. Doch Pop sagte, nein, das sei nur ein deutsches U-Boot, das in den Buchten umherschleiche.

Die Gefahr, die Michael jetzt ahnt, ist jedoch konkreter. Sie ist unausweichlich, so wie letzten Sommer, als er einmal ganz allein stundenlang über das Ödland gelaufen war, nur um die Eisenbahngleise zu sehen. Er hatte sich dann auf eine Schwelle gestellt. Obwohl seine Ohren nichts hörten, hatte er gespürt, wie das Holz eine Vibration von den Stahlgleisen aufnahm und bis in seine Brust hinauf übertrug. Ein Zug raste heran. Wenn er lange genug stehenbliebe, würde die Lokomotive früher oder später um die Kurve donnern und ihn überfahren. Das Merkwürdige daran war nur, daß ihm der Glaube an die Gewißheit des Todes, das Unausweichliche, das ihm dieses schmale Band aus mit Kreosot be-schichtetem Holz verhieß, ein sündiges Vergnügen bereitete.

Michael Barron nimmt seine Brille ab und reibt sich die vom Schlaf verquollenen Augen. Dann setzt er sie wieder auf und ver-sucht, sich in der Dunkelheit zu orientieren.

Die Spitzen zweier Zigaretten glühen im Bug des Boots. Das sind nur seine Freunde. Wie er finden auch sie keinen Schlaf und träumen jeder vor sich hin.

Eine Meile weiter westlich – das ist weiter, als Michael Barron je schwimmen konnte – streicht ein Lichtstrahl über das stille Wasser. Er kommt vom Leuchtturm. Hypnotisch dreht sich der Scheinwerfer im Kreis, die traurige Nachtwache eines Zyklopen. Nach Vollendung einer weiteren Runde strahlt er Michael direkt in die Augen, blendet ihn für einen Moment. Dann wandert er weiter, berührt die Spitze des Eisbergs und beleuchtet ungefähr so lange wie das Blitzlicht einer Fotokamera das Eis. Hinter dem Leuchtturm, dort, wo am Ende der Bucht die Gemeinde liegt, sieht Michael im Augenblick nichts als Schwarz.

Aus dem Landesinneren, irgendwo aus der Gegend der Gaff Topsails, dringt ein unheimlich klagendes Heulen an sein Ohr. Dort ist sie jetzt, die Lokomotive. Nur in Nächten wie dieser kann man den Zug hören, Nächte, in denen die Luft totenstill ist. Der Laut, mit dem der Zug sich ankündigt, klingt wie der Brunft-schrei eines einsamen Raubtiers.

Wie um Antwort zu geben, kommt vom Brimstone Cape, Mei-len weiter unten an der Küste, ein Jammern. Das ist das Nebel-horn. Der Laut jagt über die Landspitzen und erstirbt langsam. Und schließlich dringen ein Rauschen und ein langgezogener Seufzer an Michael Barrons Ohr. Das ist der gewaltige, doch trä-ge Nordatlantik, dessen Wellen schläfrig gegen das Land plat-schen. In der Ferne kann er die Uferlinie flimmern sehen. Der Geruch von Salz steigt ihm stechend in die Nase. Für einen Mo-ment meint er, er stamme von seinem eigenen Sperma. Doch es ist nur das Meer.

II

Sonnenblumen

DER ÖSTLICHE Himmel brennt.
Glitzernde Hände bezwingen die Nacht und stoßen das Schwarz beiseite. Silberstreifen treten an seine Stelle, verharren einen Moment, brütend. Dann setzen sie sich wieder in Bewegung, füllen die grauen Räume und verleihen dem Morgen Gestalt. Der Himmel färbt sich rosa, als spiegele er die Flammen einer Seeschlacht in der Ferne wider.

An der Küste steigen Silhouetten auf. Wie aufgehendes Hefebrot nehmen die lila gefärbten Konturen von Hügeln Gestalt an. Landspitzen segeln tapfer in die Morgenröte. Fichtenwälder, Moore und Strände tauchen auf.

Da, wo Meer und Horizont aufeinandertreffen, leuchtet ein grüner Streifen, ehe Rot sich darüberlegt. Nun endlich lodert die Sonne auf, flutet wie auf ein Kommando Gottes über das Wasser.

Das Gesicht der stillen See, unter den Sternen noch ein schreckliches dunkles Wasserloch, schimmert jetzt in einem gütigen Blaugrün. Nebeldecken, die sich in Meeresarmen und Mulden verbargen, verdampfen unter der Sonne. Die granitharte Luft schmilzt. Die Sandbänke fangen Feuer. Der Lichtstrahl fegt über die sich zurückziehende Flut hinweg.

Die Luftblase in der Fensterscheibe glüht.

Die Vorhänge flüstern. Sie fangen den Sonnenschein ein und bauschen sich auf. Eine Spinne, die sich von der Decke herabläßt, wird vom Licht verraten. Mäuse kratzen im Gemäuer. Im Zwielicht zeichnen sich die Konturen einer Küche ab.

Der gekreuzigte Christus hält Wache und segnet das geriffelte eiserne Tabernakel des ruhenden Herds. Er segnet den rissigen Bodenbelag, das Reisig, die Holzscheite und den Eimer voller staubiger Kohle neben dem Herd, den Schürhaken, die auf einer Wäscheleine aufgehängten Fischerhandschuhe über dem Herd und das Scheit und die Asche im Heizrohr, die auf der Herdplatte schlummernde Teekanne und den gedrungenen schwarzen Wasserkessel daneben, die an den Ofen herangezogene Wiege, das Bügeleisen. Er segnet die Gummistiefel, den neuen Besen, den verzinkten Sinkkasten, die rußige Kerosinlampe, die nackte Glühbirne, den klobigen braunen Radioapparat, den Krimskrams in der Ecke, das Barometer, das gestickte »Gott segne unser Heim«, den Doyle's-Kalender mit dem Juni 1947 zuoberst, das im gelben Becher versenkte gelbe Gebiß, das Segeltuchsofa mit den darauf ruhenden Kissen, den am Nagel aufgehängten Dodd's-Almanach, die Meßbücher und die Mundharmonika auf der Anrichte, die Tapete mit den leuchtenden Sonnenblumen. Er segnet den sich an das Fenster schmiegenden Tisch, die unter seine heruntergeklappten Seitenteile geschobenen Birkenholzstühle, die Brotkrumen, die Keksdose, das Marmeladenglas, die umgedrehten Tassen und Untertassen, die drei zum Gehen daliegenden Brotlaibe, die halbfertige Strickerei, das aufgedeckte Herzas auf dem karierten Wachstuch.

Er segnet sogar den Kater, der einen Buckel macht und sich vor der Herdklappe räkelt.

Und Großvaters Achttageuhr sagt *ticktack*.

III

*Die Stunde der Krähen
und Möwen*

ICH SCHRAUBE MICH *in die Höhe. Ich wirble auf dem heißen Wind mitten in den Himmel.*
Dort, direkt unter mir, liegt ein schneebedeckter Gipfel. Ich drehe mich und gleite hinunter. Ich gleite den Berghang hinunter.
Auf einmal ist der Berg kein Berg mehr, sondern ein Schoner, und seine Segel sind im Sonnenschein weiß.
Die Segel brechen in Flammen aus.

Ein Lichtbündel berührt Michael Barrons Gesicht. Er schüttelt die Fransen eines Traums ab, rückt die Brille auf seiner Nase zurecht und blinzelt in die Morgendämmerung.

Gus Gallant baut sich mit gespreizten Beinen vor der Bordwand auf. Seine Hand schließt sich behutsam um die gespannte Angelschnur, zieht sie ein Stück zu sich herauf, läßt sie einen Moment lang in der Luft schweben und ruckartig wieder fallen. Mit eingeübter Präzision wiederholt er diesen Bewegungsablauf, als wolle er ein Seeungeheuer reizen. Das Boot schaukelt sanft wie eine Wiege auf und ab.

Gus kratzt sich am Schritt seines Ölzeugs. In spöttischem Ernst verzieht er das mit Pusteln übersäte Gesicht und schielt auf Michael hinunter. Dann dreht er sich grinsend zu Wish Butt um.

Wish stützt sich mit den Ellbogen träge auf das Brett über dem Stauraum. Eine tief heruntergezogene Wollmütze verbirgt sein Schielauge, sein krebsrotes Gesicht verrät nichts. Er hustet und spuckt über die Bordkante.

Michael sieht zu, wie der Speichel in die Fluten des Nordatlantik fällt und sich darin auflöst, um sämtlichen Meeren der Welt zuzustreben.

Wie ein stiller See, über den eine leichte Brise streift, so wird auch Michael von den Dingen, die er sieht, kaum berührt. Die Gestalten seiner Kumpel, die neuen Farben von Land, Meer und Himmel, das Pott-pott eines Motorboots, das so leise widerhallt, daß er sich gar nicht sicher sein kann, ob es wirklich ist – all das dringt aus einer weit entfernten Sphäre zu ihm. Nur das rhythmische Schlagen des Wassers unter dem Rumpf erreicht sein Ohr aus der Nähe und ist echt. Michael blickt von der Warte, von der aus alles seinen Anfang nahm, auf die Welt.

Er rollt sich zusammen wie ein Säugling, schließt die Augen und genießt das Schwanken des Bootes. Sein Geist gibt sich dem Wogen des Meeres hin. Und ohne es zu merken, stürzt er ins Leere, in die Ewigkeit seines Schlafs.

Ein Echo läßt Michael Barron hochfahren. Der Laut kommt von unten, aus dem Bauch der See. Es hätte ein Trommel- oder Donnerschlag sein können, nur hat er ihn eigentlich nicht gehört, sondern vielmehr gespürt – und zwar mitten in der Brust, wie ein ganz leichtes Erdbeben.

Aber natürlich! Es ist nur das Eis.

Gegen Mitternacht hatten die Jungen einen Geruch bemerkt, der muffig, doch zugleich rein war, ähnlich der Luft in einem Gewölbe, das jahrhundertelang niemand betreten hatte. In der Düsternis türmte sich eine gespenstisch schillernde Klippe vor ihnen auf.

Obwohl das Meer spiegelglatt dalag, trieb der Eisberg friedlich die Küste entlang. Michael mußte unwillkürlich an eine Geschichte denken, die ihm Pop einmal erzählt hatte.

Es war 1902 geschehen. Ein Dutzend Kähne lag aneinandervertäut vor Anker. Ein Schwarm Tintenfische schoß an ihnen vorbei, als jemand unvermittelt »Mein Gott« flüsterte. Die Männer sahen auf und entdeckten einen weißen Schoner. Die Brücke war unbemannt, aber auf dem Deck stand eine wunderschöne junge Frau. Ihre Brüste waren entblößt, und sie winkte ihnen zu. Das Schiff segelte weiter um die Landzunge und löste sich in Luft auf. Aber das war noch nicht das Merkwürdigste. Das Eigenartige war, daß keiner von den Männern diesen Anblick, den sie doch alle bezeugen konnten, danach jemals wieder erwähnt hatte.

Als nun letzte Nacht der Eisberg langsam vorbeiglitt – so langsam, daß man meinen konnte, er läge vor Anker und nicht das Boot –, da hielt Michael nach der barbrüstigen Frau Ausschau, hörte aber nur die Schreie der Seehunde. Und dann wurde das Eis von der Dunkelheit verschluckt.

Jetzt, in der Morgendämmerung, hängt der Eisberg, von der Flut im Stich gelassen, direkt vor dem Foot, der südlichen Landzunge in der Bucht, auf dem Riff fest und beklagt seinen Zerfall.

Michael denkt an die Marienstatue auf seinem Nachttisch – seine Maria, die in der Dunkelheit leuchtet. Und sie bringt ihn auf eine Geschichte von Pop über einen Eisberg, den er auf den Banks gesehen hat. Im Juni 1905 war das. Dessen Gestalt glich der der Heiligen Jungfrau so genau, daß Gott der Schöpfer ihn selbst geformt haben mußte. Stern der See hatte Pop ihn genannt. Aber dieses gewöhnliche Ding hier im Tageslicht – allenfalls ähnelt es einer Basilika – steht in mildem Blau da, während sein größerer Teil, der unter der Wasseroberfläche liegt, langsam auseinanderbricht.

Gus schläft auf einer der Ruderbänke. Der Mund steht ihm offen. Das Ende der Schnur ist noch immer um seine auf dem Boden ruhende Hand gewickelt, der Rest treibt unbeaufsichtigt im Meer. Im Vorderschot hockt Wish mit Händen wie zum Gebet gefaltet zusammengesackt da. Die Mütze ist ihm heruntergefallen; sein Gesicht zeigt im Schlaf den gleichen leeren Ausdruck wie im wachen Zustand.

Das Tuckern des unsichtbaren Motorboots dröhnt in den Himmel. Diese Laute könnten von überall her kommen, von jeder der kleinen Einbuchtungen, die sich in den Strand gefressen haben, von jedem der Felsen, die Zähnen gleich aus dem Wasser ragen. In Michaels gegen den Planken gepreßtem Ohr klingt das Tuckern wie ein gewaltiges Pulsieren, wie ein in der Brust der Erde selbst pochender Herzschlag.

Das Licht fällt waagrecht auf den Eisberg und dringt in die schattigen Ritzen unter der zerklüfteten Spitze. Michael Barron studiert das Eis und versucht, seine Konturen zu erfassen, als das Prisma plötzlich einen dunkelblau leuchtenden Funken in seine Augen abstrahlt. Plötzlich steigt dem Jungen hier im Nordatlantik Weihrauchduft in die Nase. Das rohe Kiefernholz des Ruderboots unter seinen Fingern verwandelt sich in das glattpolierte Mahagoni der Kirchenbank, und das Schimmern vor ihm kommt von keinem Eisberg mehr, sondern von blau leuchtenden Augen hinter einem Schleier.

Nach Osten hin verdunkelt Dunst den Himmel. Im Morgennebel vermischen sich die Grün- und die Blauschattierungen des Wassers und der Luft zu Aquamarin. Käme jetzt ein Schiff aus dieser Richtung, so könnte man glauben, es gleite vom Himmel herab. Kein Hauch ist mehr zu spüren, und wieder einmal ist das Wasser spiegelglatt. Im Westen reflektiert es die ockerfarbenen Klippen, die der Uferlinie Halt geben, und stellt sie auf den Kopf.

Solcherart gespiegelt, sehen sie doppelt so hoch, doppelt so beängstigend aus. Vor dem Head, dem nördlichen Ende der Bucht, wird der Scheinwerfer, der sich gelangweilt durch die Nacht getastet hat, von dem gleißenden Morgenlicht ausgelöscht, und selbst der Leuchtturm hebt sich nicht mehr von den hinter ihm kauernden Häusern ab.

Der Nachthimmel war bodenlos und furchterregend. Der neue Morgen mit seinen verwischten Horizonten, seiner Stille und seinen Geräuschen aus weiter Ferne, seinen Hügeln, die langsam Gestalt annehmen, der Unmenge von Wasser ringsum, bringt sein eigenes Raumgefühl mit sich, seinen Ausblick auf die Ewigkeit. Die Jungen und ihr kleines Boot, so kommt es Michael Barron vor, sind winzig und unendlich weit weg. Da oben, wo die Sterne waren, sieht er eine einzelne Möwe ihre Kreise ziehen – ein Fleck am Himmel. In den Augen des Vogels muß dieses Boot ein nacktes, zerbrechliches rotes Etwas sein, umgeben von blaugrünem Nichts. Er denkt wieder an den Eisberg, der, obwohl sein bedrohlichster Teil unter Wasser liegt, immer noch so gewaltig ist, daß er alles, was über ihm schwebt, unweigerlich nach unten zu ziehen scheint.

Trotz Chorhemd und Ministrantenrock fröstelt der kleine Kevin Barron.

Das zerfaserte Seil hängt durch die Luke des Glockenturms herab und baumelt vor dem Gesicht des Kindes. Der Junge streckt die Hände aus, bekommt das Seil zu fassen und atmet tief durch. Dann lösen sich seine Füße vom Boden, und er schwingt wie Tarzan durch die Luft. Doch das Seil will ihm nicht gehorchen. Er springt noch höher und zieht mit aller Kraft. Diesmal bewegt sich das Seil ein bißchen. Er versucht es noch einmal, und endlich senkt sich von der Turmspitze das Dröhnen und entlädt sich unten mit der Wucht einer Kanone.

Die große Glocke ist erwacht.

Sie wurde auf den Namen Maria getauft. Die Nonnen haben ihm das gesagt. Auch wenn er dieses Ungetüm aus Erz, das um so vieles schwerer ist als er, nie gesehen hat, betrachtet er es als seine Freundin. Sie läutet wieder und gleich noch einmal. Der Junge klammert sich an das Seil. Es zieht seinen schmächtigen Körper hinauf, läßt ihn fallen, zieht und fällt. Sein Rock bläht sich auf wie eine Qualle; sein säuberlich gekämmtes Haar fliegt in alle Richtungen. Eine Glocke zu läuten ist für ihn dasselbe, wie einen schweren Anker hochzuziehen – nicht vom tiefen Meeresgrund in die Höhe, sondern herunter von den unteren Regionen des Himmels, als brächte er der sündigen Erde ein Stück Himmel und segnete sie damit.

Die Schallwellen rollen gigantischen Wagenrädern gleich über die Gemeinde hinweg, überschlagen sich und pflanzen sich in alle Richtungen fort.

Der Junge stellt sich vor, die Wagenräder rasen durch Köpfe hindurch – durch die Köpfe aller Nonnen, des neuen Priesters, seines Bruders Mikey, von Gus Gallant und Wish Butt, die jetzt auf dem Meer draußen sind, von Mutter und Pop, der jetzt auf der Ofenbank schläft, von Mr. Casey und auch durch die Köpfe sämtlicher Katzen, Hunde, Ziegen, Schafe, Möwen und Krähen, des Schlaglochflickers und seines Pferdes, der Hexe Martha, des alten Heiden Johnny the Light und vieler anderer, vielleicht sogar durch die Köpfe von Menschen, die Kevin Barron gar nicht kennt.

Der kleine Kevin Barron würde sich nicht trauen, so viele Leute auf einen Schlag anzusprechen, schon gar nicht Fremde. Aber mit Maria, seiner Stimme, spricht er jeden Morgen zu ihnen. Jeden Morgen rast er mit seinen Wagenrädern durch ihre Träume. Jeden Morgen weiht er ihren Tag.

Aus der Bucht, die kaum mehr ist als eine Grotte innerhalb der fünfzig Meilen breiten Festungsklippen zwischen den großen Kaps Fogo und Brimstone, erklingt ein Glockenton. Auf der stillen See kommt er daher wie gläserne Wellen. Dann erklingt noch einer und wieder einer. Die Klänge überlappen sich, schwellen an und mischen sich mit ihrem eigenen Echo, das von den Klippen zurückgeworfen wird. Als sie das Schiff erreichen, wälzen sie sich über die Köpfe der Jungen, hin und her.

Das ist die Stimme seines kleinen Bruders Kevin. Das Geläute erinnert Michael an die Männer, die einmal in ihrem Dory hinausruderten, sich im Nebel verirrten, aber von eben diesen Glocken zurückgerufen wurden. Die ganze Nacht lösten sich die Dorfbewohner am Glockenseil ab und läuteten mit aller Kraft. Dann fällt ihm die Geschichte von den alten Maaten ein, die ihr Schiff durch die Dunkelheit lotsten, indem sie dem Echo ihrer Alarmglocke lauschten und orteten, wo es von den Klippen zurückprallte. Oder das Unglück von 1914, als die erfrierenden Robbenfänger, die meilenweit von ihrem Mutterschiff entfernt waren, beim Klang seiner Glocke neue Hoffnung schöpften. Wann immer eine Glocke erklingt, hält Michael den Atem an und lauscht.

Jetzt hört er vom Moor her das schwache Krächzen einer Krähe.

Es ist die Stunde der Krähen und Möwen. Die Zeit der einsamen morgendlichen Stille, der Flaute zwischen Dämmerung und Leben.

Aber noch rührt sich nichts. Außer dem Steinhügel mit dem Namen Naked Man, der wie ein segnender Priester seinen stämmigen Arm über den unter ihm liegenden Foot hält und das gesamte Küstengebiet mit einschließt – nach Westen den Wasserfall bei Freshwater Room, das Abzugsloch der Mine von Barnaby's Gun, den hufeisenförmigen Abhang über dem Admiral's Beach, das Landesinnere bis hinauf zu den Gipfeln der Gaff Topsails, dann wieder die Küste, den Aussichtspunkt auf dem großen Felsblock, der wie eine Brustwarze in den Himmel ragt, den langgezogenen Gipfelkamm darunter, den sich zwischen Schuppen und Stellagen hindurchschlängelnden Kiesweg, bis er sich beim Friedhof im Ödland verliert, das zum Leuchtturm oben auf dem Head führt –, vermag Michael keine menschliche Gestalt, ja, nicht einmal ein Tier zu erkennen.

Die Häuser scheinen weiter auseinander zu stehen, als das tatsächlich der Fall ist, die Straße wirkt nicht so bergig und die Landschaft von irgendeinem merkwürdigen Prisma in die Länge gezogen. Er kann die Häuser nicht voneinander unterscheiden. Ihm fällt ein, wie ihm in seiner Kindheit, als er zum erstenmal auf dem Wasser draußen war, sein Geburtshaus so fremd erschien. Pop, der seinen Schrecken mitbekommen hatte, erklärte ihm: »Schau immer nach dem Kreuz, Junge. Solange ein Fischer das Kruzifix mit dem Auge erkennen kann, findet er immer nach Hause.«

Michael identifiziert mühelos den Kirchturm, und sofort nimmt die Gegend wieder ihre wohlvertrauten Züge an. Ihm ist, als würde Gott die Welt Stück für Stück wie in einem Puzzle zusammensetzen: hier die Schule, dort Caseys *Octagon*, und drüben auf der Anhöhe der Palast mit seinen hohen Birken, die Academy Hall, Gallants Haus und das von Butt, und dort die kleine Brücke über den Bach.

Und dort.

Unter dem flach einfallenden Licht sieht er das Grünblau der Salzkiste schimmern. Aus dem Schornstein steigt eine weiße Rauchfahne empor: Das Haus ist bereits aufgewacht.

Die Fenster spiegeln für ihn, und zwar für ihn allein, die frühe Morgensonne wider. Sie leuchten so grell, daß der junge Michael Barron die Augen mit den Händen abschirmen muß.

Der Glockenschlag wälzt sich über die Dächer, klopft ans Fenster und bringt das Glas zum Klirren.

Mary schmiegt ihr Gesicht an das warme Kissen. Das Mädchen möchte ihren Traum festhalten, doch er entgleitet ihren Fingern. Das einzige, was ihr bleibt, ist eine vage Vorstellung vom Fliegen. Jeder Glockenschlag holt sie ein Stück näher zur festen Erde zurück.

Sie ist verärgert. Ein vergessener Traum ist wie ein Stein im Schuh und kann einem den ganzen Tag verderben. Sie zieht die Decke weg und läßt die Füße auf die alten Dielen gleiten. Unter der Schabracke zieht sie den alten Nachttopf hervor, dann läßt sie die Hose runter und hockt sich auf den Topf. Als sie fertig ist, kniet sie sich hin und schaut zur Paternosterkugel hinauf, die Vater ins Kopfteil ihres Bettes geschnitzt hat. So schnell sie kann, flüstert sie ihr Morgengebet.

Das ganze Haus ächzt und knackst. Die Frau steht vor dem Herd in der Küche unten und entfacht mit dem Schürhaken die Glut. Durch die Luke hindurch kann Mary ihre Stimme hören.

Die Frau redet mit dem Baby. Mary hat keine große Lust, sich das anzuhören, egal, was sie sagt. So klettert sie ins Bett zurück und zieht sich die Decke bis über die Ohren.

Sie wälzt sich auf dem kühlen Laken, bis sie die Stelle wiederfindet, die noch warm ist. Zitternd schiebt sie beide Hände unter das Schlafanzughemd und legt sie auf die Spitzen ihrer jungen Brüste. Unter dem Bettzeug kann sie sich selbst riechen. Es ist der Geruch einer Frau: neu, süß und schwer.

Ihr Auge schweift über die Sonnenblumen, mit denen die Wand tapeziert ist, und bleibt bei der von zwei weißen Kerzen flankierten Jesusfigur auf dem Nachttisch hängen. Die Skulptur ist in das waagrecht hereinströmende Morgenlicht getaucht. Da fällt es Maria plötzlich wieder ein: Genau! Heute ist Sankt Johannes, der Tag der Liebenden! Heute wird es passieren.

* *
*

Halleluja!

Kalt wie in der Gruft. Da holt man sich noch den Tod! Leg doch nur mal dein Patschhändchen auf den Ofen, Liebes. Himmel, wenn das kein Eisblock ist … Der Mann ist eine einzige Heimsuchung!

Hau doch ab, du blöde Katze!

Gott sei uns gnädig, dein Daddy ist eine Plage. Geht einfach weg und vergißt schon wieder das Feuer. Aber das macht nichts, mein Schatz. Ein paar Holzscheite und eine Schaufel Kohlen, und gleich summt der Kessel.

Nun, wie geht's meinem Doktor John Thomas Mullock an einem so schönen Morgen wie heute? Weiß er, daß er im Schlaf gelacht hat? Hat er nämlich. Hat im Traum richtig vor sich hin gelächelt. Aber deine arme alte Mutter hat nichts Schönes geträumt. Ein gräßlicher Alptraum hat sie gequält. Die ganze Nacht hat sie wach gelegen und versucht, das Ungeheuer abzuschütteln. So, jetzt sei mal ein lieber Junge, gib deiner Mutter einen dicken Kuß und drück sie mal richtig.

Nachher gehen wir gleich nach oben und wecken die Schlafmützen. Sie sollen gefälligst ihre Gebete sagen, oder Mommy holt den Besen. Oder sie verabreicht ihnen gleich eine Tracht Prügel.

Aber zuerst schauen wir zwei zum Fenster hinaus. Mal sehen, ob wir deinen Daddy finden. Hoch mit dir!

Sieh nur – nicht eine Wolke am Himmel, und das Wasser so still wie ein Spiegel! Gott hat uns wieder mal einen herrlichen Tag geschenkt. Spürst du den Sonnenschein, Liebes? Die Sonne ist für dich. Jetzt verstehst du, warum der Herr dich geschaffen hat, hm? Er hat dich geschaffen, damit die Sonne jemanden hat, den sie wärmen kann.

Ja, dein Daddy ist irgendwo da draußen auf dem Wasser, irgendwo weit draußen, der Herr sei mit ihm. Auf der anderen Seite von dem großen Eisberg. Ist mit dem Dory rausgefahren und will einen dicken Fisch für uns fangen. Einen Fisch für morgen. Einen Fisch für Freitag.

Hörst du die Glocke, wie sie für dich und für mich läutet? Laß uns ein Gebet zu Gott sprechen, damit er Daddy wohlbehalten zu uns heimbringt. Knie dich rasch hin und mach ein Kreuz. Braver Junge. Im Namen des Vaters ...

* *
*

Heute oder nie! Mary stößt die Decke beiseite, springt aus dem Bett und läuft zum Fenster. Sie schirmt die Augen gegen das grelle Licht ab und betrachtet den Glasbecher auf dem Fensterbrett.

Sorgfältig, damit sie nichts zerstört, untersucht sie das im Wasser schwebende Eiweiß, begutachtet die herumwirbelnden Fäden und das festgewordene Geronnene. Zunächst vermag sie nichts Besonderes zu erkennen, aber dann weiß sie, was sie sieht: die Konturen eines Rumpfes und die von Masten und Segeln. Es ist eindeutig ein Fischschoner.

Zusammen mit der Stimme der Frau, die sie aus ihren Gedanken zu verbannen sucht, zieht auch der herrliche Duft des Ofens zu ihr herauf. Und draußen in der Morgenluft dröhnen die Kirchenglocken. Das Mädchen setzt sich aufs Fensterbrett und denkt an das Wort, das plötzlich soviel bedeutet.

Fischer.

Fischer: was für ein simples Alltagswort.

Mary preßt die Wange gegen das Fenster. Die Sonne fühlt sich an wie eine flache Hand, die ihr die Wange streichelt. Alles, was draußen ist, scheint frisch und neu. Sogar Vaters wackelige Stellage mit den schiefen Füßen, auf der die Fische zum Trocknen ausgelegt werden, erinnert von diesem Winkel aus an eine lebendige Krabbe. Mary erwartet fast, daß das Gestell sich aufrappelt und davonkrabbelt. Nicht ein Wölkchen zeigt sich am Himmel – nichts als der blasse Mond und klares Blau. Vollkommener geht es nicht! Der Leuchtturm steht wie gebleicht und gestärkt auf der Landspitze, eine schimmernde Säule. Weit draußen jenseits des Riffs treibt unter dem Bauch der Sonne ein roter Kahn mitten hinein in das gleißende Licht auf dem Meer – vielleicht ist es dasselbe Boot, das sie in der Nacht gehört hat. Das Wasser ist immer noch still.

Und auch der Eisberg, der vor dem Foot gestrandet ist, liegt unverändert an Ort und Stelle. Im Licht der tiefstehenden Sonne ist das Eis durchsichtig. Von der Spitze des Eisbergs prallt ein Funke ab, in Marys Augen. Er zwinkert ihr zu. Er spricht zu ihr: »Ja, heute ist der Tag.«

Ohne auf die kalte Luft zu achten, öffnet Mary das Fenster und läßt den Morgen herein. Sofort steigt ihr etwas in die Nase: der Duft des im Garten aufgeblühten Flieders. Einen Moment lang stellt sie sich vor, auch sie verströme einen bestimmten Duft, und zwar den salzigen Geruch der laichenden Lodden. Sie sucht die Strände nach Anzeichen dieser kleinen Fische ab, doch die Möwen, die sonst längst auf der Jagd wären, hocken friedlich auf ihren Felsen.

Sie hält die Luft an und lauscht.

Zwischen den Glockenschlägen dringt das hypnotische Auf- und Zurückbranden des Meeres in ihr Zimmer, und wieder muß sie an die Lodden denken. Heute nacht werden ganz bestimmt Tausende, Zehntausende den Strand überschwemmen. Heute nacht wird die Flut ihren Samen liebkosen. Sie lauscht der See nach, die zärtlich die Erde streichelt, dort auf dem schmalen Band zwischen den Gezeiten, der ewig feuchten Zone, dem besonderen Ort, wo Land und Wasser eins sind.

Eine Krähe läßt sich auf der Kirchturmspitze nieder. Das heißt, daß niemand auf der Straße unterwegs ist. Also kann sie auch niemand sehen. Mary knöpft ihr Hemdchen auf, breitet es in der Sonne sorgfältig auseinander und läßt ihren neuen Körper dann vom Licht wärmen.

* *
*

Die eisige Kälte des Porzellans zuckt durch sein Fleisch. Im Schatten des Aborts dampft sein Atem. Das strenge Gitterfenster verleiht dem Häuschen die Düsterkeit eines Beichtstuhls. Durch die Stäbe sickern Lichtflecken herein; ansonsten verschafft sich die Sonne durch Ritzen und Astlöcher in den Wänden Eingang und bringt die Spinnweben, die rostigen Nägel und das aus dem Boden wachsende Unkraut zum Vorschein.

Die Kirchenglocke dröhnt nahe und laut in seinen Ohren. »*Vox Dei*«, sagt der Priester mit einem leisen Schmunzeln vor sich hin. Die Töne hallen zwischen den Wänden des Anbaus laut und nahe wider, drängen immer dichter und gnadenloser herein, stürzen übereinander, erobern das Häuschen. Und doch hört er nichts als hohle Laute. Dieselbe Hohlheit hat er damals auch bei den *Kundu*-Trommeln gehört, als die jungen Männer unentwegt über das Footballfeld trotteten und Stunde um Stunde, Tag um Tag vor sich hin trommelten, monoton und ohne jeden ersichtlichen Grund. Heute wie damals vermag er nicht zu beurteilen, ob diese Hohlheit zum Laut gehört oder ob seine Seele sie sich nur ausmalt, so wie man ja auch manchmal dem Gesicht eines Fremden die eigenen Launen, die eigenen Gefühle verleiht, die einen zufällig in diesem bestimmten Moment der Begegnung durchdringen.

Setzt der Nachhall zwischendurch kurz aus, dann verstärken die Wände seiner Zelle das Summen einer Fliege. Schneidende, übelriechende Kälte zieht nach oben und umhüllt ihn. Er erinnert sich, wie er als Kind glaubte, der Teufel verrate sich durch Kälte im Zimmer. Ihm fällt wieder ein, daß er im Schlaf den Schrecken des Sterbens erlitt – er roch die grobkörnige schwefelige Asche, den Pestgestank der Aschengrube der Ewigkeit, und in der Dunkelheit seines Zimmers packte ihn die Angst, ein schreckliches Untier würde ihn gleich überwältigen und in die Tiefe zerren ...

In panischer Angst stößt er die Tür auf. Im Aufspringen zieht er sich die Hose hoch. Hinter ihm wehen die Hemdschöße, während er aus dem stinkenden Verschlag in den hellen Morgen stolpert. Am ganzen Leib schwitzend, hastet er um die Ecke und fällt gegen die Wand. Als er wieder Luft bekommt, muß er selbst müde über das Bild lächeln, das er jetzt abgäbe – könnte ihn nur jemand sehen.

Die Sonne prallt gegen seine Stirn. Von dem jähen Stoß schwankt die nur noch halb in den Angeln hängende Tür immer noch betrunken hin und her. Das tiefstehende Licht reflektiert das Glitzern des Meeres und sticht ihm jäh in die Netzhaut. Müde schließt er die Augen.

Dennoch glaubt er, einen Schatten zu sehen.

Irgend etwas ist da, dort draußen auf dem Wasser, etwas Merkwürdiges.

Er schlägt die Augen auf, schirmt sie mit der Hand ab und blinzelt in Richtung Ozean. Tatsächlich. Ein neuer Eisberg.

Der hier ist spät dran, wahrscheinlich der letzte in dieser Jahreszeit. Gestern noch war nichts von ihm zu sehen. Man könnte meinen, er sei aus der See aufgetaucht, wie ein Vulkan. Der Priester runzelt die Stirn. Irgendwie beunruhigt ihn dieses Phänomen.

Er zündet sich eine Zigarette an.

Kein Hauch regt sich auf dem Ozean. Obwohl die Flutlinie weit weg ist, kann er immer noch hören, wie die See sich gegen das Land wälzt, ein langer Güterzug, der langsam vorwärts kriecht. Das einzige Anzeichen von Leben dort draußen kommt von einem roten Ruderboot, ein bloßes Holzscheit, das in weiter Ferne im gleißenden Licht versinkt. So sehr er auch Ausschau hält – zwischen all den Häusern und Schuppen rings um die Bucht entdeckt der Priester keinerlei Bewegung. Die Straße ist leer. In der ganzen Gemeinde sieht er nur von einem Dach Rauch aufsteigen – vom Kamin mit dem Stuhl daneben.

Vor Jahren – die Erinnerung ist schmerzhaft – ließ er ganz genauso den Blick über Dublin schweifen. Damals stand er immer früh auf und betrachtete Straße um Straße die geschlossenen Fensterläden. Sie ist da, sagte er sich. Hinter einem von ihnen ist sie. Wer immer sie sein mag.

Auf einmal überfällt ihn schreckliche Trauer. Er läßt die ungerauchte Zigarette zu Boden fallen und macht sich auf die Suche nach Jackman.

Mit vorsichtigen Schritten, als wäre er eine zarte Puppe und fürchte um seine Glieder, überquert er den Hof und bleibt vor den Brombeeren stehen. Behutsam drückt er ein Geflecht von Zweigen beseite, deren Blätter vom Tau noch ganz feucht sind, und sticht sich an einem Dorn. Seine Augen suchen den Boden unter dem Zweigwerk ab. Ein sanftes Lächeln erhellt sein fahles Gesicht. Dann richtet er sich auf, atmet tief durch und schmettert mit unsicherem Tenor:

> »Krönt der Sonne Strahl Deine Fluren,
> und hält der Sommer über Dich die Hand ...«

Plötzlich bricht aus dem Dickicht schwanzwedelnd und mit heraushängender Zunge ein stinkender, gewaltiger schwarzer Hund. Der Priester tätschelt ihm die Kruppe.

»Aye, Jackman.«

Der Hund dreht sich weg und trottet zur Scheune, wo er an der Ecke das Bein hebt. Von dem warmen Strahl steigt Dampf auf. Ohne weiter auf den Mann zu achten, verschwindet er dann, die Nase über dem Boden, schnüffelnd im Gebüsch.

Mit einem tiefen Seufzer dreht sich der Priester um und betritt durch den Hintereingang die alte Villa, die die Einheimischen Palast nennen.

Bald kommt er wieder heraus – mit Brille, steifem Kragen, Soutane und Hut. In der rechten Hand schwingt er einen Stock aus massivem Schwarzdornholz, den er erst diese Woche unter einer Staubschicht auf dem Speicher entdeckt hat. In der linken hält er mit zwei Fingern einen frischen Weißdorsch am Schwanz.

Er pfeift in Richtung des Gestrüpps. Der Hund rührt sich nicht.

Da wirft er mit gespreizten Fingern den Fisch ins Dickicht. Sofort schießt der Hund mit tiefem Knurren heraus, klemmt den Kadaver mit den Vorderpfoten fest und fängt an, gierig daran zu reißen.

Der Mann tritt vor, bückt sich und tätschelt ihm gütig die Schulter.

»Aye, Jackman, du alter Held!«

Der Hund knurrt ihn aus der Seite seiner Lefzen an und zieht sich mit einem drohenden Blick über die Schulter und dem Fisch im Maul ins Gestrüpp zurück.

Pata Weiman, duich einsprak. Pater Weißer Mann, du, ich, eine Sprache. Du, ich, eine Familie. Wie würde sich der Priester freuen, könnte er diese Laute jetzt hören!

Er späht eine weiße Kieselgasse hinunter, von den Einheimischen mit der Bezeichnung »Allee« geadelt. Hinter dem Birkenwäldchen, aus Richtung der Kirche, hört er eine Krähe. Und auf dem Friedhof dahinter schimmern die Grabsteine unter der Sonne wie verfaulende Zähne.

Das Messer in seinem Unterleib beginnt sein Tagwerk. Es zerreißt, zerschneidet und zerhackt seine Eingeweide, höhlt sie aus. Er krümmt sich leicht und verharrt, auf seinen Stock gestützt. Die Klinge, die nun schon seit Jahrzehnten ein Teil von ihm ist, hat noch nie seine Haut verletzt, und bis auf ihn weiß niemand von ihrer Existenz. Während er darauf wartet, daß der Anfall vorbeigeht, denkt er an andere Dinge: Von der heiligen Dreifaltigkeit der Heilmittel – Ehe, Alkohol, Selbstmord – stehen ihm nur zwei offen. Wieder bringt er sein müdes Lächeln zuwege, als hätte er sich selbst einen Witz erzählt.

Der Schmerz verebbt. Er richtet sich auf, verschränkt die Hände hinter dem Rücken und geht die Gasse hinunter. Über ihm bilden die zu beiden Steiten des Weges wachsenden Birken einen Tunnel. Hinter ihm schleift sein Stock wie ein toter Zweig über die Kiesel.

* *
*

Ein Wunder ...! Schwester ... komm schnell!
Was willst du, Schwester? Es ist spät. Die Glocke läutet schon.
Der Herr sei mit uns! Ein Wunder ...! Ob das Gottes Werk ist?

* *
*

Johnny the Light richtet sich in voller Montur auf seiner Pritsche auf. Von Splittern eines Traums gequält, klettert er benommen aus dem düsteren Keller seines Leuchtturms.

Keuchend und hustend humpelt der alte Mann zur von der Sonne angestrahlten Bake. Das plötzliche gleißende Licht blendet ihn. Er schüttelt der Morgensonne die Faust entgegen und stottert mit rasselnder Stimme: »P-p-püschta!«

Sein Leuchtturm ist die letzte Garnison vor dem Überhang des Head. Er stolpert bis zum Rand des Abgrunds, knotet unbeholfen mit seinen verstümmelten Fingern das Seil auf, das seine Hose hält, läßt sie bis zu den Knöcheln fallen und kauert sich hinter die Nesseln, um wie eine Frau im Sitzen über die Kante der Klippe zu urinieren.

Johnny the Light zieht seinen Rotz hoch und spuckt. Nachdem er die Hose wieder oben hat, lehnt er sich gegen die dem Wind zugewandte Mauer des Leuchtturms. Mit einem tiefen Zug atmet er ein Stück des Morgens ein. Als wäre es Blaubeerwein, läßt er es über die Zunge wandern, schmatzt mit den Lippen, prüft es. Weit hinter ihm hallt am Ende der Bucht das Geläute der Meßglocke wider und stürmt aus den unmöglichsten Richtungen auf ihn ein. Er wendet den Kopf so, daß das linke Ohr, das gute, die Laute aufnehmen kann. Durch einen Vorhang, der alles, was er ansieht, verschleiert, nimmt er den weiß über das Wasser schimmernden Schemen einer dreieckigen Gestalt wahr, den neuen Eisberg.

Verwirrung macht sich auf dem Gesicht des alten Mannes breit. Er traut seinen Augen nicht. Gebannt starrt er hinüber. Auf einmal kommt wieder Leben in ihn. Unerwartet behende schlurft er zur anderen Seite des Leuchtturms, duckt sich unter die Leiter und wird von der niedrigen dunklen Tür verschluckt. Gleich darauf taucht er wieder auf. Seine Hände halten etwas fest umschlossen. Feierlich, als wäre es eine Monstranz, trägt er eine Rumflasche vor sich her. Sie ist entkorkt und bereits halb leer. Er führt sie an seine Lippen und trinkt mit einem langen, gurgelnden Zug. »E-e-ehre sei Gott!« ruft er. »Da ist unser Schiff! Kommt schon, Jungs! Wir sind g-g-gerettet!«

Nachdem er die große Glocke volle fünf Minuten lang geläutet hat, läßt der kleine Kevin Barron das Seil los, doch wie von Geisterhand bewegt, hebt und senkt es sich weiter, und die Glocke dröhnt noch drei Mal.

Im Heck des roten Ruderboots wird Michael gewahr, daß die Glocke aufhört zu schlagen. Ihre Echos, die von den Klippen in diese und jene Richtung abgeprallt sind, hallen nach. Aber bald verstummen auch sie.

IV
Der landumschlossene Archipel

Am Anfang spricht Gott: Es werde Licht.
 Am Anfang erschafft Gott den Himmel und die Erde. Er erschafft die Welt nach dem Bild Seiner Schönheit und Seines göttlichen Plans, und er segnet die Welt mit lebenden Wesen. Er segnet die Welt mit Vögeln, die am Himmel fliegen, mit Fischen, die im Meer schwimmen, mit Bäumen, die auf dem Land die Samen und Früchte hervorbringen, mit dem Weib und mit ihm dem Mann.
 Gott arbeitet sechs Tage. Am Ende des sechsten Tages wirft Er den Abfall Seines Werkes auf einen Haufen. Weit entfernt von Seiner übrigen Schöpfung fällt der Schutt in das salzige Nordmeer.
 Am siebten Tag ruht Gott.

Die Zeit vergeht.

Gottes wüster Haufen aus Unrat und Überresten, der am Rande des Nichts abgeladen wurde, erfährt die sanfte Erosion im Gefolge von Wind, Regen und den Gezeiten. Der Schutt wächst zusammen, bis er schließlich die gerundeten Konturen eines eigenen Territoriums annimmt – einer Insel.

Aus noch unbekannten Gründen haben sich vor hunderttausend Jahren Rauch und Asche in der Luft gesammelt und die Sonne verhüllt. Sie ist nun eine blasse Scheibe und kann die Düsternis nur noch verschlimmern. Aus den Polargebieten kommen eisige Winde, und auf allen Breitengraden herrscht Kälte.

Decken aus Frost breiten sich auf der Insel aus. Der Frost dringt in jede Ritze des Felsgesteins ein und zertrümmert den Granit zu Feuerstein und Geröll. Der Widerhall donnernder Explosionen durchdringt die Luft, doch kein Ohr hört sie.

In den höheren Regionen fällt Schnee, jahrhundertelang und pausenlos. Der Schnee senkt sich immer schwerer auf das Land, bis schließlich die Schichten darunter zu einem Eis kristallisieren, das fester zusammengepreßt ist als der härteste Fels. Zentimeter um Zentimeter füllt das Fels-Eis sämtliche Becken, Hohlräume und Löcher der Insel und walzt sie zu einer einzigen grauen Ebene platt. Nichts rührt sich auf diesem gespenstisch im Mondlicht glühenden Plateau, außer dem Wind und dem heranwehenden Schnee.

Der Schnee fällt, und die Oberfläche der Eisebene wächst in die Höhe. Irgendwann taucht eine eigenartige Form von Leben auf: Das Eis erwacht und regt sich. Gefrorene Wasserfälle beginnen zu rieseln und sickern unendlich langsam von dem weiten Plateau herab.

Von der Mitte der Hochebene ergießen sich die marmornen Kaskaden in alle Richtungen. Zunächst besetzen die Gletscher die Täler. Man könnte meinen, eine Spinne webe das Land mit ihrem Netz zu. Nach und nach schwillt das Eis an und breitet sich immer weiter aus, bis es sich wie eine riesige Bettdecke über die ganze Insel gelegt hat.

Gäbe es einen Vogel, der hoch genug fliegen könnte, um das Geschehen zu überblicken, so böte sich ihm vielleicht das Bild eines Sarkophags – mit der toten Insel darin. Doch unterhalb der Decke breitet sich das Eis weiter aus. Es bewegt sich in plötzlichen, wenn auch kleinen Schüben, von denen keiner mehr als eine Haaresbreite ausmacht. Unter dem eigenen Gewicht fängt das Eis zu stöhnen und zu zittern an. Jeder noch so winzige Stoß während seines mühsamen Marsches bringt die Erde zum Beben.

Unter seinem Bauch schiebt das Eis Gesteinstrümmer vor sich her. Dieses Geröll reißt Kanäle in den Felsboden oder wird von den ungeheuren Massen abgeschliffen und eingeebnet. Später können Sand, Schlick und Schmelzwasser das Felsgestein glattpolieren. Das Eis legt das Terrain bloß. Massive Felsblöcke reißt es einfach an sich und trägt sie mit, so wie ein Kind Kieselsteine sammelt.

Mit unerbittlicher Brutalität zerschlägt und zerfetzt das Eis das Gesicht der Insel.

Jeder der Eisströme strebt dem Salzwasser entgegen. Wie eine Herde kristallener Drachen wälzt sich das Eis über die Küste, den Strand und ein Stück weit auch ins Bett des Ozeans. Es fließt weiter, bis das Wasser seine Zunge hebt. Das Eis stöhnt und verformt sich, es donnert, platzt auf und brüllt, und schließlich wird nach so vielen langsamen Jahren der Gefangenschaft ein titanisches Kalb geboren.

Der neue Eisberg suhlt sich in seinen eigenen Wellen. Hinter ihm reißt sich vorzeitig ein weiterer Koloß los und taucht ins Wasser ein. Unter gewaltigem Getöse kommt er schließlich wieder hoch, doch erst nach heftigem Schaukeln findet er sein Gleichgewicht. Als nächstes löst sich unter dem Wasser eine Fontäne, springt hoch und wirft sich gegen den Eisberg. Festgefrorene Wasserfälle aus glitzerndem Schaum perlen von seinen blauen Flanken herab.

Einer nach dem anderen treiben die Eisberge auf das offene Meer hinaus. Gemeinsam bilden sie eine kristallisierte Welt, lautlos und sich selbst genügend. Die verschiedensten Formen bringen sie hervor, darunter kannelierte Statuen, mit Zinnen und Türmen bewehrte Schlösser, Basiliken, geziert mit Fialen, ja sogar kleine Inseln, auf denen es Höhlen, Tunnels, sanfte Hügel und schroffe Felsgebirge gibt. Mit der Erhabenheit einer dem Untergang geweihten Armada segeln sie durch eine rauchverhangene Düsternis gen Süden.

Nachdem Tausende von Jahren vergangen, unermeßliche Gletscher entstanden und ins Meer gewandert sind, nachdem zahllose Eisberge geboren wurden, taut die Atmosphäre auf.

Grelle Lichter füllen den Himmel. Der Sonnenschein durchdringt die Gletscher, bringt sie zum Glühen, und sie beginnen zu schmelzen. Wie eine Katze, die rückwärts davonschleicht, weichen die Gletscher auf demselben Weg zurück, über den sie sich in die Täler ergossen haben. In den Amphitheatern, die so lange ihren Unterleib bildeten, lösen sie sich in kreisförmige Seen auf und vergehen.

So wie das ganze Grauen einer Schlacht erst dann wirklich ermeßlich wird, wenn sich der Rauch verzieht, so legt die Eisschmelze ein verstümmeltes Terrain bloß.

Die Eisklauen haben die Erde in eine groteske, beängstigende Kraterlandschaft verwandelt. Sie haben die Täler vertieft und verbreitert und ins Felsgestein massive Gräben gemeißelt. Das ganze Land ist geädert mit einem abscheulichen grünlichen Meeresblau, der Farbe des Eiswassers in den neuen Trögen und Kratern. Dieses Wasser aber hat nicht den süßen Geruch von frischem Regen, sondern stinkt wie alter Matsch. Es ist auch nicht klar; in ihm wurden die in Jahrtausenden zu grobkörnigem Staub zermahlenen Bestandteile der Felsen aufgelöst. Die Zahl der neuen Seen, Teiche und Tümpel ist enorm, so daß der größte Teil des Landes unter Wasser liegt. Das verwüstete Hinterland ist eigentlich eher zu einem mit Inseln gesprenkelten Meer geworden, genauer gesagt, zu einem landumschlossenen Archipel. Da, wo Erde herausragt, ist sie meistens grau.

Das Eis ist gewichen, der Geröllschutt, den es bei seiner Invasion vor sich hergeschoben und zu den furchterregendsten Reliefs gegossen hat, bleibt. Bergketten, gezackte Narben aus Sandstein mit endlosen Gipfelgraten und Steilabhängen winden sich dem Horizont entgegen. Ovale Hügel, die sich jeweils nach der Fließrichtung des Eises ausgerichtet haben, breiten sich wie Blasen über dem Land aus. Bizarr geformte Ablagerungen und Grundmoränen können die Vernarbungen bestenfalls verzieren. An vielen Orten wird das Fleisch der Erde von zerklüfteten Felsnasen durchbohrt, die selbst aussehen wie offene Wunden. So wird das Muster von Strömen und Seen nachhaltig durchbrochen; diese Landschaft, die wie ein Rohdiamant hätte feingeschliffen werden können, stößt nur noch ab.

Die Felsnasen werden zum Landinnern hin immer höher und vereinigen sich zu einem gespenstischen Gebirge. In diesen Feldern aus nacktem Fels hat das Eis besonders grausam gewütet. Es hat überhängende Klippen geschaffen, von denen das Eiswasser nun in blassen, einsamen Katerakten in die Tiefe stürzt. Die Hörner, die steilen Pässe, die Täler, die überall dort durchschnitten sind, wo die Eisflüsse sich einen Weg gebahnt haben, die häßlichen Felskegel auf plattgewalzten Gipfeln – sie alle zeichnen sich als Schattenrisse vor dem Hintergrund des Himmels ab.

Im Innern der Insel schließlich ragen Bergmassive mit Spitzen so steil wie Schiffsmaste in den Himmel. Das Ödland ist mit Felsbrocken übersät. Teilweise liegen sie wahllos herum, in anderen Gebieten demonstrieren sie eine gewisse Ordnung, als hätte das Eis seine Rückzugsroute sorgfältig markiert. Oft hockt auf einem nackten isolierten Hügel, unnahbar und heilig wie ein Einsiedler, ein Megalith.

So kommt es, daß das Eis durch sein quälendes Pflügen, Nagen und Graben diese schroffe, abweisende Insel von Grund auf verwandelt hat. Mit ihrem einförmig grauen, ausgezehrten Granit bildet sie den tristen, harten Rand der Erde. Sie ist nichts als nackte, den Winden ausgesetzte felsige Einöde, das Gerippe eines Territoriums – ein Ort für Büßer.

An allen Enden türmen sich monströse Kaps auf, ragen weit in das Meer hinaus. Einsamen Wächtern gleich tauchen sie aus dem Nebel auf. Sie halten Ausschau nach Gott, warten auf Ihn, damit Er endlich das Land segne, das Er so lange mißachtet hat.

V

Weihe

EINES MORGENS hören schlagartig die Winde auf zu wehen. Gespenstische gelbe Ringe umrahmen die Sonne. Auf dem Meeresgrund braut sich eine gewaltige Woge zusammen. Tief in den Gräben dort unten tosen und wirbeln Strudel. Oben sammelt sich Dampf. In diesem Dunst bilden sich Spritzlöcher, ziehen nach unten, halten einen Moment inne, um dann die graue Oberfläche des Ozeans zunächst nur zu streifen. Doch in panischer Angst brechen ein paar Fontänen aus; Unruhe greift um sich.

Gegen Mittag kehren die Salzwinde zurück. Und lauern.

Im Osten verdunkelt sich der Himmel. Eine häßliche schwarze Wolke taucht am Horizont auf. Wie ein aus der See geborener Vulkan türmt sie sich hoch in die Luft. Scheinbar aus fester Materie bestehend, wälzt sie sich heran, pechschwarze Luftschlangen aussendend.

Die Winde erheben sich. Aus dem Plätschern wird ein Tosen. Böen fegen heran. Schaumkronen tanzen weiter draußen auf dem schiefergrauen Meer. Die weißen Kronen stürzen übereinander, rücken jedoch unaufhaltsam in perfekter Schlachtordnung vor. In der Luft knistern Funken.

Angeführt von dem wüsten Haufen ihrer Vorboten, rast die schwarze Wolke heran. Die Luft wird jäh dunkel und kalt. Die Wolke schleudert prasselnde Blitze hinunter. Die Erde verliert jede Farbe. Mit voller Wucht bricht der Sturm über die Insel herein.

Der Orkan heult, jammert und wimmert. Seine Böen zerhakken die Schneeflocken zu kristallenen Dornen. Ein Blizzard aus

36

Nadeln zerfetzt die Dunkelheit. Die Winde fegen über die Festung an der Küste hinweg und verwüsten die Einöde dahinter. Sie durchdringen die Felsen. Sie rauben dem Land alles, was zu schwach ist, um zu widerstehen. Nichts bleibt zurück als das Skelett der Erde.

Jetzt hat sich auch das Meer in ein Ungeheuer verwandelt. Die Wassermassen sammeln sich knurrend und fallen mit solcher Wucht in sich zusammen, daß der Meeresboden bloßliegt. Dann steigen sie wieder auf, wälzen sich heran, türmen sich weiter auf, erreichen ihren höchsten Punkt, stürzen vornüber und gewinnen im Zusammenbrechen noch an Kraft, während der Wind die Gischt von der Spitze dieser Lawine peitscht – ein sichtbar gewordener Schrei –, bis der Ozean mit lustvoller Wut gegen die Klippen schlägt.

Felsen brechen mit widerlichem Knirschen auseinander. Die Flutwelle begräbt Vorposten unter sich, die bis dahin das Meer in Schach gehalten haben. Fontänen spritzen aus Nischen, Spalten und Löchern. Zischende Geysire brechen aus der senkrechten Front von Felsen und spucken Granitbrocken aus, die weit jenseits des Zugriffs der Welle zerschellen. Salzige Gischt wird hoch in die Luft katapultiert und vom Wind bis weit ins Landesinnere getragen. Noch in der Luft, gefriert der Sprühregen auch schon. Der Hagel überzieht das nackte Felsgestein und den herangewehten Schnee mit blauer Glasur. Die Luft schmeckt nach Salz.

Von der Erschütterung nun selbst benommen, taumelt das Meer zurück. Schwarze Pyramiden torkeln ziellos umher und prallen zusammen. Doch schon bald knurrt das Wasser wieder. Erneut schreien die Winde nach Rache, und das Meer sammelt sich zum nächsten Angriff. Vom Ufer bis zum Horizont ist nirgendwo ein Zeichen einer Flaute, eines Waffenstillstands zu erkennen.

Bis in den nächsten Morgen hinein und noch lange danach heult der Sturm. Sowohl das Tageslicht als auch die Dunkelheit sind eingehüllt in entfesselt herumwirbelnde Gestalten aus dem Erdinneren, alle irrsinnig, alle ein einziges Angstgestöhn.

Nach neun Tagen und neun Nächten des Grauens legt sich der Sturm.

Die Sonne erhebt sich über einen gereinigten blauen und lichtüberfluteten Himmel. Aus dem Osten kommt eine sanfte Brise und wärmt die Ufer der Insel. Am Horizont taucht ein weißer Fleck auf.

Es ist ein Segel.

VI

Der Paradiesstein

WISH BUTT bekreuzigt sich. Der Junge stellt sich auf den Bug, bückt sich, packt den Anker bei Schaft und Kreuz, stemmt ihn über seine Mütze, kommt ins Wanken, holt tief Luft und brüllt mit seiner Kinderstimme, die über das Wasser bis hin zu den Häusern auf der Klippe trägt:

»GEHET VON MIR, IHR VERFLUCHTEN, HINAB IN DAS EWIGE FEUER!«

Gleichzeitig schleudert er den Anker im Stil eines Harpuniers von sich.

Begleitet von einem Blasenwirbel durchbricht die Eisenklaue die glatte Wasserfläche. Wie eine Schlange wickelt sich das mit Seegras behängte Tau ab und versinkt schnell, schneller und immer noch schneller senkrecht im Wasser, droht auch sein loses Ende über Bord zu reißen, doch dann gibt es jäh seinen Geist auf und erschlafft. Mit solcher Wucht, als wolle er das Boot erwürgen, schlingt Wish das Tau um den Steven und zieht den Knoten kräftig an. In der vom Land her wehenden leichten Brise kommt das Boot mit einem sanften Ruck zum Stillstand und schaukelt friedlich auf den Wellen.

Wie ein Lasso schwingt Gus Gallant nun die Angelschnur um seinen Kopf. An ihrem Ende ist ein Bleifisch befestigt, aus dessen Maul zwei niederträchtige Widerhaken herausragen. Gelassen wirft Gus das Ding ins Wasser. Er sieht der sich straffenden Schnur nach und läßt sie durch die Finger seiner freien Hand gleiten, bis der Köder auf dem Meeresgrund liegt und die Schnur locker herunterhängt. Dann mißt er mit durchgestreckten Armen – in der Manier des gekreuzigten Christus –, wieviel Schnur ihm noch bleibt, wickelt sie zweimal um seine Hand und beginnt, den Köder mit sägenden Bewegungen in stetem Gleichmaß auf und ab tanzen zu lassen.

Das Boot schaukelt sanft.

»Jesus, hier draußen gibt's mehr gottverdammte Fische, als du mit einem Knüppel erschlagen kannst ...«, kommentiert Wish. Er hockt rittlings auf dem Bug und läßt die Füße herabbaumeln, so daß die Spitzen seiner Gummistiefel die Wellen streifen. Mittlerweile hat er sich die Flinte geholt und zielt zum Schein mal in diese, mal in jene Richtung. Da er mit dem Rücken zu seinen Kumpeln sitzt, erreicht seine Stimme sie wie aus weiter Ferne. »Stimmt wirklich! Johnny the Light hat's mir gesteckt.«

Statt einer Antwort zieht Gus dreimal kräftig an seiner Angelschnur. Mit jedem Ruck gibt es eine neue Kerbe am Bordrand, und ein kleiner Geysir schwappt ins Mittschiff. Man könnte meinen, er wolle den Kahn in zwei Teile zersägen.

»Johnny the Light! Oje!« kichert er. »Was weiß der schon über Fische! Meine linke Arschbacke kennt sich besser aus!«

Er wendet sich Michael Barron zu, der sich ins Heck gekuschelt hat, und deutet verächtlich mit dem Kinn auf Wish. Der begreift, daß der Spott ihm gilt. Ohne sich umzudrehen, reißt er den Unterarm hoch und reckt den Daumen obszön in Gus' Richtung. Aber Michael bekommt nichts davon mit. Er ist in Gedanken weiter westlich.

Träge wie Quallen lassen sich die Wolken vom Wind tragen. Ihre hellen Schatten ziehen von den Gaff Topsails her über das Land. Sie streifen den hohen Felsen, beschleunigen plötzlich, rutschen den Abhang hinunter und schwänzeln durch die Gassen der Gemeinde. Sie ziehen über die Häuser, Scheunen, Holzschuppen und Plumpsklos hinweg, über den lila blühenden Flieder, die Wäscheleinen, an denen pinkfarbene, weiße und grüne Bettücher wie Flaggen flattern. Sie treiben hinweg über Männer, die Pech kochen, Hummertöpfe schmieden und Kähne abdichten, über Frauen, die Unkraut jäten, Eier sammeln und Fische auf den Stellagen zum Tocknen auslegen. Sie treiben hinweg über den Schlaglochflicker, der mit seinem Gaul und seinem Karren die Straße hinunterzuckelt. Sie treiben hinweg über den Kirchturm, die Schule, über das Kloster, über Caseys waberndes *Octagon*, über den Palast, die Academy Hall, die Schmiede, den Friedhof und den Leuchtturm.

Die Schatten berühren voller Ehrfurcht die »Salzkiste« mit den Mauern aus blassem Grünblau. Sie berühren den Stuhl, der auf ihrem Dach thront. Sie berühren den Rauch, der wie Weihrauch aus dem Kamin aufsteigt und sich mit dem leichten Westwind zum Ozean hin in Michaels Richtung kringelt.

»So wahr mir Gott helfe, da drüben!« Wish zielt mit der Flinte. »Du nimmst die Kirche und den Tittenfelsen auf der einen Seite und im Süden einen von den Gaff Topsails und den Wasserfall in Freshwater Room als Eckpunkte, bestimmst den Schnittpunkt und landest über dem Schwarm. Genau drüber.« Er reißt einen Splitter von der Bordkante und puhlt damit zwischen seinen Zähnen herum. »Johnny the Light hat's mir doch gesteckt. Da unten gibt's mehr Fische, als du mit 'nem Stock erschlagen kannst.«

»Wahrscheinlich hat er dir auch gesteckt, daß du vor dem Eisklotz da anlegen sollst«, brummt Gus.

Der Eisberg, der eine halbe Meile vor ihrem Ankerplatz immer noch direkt unter dem Foot festsitzt, ragt kühn aus dem stillen Wasser in seinem Windschatten. Michael betrachtet diese spiegelglatte Fläche. Jeden Moment kann ein Eisblock, so groß wie ein Haus, herabstürzen und sie erschlagen.

Wegen seines Schielauges verdreht Wish den Kopf, was den Eindruck erweckt, er wolle gleichzeitig den Eisberg betrachten und nach Geräuschen lauschen, die von dort kommen könnten.

»Verrat uns doch mal eins, Butt«, sagt Gus an Wishs Rücken gewandt. »Wann hast du schon mal dieses Gespenst auf dem Wasser draußen gesehen? Ich hab' den noch nicht einmal in 'nem Boot gesehen. Im ganzen Leben noch kein einziges Mal!«

Wish spuckt irgend etwas ins Meer. »Immerhin muß er mal mit 'nem Schiff gefahren sein. Wie wäre er sonst zum Front gekommen? Oder glaubst du, er ist auf dem Wasser gewandelt?«

»Jeder weiß, daß er mal an Bord von ' nem Schiff war. Schließlich war er auch mal Tallymann. Aber war er auch schon mal in ' nem *Boot*? Mein lieber Butt, der Spinner hat dich mit seinen Fischen nur auf den Arm genommen. Typisch Johnny the Light. Der hat sie doch nicht alle.«

Daraufhin verfällt Gus in brütendes Schweigen und zieht nur immer unentwegt an der Schnur, bis er sie plötzlich sinken läßt und sich kerzengerade aufrichtet. »Kapiert das endlich! Kein einziger gottverdammter Fisch hier! Wir werden noch zur Lachnummer. Schlagen uns hier draußen die ganze Scheißnacht um die Ohren und fangen nicht einen dämlichen Schellfisch!«

»Wundert mich nicht«, entgegnet Wish. »Schließlich bist du der Fischer hier. Und du Angeber hast damit getönt, was du schon alles gefangen hast.«

Mit einem leisen Kichern legt sich Wish die Flinte über den Schoß. Dann kramt er in fünf verschiedenen Taschen seines Ölzeugs herum und fördert Streichhölzer, einen Beutel Tabak, Zigarettenpapier und ein schmutziges Taschentuch zutage. So weihevoll wie ein Priester, der den Meßkelch zudeckt, breitet er das Taschentuch auf dem Bug aus. Als nächstes zupft er ein Zigarettenpapier heraus, hält es andächtig hoch und legt es auf das Taschentuch. Dieselbe Prozedur führt er mit zwei weiteren Papieren durch und plaziert sie fein säuberlich neben dem ersten. Wie sie so daliegen, erinnern sie ein wenig an drei längsseits vertäute, kleine weiße Kähne. Nun öffnet Wish den Tabakbeutel, zieht drei Miniaturknäuel heraus und legt je einen auf ein Papier. Ein Auge auf sein Werk gerichtet, das andere in die ungefähre Richtung des Eisbergs, meint er in gelangweiltem Ton: »Ratet mal, was Johnny the Light mir gesagt hat ...« Er beugt sich über das erste Papier, schiebt den Tabak mit den Zeigefingern zusammen und drückt ihn halbwegs fest. Probeweise klappt er eine Seite darüber, reibt das Ganze noch einmal liebevoll mit Daumen und Zeigefinger, dann legt er es auf seinen Schenkel und rollt es so lange hin und her, bis es einen Zylinder bildet. »... er hat gesagt, die ganzen Wellen oben auf dem Wasser, das machen die Fische ...« Er befeuchtet das Papier am Rand mit der Zunge und klebt es zusammen.

Den an den Enden heraushängenden Tabak zupft er ab, legt ihn in den Beutel zurück und schiebt die Zigarette in den Mundwinkel. »… weil Millionen von diesen gottverdammten Viechern mit dem Schwanz wackeln.«

Theatralisch zeigt Gus mit dem freien Arm auf die Wellen und reißt schnaubend an seiner Schnur.

»Und soll ich euch noch was sagen?« murmelt Wish aus dem Mundwinkel und dreht trotzig die nächste Zigarette. »Johnny weigert sich, Fisch zu essen. Jawohl!« Er klemmt den zweiten Stengel neben den anderen. »Sagt, daß keiner wissen kann, was in Gottes Namen die kleinen Bastarde da unten in der Dunkelheit treiben.« Er dreht die dritte Zigarette und schiebt auch sie in seinen Mund. »Weiß der Himmel, was sie da runterschlingen. Atmen ihre eigene Pisse ein.«

Er legt das Taschentuch zusammen und schüttelt die Tabakreste vorsichtig in den Beutel. Danach reibt er am Steven ein Streichholz an und hält die Flamme an die ersten zwei Zigaretten. Obwohl es noch brennt, wirft er es ins Meer. Mit einem Zischen erlischt die Flamme. Er benutzt ein frisches Streichholz, um die dritte Zigarette zum Glühen zu bringen, und für einen Moment verschwindet sein Kopf in einer Rauchwolke. »Johnny sagt, so weit kann man einen Fisch gar nicht werfen, daß man ihm trauen könnte.« Er reicht zwei von den Zigaretten Gus, der eine an Michael weitergibt. »O nein, bei Johnny kommt kein Fisch auf die Gabel. Nie. Nicht mal 'ne Lodde.« Und in einem aufgesetzt salbungsvollen Ton verkündet er: »O ja, bei Gott, Gallant, du hast recht. Wenn ich es recht bedenke, das alte Gespenst hat sie nicht alle.«

»Püschta-Johnny!« knurrt Gus grimmig und schafft es, seine Augen hervortreten zu lassen. »Püschta! Zum Teufel mit dir!«

Die drei Jungen rauchen.

Gus nimmt lustlos sein mechanisches Sägen wieder auf.

Wish gähnt und sucht mit den Augen die Bucht ab; immer noch kommt von dort das Tuckern eines verborgenen Motorboots.

Michael beugt sich über das Heck und schirmt die Augen gegen die vom Wasser reflektierten Sonnenstrahlen ab. Im Windschatten achtern hat sich auf der Oberfläche des Wassers ein stilles Dreieck gebildet, das ihm den Blick bis hinunter zum Meeresgrund öffnet. Er sieht eine gefurchte Landschaft aus dunklen Höhlen, Gräben und Spalten, die so breit sind, daß sie eine Kirche verschlucken könnten, aus gezackten Riffen, die sich, gebrochen durch das schimmernde Licht, in die Höhe wuchten und scheinbar den Rumpf ihres winzigen Kahns bedrohen. Der gütige Schelf, auf dem das Boot bis dahin wie auf einem Kissen gelegen hat, ist aus Michaels Sicht plötzlich direkt unter dem Kahn eingestürzt. An seiner Stelle türmt sich ein beängstigend zerklüftetes Gelände auf – die abgenagten Knochen der Erde.

»Hey, Professor!« dröhnt Gus' knödelige Stimme an sein Ohr. »Siehste 'nen Haifisch?«

Das Boot zerrt am Ankerseil, und auf einmal stellt sich Michael vor, wie er in den Himmel fliegt, wie er sich verzweifelt an ein Segel preßt, ein Segel, das hoch über die gefurchten Grate und Täler der Gaff Topsails aufsteigt. Krampfhaft umklammern seine Finger das Holz des Hecks. Aber genauso plötzlich wie sich das Fenster nach unten aufgetan hat, wird es mit der Bewegung des Bootes wieder undurchsichtig; die Stille ist durchbrochen, der beängstigende Anblick verschwunden. Die drei Jungen sind wieder sicher auf ihr Kissen gebettet.

»Bei Gott, die wußten schon, warum sie den Kabeljau bei uns *cod* genannt haben«, meint Gus, an niemanden im besonderen gerichtet. »Zum Kotzen, dieser gottverdammte *cod*!«

»Die Fische sind nun mal faul«, brummt Wish. »Wie dem auch sei, ein schlechter Anfang verheißt ein gutes Ende.«

»Halt doch den Mund, Butt, du dämlicher Lahmarsch. Oder soll ich dich mal ordentlich aufmöbeln ...?«

Ein Knarzen läßt ihn verstummen. Die Schnur strafft sich.

»Jesus!« heult Gus und grinst. »Bei unserm Herrn Jesus!«

Eilig wickelt er sich die Schnur um den Knöchel und macht sich daran, sie hochzuziehen. Das Knarzen steigert sich zu einem Fortissimo, bis etwas gegen die Bordwand knallt und – siehe da! – ein kleiner Kabeljau mittschiffs ins Boot fällt.

Gus packt ihn an der Flosse und reißt ihm den Haken aus den Eingeweiden, die er ihm damit gleich zerfetzt. Mit einer Hand schleudert er den Kadaver in Wishs Richtung, mit der anderen wirft er den Köder wieder ins Meer.

»Krimskrams!« knurrt Wish verächtlich und befördert die magere Beute mit einem Tritt gegen die Bordwand.

Michael sieht zu, wie das Tier auf den Planken zappelt. Es schlägt wie verrückt mit dem Schwanz und windet sich verzweifelt – das rettende Meer ist doch so nahe! Dann fällt dem Jungen wieder ein, wie Pop seinen Bruder Kevin einmal gewarnt hat: Hüte deine Zunge, Kerl. Schau dir nur die Kabeljaus an. Der Tod kommt bei ihnen immer durchs Maul.

Bei diesem Burschen ist der Haken durchs Herz gegangen. Ein letztes wütendes Zucken noch, dann krümmt sich sein Körper und wird steif. Die Kiemen zittern, das Maul klafft auf, die Augen starren geradeaus. Das Tier, so viel weiß Michael, will sprechen.

Eines Morgens im letzten Sommer waren Pop und er draußen, um Hummer zu fangen. Mit demselben Boot übrigens. Michael war derjenige, dem die Vögel zuerst auffielen. Zu Dutzenden kreisten sie kreischend über einem leeren Dory.

Die Möwen sind Gottes Augen, erklärte Pop. Denen entgeht nichts.

Das Dory hatte die hellbraune Farbe von Lukey Dwyers Boot. Sie ruderten heran, und tatsächlich – er war es, sechs Fuß unter den Wellen und mit dem Arsch nach oben. Irgendwie hatte er sich im eigenen Netz verfangen und war über Bord gekippt. Pop zog das Netz ins Boot, und als Lukey sich im Wasser umdrehte, stieg aus seinem offenen Mund eine Luftblase auf, wie ein Schrei. Er war vollkommen aufgedunsen, und seine Mütze saß ihm fest auf dem Kopf. Sie hievten ihn an Bord, ließen das Wasser aus ihm rinnen, soweit das möglich war, und lehnten ihn gemütlich gegen die Ruderbank. Dann meinte Pop, daß es nur anständig wäre, wenn sie das Netz mit den gefangenen Fischen einholten – zum Wohl von Mrs. Dwyer. Es hätte keinen Sinn, die Fische vergammeln zu lassen. So machten sie sich an die Arbeit und stapelten gut einen Zentner Kabeljau auf Lukey Dwyers Ölzeug.

Lukeys Gesicht war fleckig wie der Bauch der Fische, die ihn zudeckten. Aus dem offenstehenden Mund schaute rosa Zahnfleisch hervor. Die Augen waren weit aufgerissen, der Gesichtsausdruck eines Mannes, der unbedingt sprechen wollte, der etwas zu sagen hatte, das so ungeheuer wichtig war, daß Pop schließlich in beiläufigem Ton und sogar halb in der Erwartung einer Antwort fragte: »Na, Lukey, erzähl's uns – was ist so merkwürdig und aufregend? Was hast du da unten gesehen?«

Obwohl Michael letzten Sommer noch ein Kind war, ein gedankenloser Junge, so fiel ihm doch schon damals etwas Eigenartiges auf. Jeder tote Kabeljau hatte genau denselben Ausdruck, als bestätigten sich Lukey und der Fisch gegenseitig voll anteilnehmendem Entsetzen: »Ja, ja, ich weiß. Ich kenne mich aus.«

Die Schnur scheuert schon wieder.

Gus grinst wie eine Katze. »Beim heiligen Jesus. Den gottverdammten Fisch haben wir gleich.«

Er wickelt die Schnur auf, bis er einen Seeskorpion über Bord zieht. Der fette Fisch schlägt überhaupt nicht um sich, sondern bleibt ruhig auf den Planken liegen, fast wie ein Geleeklumpen. Seine riesigen Augen treten hervor, seine gehörnten Kiemen blähen sich auf. Beide Lippen sind vom Haken durchbohrt worden.

Wish intoniert:

> »Ach, die reinste Plackerei,
> doch dem Fisch ist's einerlei.«

Er legt die Flinte beiseite und klettert vom Bug herunter. Dann klemmt er das Tier mit dem Fuß fest und reißt ihm den Haken aus dem Maul, wobei er ihm die Lippen zerfetzt. Sorgfältig darauf bedacht, sich nicht an den Stacheln zu verletzen, packt er den Seeskorpion am Schwanz und fängt an, mit der Schlinge der Schnur auf seinen Unterleib einzuschlagen. Krampfartig schluckt das Tier die frische Morgenluft und bläht sich auf wie ein Ballon. Wish grölt:

> »Schnelle, Nelly Pelly, schnelle,
> macht den Bauch dir schwelle?«

Er wedelt mit dem aufgeblähten Seeskorpion vor seinem Kopf herum und ruft: »Nun, mein Sohn, mach's wie Jesus! Spring da rein und *laufe*!« Er schleudert das schwere Tier in einem aufsteigenden Bogen in Richtung Meer. Es klatscht auf dem ruhigen Wasser auf, wo es wie ein Korken schaukelt. Unbeholfen und verwirrt paddelt es mit den Flossen – ein Tiefseefisch, der nicht weiß, wie es ihn an die Oberfläche verschlagen hat.

Pop mag sie nicht. Krötenfische nennt er sie. Huren mit Hörnern. Er schwört Stein und Bein, daß sie nie sterben. Michael sieht dem in Richtung Irland treibenden verstümmelten Fisch nach. Er stellt sich vor, daß er nun in alle Ewigkeit mit den Strömungen des Atlantik wandert, für immer verloren, für immer freund- und heimatlos.

Die Schnur strafft sich mit einem gedämpften Heulen und schneidet eine tiefe Kerbe ins Holz. Gus fährt zusammen, stolpert und stürzt fast ins Wasser.

»Ein richtiges Monster«, meint Wish.

Gus erlangt das Gleichgewicht zurück, beugt sich vor und hält die Schnur vom Boot weg. Mit dem Zeigefinger testet er, wie straff sie ist – sie gibt nicht nach. Vorsichtig versucht er, sie einzuholen – sie läßt sich nicht bewegen, ja, der Kahn bekommt vom Zug sogar Schlagseite.

Michael würde gern ins Wasser schauen, aber er hat Angst vor dem, was ihn aus der Tiefe anglotzen könnte. Eins nach dem anderen jagen alle möglichen Tiefseeungeheuer durch sein Bewußtsein.

Er stellt sich vor, es sei ein gewaltiger Rochen, der da unten an der Schnur zerrt, wie der eine, den Pop in seiner Jugend auf den Banks am Haken hatte und mit dem er heute noch prahlt. So breit wie ein Altar sei er gewesen, und so zäh, daß er ihm mit dem stumpfen Ende seines Beils zwischen die Augen hätte schlagen müssen, um das Zucken seiner Flügel endlich abzustellen. Oder es ist ein Tintenfisch mit fünfzehn Fuß langen Fangarmen – Michael sieht das Ungeheuer vor sich –, so wie das fette Vieh, das Joan vor dem Admiral's Beach 1927 erbeutet hat. Das war noch vor Michaels Geburt. Auch an das Monster, das Caseys Angelhaken geschluckt hat, muß er denken. Das ist erst vier oder fünf Jahre her. Es zog sein Motorboot hinter sich her, bis kein Land mehr zu sehen war, und stellte sich zu Caseys Leidwesen bei seinem Auftauchen nicht als der größte Hai aller Zeiten heraus, sondern nur als deutsches Unterseeboot. Und schließlich versucht Michael sich die Nixe auszumalen, die Johnny the Light auf dem Gallows Beach gesehen haben will, wo sie mit nackten Brüsten in der Sonne gelegen habe. Voller Schrecken erinnert er sich außerdem an den Grindwal, der sich ausgerechnet unter diesem Boot herumwälzte. Der wog bestimmt eine Tonne. Immer wieder streifte er es unten mit dem Rücken, so daß Michael vor Angst ganz schlecht wurde, brach schließlich vor dem Heck aus dem Wasser und stieß dabei eine weiße Fontäne fauligen Dampfes aus, als würde der Teufel aus der Hölle fahren.

Bei Gott, wenn du die Angelschnur in die Dunkelheit wirfst, weißt du nie, wer sie zu fassen bekommt, was für entsetzliche Dinge du weckst und ans Licht holst.

Gus zieht mit aller Kraft. Der Kahn neigt sich fast bis zur Bordkante, tanzt wie wild um die Schnur und dreht sich einmal um sich selbst. Michael weicht erschrocken zurück.

Gerade als das Boot tatsächlich zu kentern droht, geht ein Zittern durch den Rumpf, und es richtet sich wieder auf. Die Schnur ist gerissen.

Gus birgt wütend den Rest. Über die Kante gleitet wie der Schwanz einer Bisamratte, schlaff und ohne Kabeljau, das zerfetzte Ende, von dem nur noch ein paar Tropfen Nordatlantikwasser herabperlen.

In sprachlosem Mißmut stiert Gus ins Meer hinunter und studiert das Wasser um das Boot herum, als könne das Ding – was immer es sein mag – doch noch auftauchen. Als Wish zu kichern anfängt, bedenkt er ihn mit einem giftigen Blick. »Los, macht schon!« knurrt er. »Wir hauen aus dieser gottverlassenen Scheißgegend ab!«

Wish widerspricht ihm nicht. Er steigt auf den Bug, packt das Tau und löst den Anker mit einem Ruck von seinem Halt auf dem Meeresboden. Ächzend und stöhnend müht er sich weiter ab, bis die Eisenkralle, tropfend und mit stinkendem Seetang behangen, gegen den Bug scheppert. Gus bringt mittlerweile die Ruder in den Dollen an, stemmt die Füße gegen die Leiste und hält sich bereit. Gleich darauf nimmt auch Wish hinter ihm seinen Platz ein. Am Anfang schaufeln die Ruderblätter ungeschickt im Wasser herum, doch bald tauchen sie synchron ein, und die Dollen knarzen in harmonischer Eintracht, während die Blätter nach jedem Schlag kurz innehalten, wie um ihr eigenes Werk zu bewundern. Das Boot schlingert kurz, dann holpert es über die Wellen davon.

»Cox!« schreit Gus in Michaels Richtung. »Halt auf die Sandbänke zu!«

Michael übernimmt gehorsam das improvisierte Steuer, dreht sich dann aber zu seinen Kumpeln um und beobachtet sie.

Wish und Gus haben immer noch dasselbe Gesicht wie damals, als sie zusammen Ministranten waren (alle drei wurden im gleichen Frühjahr geboren – Söhne des Feuers, scherzt Pop). Michael stellt sich vor, sie würden sich in roten Ministrantenröcken und mit Spitzen bestickten Chorhemden in die Ruder hängen. In seiner Phantasie sind sie ewige Kinder. Doch mitten in jedem Schlag verdecken ihre um die Ruder geklammerten Fäuste ganz kurz ihre Gesichter. Die Finger sind knotig, wettergegerbt und schwielig – das sind die Hände von ausgewachsenen Fischern. Bei jedem Schlag werden Gus und Wish alt, und Michael rechnet schon damit, daß früher oder später nicht mehr die Gesichter seiner Kumpel zum Vorschein kommen, wenn ihre Fäuste sinken, sondern die ihrer Väter.

Obwohl Michael das Boot entlang des Riffs nach Süden auf den Eisberg zusteuert, schielt er stets nach Steuerbord zur Gemeinde hinüber.

Es ist ein Bild himmlischen Friedens. Keine Bewegung, bis auf den Rauch, der sich aus dem Schornstein der blauen »Salzkiste« kringelt. Als das Boot dann die Mündung der Bucht überquert, sieht er, wie sich die Landschaft zu beiden Seiten der Siedlung dehnt und verzerrt. Das Haus dagegen scheint sich merkwürdigerweise nicht zu verändern. Seine Fassade erinnert Michael unwillkürlich an ein Tabernakel.

Zügig nähert sich das Boot dem Eisberg, dessen gezackter Turm kühn in den Himmel ragt. In der Stille seines Windschattens surrt plötzlich die Luft in der elektrisch aufgeladenen Kälte. Michael zieht sich das Ölzeug enger um die Schultern. Wie eigenartig, denkt er, wie beängstigend, daß wir so dicht an ein solches Ungetüm heranfahren, das wir nur aus der Ferne kannten.

Leewärts ruht im stillen Wasser ein Gehege aus Fässern und Korken – eine Reuse. Über ein langes Kabel ist sie an einem verrosteten Haken verankert, der in den Felsen am Fuße des Foot gehauen wurde. Die steinerne Vogelscheuche des Naked Man steht Wache.

»Dieser schlaue Fuchs von Casey!« spuckt Gus ins Meer. »Der riecht, wo die Fische sind!«

»Tja, die Kerle mögen eben kaltes Wasser«, brummt Wish.

Der Bug schiebt sich zwischen die Korken; das daran aufgehängte Netz wird in der Tiefe unsichtbar. Diese Wände und Ekken verleihen der Reuse den Anschein eines überfluteten Hauses, andererseits schlängelt sich das Netz gespenstisch mit der Strömung – es könnte genausogut eine lebende Membran sein. Es könnte auch ihn in die Tiefe locken. Fische, die sich in den Maschen verfangen haben, hängen leblos dort unten.

In der Mitte des Pferchs ziehen Gus und Wish die Ruder ins Boot, und es driftet im stillen Wasser, einen Gewehrschuß vom Eisberg entfernt.

Wish dreht die nächste Runde Zigaretten.

»Komm zum Onkel Doktor«, lockt Gus den Kabeljau. Dann sticht er ihm mit Daumen und Zeigefinger in die Augen, durchbohrt so das Gehirn und knallt ihn auf die Ruderbank. Das Tier zuckt noch. Mit der freien Hand tastet Gus in der Back hinter sich, bis er das Messer findet. Mit einem sauberen Schnitt schlitzt er dem Fisch die Kehle und vom Kopf bis zum Schwanz den Bauch auf.

»Möge der Herr sich deiner Seele erbarmen.«

Mit bloßen Fingern reißt er die Leber und das, was von den restlichen Eingeweiden übriggeblieben ist, heraus. Als er die Schwimmblase herausschält, ertönt ein Geräusch wie beim Zerreißen eines Kartons. Das alles zusammen ergibt eine Handvoll Abfälle. Nachdem er sie ins Wasser geworfen hat, drischt er den Kopf gegen die Kante der Ruderbank.

Über ihnen tauchen aus dem Nichts drei Möwen auf. Kreischend kreisen sie in der Luft, stürzen herab, tauchen unter, raffen den Fischmüll an sich und fliehen mit stolzen Flügelschlägen und der Beute im Schnabel zur offenen See, wo sie sich im Dunst wie durch Magie in Luft auflösen.

Gus klappt den Kadaver feierlich auseinander, als wäre er ein Gebetsbuch und schwenkt ihn im Wasser. Dann packt er ihn am Kopf und reißt ihm die Zunge ab. Im Stauraum findet er ein Stück Maschendraht, an dem er die Zunge aufspießt.

Er zwinkert Michael zu. »Schließlich müssen wir wissen, wie viele wir gefangen haben.«

Gus verhakt nun einen Finger unter den Kiemen des Fischs, reißt ihm den Kopf ab und schnippst ihn in die See. Die Zähne erinnern Michael an die gespenstische Reihe von Kabeljaukiefern, die im Holzschuppen über der Tür an die Wand genagelt sind. Wenn sie in Mondscheinnächten leuchten, könnte man meinen, sie wären vom Himmel gefallen.

Michael sieht zu, wie der Kopf versinkt. Aus allen Richtungen tauchen aus dem Nichts kleine kaulquappenähnliche Schatten auf. Erst nähern sie sich schüchtern und beschnuppern das tote Gesicht. Dann sieht Michael, wie kleine Fleischstücke weggerissen werden. Der Kopf zuckt und kippt. Michael verfolgt, wie die kleinen Schatten ihn wütend abküssen, bis sie allesamt in der Düsternis verschwinden.

Michael will weg von hier. Träge, damit seine Freunde nichts merken, rudert er den Kahn aus dem Bereich der Fässer heraus.

Das Boot kriecht über die glatte See auf die Eismauer zu. In der Morgensonne blendet das Eis, und das grelle Licht strahlt spürbar Wärme auf die Jungen ab. Der sitzt fest, denkt Michael. Jetzt ist der Eisberg dem tödlichen Werk von Mond und Gezeiten ausgeliefert.

Am blauen Himmel über dem Gipfel ziehen von Westen her Wolken heran.

Ein schwaches Bimmeln dringt an Michaels Ohr. Über das Wasser hinweg glaubt er die Nonne zu sehen. Sie schwingt die Handglocke.

Wie von Fäden gezogen strömen bunte Flecken durch das Schultor.

Die Glocke verstummt wieder.

Die Messe ist aus. Es muß fast neun Uhr sein.

Father MacMurrough taucht aus dem Innern der Kirche auf; eine hagere Gestalt, schreitet er über den Treppenabsatz. Eine dunkle Silhouette – das ist selbst auf diese Entfernung unverkennbar Johnny the Light – schlurft durch das Ödland auf den Friedhof zu. Der Schlaglochflicker mit seinem Klepper und Karren hat es mittlerweile fast zum blauen Haus geschafft. Der Stuhl auf dem Dach ist immer noch leer.

Michael fixiert die Hintertür. Wie durch ein Wunder – als wüßte sie, daß er hinschaut – geht sie genau in diesem Moment auf. Aber gleichzeitig beschreibt der Kahn eine Drehung; das Haus treibt hinter die Kante des Eisbergs und taucht nicht mehr auf.

Damit verschwinden auch die Schule, die Kirche, das *Octagon*, die Schmiede und alle anderen Häuser aus seinem Blickfeld. Das einzige, was hinter der Eisklippe von der Gemeinde noch übrigbleibt, sind der Head und der Leuchtturm, der ihn krönt.

Nun bimmelt schon wieder die Schulglocke los, aber aus der entgegengesetzten Richtung – natürlich, das Echo wird ja von den Felsen der Freshwater-Klippen zurückgeworfen. Als der Glockenklang erstirbt, hört Michael nur noch das Geräusch der Flut, die sich am Unterteil des Eiskolosses reibt.

Michael läßt die Hand in der See treiben; das arktische Wasser fühlt sich blutwarm an. Erneut wagt er einen Blick nach unten und sieht eine Kette zerklüfteter Gipfel und bedrohlicher Gräben, die sich im Dunkeln verlieren. Erst meint er, sie hätten das Riff vor sich, aber das kann nicht stimmen, denn dieses neue Gebilde leuchtet in einem gespenstischen Blau.

Es ist das Eis. Das blaue Licht pulsiert sanft und mit einem Glimmen, wie man es sonst vielleicht nur noch in einer mitternächtlichen Kathedrale finden könnte.

Sehnsucht bemächtigt sich plötzlich des Jungen, der Drang, die Sicherheit des Bootes preiszugeben, lautlos über Bord zu gleiten und in die See, in den furchterregenden blauen Grund der Liebe hinabzusinken.

* * *

Mary streckt ihre nackten Arme in der Sonne aus. Ginge jemand auf der Straße vorbei, würde er glauben, sie spiele Jesus am Kreuz. Er würde meinen, sie mache sich über das Kruzifix lustig. Aber heute ist es Mary egal, was die Leute denken.

An diesem Morgen erstrahlt das Moor mit seinen Schrumpfäpfeln, Himbeeren, Blaubeeren und seinen mit Löwenzahn, Glockenblumen und Margeriten übersäten Wiesen in einem herrlichen Licht. Wenn sie nur keine Schule hätte, wenn nur heute schon morgen wäre, dann würde sie Beeren, wilde Minze oder irgendwelches sonstige Zeug sammeln. Den ganzen Tag lang würde sie durch das Moor streifen, kreuz und quer von einem Grashügel zum nächsten springen. Sie würde sich auf einem bequemen Felsen niederlassen, die Schuhe ausziehen und die Füße in den seidigen, kalten Sumpf tauchen. Wenn niemand in der Nähe wäre, würde sie den Rock bis zur Unterwäsche anheben und sich die langen Beine von der Sonne wärmen lassen. Das wäre aufregend. Heute morgen ist sie ja noch ein Kind. Darum hat sie das Recht dazu.

Sie springt hoch und dreht sich in der Luft, daß ihr perlweißes Sommerkleid sich bauscht und die Sonne auf ihre Schenkel brennt. Auch ihre Haare fliegen in die Höhe und streifen den Flieder. Heute hängen die Blüten so schwer wie Kirschen herab und schwängern die Luft mit ihrem fruchtigen Hauch. Mary fährt mit der Nase über die Dolden; sie riechen wie der Weihrauch in der Kirche. Der Duft zaubert ein anderes Bild herbei: vom Priester, der feierlich das Hauptschiff hinunterschreitet, während sein Rauchfaß im selben langsamen, gleichmäßigen Rhythmus wie die große Glocke pendelt. Doch sie verscheucht das Bild sogleich wieder. Ausgerechnet diesen Tag soll kein trüber Gedanke überschatten. Denn heute ist der Tag, an dem es geschehen wird. Noch bevor die Sonne untergeht, wird sie es wissen. Und wenn sie es weiß, dann ist sie endlich erwachsen.

In ihrem Zimmer ließ Mary heute morgen den Schlafanzug zu Boden fallen und stellte sich vor den großen Spiegel auf dem Waschgestell. Und als sie sich von Kopf bis Fuß musterte, konnte sie in ein und demselben Moment die Spuren des Abschieds vom Kind und der Ankunft der Frau ausmachen. Der Anblick erinnerte sie an die Bilderrätsel in ihrem Lexikon: Ist das eine Vase oder sind es die Silhouetten zweier Gesichter? Am Anfang verwirrte sie ihre Erkenntnis ein wenig. Unwillkürlich fragte sie sich sogar, ob es überhaupt schicklich wäre, daß sie ein Erwachsenenkleid anzog. Das Kleid hatte sie von ihren Cousinen in den Boston States geerbt, die längst daraus herausgewachsen waren. Seit der ersten Klasse trägt Mary in der Schule nur immer eine triste graue Uniform. Schwester Valentine sagte einmal dazu, die Mädchen würden darin wie Postulantinnen aussehen – als ob das ein Kompliment wäre.

Heute bleibt ihr dieser Kartoffelsack erspart, Gott sei Dank. Es ist der letzte Schultag. Wie auch immer – als sie das Kleid vor dem Spiegel zuknöpfte, war ihr erster Gedanke, daß sie darin wie eine andere Person aussehen würde; wie eine Fremde.

Aber dann kam die Frau zur Tür herein, glotzte Mary an und verkündete prompt, das Kleid sei zu gut, um heute getragen zu werden. Sie solle es wegsperren und fürs Grab aufheben. Mary antwortete nichts darauf. Sie wollte keinen Streit anfangen. Nicht heute. Wortlos klemmte sie den Spiegel unter den Arm und rauschte aus dem Zimmer. Die Frau quasselte unterdessen hinter ihrem Rücken weiter, wie sie es immer tat: »Hör zu, Mädchen, beeil dich gefälligst, bevor alles zu spät ist. Die Glocke hat schon geläutet. Am Ende verpaßt du noch was.«

Mary achtete nicht darauf. Sie trug den Spiegel in den Garten und lehnte ihn gegen die Esche. Und dort, unter der heißen Sonne, umweht vom Duft des Flieders, begutachtete sie sich noch einmal. Sie will das Licht so hell wie möglich haben. Sie will wissen, wie sie den ganzen Rest ihres Lebens aussehen wird.

Das Licht prallt vom Spiegel ab und sickert durch das Kleid. Ihr Oberkörper ist unter der Baumwolle nackt, und sie spürt die warme Sonne durch den Stoff. Noch ist die Wölbung so gering, daß sie bislang kein Mieder gebraucht hat. Bei Alice ging es letztes Jahr in der zehnten Klasse los. Und Moira mit ihrem großen Busen trägt seit ihrem dreizehnten Geburtstag eins. Alle sagen, Mary sei wie der Sommer in diesem Jahr – eine Spätzünderin. Die Sonne streichelt ihre Haut; sie fühlt sich an wie die Wellen im Teich. Das bringt sie dazu, sich vorzustellen, daß sie eigentlich ganz gern eine Nixe wäre. Im Laden bekam Moira einmal mit, wie Johnny the Light sich über die Theke beugte und Casey zuflüsterte, daß er eine gesehen habe, eine *von denen*. Das Geschöpf hätte ein Sonnenbad genommen, splitternackt, auf dem Gallows Beach unter dem Leuchtturm. Laut Moira holte Casey sofort sein Fernrohr, stellte sich ans Fenster und bekam erst Stielaugen und dann ein langes Gesicht.

Neben ihr liegt der Kater auf einem Stein und streckt genüßlich den Kopf in Richtung der Sonne. »Du hast es gut«, sagt Mary laut, als könne das Tier sie verstehen. »Du hast es gut. Du kannst den ganzen Tag lang auf einem heißen Felsen sitzen und die herrliche Sonne in dich aufsaugen. Ich wünschte, ich hätte Zeit dafür.« Ein roter Schmetterling flattert vorbei. Der Kater fährt hoch und pirscht ihm nach. Wie ein Löwe schleicht er sich durch das Gras. Als der Schmetterling sich in die Erlen rettet, geruht der Kater das Mädchen wahrzunehmen und kommt auf sie zugesprungen. Schnurrend reibt er das Fell an ihren Knöcheln.

Mary kauert sich nieder und krault ihn am Genick. Ihre Finger fühlen die dunkle Wärme. Doch als sie ihm den Bauch streichelt, wird ihre Hand ganz kalt und feucht vom Tau.

Ja, jede Menge Zeit.

Plötzlich sieht der Kater sein eigenes Bild im Spiegel. Fauchend legt er die Ohren an und weicht zurück.

Da schaut auch Mary in den Spiegel und bekommt selbst einen Schreck. Das Glas verzerrt ja alles. Es läßt weit entfernte Orte ganz nah erscheinen. Der Felsblock auf dem Gipfelgrat steht hart und gerade vor wie eine Brustwarze – normalerweise verliert er sich im Dunst. Die Biegung der Küste zeichnet sich so deutlich hinter ihr ab, daß Mary meint, sie könne mit der Hand darüber streichen. Wolken treiben mit einem schwachen Westwind vorüber und ziehen von den Felswänden der Gaff Topsails herab. Mary stellt sie sich als fliegende Schneebänke vor. Sie dreht den Spiegel so, daß sie den Weg der Wolken im Glas verfolgen kann. Sie segeln über ihren Kopf hinweg, gleiten weiter zur Gemeinde, zum Strand, am Leuchtturm vorbei und auf den Nordatlantik hinaus. Sie malt sich aus, wie die Wolken den ganzen Weg bis nach Irland fliegen.

Unter der Neunuhrsonne kräuselt sich das Meer blau und grün. Der neue Eisberg glitzert wie ein Diamant. Bilder aus ihrem Traum ziehen ihr durch den Kopf.

Gestern abend kamen Alice und Moira vorbei, um mit ihr ihren Glückskuchen zu backen. Sie warteten, bis die Kleinen im Bett lagen, denn für eine so wichtige Aufgabe brauchten sie Ruhe und Frieden. Und Ruhe und Frieden hatten sie auch – zumindest bis die Frau runterkam, nachdem sie das Baby ins Bett gebracht hatte. Sie setzte sich hinter den Küchentisch, blieb dort die ganze Zeit und legte verschiedene Patiencen, aber wie immer schummelte sie kräftig. Zwischendurch rief sie den Mächen zu, welche Form sie nehmen sollten, wieviel Backpulver sie bräuchten, wie viele Holzscheite sie ins Feuer geben müßten und was sonst noch so anfiel. Und ständig schärfte sie ihnen ein: »Kein Wort, hört ihr, nicht ein Wort!«

Mary staunte über sich selbst, weil sie sich zum erstenmal seit weiß Gott wie lange etwas von der Frau sagen ließ. Alice und Moira hörten ebenfalls auf sie, so daß kein Laut über ihre Lippen kam, bis der Teig geschlagen, der Ofen eingeschürt, der Kuchen gebacken und ausgekühlt war und sie sich damit an den Tisch gesetzt und ihn in drei große Stücke zerteilt und bis auf den letzten Krümel aufgegessen hatten.

»Jetzt«, sagte die Frau, »jetzt dürft ihr wieder sprechen.« Die Mädchen hatten so viel in sich aufgestaut – als hätten sie eine Ewigkeit mit angehaltener Luft unter Wasser ausgehalten –, daß sie nun natürlich nicht mehr zu bremsen waren. Fünf Minuten lang gab es nichts als Gekreische und Gekicher. Als sie sich halbwegs beruhigt hatten, teilte die Frau die Karten aus, und sie begannen zu viert eine Partie Bridge zu spielen.

Die erste Runde war noch nicht beendet, als sich Moira und Alice schon in die Haare kriegten. Jede hatte ihre eigene Meinung über Glückskuchen, Marienkäfer, Schals, Eier und weiß Gott was noch alles. Aber inzwischen gab Mary nicht mehr viel auf die Meinung der zwei Mädchen. Sie ignorierte sie schlichtweg. Auch wenn sie die Stimme der Frau in der letzten Zeit kaum noch ertrug, hatte Mary gestern nur ihre Einwände gelten lassen. Soviel sie wußte, war die Frau schließlich die einzige in diesem Kreis, die die Zukunft richtig vorhergesehen hatte. Und sie, Mary, war der lebende Beweis dafür.

Wie auch immer, das einzige Problem war, daß die Frau zu allem, egal, was vorgeschlagen wurde, ständig rief: »So ist es richtig! Genau, so wird's am Mittsommertag gemacht!« Als schließlich Alice ihr Herzas auf den Tisch knallte, die Münzen einstrich und sie lachend die Karten zusammenpackten und Wasser für den Tee aufsetzten, war Mary um keinen Deut klüger als zuvor.

Sie schirmt die Augen gegen die im Spiegel reflektierte Sonne ab und beobachtet im Glas, wie die Wolken über den Eisberg treiben. Der Traum, den ihr der Kuchen beschert hat, kommt ihr vage in den Sinn, löst sich aber genauso schnell wieder auf. Das einzige, woran das Mädchen sich halten kann, sind verschwommene Fragmente: Schatten von weißen Bergen, Vorstellungen vom Fliegen.

Im Schulhof drüben schwingt die Nonne die Glocke so furios, daß das nur eines heißen kann: letzter Aufruf. Mary dreht den Spiegel so, daß er die Schule und das Moor einfängt. Sie erspäht die dunkle Gestalt der Nonne im Türrahmen. Auf die Entfernung sind ihre Armbewegungen und die Glockentöne nicht mehr synchron, als gehörten sie nicht zusammen. Die letzten Nachzügler strömen plappernd und kreischend durch das Tor in den Schulhof. Im ersten Stock schreitet der dürre Priester über den Treppenabsatz. Nun schlägt die Nonne das Tor hinter sich zu.

Einen Wimpernschlag später erreicht das körperlose Scheppern Marys Ohr.

Vom vielen Schauen in den Spiegel verliert sie ganz die Orientierung. So läßt sie ihn unter der Esche stehen, wandert zum Sägebock hinüber und setzt sich rittlings darauf. Mit tiefen Zügen atmet sie den kühlen, grünen Geruch des Sägemehls ein. Die Zaubersonne, die Vater letztes Jahr auf die Hühnerstalltür gemalt hat, leuchtet ihr grell ins Auge. Das Mädchen stellt sich vor, wie die Hennen gemütlich im Dunkeln dösen. Allein bei dem Gedanken wird ihr ganz wohlig zumute. Obwohl es spät wird, steigt sie vom Bock und zwängt sich unter dem niedrigen Querbalken in den Hühnerstall.

Die Hennen gurren und gackern. Die Luft hier drinnen ist schwer und warm und riecht säuerlich. Der Geruch der Federn erinnert Mary an ihr Bett. Sie gähnt. Als ihre Augen sich an die Dunkelheit gewöhnt haben, schiebt sie die Hand unter eine der Hennen und zieht ein dickes braunes Ei hervor. Es ist warm. Eine Weile hält sie es mit beiden Händen, als wolle sie ein Küken wiegen. Weil die Henne verärgert gackert, legt Mary es vorsichtig zurück.

Als sie blinzelnd wieder ins Licht tritt, steht nur noch der Priester vor der Kirche. Die Kleinen sind alle von der Schule verschluckt worden. Jetzt muß sie sich beeilen, wenn sie nicht schwänzen will.

Mit ihren langen Beinen galoppiert sie über das sanft abfallende Gelände auf den Kiesweg zu. Ihr Gang erinnert ein wenig an den eines Fohlens.

Auf dem Weg stellt sie erfreut fest, daß die Schlaglöcher aufgefüllt wurden. Die feuchten, orangebraunen Lehmkleckse heben sich farbenfroh von dem grauen Einerlei der Kiesel ab. Sie springt über die Flecken hinweg, so wie sie bei Himmel und Hölle die verbotenen Quadrate vermeidet. Ab heute gibt es nichts mehr, was sie, Alice und Moira, daran hindern könnte, jeden Tag den ganzen Vormittag zu spielen. Der abgestandene Geruch des Lehms kommt Mary irgendwie vertraut vor, und sie beschnuppert ihre Fingerspitzen. Ja, trotz der vielen Düfte des Tages nimmt sie immer noch Spuren davon wahr – Spuren ihres eigenen Frauengeruchs.

Mary spreizt die Beine, springt hoch und dreht sich in der Luft, so daß ihr Kleid sich bauscht. Mit dem Gesicht nach Westen landet sie wieder auf der Erde. Einfach nur so, zum Spaß, erstarrt sie in dieser Stellung. Mit keinem Muskel will sie zucken, solange ihre Augen nicht sämtliche Krümmungen der Straße erfaßt haben.

Vom Kreuz an, bei dem der Kiesweg von der gepflasterten Straße abzweigt – die in beide Richtungen verläuft, weiß Gott wohin –, folgt der Weg der Stromleitung, weicht erst dem Wasser aus, um dann doch tief in den Abgrund zu fallen, klettert wieder die Klippenfelsen hinauf, zwängt sich zwischen den Zäunen und der Flutlinie weiter, beschreibt einen Bogen um Moiras Haus, das von Alice und Dutzenden anderen, bis er schließlich hier, genau unter Marys Füßen, vor ihrem Haus ankommt.

Sie stellt einen Fuß auf ein mit weichem Lehm ausgebessertes Loch, und der Schuh versinkt darin. Mit lauter Stimme sagt sie: »Hier bin ich.«

Unter der Sonne sticht die blaue Holzverschalung klar und deutlich hervor wie die Schuppen eines unheimlichen Meerestiers. Der Rauch aus dem Kamin zieht in Spiralen über ihren Kopf hinweg auf den Ozean zu und vermischt sich mit den Wolken. Mühelos kann Mary den Singsang der Frau durch das offene Fenster hören. Sie könnte auch die Bedeutung ihres Geplappers erraten, aber sie will nichts davon wissen – nicht an diesem Morgen.

Auf ihrem Fensterbrett glitzert der Glasbecher. Von hier unten sieht er aus wie ein eingerahmtes Foto. Mary denkt an die Gestalt des Schoners, die das Eiweiß heute morgen angenommen hat, und sagt laut: »Welcher soll es sein?«

Erneut springt sie hoch und dreht sich in der Luft. Jetzt folgen ihre Augen der Straße auf dem Weg nach Osten.

Wieder jagt der Kiesweg die Stromleitung und schlängelt sich vorbei am Kai und den Fischerschuppen weiter durch das Moor und über die Brücke, passiert die Academy Hall und den Palast auf dem kleinen Hügel, führt über den Kirchenplatz, durch das Schultor und vorbei an den Läden im *Octagon*, an dem Admiral's Beach und der Schmiede. Ein gutes Stück weiter unten erreicht der Weg den Friedhof. Dort trennt er sich von der Stromleitung und windet sich durch abgelegene, zaunlose Felder, auf die Mary in ihren ganzen sechzehn Lebensjahren noch nie einen Fuß gesetzt hat. Irgendwo dort hinten, hat sie gehört, soll der Weg in einen Pfad übergehen, dann zu einem Trampelpfad schrumpfen, um schließlich in der Wildnis hinter dem Leuchtturm ganz zu enden; vielleicht rutscht er einfach ins Meer hinab.

Wer immer er ist, er muß *irgendwo* sein. Er muß einfach.

Als die Frau gestern abend die Karten austeilte, redete sie wie gewöhnlich wie ein Wasserfall, auch wenn es nur um eine banale Tatsache ging. Beispielsweise sagte sie: »Klar, der Wasserbecher ist nicht schlecht – wenn ihr nichts als seinen Beruf wissen wollt. Aber wenn ihr seine Initialen erfahren wollt, dann braucht ihr den Morgentau, Mädchen. So viel sage ich euch umsonst: den Morgentau.«

Mary haßt es, an Leuten vorbeizugehen, ohne sie zu grüßen. Das sind schlechte Manieren, die eigentlich nur Fremde zeigen. Sie winkt allen zu: den Kleinen, die im Heu herumtollen; Mrs. Hanly, die Salzfische auf den Stellagen wendet; Mrs. Coady, die im Kartoffelacker Unkraut jätet; Mrs. Byrne und Mrs. Corbett, die sich eine Pause gönnen und über den Zaun hinweg miteinander schwatzen; dem alten Captain Joy, der Wasser trägt; Mr. Cleary, der seinen Garten umpflügt; Missus May, die für ihn Seetang herankarrt, und Mr. Slatery, der Feuerholz hackt. Wie immer sieht sie zuerst das Beil das Scheit zerhacken, ehe sie eine halbe Sekunde später das dumpfe Plop und das Splittern hört. Sie flüstert laut:

»Hackste Scheite am Sonntag,
haste 'nen Buckel am Montag.«

Das bringt sie ganz durcheinander. Sie bleibt mitten auf der Straße stehen und überlegt, welcher Tag heute überhaupt ist.

Im Weitergehen winkt sie den Männern zu, die das Holzgerüst

für Caseys Bungalow hochziehen. Dieses neue Gebäude in der Gegend läßt auch alles andere drumherum frischer erscheinen. Weil sie gehört hat, daß Casey das Haus Jim nennen will, winkt sie und ruft: »Hallo, Jim!« Sie winkt auch den auf den Telegraphendrähten hockenden Spatzen zu. Sogar den Fischerhandschuhen, die auf den Holzpfählen oben zum Trocknen stecken, winkt sie zu und bildet sich ein, sie würden ihren Gruß erwidern.

An der Leeseite des Kais stellt sie fest, daß Ebbe ist, und sucht nach Spuren der Lodden. Da! Ein silbernes Aufblitzen! Aber nein, das Wasser hat sich nur im Wind gekräuselt. Auf dem Kai hocken die Möwen in so großen Scharen, daß der Steg ein eigenes Leben annimmt und ihrerseits in der Sonne Wellen wirft. Die Vögel recken die Hälse, werden unruhig wie Kinder, die Hunger haben. Mary weiß, daß die Möwen von allen Vögeln als erste die Lodden entdecken. Vater hat ihr erzählt, es wären auch die Möwen, die ihm verrieten, wo er das Netz auslegen müsse. Die Augen Gottes, hat er gesagt.

Heute nacht, wenn die Johannisfeuer sie locken, werden die Lodden sich bestimmt endlich aufraffen. Die Männchen werden die Weibchen zum Ufer treiben, dann dort die Eier aus ihrem Schoß herausdrücken und sie besamen. Ja, heute nacht werden die Lodden auf den Sandstränden laichen, sie werden sich wälzen, sie werden nasser glitzern als alle Wasser der Meere.

Die Möwen erinnern Mary wieder ans Heiraten. Den ganzen Frühling lang hat die Frau jedem, der zuhören wollte, bis ins Detail von ihrer Hochzeit erzählt. Mary bekommt die Geschichte praktisch tagtäglich aufgetischt.

Sie heirateten im Frühling. Der Schnee war schon fast geschmolzen. Nach dem Gottesdienst läuteten die Glocken ununterbrochen, und die ganze Gemeinde folgte dem Paar in einer Prozession zum Kai. Die Leute jubelten ihnen zu, und die Männer und Jungen schossen unentwegt mit ihren Gewehren in die Luft. Auf dem Kai erteilte der Pfarrer Braut und Bräutigam den Segen, dann gingen sie an Bord eines herrlichen weißen Schoners. *Happy Adventure* hieß er. Er war frisch gestrichen worden, hatte drei Maste, und seine neuen Segel blähten sich stolz. Das Schiff stach mit einem kräftigen Westwind in See und brachte das junge Paar, das noch immer seine Hochzeitskleider trug, zum Labradorstrom, wo sie den ganzen Sommer lang nach Herzenslust fischen konnten. Das beste war freilich, daß die Möwen sich von ihnen verabschiedeten. Die Vögel ballten sich zu Wolken, die schier die Sonne auslöschten, und boten ihnen Geleit, bis sie die Bucht verlassen und den Head passiert hatten.

»Tja, meine Liebe«, verkündete die Frau ein ums andere Mal. »Heirate in Weiß, dann wird der Erfolg dir immer recht geben.« Danach schaute sie mit einem verklärten Lächeln zum Fenster hinaus und redete erst dann wieder, als sie angesprochen wurde.

Der Feldweg unter Marys Füßen, mit den Kieseln, über die sie in ihrem Leben als Kind wohl mindestens zehntausendmal getrampelt ist, wird auf einmal zum breiten Hauptschiff der Kirche. Sie hängt sich bei Vater ein, und gemeinsam schreiten sie zum Altar. Vor der marmornen Kommunionbank flüstert sie die Strophe, die sie auswendig gelernt hat:

»Aus diesem Grund muß jeder Mann
von Vater und Mutter fortgeh'n,
und in Liebe mit seiner Frau
zu einem Körper sich paaren.«

Vaters Stellage ist mit roten Zweigen übersät. Und sie stinkt nach Salz und verwesten Fischen. Mary kauert sich nieder wie vor dem Bett eines Riesen und schaut zwischen den Beinen des Gestells hindurch.

Als sie klein war, erschien ihr der Schuppen mit der Stellage davor so groß wie ein Haus. Alle Kinder spielten dort. Sie aßen das Gras, das nach Fisch schmeckte, vertrauten einander Geheimnisse an, zeigten sich gegenseitig ihre Pisse und sausten beim Versteckspielen zwischen Fischen, die dicker waren als sie selbst, hin und her. Wenn Vater seine Netze in dem gigantischen Eisenkessel auswusch, der auch heute noch dasteht, drohte er Mary manchmal im Spaß, daß er sie in den Kessel werfen und zum Abendessen kochen würde.

Hinter dem Kessel verrottet der Kahn. Mit dem Bauch nach

unten liegt er da wie ein Sarg. Gebe Gott, daß wir morgen an dieser Stelle einen gelblichen Grasfleck sehen, sinniert Mary. Vielleicht taugt er ja als Feuerholz für den Kessel.

Eine Krähe stolziert über den Kiel und fliegt auch nicht davon, als Mary sich nähert. Statt dessen dreht sie ihr den Kopf zu und verfolgt mit einem Auge, wie das Mädchen vorbeigeht und sich entfernt. Mit einem Blick über die Schulter vergewissert sich Mary, daß der Vogel immer noch da ist. Sein Blick ruht fest auf ihr.

Mary spürt Masse und Form ihres eigenen Hauses im Rücken. Wenn sie sich zum Schauen entschlösse, würde sie den großen Stuhl auf dem Dach sehen, auf dem die Frau jeden Tag sitzt. Er stamme von einem Wrack, behauptet sie. Angeblich war er der Thron des Kapitäns. Aber Mary glaubt das nicht. Es ist schlimm genug, daß sie da oben hockt und unentwegt plappert. Auch wenn sie rumerzählt, sie würde nur mit dem Baby reden, so weiß doch jeder, daß sie Selbstgespräche führt. Und jetzt, da das Wetter so schön ist – Gott sei uns gnädig! – gibt sie dem Baby vor aller Leute Augen die Brust.

Vielleicht, sagt sich Mary, finden sich Holzdiebe, die den Stuhl für das Feuer heute nacht stehlen wollen. Das Dumme ist nur, daß die Frau die Stuhlbeine mit dem Hammer und den größten Nägeln im Haus ans Gebälk gekreuzigt hat.

Der Kiesweg windet sich landeinwärts. Ziellos tritt Mary gegen einen Stein, der sich in den Graben rettet. Sie hebt einen Stock auf und läßt ihn gegen Barrons frisch gestrichenen Gartenzaun klappern. Weil das Glück bringen soll, klopft sie gegen jede dritte Latte. Der stinkende schwarze Hund des Priesters kommt aus dem Moor gekrochen und schnüffelt unter dem Saum ihres Kleides. Aus Angst, er könnte es beschmutzen, droht sie ihm mit dem Stock. Da weicht der Hund zurück.

Das Moor erstrahlt im Licht von lauter kleinen Sonnen, die alle Stengel des Löwenzahns zieren. Die Frau nennt sie Pusteblumen. Bettpisser heißen sie bei den Jungen, die alles einfach nur häßlich machen. Die Mädchen dagegen haben den Namen gefunden, der ihr Wesen genau trifft: Gesichtsuhr. Jeden Morgen halten sich Moira und Alice eine halbgeschlossene Gesichtsuhr unter das

Kinn und erwarten das goldene Aufblühen. Es wäre ein Zeichen dafür, daß sie einen Liebsten haben. Mary wünscht sich, die zwei wären jetzt nicht in der Schule; dann könnten sie es zu dritt versuchen.

Gus Gallant schwört, daß irgendwo hinter dem Moor, beim Friedhof vielleicht, ein Schatz vergraben liegt, von Seeräubern geraubtes Silber und Juwelen, auf denen ein Fluch lastet. Und in den Winternächten erzählen die Erwachsenen Geschichten von Boo Darby, der die Berge heimsucht, dem Schwarzen Knecht, der mit seinem todbringenden schwarzen Sack zwischen den Beeren umherschleicht. Wenn du ein böses Mädchen bist, springt der Darby aus dem Gestrüpp und steckt dich in den Sack und schleppt dich weit, weit weg.

Auf der Brücke geht Mary an Mrs. Pelly vorbei, die nach der Messe auf dem Heimweg ist. Obwohl Mary sie mit einem »Guten Morgen!« grüßt, läuft die Frau weiter, ohne auch nur zu nikken.

Nun, Mary stört das nicht weiter. Mrs. Pelly ist zu sehr auf den Rosenkranz konzentriert. Und sie hat auch guten Grund dafür. Gestern vormittag dehnte Wish Butt seinen Pullover vorn über dem Bauch und grölte:

»Schnelle, Nelly Pelly, schnelle,
macht den Bauch dir schwelle?«

Es gab einmal eine Zeit, als Alice meinte, die Babys kämen aus dem Keller. Moira sagte immer, der Doktor würde die Babys in seiner Tasche mit sich herumtragen. Nun, heute kennen alle drei dank der Frau die Wahrheit. Sie hat sie vorletzten Winter über alles aufgeklärt, als sie im Licht von Öllampen und Kerzen in der Küche hockten, während draußen in der Nacht ein Sturm tobte. Sie war damals selbst schwanger – mit dem kleinen Baby. So waren sie auf das Thema gekommen.

Mary sieht der immer kleiner werdenden Mrs. Pelly nach. Staunend überlegt sie, wie vorsichtig diese Frau jetzt sein muß. Sie kann ja nie den Arm über den Kopf heben, ohne zu befürchten, daß sie das Kind erwürgen könnte, oder an etwas Gutem riechen, weil sonst das Verlangen danach unwiderstehlich würde; und auch einen Krüppel kann sie nicht nachäffen, ohne Angst zu bekommen, daß das eigene Kind vielleicht dasselbe Schicksal erleiden wird. Johnny the Light kommt ihr in den Sinn. Doch der war natürlich nicht als Krüppel auf die Welt gekommen.

Die verrottende Brücke über den Bach schwankt bedenklich, doch Mary stellt sich mit dem ganzen Gewicht auf das Holz. Angst hat sie nicht. Sie schaut in das stehende Wasser hinunter und sieht das Spiegelbild ihrer eigenen wild über die Schultern fallenden Haare. Und hinter ihrem Haar jagen die Wolken einander über den Himmel.

Als sie vier war, nahm Vater sie bei der Hand und führte sie durch das Mittschiff der Kirche. Es war Mittag, die Kirche war kühl und mit den Farben der bunten Fenster getränkt, ihre Schritte hallten wider, und es roch nach Gott. Vor der Kommunionbank hob Vater sie auf seine Schultern und deutete auf eine Statue. Es war die Heilige Jungfrau, die das Jesuskind an ihrer Brust wiegte. »Das bist du«, erklärte er, »Maria höchstpersönlich.«

Zuerst verstand sie das falsch. Sie dachte, er meinte das Kind. Zwar verbesserte er sie lachend, doch sie war noch immer verwirrt. Den ganzen Rest des Tages, der schon so viele Jahre zurückliegt, rätselte sie, ob sie nun ein Kind oder eine erwachsene Frau war.

Eine fette schwarze Katze schlüpft durchs Unkraut. Mary springt aufs Geländer und schleudert den Stock nach ihr. Der Stock fliegt vorbei und verschwindet im Schlamm, der ihn mit einem häßlichen Glucksen aufsaugt.

Von ihrem Standpunkt am Rand des Moors aus kann Mary das Pott-pott-pott-pott eines Motorboots hören. Gleich darauf prallt das Geräusch von einer Klippe zurück, und seine Tonlage verändert sich. In ihren Ohren klingt es jetzt eine Oktave höher als das dumpfe Tuckern, und plötzlich bekommt sie eine Gänsehaut. Das Echo erinnert sie an eine wunderbare Geschichte über eine Nymphe – sie hat sie in dem dicken Buch gelesen –, die sich nach Narziß verzehrte, bis am Ende nichts mehr von ihr übrigblieb, außer ihrer Stimme.

Der herrliche Geruch von frisch gekochtem Teer weht von einem der Dächer zu Mary herunter. Die Eindrücke mischen sich in ihrer Vorstellung; sie bildet sich ein, sie würde die Laute riechen und die Gerüche hören. Und hier in der stillen Luft summt das Licht. Sie hört das Licht, als wäre es Musik – gespielt auf einer Mundharmonika. In der ganzen Gemeinde kann sie es hören: im Blöken der Schafe und ihrer Lämmer auf der Wiese, im Krähen der Hähne, im Japsen der Welpen, in den Rufen all der Krähen, Möwen, Singvögel und Grillen und im Summen der Bienen.

Sie findet die verrostete alte Feldkanone, die die Jungen einmal aus dem Sumpf geborgen haben, wischt einen Käfer weg und setzt sich rittlings auf das Rohr. Das sengend heiße Eisen verbrennt ihr schier die Schenkel. Sie beugt sich über das Visier und schaut, worauf es zielt. Aus purer Boshaftigkeit haben die Jungen das Rohr auf das Kloster gerichtet. Die Bilder im Geschichtsbuch fallen ihr wieder ein. Sie zeigen d'Ibervilles Männer, wie sie jedes Haus am Strand niederreißen. Sie malt sich aus, wie die stattlichen französischen Soldaten in diesem Moment die Straße entlang marschieren und ihre Kanonen um den Knick bei Parsley's Turn bugsieren. Dann stellt sie sich vor, wie der schönste unter ihnen sie in seine starken Arme nimmt und mit sich fortträgt.

Ein winziges Flugzeug schwebt brummend durch die Mündung des Rohrs und reißt sie aus ihrem Tagtraum. Eine Wasserjungfer! Das Insekt stößt auf ihr Gesicht herab, umkreist ihren Kopf und droht sich in ihren Haaren zu verfangen. »Scheißteufelsnadeln«, hat Alice gesagt. »Die nähen dich noch zu.« Moira nennt sie Arschjungfern. Das Tier läßt sich auf Marys Fuß nieder, worauf sie eilig von der Kanone herunterklettert, die Knie aneinander preßt und ihr Kleid fest zuhält, bis das Insekt davonfliegt.

Im Weitergehen überholt Mary den Schlaglochflicker und seinen schmutzigen weißen Hengst. Um beide schwirren dröhnende Wolken fetter Schmeißfliegen. Einmal pro Monat flickt er ihrem Vater das Netz, aber Mary kennt seinen Namen nicht. Sie weiß nicht, ob er alt genug ist, um Kinder ihres Alters zu haben – wie immer verbirgt seine Schirmmütze seine Augen vor ihrem Blick. Sie hat keine Ahnung, ob er eine Frau hat und in was für einer Behausung er schläft. Sie weiß nur, daß er im Landesinneren lebt. Die dürre Gestalt hockt seitlich auf der Deichsel. In der Hand hält der Mann eine Blechtasse. Ab und zu führt er sie an seinen Mund und spuckt etwas Schwarzes hinein. Man könnte meinen, er wolle die gute Straße nicht beschmutzen. Bei jedem Schlagloch dröhnt er: »Brr-ha! Brr-ha!« und der Gaul hält an. Widerwillig stellt der Mann seine Tasse auf die Deichsel und steigt ab. Genauso bedächtig nickend wie das Pferd, trottet er zur Ladefläche, deren hinteres Ende bedenklich herunterhängt. Das Tier wartet geduldig, während der Mann den Spaten holt, ohne jede Eile mit dem klebrigen Lehm aus dem Straßengraben das Loch zuschaufelt, die Erde festtrampelt und zurückschlurft. Dann steigt er auf, nimmt die Blechtasse in die Hand, spuckt und ruft: »Brr-ha!«, worauf das Pferd wieder loszuckelt. Seine Hufe klappern auf den Steinen; die großen Räder holpern, und die roten Speichen blitzen auf wie Sonnenstrahlen.

Als Mary ihn erreicht, wendet der Schlaglochflicker das Gesicht wie immer ab und schaut über das Meer zum Horizont. Nur das Pferd dreht seinen gewaltigen Dinosaurierschädel in Marys Richtung und mustert sie mit stetem Blick. Als es schnaubt, spürt sie seinen heißen, nassen Atem im Genick.

Mary eilt weiter und läßt die beiden hinter sich. Sie wagt nicht, zurückzublicken. In ihrer Phantasie braust hinter ihr ein von einem feurigen Schimmel gezogener Streitwagen heran, der sie hinauf in die Wolken entführen wird.

Inzwischen hat sie die Hütte der alten Martha erreicht. Hier muß sie den Weg verlassen.

Die Hütte ist kaum mehr als ein windschiefer Schuppen, der nie gestrichen wurde. Kein Rauch steigt aus dem Kamin auf. Martha schläft noch auf ihrer Pritsche.

Wie alt sie sein muß! Schon als Mary in die erste Klasse ging, war sie eine vertrocknete alte Hexe, die sich hinter ihren Zaun duckte und die Kinder beobachtete. Das Mädchen fragt sich oft, warum diese Frau nur so verschrumpelt ist, was ihr widerfahren ist, daß sie in ihrem schwarzen Schal so winzig und verhutzelt aussieht. Manche Leute zerreißen sich den Mund über sie: Sie hätte gestrandete Schiffe und Gräber geplündert, wird behauptet, oder sie wäre Amme gewesen und hätte tote Babys mitgenommen, um ihnen zu Hause die Herzen herauszuschneiden. Heute morgen schläft sie lange, aber schon am nächsten Tag wird Martha, eingebettet in das weiche graue Moos ihrer Jahre, mit dem Tau aufstehen und in der Asche herumstochern und herumwühlen.

Der Tau! Mary muß sich beeilen.

Sie biegt rechts ab und stürmt den Rücken des Brow hinunter auf das Meer zu. Ihre Füße durchpflügen die Gesichtsuhrenfelder, und immer wieder tritt sie gegen die kleinen, pelzigen Ballen, die die Kinder Balliboo nennen; sie fliegen in hohem Bogen in den Morgenwind, der sie wie Konfetti zerstreut. Mary pflückt eine gelbe Blüte und preßt sie in der Handfläche zusammen. Sie soll ihr Glück bringen; das wird sie auch nötig haben.

Der Löwenzahn weicht Brennesseln. Bald hat sich die Grasnarbe ganz verflüchtigt, und Marys Schuhe rutschen über den nackten Fels der Klippe.

Mühelos findet sie die dunkle Narbe, die das letztjährige Feuer hinterlassen hat. Dort ist der Felsen genauso verrußt wie das Weihrauchfaß des Priesters. Man könnte fast meinen, Millionen von Blitzeinschlägen hätten ihn versengt. Das Schwarz zieht die Sonnenstrahlen an; der Granit unter Marys Füßen ist glühend heiß.

Ganz in der Nähe stolziert eine Krähe auf und ab – vielleicht ist es der Vogel von vorhin – und belauert sie. An jedem anderen Tag, an jedem anderen Ort wäre Mary diesem verdrießlichen Tier ausgewichen, aber heute morgen schreit sie es an, fuchtelt mit den Armen und wirft sogar einen Stein nach ihm. Der Vogel flattert davon und flieht krächzend über das Wasser.

Mary fängt an, das zu suchen, weswegen sie gekommen ist. Panik befällt sie. Es ist nirgendwo zu sehen. Wurde es am Ende von der Krähe gestohlen? Oder war heute schon jemand da und hat es mitgenommen? Dann wird er all das Gute genießen, das es mit sich bringt. All die Freude.

Ihre Füße schauen über die Kante der Klippe.

Hundert Fuß unter ihr stampfen gigantische Wogen. Bei diesem Anblick gibt der Boden unter ihren Füßen nach, und in ihrem Kopf kreist alles. Sie weicht zurück, dreht sich um – und tritt fast darauf. Das Ding hat die ganze Zeit hier gelegen. Im nächsten Moment wird ihr etwas Schreckliches bewußt: Wie nahe sie doch gestern nacht in der Dunkelheit dem Abgrund war! Und schon wieder schwindelt ihr.

Es war schon spät, als Alice und Moira endlich gingen. Danach herrschte Totenstille im Haus. Da sagte die Frau: »Tu es, Mädchen, geh los.« Sie gab Mary ihren besten Schal, den blauen wollenen mit dem filigranen Schneckenhausmuster, und schob sie hinaus in die Dunkelheit.

Noch nie war Mary zu so später Stunde unterwegs gewesen. Jedes Fenster in der Gemeinde war schwarz. Und doch war die Welt in ein ganz eigenartiges lila Licht getaucht. Ein zunehmender Halbmond hing unmittelbar über ihrem Kopf. Die Sterne funkelten wie die Kerzen in der Kirche. Doch die Tore und Zäune und alles andere, was greifbar nahe war, verschwanden in der Finsternis. Auf der Brücke ging ein Schatten an ihr vorbei, aber Mary vermochte nicht auszumachen, wer das war. Obwohl sie ihn grüßte, erhielt sie keine Antwort. Mary beschlich das Gefühl, sie befinde sich nicht mehr in der Gemeinde, in der sie seit ihrer Geburt zu Hause gewesen war, sondern sei durch einen Zauberspiegel in ein unbekanntes Land getreten, einen Ort, in dem alle Fremde waren.

Das merkwürdigste freilich war, daß Dinge, die zu weit entfernt schienen, als daß sie danach hätte greifen können, fast so deutlich sichtbar waren wie bei Tageslicht. Auf der weiten Schüssel der Bucht lag ein sonderbares Licht. Der Scheinwerfer des Leuchtturms glitt wieder und wieder über das Wasser, kam und ging in hypnotischem Gleichmaß und hinterließ jedesmal ein Schimmern auf dem Meer, ähnlich dem Glänzen auf dem Fell des Katers, wenn sie ihn streichelte. Die Strände zischten unter der Wucht des heranflutenden Ozeans. Ein elektrisierender Geruch stieg ihr in die Nase, und sie hörte unter dem Wasser ein Stöhnen. Sie kniff die Augen zusammen und sah außerhalb der Bucht etwas im Mondlicht glitzern, den neuen Eisberg. Er mußte soeben herangetrieben sein, und doch war er bereits vom Tode gezeichnet.

Blind tastete sie sich zum Rand des Brow. Dort wartete sie, bis die Wellen sich heranwälzten und mit einem Donnern an der Klippe brachen. Endlich kam das Dröhnen von einer, von zwei, von drei Seiten um sie herum – jetzt wußte sie, daß sie die richtige Stelle gefunden hatte. Als das Meer sich zurückzog und beruhigte, war die Nacht so still, daß sie das Plätschern von Rudern hören konnte. Irgend jemand war da draußen mit dem Boot unterwegs. Sie vernahm sogar den Zug, der Meilen entfernt von ihr durch das Ödland brauste. Und sie hörte das traurige Stöhnen des Nebelhorns aus Gott weiß welcher Entfernung.

Schließlich tat Mary das, was ihr die Frau geraten hatte. Sie breitete den guten Schal auf dem Felsen aus und ging fort. Der Schal blieb in der Nacht zurück. Er sollte dort liegen und auf den Sonnenaufgang warten. Vom Morgentau würde sie dann alles erfahren, was sie wissen wollte.

Jetzt steht Mary in der Haltung einer Kommunikantin vor dem Schal. Die Wolle will sie sich erst anschauen, wenn ihre Seele dazu bereit ist. Sie schließt die Augen, bekreuzigt sich und flüstert das Vaterunser. Jetzt ist sie soweit. Mit fester Stimme sagt sie:

>Falle herab, Tau, du Bote des Himmels.«

Das Meer donnert von allen Seiten. In ihrem Kopf riecht sie die Farben der Kirchenfenster. Die Zeit ist gekommen: Sie darf schauen.

Sie schlägt die Augen auf.

Im Osten treibt eine Wolke auf die Sonne zu.

Der Wind frischt auf. Ein Knäuel Balliboo kommt aus dem Westen herangeflattert wie dünne Schneeflocken. Mary fröstelt und schlägt die Arme um die Schultern – vom Hörensagen weiß sie, daß in den Gaff Topsails der Frühlingsschnee in manchen Mulden überlebt.

Der Schal ist trocken.

Mary nimmt den abgestandenen Geruch der Asche vom letzten Jahr wahr. Der Schatten der Wolke legt sich über den Eisberg. Würde Mary jetzt den Blick in diese Richtung lenken, könnte sie sehen, daß das Eis kurzzeitig einen dunkleren Blauton annimmt. Sie hebt den Schal auf, hält ihn sich an die Nase und saugt den Nachtgeruch in sich auf. Sie preßt ihn ganz fest an ihr Gesicht. Vergeblich. Die Wolle ist stumm.

Mary klettert zum Weg zurück. Als sie das Löwenzahnfeld erreicht, wirft sie die inzwischen zerquetschte Blüte, die sie die ganze Zeit in der Hand gehalten hat, auf die Erde. Die vielen frischen, noch leuchtend gelben Blütenkörbe beachtet sie nicht. Statt dessen reißt sie einen breiten Grashalm aus, faltet die Hände, als wolle sie ein Ei darin bergen, klemmt den Halm zwischen die Ballen und Knöchel ihrer Daumen und führt sie an die Lippen. Dann holt sie tief Luft und stößt sie durch den Spalt mit dem gespannten Grashalm in der Mitte. Es entsteht ein langgezogenes kreischendes Geräusch. »Ich kann nichts dafür«, murmelt sie. »Die Sonne ist schuld.«

Wieder auf dem Feldweg, wickelt Mary sich den Schal um die Haare und knüpft ihn mit einem groben Knoten zusammen. Jetzt ist er nichts mehr als ein alter Schal. Aus den Augenwinkeln registriert sie die Silhouetten ihres Hauses und einer menschlichen Gestalt auf dem Stuhl auf dem Dach. Sie wendet den Kopf schnell ab, damit sie nicht noch mehr sehen muß. Was immer aus mir wird, so will ich nie werden, schwört sie sich.

Nun schlägt sie den Weg zur Schule ein. Unter ihren Füßen knirscht der Kies. Sie läßt die Academy Hall und die Allee, die in einer sanften Steigung zum Palast führt, hinter sich und rennt plötzlich ohne besonderen Grund los, bis sie keuchend den heiligen Grund des Kirchenplatzes errreicht. Dort vermindert sie ihr Tempo zu einem langsamen Schreiten wie bei einer Prozession.

Vor Caseys Schaufenster bleibt sie stehen. Im Vorbeigehen ist ihr etwas aufgefallen. Die vielen ausgestellten Waren interessieren sie nicht, nein, es ist etwas anderes, das sie in seinen Bann zieht.

Hinter dem Glas schwebt eine dünne Gestalt. Ihr Gesicht ist

mit einem Schal dick vermummt und überhaupt nicht zu erkennen. Plötzlich begreift Mary. Jetzt wird ihr klar, was der alten Martha zugestoßen ist. Jetzt weiß sie, warum die alte Frau so vertrocknet und verwelkt ist.

In nacktem Entsetzen reißt Mary den Schal herunter. Mit bösem Blick starrt sie ihr Spiegelbild an und schüttelt heftig ihr langes Haar. Sie will, daß es bis zu den Wolken hinauffliegt, die über den Himmel wandern.

Mit einem Mal stürzt sie davon. Ihr Atem geht flach und stoßweise.

Die schneeweiße Fassade der Kirche blendet sie, und sie spürt die Hitze, die davon ausströmt. Das Rosettenfenster über ihr glüht in der Sonne, und auf einmal dreht sich alles in ihrem Kopf.

Die Kirchentür steht weit offen. Im matten Licht jenseits der Schwelle lassen sich im roten Schein der Altarlampe die Konturen des Tabernakels erkennen. Mary weiß, daß Gott darin wohnt. Der Geruch von Weihrauch weht in den Morgen hinaus. Auf der obersten Altarstufe steht der Priester, auf seinen Stock gestützt. Er wartet schon auf sie.

> Darum sind sie nicht mehr zwei,
> sondern ein Fleisch.
> Was Gott also zusammengefügt hat,
> soll kein Mensch je trennen.

Das große Rosettenfenster lodert geradezu in der Sonne. In ihrem leuchtend weißen Kleid tritt Mary vor, nimmt den Priester am Arm und schreitet gemeinsam mit ihm ins Licht. In der Kirche hat also ihr Bräutigam, ihr Geliebter, auf sie gewartet.

Der Kirchturm ragt in die Höhe. Das Kreuz reckt sich dem blauen Himmel entgegen wie der Mast eines Schoners. In Marys Vorstellung bebt die Erde unter ihren Füßen, und sie fliegt an Bord des herrlichen weißen Schiffs, fliegt über alle Gewässer hinweg zum Labradorstrom. Tausend Möwen schweben im Wind wie Konfetti.

Gebe Gott, daß sie nichts verpaßt hat. Da trödelt sie rum. Bummelt, wie immer. Wenn die Letzten die Ersten sein werden, dann ist das Mädchen weit vorn. Du bist zu jung, um das zu verstehen, mein Junge, aber ich sag's dir trotzdem: Es ist ein Trauerspiel mit dem Mädchen, das jetzt hinter dem Schultor verschwindet. Bevor du dich versiehst, ist sie unter der Haube und geht für immer aus dem Haus.

Aber einen großen Trost habe ich wenigstens. Wenn sie und der ganze Rest der Brut fortgezogen sind, bist immer noch du da, um mir Gesellschaft zu leisten.

Aber war das heute morgen nicht ein Affentheater? Die ganze Bande waschen, füttern, anziehen und ihnen Feuer unter dem Hintern machen, daß sie weiterkommen. Und ständig müssen sie streiten, plärren und in der Nase bohren! Es ist zum Verrücktwerden! Na ja, sie sind halt überdreht, weil morgen die Ferien beginnen.

Es ist noch gar nicht so lange her, daß ich mich genauso aufgeführt habe. Kommt mir vor wie gestern. Na, Gott sei Dank haben wir jetzt etwas Ruhe und können ein bißchen plaudern, nur wir zwei. Und dann halten wir auch nach deinem Daddy Ausschau. Zieht in aller Herrgottsfrühe los. Trinkt nicht mal seinen Kaffee. Hat sogar seine lange Unterhose liegenlassen. Und seine stinkenden Gummistiefel. Nicht mal eingeheizt hat er. Sonst braucht er im Haus ja nicht zu helfen, aber selbst dazu rafft er sich nie auf. Ich liebe deinen Daddy ja, aber manchmal könnte ich seinetwegen die Wände hochgehen.

Ach, Liebling – wenigstens hier oben finde ich Trost. Es ist schon Ewigkeiten her, daß ich mich in aller Ruhe hinsetzen konnte wie jetzt. Endlich dürfen meine Füße auch mal rasten. Aber der alte Pegasus verbrennt einem bei diesen Temperaturen richtig den Hintern. Mein Gnadensitz. Man könnte fast meinen, soeben hätte noch der Teufel darauf gesessen. Und der Teer auf dem Dach wirft in der Hitze schon Blasen und fängt an zu riechen!

Hast du was gemerkt? Nach all den klugen Ratschlägen, die ich der Großen und ihren zwei Busenfreundinnen gegeben habe, hätte sie heute morgen doch was sagen können. Aber sie hat nicht ein Wort rausgebracht. Kein Wort über ihre Träume und schon gar nicht über das, was ihr das Glas gesagt hat. In der Früh hätte sie den Arsch nicht mal dann aus dem Bett gekriegt, wenn es um ihre Seele gegangen wäre. Schlief wie ein Stein. »Bis du aufstehst, ist das Jüngste Gericht angebrochen«, hab' ich ihr gesagt. Mein Gott, hat die getrödelt! Womöglich hat sie deswegen die größte Chance ihres Lebens verpaßt.

Aber vielleicht sollte ich nicht so schlecht von ihr reden. Schließlich war das arme Ding die halbe Nacht wach und hat sich die Hacken abgelaufen. Ihre Seele muß aber den gleichen Sturm aushalten, durch den jede Seele früher oder später muß. Und, bei Gott, ich habe ihn hinter mir. Was mußte ich durchstehen, bis die Zeichen mich endlich zu deinem Daddy geführt haben. Das waren Zustände! Und Nacht um Nacht habe ich mich gegrämt.

Aber schließlich bin ich bei deinem Daddy gelandet. Und was für eine tolle Hochzeit wir hatten! Hab' ich dir schon mal davon erzählt? Es war ein sonniger Morgen, genau wie heute, der Montag vor Christi Himmelfahrt. Und es wehte auch ein hübscher Westwind. Die ganze Gemeinde war auf den Beinen und begleitete uns zum Kai. Sogar die ganzen Scheißköter liefen mit. Monsignore Conroy – Father Fran, Gott sei seiner Seele gnädig – stand auf 'ner Kiste und gab uns seinen Segen, und dann gingen dein Daddy und ich an Bord der *Happy Adventure*. Wie war sie schön, wie glänzte sie im Sonnenschein! Die Glocken läuteten, und wir segelten los zum Labradorstrom, um dort den ganzen Sommer zu bleiben. Es war für mich das erste Mal auf hoher See. Eine Million Möwen flogen über unserem Schoner und begleiteten uns um den Head herum. Wo man auch hinschaute, alles war weiß.

Wo ich doch vorhin von Träumen geredet habe: Was meinst du, was ich gestern nacht für einen Alptraum hatte! Gräßlich! Die schlimmsten Viecher haben mich verfolgt! Aber von Alpträumen willst du bestimmt nichts hören, mein Schätzchen, oder? Ich weiß schon, was du wirklich willst. O ja, Dudley Lovelace, ich weiß es ganz genau. Schau mich nur an.

Mhm, wie warm das Licht auf der Brust ist! Und kaum Wolken am Himmel! Jetzt machen wir es dir schön gemütlich in meinen Armen, dann kriegst du auch was Schönes. Vater unser, der du bist im Himmel. Was deinen Daddy betrifft, der ist irgendwo hinter diesem Eisstück da. Jeden Frühling, wenn das Eis die Berge runterkommt, sagt er zu mir: »Die Fische folgen dem kalten Wasser, und die Fischer folgen den Fischen.« Dein Daddy hat Salz im Blut, sag' ich dir. Aber keine Angst, mein Schatz, hier, unter dem Kamin haben wir einen tollen Ausguck. Wir sind wie die Möwen in der Luft. Unser Blick geht über das ganze Meer, bis es mit dem Himmel eins wird, und über das Hinterland, und nichts, was sich dazwischen bewegt, entgeht uns. Du und ich, wir lotsen deinen Daddy sicher und wohlbehalten zu uns zurück, und das ist so wahr wie das Heilige Kreuz.

Mit diesem Lächeln, das da in deinen kleinen Augen leuchtet, glaubst du wohl, du wärst schon im Himmel, was? Ja, da nickt er. Brauchst dich um nichts zu kümmern. Ich dagegen hab' noch einen langen Arbeitstag vor mir. Zuallererst muß ich eine Ladung Fische auf die Stellage legen. Die Sonne ist ein wahrer Segen, und es wäre doch eine Schande, einen solchen Tag nicht zu nutzen. Und solange noch Ebbe ist, hole ich Seetang und breite ihn auf den Felsen zum Trocknen aus. Danach backe ich das Brot fürs Mittagessen, damit die Tunichtgute mir nicht verhungern, wenn sie heimkommen. Und dann will ich noch die Ärmel stricken; es bringt Pech, wenn man mit so was am Freitag anfängt. Auch das ganze Unkraut will ich noch hacken, und ich muß Wasser pumpen, weil ich heute die Bettlaken wasche und gleich auf der Leine aufhänge; bei dem Wind sind sie schnell trocken, und ich kann sie bald bügeln. Heute abend wird warm gekocht: Kohl mit Kartoffelbrei, Fischsuppe und Pudding. Vielleicht hole ich aus dem Moor noch ein paar Stengel Rhabarber. Ein dämlicher Schweißtropfen jagt den andern, wie Nell so schön sagt.

Und wenn ich zwischendurch zum Luftholen komme, dann ernte ich noch das eine oder andere Gemüse im Garten. Aber wenn die Lodden laichen, dann schütte ich einen Eimer davon in die Beete. Vielleicht wächst dann mal was anderes als immer nur Möhren, Kohl, Steckrüben und Kartoffeln. Gott, du weißt ja, wie mir der ewig gleiche Fraß zum Hals raushängt. Manchmal sage ich mir, ich pflüge das alles um und karre Lehmerde ran und pflanze Pflaumenbäume oder Apfelbäume oder Stachelbeersträucher. Oder ich lege ein Blumenbeet an. Es gibt nichts Schöneres. Wo ich doch den Duft von Lilien und Gänseblümchen und Rosen und Rainkohl und lauter so Sachen liebe. Und überall flattern dann Schmetterlinge rum. Die Nonnen haben ja ihren eigenen kleinen Garten Eden hinter dem Kloster gepflanzt. Der ist so herrlich, daß die Engel dort ihre Eier legen. Das Dumme ist nur, unser Grund reicht kaum aus, um einen Tellervoll Kartoffeln anzubauen. Na ja, wenigstens macht uns unser schöner Flieder viel Freude. Der Flieder sorgt übrigens dafür, daß der Wind weht, wußtest du das, mein Schatz? Aber klar doch: Du kannst ihn in jeder Brise riechen. Siehst du die vielen Fliederbüsche hier in der Gegend? Sie flattern mit ihren Blättern und schwenken ihre Blüten.

Und schau nur, dort auf der Straße! Der Mann, der da aus der Wildnis hergetorkelt kommt, das ist der Janney Boo. Der Darby. Wenn du ein böser Junge bist, dann kommt der Darby und nimmt dich mit und sperrt dich in seinen dunklen Keller. O ja, das tut er. Im Winter ist es der Nikolaus mit seinem Knecht, im Sommer der schwarze Mann. Der trägt dich in seinem großen Sack fort und wirft dich in die Dunkelheit hinunter. Aber hör nicht auf mich, Kind. Es ist ja nur der alte schwarze Johnny. Johnny the Light. Und er ist schon wieder ganz schön blau. So früh am Morgen, und er hat schon einen sitzen. Delirium dröhnens. Sieht aus wie 'ne Vogelscheuche! Und ein Gesicht wie ein gekochter Stiefel. Mit was für Fetzen der nur sein Knochengestell behängt hat! Hochwasserhosen, und jedes Stück schon mehrmals gewendet. Und so was nennen sie einen Glücksbringer! Mein Gott, und riecht er nicht wie 'ne Ziege? Das ist wirklich furchbar! Stinkt nach seiner eigenen Pisse! Einmal Mann, zweimal Kind. Und so einer hat 'ne sichere Stelle draußen am Leuchtturm.

Na ja, wahrscheinlich sollte ich nicht über ihn herziehen. Ist ja ein armer Teufel, der ein schweres Leben hinter sich hat. Einen, der so gelitten hat wie er, findet man so schnell wohl nicht mehr. Was der für Schmerzen und Erniedrigungen erleiden mußte, und deswegen ist er übergeschnappt. Aber ob du's glaubst oder nicht, er ist ein Held! Aber das verstehen die jungen Spunde nicht. Entweder sie ärgern ihn auf Teufel komm raus, oder sie machen sich aus Angst vor ihm in die Hose. Es heißt, er hätte Haare auf den Zähnen. Aber soll ich dir was sagen? Johnny könnte keiner Fliege was zuleide tun. Dazu fällt mir was ein. Als ich rollig wurde, so wie es deine große Schwester heute ist, da stromerte ich im Wald rum – es war am Magdalenentag –, und da torkelt er mir mit seiner Flasche in der Hand aus dem Nichts entgegen. Ich sag' mir schon, jetzt vergewaltigt er dich. Und natürlich will ich wegrennen, aber das Moos unter den Füßen war so weich, daß ich kaum vom Fleck kam. Und dann sagt er auch schon zu mir: »Willste 'nen Schluck, Mädchen?« Was meinst du, wie sich mir da die Nackenhaare gesträubt haben! Ich sage, »Nein, danke, Sir«. Da dreht er sich um und umarmt 'ne Fichte und fragt sie, ob sie 'nen Schluck will. Zahm wie ein Kätzchen. Der arme Teufel.

Das da drüben ist auch so 'n trauriger Fall – seine Dürrlaucht persönlich. So ein erbärmlicher Anblick, wie er da jeden Morgen vor der Kirche auf und ab marschiert. Schwarz wie der schwarze Mann mit seinem schwarzen irischen Stock. Und zieht ein Gesicht wie ein Faß Essiggurken. Muß ja furchtbar einsam sein in diesem Palast, wo er mit keinem reden kann außer mit diesem häßlichen Köter da. Und bekommt von den Leuten nichts anderes zu hören als ihre schmutzigen Sünden. Und ob's regnet oder schneit, jeden Morgen segnet er Nell. Da watschelt sie schon wieder mit ihrem Faß unterm Herz zu ihm. Mit ihren irischen Zahnschmerzen. Nachher pass' ich sie ab und quetsch' sie aus. Na ja, er hat mächtig Neugeborene um sich herum, aber nie eins von ihm. Ich frage mich nur, ob er im Leben je einer Frau so nahe war, daß er mal richtig an ihr schnüffeln konnte.

Eins laß dir geflüstert sein, Liebes – aber das bleibt zwischen dir und mir und der Katze, und möge Gott mir verzeihen, daß ich es sage, selbst ein Priester braucht eine Frau in seiner Nähe –, jeder Mann braucht eine. Und jede Frau braucht einen Mann. Ist das etwa nicht die Wahrheit, mein Liebling? Aber klar doch! Dafür sind wir doch in die Welt gesetzt worden und für nichts anderes. Mit den Nonnen ist es genauso. Die haben zwar einander als Gesellschaft, aber ein Haufen Frauen ist doch nicht das gleiche wie ein Ehemann. So wie sie die Kleinen behandeln, spürt man doch, daß sie tief im Herzen eigene Kinder haben wollen. Es ist nur ein Wunder, daß sie nicht ein paar im Kloster verstecken. Ich sage dir, die Natur läßt sich nicht verleugnen. Alle Religion der Welt kann die Natur nicht aufhalten.

So, jetzt ist es raus. Und möge Gott mir verzeihen, daß ich gesündigt habe.

Himmel! Schau nur, Kind: Eine Krähe auf dem Kirchenkreuz! Im Namen des Vaters, des Sohnes und des Heiligen Geistes. Möge Gott im Himmel uns retten.

So, es ist Zeit, runterzuklettern, Liebling. Zeit, den Tag anzufangen. Zeit, was zu tun. Zeit, nachzusehen, ob die Brote auf dem Fensterbrett aufgegangen sind. Und das Mittagessen für die Rabauken in den Ofen zu schieben. Zeit für dieses, Zeit für jenes – ach, man hat immer genug Zeit. Gebe Gott, daß auch die Zeit für den Wind kommt, der deinen Daddy sicher zurück zu uns nach Hause bringt.

So, mein Süßer, laß dir noch was geflüstert sein, aber es bleibt zwischen dir und der Katze und mir: Manchmal hasse ich das Meer. Der schmutzige Schweiß der Erde, das ist es, und sonst nichts. Ich bete zu Gott, daß es im Himmel kein Meer gibt, wenn ich dorthin komme.

Im Hoppeltrott eines Lamms steigt der kleine Kevin Barron die drei Altarstufen hoch. Feierlich hält er die Schneuze über seinen Kopf und tut so, als wäre er der Priester, der das Kruzifix bei der Prozession vor sich her trägt. Die dünnen Arme des Kindes zittern unter dem Gewicht des Messings. Er hält die Glocke über die Flamme der Altarkerze, senkt sie, sorgfältig darauf bedacht, das geschmolzene Wachs nicht zu berühren, und wartet, bis die unter dem Hütchen hervorquellenden grauen Schwaden den Tod der Flamme verkünden.

Hinter sich nimmt der Junge die Nähe von Menschen und ihr leises Rascheln wahr. Mit gedämpfter Stimmen werden Gebete gemurmelt. Er ahnt ein Weinen, das so verschwommen klingt, daß es von überall her zu kommen scheint, aus der Holzvertäfelung selbst, aus sämtlichen Bögen, Nischen und Säulen. Doch er weiß, daß die Kirche fast leer ist. Nur eine Handvoll älterer Gläubiger ist zurückgeblieben.

Über die Reihen verstreut sitzen oder knien alte Männer, während die Frauen die Stationen des Kreuzweges abgehen. Auf Zehenspitzen huschen sie durch die Gänge und lassen den einen oder anderen Altar aus, wenn dort schon jemand kniet. Ihre Namen kennt der kleine Kevin Barron nicht. Sie waren schon alt, als er noch gar nicht auf der Welt war. Im Querschiff betet eine Frau inbrünstig vor der Statue der Heiligen Jungfrau Maria. Dahinter, in der Sakristei, legt Father MacMurrough seine Robe ab – Kasel, Stola, Manipel, Gürtel, Meßhemd, Achseltuch. Vom Hof draußen hört der Junge den Radau seiner Klassenkameraden. Doch die Geräusche, die durch die Westfenster hindurchsickern, verstärken nur die Stille im Kirchenschiff.

Jeder andere Ministrant hätte längst Chorhemd und Rock ausgezogen und wäre hinaus zu den anderen gerannt, um die kurzen Momente der Freiheit vor Unterrichtsbeginn zu genießen. Doch Kevin Barron verspürt keinen solchen Drang, denn die großen Jungen, die den Schulhof beherrschen, quälen Kinder wie ihn nur. Außerdem ist die Zeit unmittelbar nach der Messe, in der man das geweihte Opfer noch in sich spürt, eine heilige Zeit – fast so heilig wie der Gottesdienst selbst. Das Kind atmet voller Freude die noch in der Luft hängenden Spuren von Weihrauch ein. Der kleine Kevin Barron wird hierbleiben, bis die Nonne die Handglocke läutet.

Gemächlich erstickt er nun auch die anderen Flammen auf der Epistelseite, dann lehnt er die Schneuze gegen den Altar und beugt vor dem Tabernakel die Knie. Während des Kniefalls breitet er die Arme inbrünstig in einem weiten Bogen aus, wie es auch der Priester in der Messe tut. Als seine Handflächen aufeinandertreffen, bläht ihm plötzlich ein schwerer, süßer Geruch die Nasenflügel.

Kevin Barron hat einmal voller Entsetzen beobachtet, wie einer von den älteren Jungen heimlich einen Schluck Meßwein getrunken hat. Er selbst hätte ein solches Sakrileg nie begangen. Aber als er vor dem Gottesdienst das Meßkännchen auffüllte, da schüttete er absichtlich ein paar Tropfen auf seine Finger – wie es ja auch der Priester vor der Ablution macht. Liebevoll schnuppert der Junge nun an seinen Händen. Sie riechen wie die Melasse, die ihm seine Mutter aufs Frühstücksbrot schmiert. Aber diese im Kristallkrug schimmernde dunkle Flüssigkeit hat überhaupt nichts mit Melasse gemeinsam. Viel eher sieht sie wie echtes Blut aus, in das sie ja auch verwandelt wird.

Der Junge richtet sich auf.

Über das Konopeum flutendes Sonnenlicht malt grüne und rosa Flecken auf das weiße Tuch. Die Farben sind schwach und verschwommen, als hätten sie sich von einem Regenbogen gelöst und nach weiter Reise auf dem Tabernakel einen Ruheplatz gefunden. Der kleine Kevin Barron dreht sich um und folgt der Lichtspur durch die staubige Luft – sie führt zum Buntglasfenster.

Plötzlich flammt Angst in seiner Seele auf.

Merkwürdigerweise ist es das bunte Glas, das ihn erschreckt. Das hohe Fenster beleuchtet die ganze Ostwand der Kirche, gestaltet sie förmlich zu einem Wandteppich um. Aus einem unerklärlichen Grund erscheint seine heilige Form dem Jungen heimtückisch und gefährlich.

Kevin Barron betrachtet das schillernde Glasgemälde, vermag jedoch nichts Böses daran zu erkennen. Der in Tierfelle gehüllte heilige Johannes der Täufer deutet auf ein Lamm, das er an der Brust wiegt. Es ist eine heilige Szene, in helles Licht getaucht und farbenprächtig – eine Vision von Liebe und Schutz.

Über dem Kopf des Täufers leuchtet die Sonne genau in der Mitte seines Heiligenscheins und erzeugt so ein dramatisches Lichtspiel. Um seine Angst zu besänftigen, tritt Kevin in den Lichtstrahl. Nun scheint die Sonne auf seine Soutane und wärmt ihm die Brust. Gott der Vater wohnt hier an diesem Ort, sagt der Junge zu sich selbst.

Der Herr ist hier und wacht über den kleinen Kevin Barron.

Er schützt das Kind vor jedem Schaden. Langsam verebbt seine rätselhafte Panik.

Kevin nimmt die Schneuze an sich und trägt sie zur Evangelistenseite des Altars, wo die letzten Kerzen darauf warten, gelöscht zu werden.

»Unser Schiff!« brüllt Johnny the Light in alle Richtungen. »Jungs, es k-k-kommt, um uns heimzubringen. Macht schnell!«

Mit zitternden Händen hebt der alte Mann die Flasche. Seinen ohnehin schwachen Augen entgeht der über seinem Leuchtturm schwebende Mond. Sie sind geblendet vom grellen Glanz, den das Meer abstrahlt und der auch das helle Braun seines Rums durchdringt, als wäre er Buntglas.

In seinen Schlund ergießt sich der Bodensatz der Flasche. Der Schnaps brennt ihm in der Kehle. Johnny wird von einem Hustenanfall geschüttelt und spuckt aus. Mit Mühe beruhigt er sich wieder; dann reibt er sich die Augen und blinzelt in Richtung des Eisbergs. Ein Grinsen breitet sich auf seinem Gesicht aus.

»Aye, Jungs!« ruft er. »E-e-es ist da! Und hinter ihm s-s-steigt noch mehr Rauch auf. Gleich ist es überstanden!«

Voller Freude will er die leere Flasche ins Meer schleudern, aber sie gleitet ihm aus den verstümmelten Fingern und zerschellt am Fels.

Johnny taumelt in sein Kellerzimmer hinunter und holt seinen Mantel. Auf dem Boden findet er noch eine Flasche; auch sie ist, wie die letzte, so gut wie leer. Trotzdem bettet er sie in die tiefste Tasche seines Mantels, dann zieht er die Tür hinter sich zu und setzt sich aufgeregt in westlicher Richtung in Bewegung.

Der schmächtige alte Mann ist schief und krumm. Sein Mantel hängt ihm bis über die Kniekehlen. Diese Kleidung und sein Gang – mit gesenktem Kopf und hinter dem Rücken verschränkten Händen humpelt er mit einem Bein, während er das andere nachzieht – lassen ihn wie einen Mönch erscheinen, der den Kreuzgang entlangtappt. Die Schnürsenkel seiner löcherigen Stiefel sind hoffnungslos verknotet, und die schlapp herunterhängenden Lederzungen geben den Blick auf seine Schienbeine frei.

Bald sind die Stiefel im mit taufeuchten Spinnweben behangenen Unterholz durchnäßt. Obwohl er kaum etwas sieht, fühlt Johnny sich trittsicher. Nur wenige Lebewesen durchqueren dieses höllische Ödland hinter dem Leuchtturm, so daß er die Pfade alle selbst getreten hat und sie mehr oder weniger blind kennt. Heute morgen genießt er den milden Wind, der ihm angenehm warm um die Wangen streicht.

Seinen kahlen Kopf bedeckt eine schmutzige schwarz und grau gemusterte Mütze. Seine Ohrläppchen sind wie die Nase vernarbt und von der Lepra entstellt. Unter den direkt aufeinander zulaufenden schwarzen Brauen wirken die Augen wie tief in die Höhlen eines Totenschädels versunken. Aus einem Leberfleck am Kinn sprießen dichte schwarze Haare.

Der alte Mann hangelt sich an den Felskanten vorbei, bis er den Gallows Beach erreicht. Dort hält er an und läßt den Blick, soweit ihm seine Augen das erlauben, über den gelben Strand, die Felsen, das glitzernde Wasser schweifen. Da er nichts findet, dreht er sich um und marschiert in Richtung Landinneres weiter. Hin und wieder sieht er sich nach dem Eisberg um, dessen Spitze hinter dem Gestrüpp gerade noch zu erkennen ist.

Im Gehen redet Johnny mit heiserer und doch so leiser Stimme vor sich hin, daß selbst ein Begleiter seine Worte kaum vernehmen würde. Der alte Mann scheint zu den Felsbrocken, den Bäumen und zum Wind zu sprechen.

»Kommt schon, Jungs. Macht schnell. Es ist vorbei. Die *S-s-stephano* ist da, und die *Florizel* und die *Bell* und noch andere. Sie bringen den T-t-tee!«

Johnny schlägt einen Bogen um den Teich. Er hat keinen Zufluß und ist in dieser Jahreszeit fast ausgetrocknet. Sein Geruch erinnert an den der Farbe Braun. Die Oberfläche ist durchbrochen von toten Ästen, die den Händen von Ertrinkenden gleich in die Höhe ragen, als wollten sie sich an der Luft festklammern. Johnny kämpft sich weiter voran durch das heidnische Felsbrockenfeld; Steine liegen über die Gegend verstreut wie die Teile eines zertrümmerten Megalithen. Aus dem Schatten eines großen Felsens kommt in dummer Panik eine Schafherde herausgehetzt.

Nur ein mit einem blauen Halsband gekennzeichnetes Lamm ist zu schwach, um davonzujagen. Johnny hebt es auf und drückt es wie ein kleines Kind an seine Brust. Lächelnd flüstert er ihm ins Ohr: »Aye, es stimmt. Unser Dampfer ist da.« Sanft setzt er es wieder auf den Boden, und es läuft blökend zu seiner Mutter.

Johnny setzt seinen Marsch fort. Die Felsbrocken werden immer weniger, und das Terrain wird sumpfiger. Er hält inne, und während er das Moor noch begutachtet, ob er eine Chance hat, es trockenen Fußes zu durchqueren, zieht er die Flasche aus dem Mantel und trinkt.

Aus Angst, einzusinken, wenn er stehenbleibt, hüpft er im Zickzack von Grashügel zu Grashügel auf die andere Seite zu. Bei jeder Landung verzieht er vor Schmerzen das Gesicht. Erschöpft erreicht er dann schließlich festen Boden und läßt sich keuchend mit dem Oberkörper nach vorn fallen.

Von seinen Schultern steigt Dampf auf. Mit wütendem Fuchteln verscheucht er ganze Wolken von Mücken und schwarzen Fliegen, die sich auf ihm niedergelassen haben. Aus einer dunstverhangenen Mulde ragt eine Föhre in die Höhe. In der bleiernen Stille dieses Ortes schwankt der einsame Baum vor seinen Augen. Mit dem guten Ohr glaubt er einen Laut zu hören, der von einer Fiedel stammen könnte. Auf einem Hügel steht ein freilaufender Ziegenbock und starrt ihn an.

»Püschta!« zischt Johnny das verschmutzte Tier an. »Hol dich der Teufel!« Der Bock rennt ein paar Meter weit weg, dann verharrt er und stiert Johnny über die Schulter wieder an.

Einem ausgetrockneten Bachbett folgend, stapft Johnny durch dornige Brombeerbüsche und verkrüppelte junge Fichten bergauf. Über ihm nimmt der Gipfelkamm allmählich Gestalt an. Der Pfad ist übersät mit Parasolpilzen, die über Nacht gewachsen sind. Das Morgenlicht fällt in Streifen auf die Wölbungen des Landes und verleiht den Bäumen lange Schatten. Johnnys eigener Schatten gleitet vor ihm her und kündigt so sein Kommen an. Auf den höheren Ästen der Bäume schlafen noch Möwen.

Johnny sucht herum, bis er das Netzmuster von Tierspuren gefunden hat. Jeden Morgen stöbert er bei seinem Streifzug durch dieses Gebiet etwas auf – einen Fuchs, ein Rebhuhn, einen Hasen oder auch Tiere, die er nicht identifizieren kann, wenn sie denn überhaupt hierhergehören. Heute erschreckt er drei Krähen, die sich über einen Kadaver hergemacht haben. Mit wütendem Krächzen kreisen sie über ihm. Johnny schüttelt die Faust.

»Püschta! *Püschta!*«

Der Wald geht in offenes Weideland über. Nachdem Johnny über mehrere Bruchsteinmauern geklettert ist, erreicht er bald einen ausgetretenen Pfad, der sich nach und nach weitet und in den Kiesweg mündet. Obwohl es sich jetzt leichter geht, ist der alte Mann müde.

Gegenüber dem Friedhof hält er Rast. Hier beginnen die Telegraphenmaste ihren Marsch nach Westen; seine Augen verfolgen sie von einem zum nächsten. Auf dieselbe Weise, fällt ihm ein, wirft man auch Fangnetze aus. Vage macht er in der Ferne ein Durcheinander von Farben aus: die Gemeinde. Seine Augen sind zu schwach, um ein Gebäude vom anderen zu unterscheiden. Normalerweise würde er am Friedhof vorbeieilen. Wenn es spät wird und er erst in der Nacht den Rückweg zum Leuchtturm antritt, sieht er dort zu seinem Entsetzen oft Funken zwischen den Grabsteinen. Er lehnt sich gegen die überdachte Plattform am Ende des Wegs, zieht seinen Rum aus der Tasche und trinkt.

Als der Alkohol durch sein Blut strömt, nimmt die verschwommene weiße Gestalt in der Ferne, die, wie er weiß, der Eisberg ist, wieder deutlicher die Form eines Dreiecks an. Es gefällt Johnny, eine so einfache Struktur zu betrachten. Mittlerweile trägt der Wind das Bimmeln der Schulglocke zu ihm. Johnny dreht den Kopf und lauscht aufmerksam.

Lächelnd hört er die Glocke läuten und bricht auf einmal in lautes Lachen aus. Sein Körper zittert von Kopf bis Fuß, so heiter ist er. In seinem Schoß zieht sich kalte Nässe zusammen. Große Freudentränen kullern sein ausgemergeltes Gesicht hinunter.

»Jungs! Es stimmt! Sie kommen, um uns zu retten. Wir sind erlöst!«

Father Gersam MacMurrough hebt die Augen zu dem zerschundenen Leichnam.

Unter der Dornenkrone strömt roten Tränen gleich Blut hervor und tropft auf die Stirn und die halb geöffneten Lippen. Der Kopf ist leicht nach hinten geneigt, so daß man vermuten könnte, die Augen fixierten etwas Bestimmtes jenseits des Fensters, den Eisberg auf dem Wasser vielleicht. Tatsächlich aber schauen die Augen, hinter halb geschlossenen Lidern und ohne daß die Pupillen fokussiert sind, nach unten. Das Gesicht des gekreuzigten Christus drückt unermeßliche Sorge aus, solch tiefe Trauer, daß die Figur in Father MacMurroughs Augen lebendige Züge annimmt – als wolle sie ihm etwas sagen, etwas Wichtiges vielleicht.

Der Priester bleibt beim Tor stehen. Die Stille um ihn herum ruft in ihm die Worte von Denis dem Kartäuser wach, der am Ende seine Lebens schrieb: *Ad securae tactiturnitatis portum me transferre intendo* – »Ich werde jetzt den Hafen der sicheren Stille betreten.« Der Priester lächelt ein wenig.

Trotzdem wartet er weiter. *Christe eleison* fleht seine Seele.

Doch der Erlöser bleibt still.

Seufzend beugt der Priester, auf den Schwarzdornstock gestützt, die Knie vor dem Tabernakel und verläßt den Altarraum. Seinen Hut und den Stock in den hinter dem Rücken verschränkten Händen haltend, schreitet er langsam den Gang hinunter.

Lichtbündel fallen schräg durch die hohen Fenster herein und färben das Sanktuarium. Seine Gemeinde im Südpazifik kam nicht in den Genuß von so etwas Luxuriösem wie Buntglas. Natürlich kannte man dort dergleichen gar nicht. Unwillkürlich überlegt der Priester, ob er ihnen dieses Phänomen vielleicht hätte erklären können. Ein Filter, der das Licht einfängt – der den Himmel einfängt? *Antap lait:* himmlischer Lichtschein? *Antap fai ya?* Bernhard von Clairvaux verglich Buntglas mit der jungfräulichen Geburt – das Licht durchdringt etwas, ohne es zu zerbrechen. Andererseits hat Father MacMurrough irgendwo gelesen, gerade das Unvollkommene wie Blasen, Narben oder Risse trage dazu bei, die Schönheit von Buntglas hervorzuheben. Mit anderen Worten: Erst die Erbsünde bedingt die Tugend.

Die Kirche ist nach dem Morgengottesdienst fast völlig leer. Unter ihren schweren Wollschals gestalt- und alterslose Frauen murmeln in ihre Meßbücher hinein, betasten Rosenkränze und starren zu den Stationen des Leidenswegs hinauf: Jesus wird gegeißelt, Jesus fällt zum drittenmal, Jesus wird ans Kreuz genagelt.

Einige wenige verstaubte alte Männer knien in den Reihen und bringen ihre von festgetrocknetem Speichel verklebten Lippen mühsam auseinander. Der Pfarrer nickt ihnen im Vorübergehen zu. Mit einem verkniffenen Lächeln erwidern sie den Gruß und beobachten ihn mißtrauisch aus den Augenwinkeln.

Hier bin ich: der Schwarze Fremde. Er erinnert sich an den Protestanten aus Enniscorthy, den Mann, der konvertierte. Ihm war es bestimmt auch so gegangen. Noch dreißig Jahre nachdem er die Sakramente empfangen hatte, wurde über ihn geflüstert, er sei »der Konvertierte«.

Hier bin ich, lächelt Father MacMurrough in sich hinein. Schaut mich nur gut an, aber vergeßt nicht, daß ich auch im Hinterkopf Augen habe.

Er selbst mißtraut ja auch dem Lächeln, das er hier sieht. Wie alle Iren benutzen auch seine eigenen Gemeindemitglieder die Höflichkeit als Waffe, um den feindlichen Fremden abzuwehren. Das Bösartige an der keltischen Großzügigkeit, egal wo, ist ein Wunder, das man erlebt haben muß.

Aus der Seitenkapelle beim Evangelistenaltar kommt das Kratzen eines Zündholzes. Dann hört er das Scheppern von Metall. Offenbar hat jemand eine Münze in die Blechbüchse geworfen. Das kann nur Mrs. Pelly sein.

Diese bigotte Frau kniet völlig verklärt vor der Statue der Heiligen Maria, deren Gesicht sich im flackernden Kerzenlicht rot färbt.

»Wenn es Ihnen recht ist, Pater«, flüsterte Mrs. Pelly ihm zu, als sie sich wie nach jeder Morgenmesse vor die Kommunionbank kniete, »möchte ich gesegnet werden.« Und er stand vor ihr, legte die Hände auf ihren Kopf, besprenkelte sie mit Weihwasser und sprach den Segen. Dabei ließ es sich nicht vermeiden, ihre warmen, milchigen Ausdünstungen einzuatmen. Heute morgen konnte er sie schmecken, und sie erinnerten ihn an den warmen Geruch seiner Mutter.

Mitten im Gang bleibt der Priester stehen, legt den Stock und seinen Hut auf eine Bank und nimmt die Brille ab, um sich die Augen auszuwischen. Dann zieht er ein Tuch aus der Tasche und putzt lustlos die Brillengläser.

Im Schulhof draußen bimmelt die Nonne mit der Glocke. Hinter sich hört der Priester den Jungen, dieses mitleiderregende Kind – im Grunde gleicht es einem alten Mann –, durch die Sakristeitür hinauslaufen.

Plötzlich fliegt das Portal mit einem Knall auf, der im ganzen Raum widerhallt und an den Fenstern rüttelt. Flüchtige Silhouetten, Farbenspiele dringen ein. Zwei Schulmädchen stürmen über das weiße Rechteck aus hereinflutendem Licht vor der Tür. Hastig wischen sie sich den Schweiß von der Stirn, die eine mit ihrem Taschentuch, die andere mit der Hand, huschen durch das Vestibül, knien sich auf die hinterste Bank, bekreuzigen sich, flüstern ein schnelles Gegrüßet-seist-du-Maria, springen schon wieder auf und rennen hinaus, ohne die Tür zu schließen – und all das scheinbar in einem Atemzug.

Aus dem kühlen Kirchenraum tritt Father MacMurrough über die Schwelle ins Sonnenlicht. Der heiße Wind läßt ihn zusammenzucken, die grelle Sonne blendet ihn, und um die Augen zu schützen, zieht er den Hut über die Stirn.

Von der Glocke gerufen, strömen Scharen von Kindern durch das Tor. Sie tragen farbenfrohe Kleider statt Uniformen und kreischen und albern aufgeregter als sonst. Aber natürlich! Heute ist der letzte Schultag – das hatte er ganz vergessen! Gegen Mittag muß er unbedingt zu ihnen gehen, eine Ansprache halten, wichtige Dinge sagen. Eins nach dem anderen bringen die Kinder ein »Guten Morgen, Father!« hervor. Er kennt keins von ihnen beim Namen, nickt aber und bringt ein gequältes Lächeln zustande.

Hinter ihm kommt Nelly Pelly heraus. Zum Glück ist sie zu sehr ins Gebet vertieft, um ihn zu bemerken. Mit schweren Schritten steigt sie die Betontreppe hinab und biegt, ohne von ihrem Rosenkranz aufzusehen, in die Straße ein.

Erneut schwingt die Nonne die Glocke. Das Bimmeln ruft die letzten Kinder in die Schule.

Der Morgen ist leer.

Das schwarze Schieferdach des Palasts ist hinter den Birken kaum zu sehen. Mit seiner niedrigen Stirn erinnert das Herrenhaus an einen gealterten Boxer. Die Winde sowie stete Vernachlässigung haben es zu einer grauen Masse niedergeprügelt. Die meisten seiner moderigen Zimmer sind verriegelt. Durch seine Korridore laufen nur noch Echos. Die Toilette ist kaputt und wartet auf Ersatz aus Kanada. Mehr als den Komfort, den sie bieten, vermißt der Priester die warmen Geräusche der Leitungen, die wie eine Schar Trolle in den Eingeweiden dieses großen Hauses rasselten. Jetzt dagegen durchbricht nicht ein einziger Laut die Totenstille seiner Nächte.

Der Nachgeschmack des Weins schwebt noch über Father MacMurroughs Zunge. Er ist hungrig und würde gern sein Frühstück genießen, doch nach dem Betrieb während der Messe wäre das Pfarrhaus zu deprimierend. Neuerdings vermag ihn sein Essen ohnehin oft nicht mehr zu begeistern. Nein, da bleibt er lieber noch ein bißchen draußen und läßt die Sonne auf sich scheinen. Vielleicht will ja auch noch jemand beichten.

»Konfessio«, sagt er mit lauter Stimme.

Er zündet sich eine Zigarette an und raucht.

Weit draußen segelt eine Möwe mit dem Wind. Weiße Wolken bauschen sich am blauen Himmelsgewölbe. Eine Brise fährt durch seine Soutane.

Der Druck des Stoffs auf seiner Haut macht ihm bewußt, wie schwach sein Körper ist. Er ist erst achtundvierzig, doch seine Haut wird bereits welk. Sein Gesicht weist die graue Struktur verblichenen Holzes auf. Die gebrochene Nase verleiht seinen Zügen eine Aura des Verfalls. Nur seine hell funkelnden Augen sind scharf geblieben.

Er versucht zu summen:

»Wenn der Somm-mer
die Hand ausstreckt ...«

Eine Gestalt schlurft die Straße zum Friedhof hinunter. Es ist dieser alte Leprakranke. Wie heißt er gleich wieder? Johnny Delight? Merkwürdig, daß es hier nicht mehr von dieser Sorte gibt. Nun ja, schon vor Jahren haben in bestimmten irischen Dörfern Ammen Säuglinge mit Geburtsschäden auf der Stelle erwürgt, so daß heute ...

Aber der torkelt ja! So früh schon! *Du langlang lang wiski* johlten die Kinder von Goroka immer, wenn sie einen Betrunkenen sahen.

Erst gestern hat er gehört, wie die Kleinen den alten Mann hänselten. »Püschta-Johnny!« kreischten sie ihm in sein verwirrtes Gesicht. Dem Priester bereitete das diebische Freude. Es bereitete ihm Freude, und er schämte sich dafür.

Voller Abscheu über sich selbst wendet er sich von dem alten Mann ab und schaut nach Westen.

Ein Pferd und ein Karren nähern sich langsam. Ein junges Mädchen, eigentlich noch ein Kind, rennt die Straße herunter. Sie kommt zu spät zur Schule. *Dikinni frolik.* Dort drüben sitzt die Frau wieder auf dem Hausdach. Jeden Morgen, ob bei Wind, Regen oder Sonnenschein, drückt sie dieses Bündel von Säugling an ihre Brust und schaut aufs Meer hinaus. Wenn das nicht das Bild schlechthin für die christliche Hoffnung ist: eine Frau, die darauf wartet, daß ihr Mann heimkehrt. Was, sinniert der Priester, ist eigentlich das Bild für Verzweiflung – für *Morosos*?

Aus reiner Neugier dreht er sich in die Richtung, in die die Frau starrt.

Ein Schatten legt sich über sein Gesicht.

Bald nach seiner Ankunft in dieser Gegend im Frühling hörte Father MacMurrough die bizarrsten Geschichten über Eisberge. Sie würden alle nur vorstellbaren Größen und Gestalten annehmen, versicherten ihm die Leute. Sie würden stöhnen und schreien wie Witwen. Sie würden eines spektakulären Todes sterben. Und bei ihrem Zusammenbruch könnten auf spiegelglatter See aus dem Nichts gewaltige Wogen hochfluten.

Er vermutete, man wolle ihn nur auf den Arm nehmen. Aber bald sah er die Flotillen mit eigenen Augen um das Kap herum auf den Strand zusegeln und im seichten Wasser auf Grund laufen, wo dann ihr Todeskampf begann. Jede dieser Geschichten war also wahr. Tagsüber stand er oft auf den Klippen und beobachtete, wie die Eisberge ihr Unterstes nach oben kehrten, auseinanderbrachen oder einfach einstürzten, in tausend Würfel aus Matsch zerfielen und im Salzwasser dahinschmolzen.

Gerade das Weiß dieses Ungetüms hebt die Farbschattierungen des Wassers und des Himmels hervor. Der Pfarrer fühlt sich an ein altes Familienfoto erinnert, in das jemand das Porträt eines längst verstorbenen Mädchens hineingeklebt hatte, um den Eindruck zu erwecken, sie gehöre mit zu den Lebenden. Doch damit wurde genau das Gegenteil erreicht: Das Kind wirkte isoliert und erstarrt, wie ein Geist und in die Ewigkeit entrückt. Genauso scheint auch dieses Eisding Teil einer unheimlichen Dimension zu sein, abgesondert von der Alltagswelt.

Seine Silhouette ist scharf und kantig und zeigt die steilen Wände und hohen Spitzen eines Ozeanriesen. Wie vorhin, als er im Häuschen hinter der Pfarrei saß, beunruhigt ihn die Vorstellung, daß er dieser Gestalt schon einmal begegnet ist.

Beobachtete ihn jemand in diesem Moment, würde er sehen, wie er seinen Stock hebt und damit aufs Meer zeigt, dann auf einmal leicht schwankt, als wäre ihm ein Schmerz in den Unterleib geschossen, und den Stock schließlich vor seinen Füßen in den Boden rammt, um sich mit beiden Händen daran festzuklammern und aufzustützen.

Ein junger Mann in Schwarz setzt das Segel eines Boots. Eine ganz in Weiß gekleidete junge Frau mit Strohhut steht mit dem Rücken zu ihm auf dem Kai und beobachtet den Tagesanbruch.

Das Licht schwillt erst grau, dann rot über den Kerrybergen an und bringt einen wolkenlosen Himmel mit sich. Es flutet herab auf die tauglänzenden Hausdächer und Kamine und die feuchten Kopfsteinpflaster der Gassen von Cahirciveen. Die Luft schmeckt nach dem Salz der See. In der ganzen Stadt ist keine Bewegung zu sehen. Die einzigen Laute kommen von den Vögeln. Es ist die Stunde der Krähen und Möwen.

Als er mit den Vorbereitungen fertig ist, streckt der junge Mann die Hand aus und läßt sich einen Korb geben. Dann hält er das Boot im Gleichgewicht und hilft der Frau in Weiß die Leiter hinunter. Er achtet darauf, daß sie sich bequem im Bug niederläßt und sich in eine warme Decke einwickelt. Jetzt löst er die Vorderleine und rudert vorsichtig in die Strömung hinaus. Kaum spürt er die Brise, zieht er die Ruder an Bord und richtet das Segel aus. Schon bläht es sich im Wind, und das Boot schießt voraus. Der junge Mann lehnt sich gegen die Ruderpinne und lächelt seine Begleiterin an.

Das Schiff gleitet so sanft durch die Hafenausfahrt, daß es dem jungen Mann vorkommt, als bewege sich die Landschaft und nicht das Boot. Sie fahren vorbei an träge auf den Wellen schaukelnden Dingis, an Kiesstränden und einem Flickwerk aus grünen Wiesen mit grauen Steinwällen dazwischen, vorbei an noch schlafenden Farmhäusern. Er deutet auf ein altes Telegraphenamt und erzählt der Frau vom Kabel, das den ganzen Atlantik von Amerika bis zu einem kleinen Ort mit dem Namen Heart's Content auf dem Meeresboden durchquert.

Der jungen Frau fallen fast die Augen zu, als sie einen Schwarm Möwen betrachtet, der sich am Ufer niedergelassen hat. Sie unterdrückt ein Gähnen und schlingt sich ihren Schal fester um die Schultern.

Die Sonne ist über die Berggipfel geklettert und scheint nun direkt auf sie herab. Nachdem das Boot die Mündung der Bucht passiert hat, ist es plötzlich schutzlos dem offenen Meer ausgeliefert. Eine transatlantische Strömung hebt und senkt es regelmäßig. Der junge Mann hält Kurs in südwestliche Richtung, direkt auf einen mächtigen Felsen zu, der aus der Sichtlinie des Horizonts herausragt.

Skellig Michael, erklärt er ihr. Der Felsen erinnert ihn immer an ein Frachtschiff, einen majestätischen Teeklipper, der mit vollen Segeln aufs Meer hinausgesegelt ist.

Eine von den Viehweiden herüber aufs Meer treibende Brise trägt den Geruch von frischgemähtem Gras zu ihnen. Eingelullt vom hohlen Plätschern der Wellen gegen den Rumpf, werden die *zwei jungen Leute immer schläfriger. Die Sonnenstrahlen zerbrechen an den spiegelnden Flächen der Wellen; die Luft blitzt im Licht. Gegen die blendende Sonne späht die junge Frau nach Osten zur Insel Dursey hinüber. Der Gipfel über dem Kap blinkt matt – einmal, zweimal – und erlischt plötzlich, als wäre er in der Lichtflut ertrunken. Als das Boot sich vom Land entfernt, verschmilzt die zerklüftete Felsenküste nördlich des Slea Head zu einer grauen Wand, bis sie sogar die Lücke, durch die sie gerade gefahren sind, nicht mehr ausmachen können. Weder das weite Land achtern noch der Felsen vor ihnen, noch die unveränderliche Farbe des Himmels lassen eine Bewegung auch nur erahnen, ja, es sieht so aus, als stünde das Boot still in einem Meer von Licht. Der Ozean atmet wie ein unter einer Decke schlummerndes großes Raubtier. Die junge Frau schließt die Augen. Ihr Kopf kippt nach vorn, und sie nickt ein.*

Unbeteiligt starrt der junge Mann auf die Umrisse des Skellig Michael, die sich immer deutlicher abzeichnen. Zerklüftete bleierne Wellen tauchen unter der dunklen Silhouette auf. Die Insel nimmt langsam eine dreidimensionale Gestalt an. Bald werden die Felstürme übermächtig, und das in ihren Windschatten eingebettete Boot scheint zu schrumpfen. In den Augen des jungen Mannes sieht es aus, als hätte der Fels Anker geworfen und legte sich mit seinem ganzen Gewicht auf das kleine Boot.

In diesem Moment streift seine Seele ein langer, klagender Ton aus der Richtung der Insel. Es ist ein Schmerzensschrei, wie ihn all die im Fegefeuer leidenden Seelen ausstoßen könnten. Er lauscht konzentrierter, und erneut hallt der Schrei von den Klippen wider und fliegt über das Wasser. Kurz glaubt der junge Mann, es sei der Fels selbst, der da seufze. Er sucht auf dem Meer nach einem Lebenszeichen. Vor dem Hintergrund eines grauen Felsblocks zeichnet sich, für das Auge kaum zu erkennen, ein einzelner grauer Seehund ab. Das Tier heult gerade zum drittenmal. Dann rutscht es müde ins Meer.

Nachdem sie in der Blind Man's Cove angekommen sind, hilft der junge Mann seiner Begleiterin beim Aussteigen, reicht ihr den Korb und vertäut das Boot, ehe er herausklettert. Zügig gehen sie den Pfad entlang, der sich am Strand hinzieht. Das Kreischen der Vögel hören sie schon, bevor sie um den Felsen von Cross Cove biegen.

Die zwei jungen Leute bleiben stehen und lassen sich von dem lärmenden Chaos, das ihnen den Weg versperrt, gefangennehmen. Eissturmvögel, Tordalke, Sturmtaucher, Dohlen, Strandpieper und Raubmöwen hocken zu Tausenden auf den schmalen Felsvorsprüngen, ziehen über ihnen ihre Kreise oder stürzen sich zielsicher in die Bucht. Das Paar will sich schon mitten in diesen Tumult wagen, als sich die junge Frau plötzlich voller Angst an ihrem Begleiter festhält. Über das Getöse hinweg lacht und scherzt er. Die Vögel seien doch harmlos, schreit er. Sie seien nur die Geister der toten Mönche.

Die zwei folgen dem Pfad weiter, bis sie die in den Fels gemeißelten Stufen finden. Im Zickzack führt diese steile und von der Erosion angenagte Treppe so weit das Auge reicht die Felswand hinauf in den Himmel. Er bietet ihr seine Hand an, und sie ergreift sie.

Bald haben sie die Vögel und das Gekreische weit unter sich gelassen. Erneut ist die Luft durchsichtig geworden. An vereinzelten Stellen sind weiße Blüten zu sehen; dort hat das nackte Felsgestein winzigen Grasnarben und Feuernelken Platz zum Wurzeln gelassen.

Sie erreichen ein Hochplateau knapp unterhalb des Gipfels. Wie er ihr erklärt, heißt es Christ's Saddle. Das Gehen fällt jetzt leichter, und sie läßt seine Hand los. Sie folgen dem Grat, der zum nördlichen Gipfel führt, ducken sich unter einem überhängenden Felsen hindurch, und dann erstreckt sich erstmals die ganze Bucht unter ihnen.

Auf den ersten Blick ist die Insel selbst für das geschulte Auge des jungen Mannes nicht mehr als eine willkürliche Ansammlung von Geröll. Aber nach und nach nehmen die vereinzelten Felsformationen Gestalt an, und es kristallisiert sich aus ihnen eine Gruppe geduckter bienenstockförmiger Bruchsteinhütten. An ihren Rändern kauern winzige Steinkapellen, von denen jede an den Kiel eines gekenterten Bootes erinnert. Die Ruine einer Fen-

sterummauerung – der einzige überlebende Teil einer größeren Kapelle – starrt wie ein verlorener Zyklop von ihrer freistehenden Mauer aus in die Ferne. Dort breitet sich der Ozean grau und leer ins Unermeßliche aus. Vor dem Hintergrund des Felsgesteins läßt sich mit Mühe die primitiv gearbeitete Inschrifttafel eines Kruzifixes erkennen. Seine Arme sind hin zum Meer gerichtet – die stumme Klage eines verlassenen Hirten.

Auf einem mit Strandnelken überwachsenen Pfad steigen die jungen Leute zu den Ruinen hinunter. Mit gedämpfter Stimme, als wären sie in einer Kirche, erzählt er ihr von den Mönchen, die hier im 6. Jahrhundert ihre Eremitage erbaut hatten. Ihr Schutzheiliger war der heilige Michael, aber die Eremiten lebten in solcher Isolation, daß sie völlig den Bezug zum christlichen Kalender und am Ende sogar zum Christentum verloren. Am Ende des ersten Jahrtausends wurden sie schließlich von den Wikingern überfallen und für immer vertrieben.

Während er noch erzählt, geht sie von seiner Seite und weicht vom Pfad ab. Eine Reihe unbearbeiteter, vom Wetter gezeichneter Steine hat ihr Interesse geweckt. Er stellt sich neben sie. »Der Friedhof der Mönche«, flüstert er. Im gleißenden Sonnenlicht bekreuzigen sich die zwei und beten still.

Er will wieder etwas sagen, doch sie gebietet ihm mit erhobener Hand Schweigen.

Unter ihren Füßen summt der Boden.

Es ist ein leises Brummen, wie das Schnurren einer Katze, und scheint nicht aus einer bestimmten Richtung zu kommen, sondern von überall her gleichzeitig. In ihrer Nähe regt sich etwas. Plötzlich ist ein Flattern zu hören. Aus einem Loch ist ein Papageitaucher geklettert. Der Vogel plustert sich empört vor den Eindringlingen auf, dann schwingt er sich mit unbeholfenen Flügelschlägen über die Kante des Bergs und stürzt sich in den Abgrund. Aus einem zweiten Bau kommt noch einer und wieder einer, und dann steigt wie von Zauberhand gelenkt ein kleiner Schwarm aus der Erde, um sich über dem Meer zu zerstreuen. Nachdem das letzte dieser Wesen über und unter den Wellen verschwunden ist, ruht die Erde wieder still.

Stumm setzen die zwei jungen Leute ihren Weg zu den Gebäuden fort. Als sie sich der ersten Zelle nähern, bricht erneut der Mann das Schweigen. Er weist auf die raffinierte Verkragung der Mauern hin und erklärt der Frau, wie die Innenräume dank dieser Technik sogar nach tausend Jahren, ausgesetzt den Atlantikstürmen, trocken und behaglich bleiben konnten. Gebückt zwängen sie sich durch den schmalen, niedrigen Eingang in die Hütte.

Da es keine Fenster gibt, müssen sie eine Weile warten, bis ihre Augen sich an das schummrige Licht gewöhnt haben. Seite an Seite stehen sie in der Zelle und lauschen dem eigenen Atem. Allmählich bekommen sie ein Gefühl für diesen Raum. Die niedrige Decke und die Wände sind aus demselben groben Material gefertigt wie die Mauern draußen. Der Boden besteht aus Lehm. Es gibt keinerlei Möbel und nicht einmal Spuren einer Feuerstelle. Die Zelle ist nichts als ein leeres Gewölbe, eine von Menschen gemachte Höhle. Und doch spürt der junge Mann noch mehr. Nach den verschwommenen Eindrücken am Morgen, nach den nur vage zu bestimmenden Dimensionen von Himmel und Meer, umschließt ihn jetzt das Innere dieser Zelle mit konkreten und festen Grenzen. Er kann die Mauern betasten und ihre Beständigkeit fühlen. Mit den Füßen kann er die Festigkeit der Erde spüren. Die Grenzen sind greifbar. Ein Gefühl von Behaglichkeit und Geborgenheit senkt sich über ihn. So ähnlich könnte es im Heiligsten des Schoßes seiner Mutter gewesen sein, denkt er. Er will sich zu der jungen Frau umwenden und sie fragen, ob es ihr ähnlich geht, doch da merkt er, daß sie nicht mehr neben ihm steht, sondern schon wieder ins Freie geschlüpft ist.

Er folgt ihr und blinzelt in die grelle Mittagssonne. Die Mönche beteten in den dunklen Zellen, raunt er der Frau zu, damit sie die Herrlichkeit Gottes erkannten, sobald sie ins Licht traten.

Nachdem sie die kleinen Kapellen, die Reste der großen Andachtsstätte und die übrigen Hütten untersucht haben, gehen sie weiter zum nächsten Gipfel. Von dort aus vermeinen sie fast jeden Winkel des Universums überblicken zu können. Auf einem ebenen Grasfleck stellt der Mann den Korb ab; darin liegt zuoberst eine weiße Tischdecke, die er sorgfältig ausbreitet. Dann setzen sie sich an zwei sich diagonal gegenüberliegenden Ecken auf den Boden.

Lächelnd zieht er eine Waterford-Karaffe aus dem Korb. Sie enthält einen so hell schimmernden Wein, daß man ihn für abgefüllten Sonnenschein halten könnte. Der Mann stellt die Karaffe auf das Tuch; sie wirft blaßblaue rosettenförmige Muster auf den grellweißen Stoff. Nun fördert er zwei silberne Kelche zutage und schenkt ein. Nachdem er einen der Frau gereicht hat, prostet er mit seinem der Sonne zu.

Sie trinken einen Schluck.

Erneut greift er in den Korb und holt Besteck, Teller, Brot, Käse und Weintrauben heraus. Das alles plaziert er auf der Decke, dann schneidet er das Brot und den Käse in Scheiben. Die zwei bekreuzigen sich und sprechen ein Tischgebet.

Nach der langen Fahrt und der Wanderung sind sie hungrig. Sie essen schweigend.

Als sie satt sind, lehnen sie sich auf die Ellbogen gestützt zurück. Beiläufig zupfen sie Weintrauben von der Rebe und geben sich der Mittagshitze hin. Die Sonne steht direkt über ihnen. Das Licht ist durchzogen von einer fast greifbar weichen, weißen Maserung und taucht die jungen Leute in seinen unirdischen Glanz.

Der junge Mann läßt den Blick in die Ferne schweifen. Ein Dunstschleier verbirgt die Linie, auf der sich Meer und Himmel begegnen. Die Wasserfläche ist ruhig, wie tot. Vergeblich sucht sein Auge nach irgend etwas, das diese Monotonie durchbricht.

Er wendet sich wieder der jungen Frau zu. Mit ihrem weißen Kleid und dem Hut erscheint sie ihm wie in feinste Gaze gehüllt. Er bemerkt die Andeutung eines versonnenen Lächelns. Kurzerhand zieht sie die Hutkrempe über ihre Stirn und weicht so seinem Blick aus. Und jetzt ist sie diejenige, die aufs Wasser hinaus schaut.

Der junge Mann betrachtet ihr Gesicht, erforscht die Biegung der Augenbrauen, die starren Wimpern, das blasse Grün der Iris. Er vermag nicht zu erkennen, ob sie sich auf einen bestimmten Punkt konzentriert, den sie auf dem Meer draußen entdeckt hat,

ob sie in Gedanken weit weg ist, ob sie seine Gegenwart über-
haupt noch wahrnimmt.

So sehr ist er in sie vertieft, daß ihn eine ganz merkwürdige
Vorstellung befällt: Alles, was außerhalb ihres kleinen Kreises
liegt, hat sich verflüchtigt. Er bildet sich ein, daß die Welt, die
Weite des Himmels, das Meer, der Sand untergegangen sind und
nur noch sie zwei, das glitzernde Stück Leinen und das Gewölbe
aus Licht, das sie besetzt halten, übriggeblieben sind. Nichts hat
überlebt, sinniert er, nur dieser leuchtende Schoß.

Er beugt sich über die junge Frau und flüstert ihren Namen.
Schon im eigenen Ohr klingt der Laut sonderbar, und er merkt,
daß er ihn heute zum erstenmal ausgesprochen hat.

Die junge Frau gibt keine Antwort. Statt dessen schaut sie zu
Boden. Auch wenn die Hutkrempe ihre Augen verbirgt, so kann
er doch sehen, daß ihre Nasenflügel sich blähen und daß ihre Lip-
pen nicht mehr lächeln, sondern fest zusammengepreßt und von
der Weintraube, in die sie gerade gebissen hat, feucht sind. Aus
den Tiefen seines Geistes hört er die Worte heraufziehen, die er
den ganzen Tag schon sagen wollte, als trügen die Worte an sich
schon eine eigene Realität in sich.

Fast schon im Zeitlupentempo beginnt ihr Kopf sich zu drehen.
Ihre Augen heben sich, wie um den seinen zu begegnen, doch
dann wandern sie weiter und schauen an ihm vorbei. Sie hat die
Stirn in Falten gelegt. Ihr Blick ist zum Himmel gerichtet.

Unmittelbar über ihren Köpfen schwebt ein Vogel. Mit ausge-
breiteten Flügeln in der Luft stehend, scheint er an einem Faden
vom Himmel herabzuhängen. Er gibt keinen Laut von sich. Sein
Gefieder ist reinweiß, die Flügel grau mit schwarzen Spitzen. Hyp-
notische Augen fixieren den jungen Mann, und als das Tier ab-
schwenkt, hat er ein Gefühl von Schwindel und vermeint keinen
sicheren Boden mehr unter sich zu spüren. Gelassen gleitet der
Vogel auf den Ozean zu und löst sich im Dunst des Horizonts auf.

Die Lichtblase, die der junge Mann sich vorgestellt hat, ist ge-
platzt. Wieder ist die Welt weit geworden, sind ihre Grenzen ver-
schleiert und unsicher. Aus einer schrecklich großen Distanz kann
er das bekümmerte Murmeln der See hören.

Die zwei Menschen betrachten die Stelle, an der der Vogel ver-
schwunden ist.
Schließlich wendet sie sich ihm zu. Ihre Augenbrauen sind ge-
wölbt. »Was wolltest du mir sagen?«
Er schaut an ihr vorbei über das westliche Meer. Den ganzen
Weg bis nach Amerika, den ganzen Weg bis nach Heart's Content
hin sieht er nur ein graues Nichts und versucht sich an eine Passa-
ge bei Newman zu erinnern, in der es irgendwie um Fahrten aufs
offene Meer hinaus ging.
Er schüttelt den Kopf: »Nichts.«
Sie bleiben noch eine Weile sitzen und verfolgen, wie sich der
Schatten des Skellig Michael über das Wasser in Richtung der Kü-
ste von Kerry ausstreckt. Weit oben ziehen helle Wolken heran,
die eine kühle Brise mit sich bringen. Schließlich packen sie ihre
Sachen in den Korb, klettern die Stufen hinunter und nehmen mit
ihrem Boot wieder Kurs aufs Festland. Bevor sie aus dem Schat-
ten des Skellig segeln, vernimmt der junge Mann erneut den Ruf
des Seehundes.

Aus der Westentasche zieht Father MacMurrough seine alte Walt-
ham. Sein Großvater hat sie ihm zu seiner Ordination geschenkt,
und seit diesem Tag spricht sie wie ein Freund zu ihm. Er hält sie
an sein Ohr und lauscht entzückt ihrem kräftigen, warmen
Ticktack.

Die Zeiger stehen auf neun Uhr.

Ein Windstoß kühlt ihm die Stirn. Er geht die Stufen hinunter
und überquert den leicht abschüssigen Kirchplatz. Sein Ziel ist
das Gewirr aus windschiefen Läden, Dachböden und Lagerhal-
len, das die Leute *Octagon* nennen. Das Gitter ist noch mit einem
Vorhängeschloß verschlossen – die Verkäuferinnen haben sich
verspätet. Der Priester späht in ein Schaufenster. Die darin aus-
gestellte Litfaßuhr zeigt halb zehn.

Father MacMurrough will seine Uhr stellen, als er eine Re-
flexion im Fenster bemerkt. Um sie besser sehen zu können, tritt
er einen Schritt zurück.

Da ist es wieder.

Morosos.

Er steckt die Uhr ein. Müde und ziellos schlurft er zur Rückseite des *Octagon*.

Dahinter liegt der Strand. Es ist Ebbe, und der Sand reicht weit ins Meer hinein. Dort draußen trottet Jackman an der Wasserlinie entlang. Der Hund schnüffelt an Blechdosen, an verfaulendem Seetang und Treibholz. Den Mann nimmt er nicht wahr.

Da der Priester nichts Besseres zu tun hat, schlendert er zum Wasser hinunter. Seine Schuhe versinken im feuchten Sand. *Landwash* nennt man dies hier – Schwemmland: bei Ebbe Land, bei Flut überschwemmt. Vor Jahren hat er jemanden sagen hören, die Küstenbewohner seien die geborenen Fundamentalisten; die Vermengung von Land und Flut drücke alles, was sie an Möglichkeiten hätten, klar und präzise aus und stehe für eine gewisse Strenge. Jetzt erkennt er freilich, daß der Sachverhalt nicht so einfach ist. Im Augenblick ist dieser schmale Streifen Strand, auf dem er steht, Land; in sechs Stunden wird er Wasser sein.

Father MacMurrough sehnt sich nach klarer Strenge, nach einfachen Entscheidungen. Nach einem deutlich erkennbaren Weg.

Kiesel klappern unter den Wellen. Der Priester stochert zwischen den Steinen herum, bis er einen großen flachen entdeckt. Er wirft ihn in hohem Bogen ins Meer, und der Stein durchbricht die Wasseroberfläche mit einem häßlichen Klatschen – gluck –, für das die Kinder hier einen schönen Ausdruck gefunden haben: Luftblase eines Toten.

Sein Stock stößt an einen blaßblauen Kiesel. Er hat in etwa die Größe eines Fünzigcentstücks und ist rund und glatt. Der Prieser gräbt ihn aus, hebt ihn auf und rollt ihn zwischen den Fingern hin und her, bis die nassen Sandkörner abfallen und der Stein trocken ist. Er schließt die Handfläche um ihn und bewundert seine klare …

Da plötzlich sieht er mit einer Logik, die so unmittelbar ist, daß er sie in Worten nicht ausdrücken könnte, den deutlich erkennbaren Weg.

Er lächelt verblüfft, ihm bleibt beinahe die Spucke weg – es gibt kein besseres Wort dafür – über die Schönheit seiner Entdeckung, ja, Leistung, über ihren Glanz. Welche Gewißheit und Klarheit! Welche Festigkeit! Und alles im Moment eines Wimpernschlags!

Der Priester verweilt auf dem breiten Band seines Schwemmlands. Er ist so entzückt, daß er fast laut herauslacht. Das ist sein erhabener Moment, der Moment zwischen Entscheidung und Tat. Hätte er nur gewußt, daß dieses Territorium solche Verzauberung in sich birgt – und keinerlei Schmerzen! –, er hätte es viel früher besucht.

Noch einmal schließt er die Hand ganz fest um den Stein, dann läßt er ihn in seine Tasche gleiten.

Auf dem Rückweg bleibt das Schaufenster mitsamt seiner Litfaßuhr links liegen; er marschiert schnurstracks zum Palast. Der Stein wird zu den anderen kommen, und er hat sich auch schon einen Namen für ihn ausgedacht. Jetzt hat er nur noch einen Wunsch. Hoffentlich läuft er keinem Menschen über den Weg, denn er kann dieses absurde Grinsen auf seinem Gesicht einfach nicht verhindern.

VII

Das Reich Gottes

GESCHOBEN VON einer warmen östlichen Brise, taucht ein winziges Segelboot am Horizont auf. Der Sturm hat die Luft gereinigt, der Himmel ist klar.

Das Boot schlängelt sich zwischen den Eisbergen hindurch, die das Wasser übersäen. Auf seinem Segel prangt ein glühendrotes Kreuz. Auf den Balken des Kruzifixes schimmert das Halo der heidnischen Sonne. Das Segel treibt den mit Ochsenhaut bezogenen Rumpf voran. In dieser Nußschale kauern achtzehn irische Mönche.

Der Kahn nähert sich schüchtern der Sandbank.

Seit der Folterung und Hinrichtung des Nazareners sind fünf

Jahrhunderte vergangen. Ein grüner Blitz während des Sonnenuntergangs hat die Mönche von Kerry dazu verlockt, ihre Eremitage aufzugeben und sich auf das Meer zu wagen. Sie sind auf der Suche nach einer verzauberten Insel, die im Westen liegen soll, einem Land der Reinheit und Gnade, in dem die Sünden des Fleisches nie begangen wurden. Die Chroniken nennen diesen Ort das Land der Nicht-Sterbenden, das Verheißene Land der Heiligen.

Sieben Jahre lang haben die Mönche in ihrem offenen Boot den Stürmen und Wellen getrotzt. Ihr Glaube hat ihnen den Weg gewiesen, die Überfahrt war erfüllt von den Wundern Gottes.

Sie sind kristallenen Basiliken nachgefahren, die hinter dem Horizont verschwanden, ehe sie sie erreichten. Sie haben am nördlichen Nachthimmel Lichter wie Kerzen hinter Glas flackern sehen. Sie sind durch die See des Todes gesegelt und haben den Rachen der Hölle erblickt, in dem Feuer, Rauch und Bimsstein spuckende Teufel den heiligen Männern die Gesichter versengten. Als sie eines Nachts in einem Zwischenstadium zwischen Licht und Dunkel auf schneebedecktem Wasser in eine Flaute gerieten, da hörten die Mönche Scharen von ungetauften Säuglingen nach himmlischer Erlösung schreien und weinten bitterlich.

Das Boot geriet in die Klauen eines gräßlichen Sturms. Neun Tage und neun Nächte lang tobte der Blizzard. Als die Luft wieder klar wurde, fanden sich die Mönche zwischen den kristallenen Kathedralen wieder, die sie aus der Ferne geleitet hatten. Mit Gebeten dankten sie für ihre Rettung, denn ihr Überleben war ein Wunder – der Beweis dafür, daß Gottes Segen ihre Mission begleitete.

So ist es gekommen, daß sie die Insel wohlbehalten erreicht haben.

Mit dem Ruf »*Terra!*« gehen die Mönche an Land und erforschen es. Sie finden eine trostlose Einöde. Auf dem nackten Gestein entdecken sie weder Pflanzen noch Tiere, noch – trotz des zu Buße mahnenden Geländes – Heilige. So gelangen sie zu dem Schluß, daß das doch nicht das Verheißene Land ist. Es muß das Land sein, das Gott Kain gab.

Aus Mangel an Bäumen zerhacken sie eins ihrer Ruder und entfachen damit ein Feuer zu Ehren Johannes des Täufers und der Mitternachtssonne. Sie schlagen über dem Ödland das Kreuzzeichen und segnen es: »Du Land, das Gott Dein Herr liebt, denn die Augen des Herrn ruhen immerdar auf Dir, vom Anbeginn des Jahres bis zu seinem Ende.« Die Mönche steuern ihr Boot nun wieder in Richtung Süden. Unter dem Horizont versinkt der wuchtige Felsen, der die Bucht beherrscht. Ungesehen von Menschenaugen flattert ein weißer Vogel über das Ödland.

Jenseits der See fällt das Reich den Ostgoten in die Hände. Der heilige Columba gründet seine Mission in Iona. Die ersten Kirchenglocken läuten in Rom. Die Perser plündern Jerusalem und rauben das wahre Kreuz. Die Chinesen erfinden Tee und Schießpulver. Die Mohren erobern die Iberische Halbinsel und erfinden Sternenhöhenmesser und Kaffee. Die Inder entdecken die Zahl Null. Die Angelsachsen besiegen die Briten. Die Jahrtausendwende naht, und überall fürchten sich die Christen vor dem Jüngsten Gericht.

Währenddessen schlagen die Wellen unablässig gegen den Strand der Insel und graben ihr Zeichen in das Felsgestein. Das Millennium ist vollendet, als das nächste Schiff die Küste ansteuert.

Der Schiffsrumpf ist aus massiven Eichenbrettern gezimmert. So leicht wie ein Schwan sitzt es auf den Wellen, und doch durchpflügt es sie machtvoll. Es hat nur einen Mast, an dem ein Segel aus grober Wolle angebracht ist. Vom Bug starrt ein Drachenkopf mit heraushängender Zunge herab. Bemannt ist das Boot mit dunkelhaarigen gedrungenen Kriegern, die bis an die Zähne mit Streitäxten, Beilen, Schwertern, Speeren und Keulen bewaffnet sind.

Weil die irischen Missionare sich gerühmt haben, ihre Klöster würden die Schätze der Christenheit bergen, haben die Nordmänner sämtliche heiligen Häuser von Irland geplündert und verwüstet. In der abgelegensten Eremitage am Rande der ihnen bekannten Welt entdeckten sie unter den Beutestücken ein Manuskript mit verzierten Schriftzeichen. Dessen Bilder berichteten von einer lange zurückliegenden Reise, einer Expedition nach Westen, wo man das gelobte Land zu finden glaubte. Die Nordmänner zerstückelten die Mönche und segelten los, neue Beute zu machen.

Obwohl sie schlechte Navigatoren sind, entdeckten die Plünderer viele neue Küsten. Sie jagten überwältigende Kristallschlösser, die sich ihnen stets entzogen. In der Nacht wies ihnen das glühende Schild der Walküre den Weg. Einmal entkamen sie um Haaresbreite feurigen Schlackeklumpen, die Ungeheuer aus einer donnernden schwarzen Festung auf sie schleuderten. Sie stießen auf schneebedeckte Schlachtfelder, auf denen Herden von Wassergeistern grasten. Obwohl die Geister um Gnade winselten, schlugen die Seefahrer ihnen unbarmherzig die Schädel ein und zerfetzten sie. Danach war der Schnee mit ihrem Blut getränkt.

Jetzt, nach Jahren des Umherirrens im nördlichen Meer, sichten die Räuber die Felseninsel.

Die Krieger halten auf den flachen Strand zu, bis sie auf den Kieselsteinen auflaufen. Zunächst finden sie nur in stacheliges Gestrüpp gekleidetes Felsgestein vor. Sie besteigen das höher gelegene Land und setzen es sogleich als Zeichen der Warnung für etwaige Feinde in Brand. Das Feuer treibt Hunderte von Hasen und Vögeln aus dem Unterholz. Die Seefahrer töten sie unverzüglich. Die Büsche liefern ihnen auch blaue Früchte im Überfluß. Daraus gewinnen die Nordmänner einen herben Wein, und nach ihm benennen sie auch die Insel: Weinland.

Wochenlang streifen sie durch das Gebiet, doch außer Hasen, Vögeln und Früchten erbeuten sie nichts. Aus purer Langeweile, weil es nichts zu plündern gibt, und nach einer durchzechten Nacht irre geworden, rennen sie eines Morgens – der Tag des Thor bricht gerade an – enthemmt brüllend und die Streitäxte schwingend in den Rachen der tosenden Brandung. Wild hacken sie auf die Wellen ein und ertrinken in den Fluten.

Taurus explodiert. Der Halleysche Komet erhellt den Himmel. Die Normannen erobern England. Lady Godiva reitet nackt durch Coventry. Jerusalem wird von den Kreuzrittern gestürmt. Walcher von Malvern entdeckt die Längen- und Breitengrade. Der Kanonikus Fulbert von Paris kastriert Peter Abaelard. Das erste Laterankonzil verbietet den Priestern die Ehe. Suger von Saint-Denis führt die Rosettenfenster ein. Der Pub Ye Olde Bell wird in der Nähe von London eröffnet. Auf eine Aufforderung von Dermot MacMurrough hin nehmen die Normannen Irland ein. Hüte kommen in Mode. Ein Meteorit schlägt auf dem Mond ein. König John unterschreibt die Magna Charta. Marco Polo reist nach China. Roger Bacon sagt die Entdeckung der westlichen Hemisphäre voraus. Die ersten Glasspiegel tauchen auf. Die Bauernschaft leidet unter dem Hundertjährigen Krieg. Der Schwarze Tod wütet in ganz Europa. Zigeuner bringen aus Arabien Spielkarten mit. König Philipp der Schöne heilt Beulen durch Handauflegen. Chaucer schreibt die *Canterbury Tales*. Englische Bogenschützen schlagen die französischen Ritter bei Agincourt. Die Berber erobern Timbuktu. Auf den Märkten von Lissabon werden afrikanische Sklaven verkauft. Denis der Kartäuser definiert Schönheit als Licht. Die Türken nehmen Konstantinopel ein. Die Bauernschaft leidet unter den Rosenkriegen. Die Engländer und Franzosen verschwören sich gegen Jeanne d'Arc und beschließen ihre Verbrennung. Gutenberg druckt die Bibel. Vlad Dracul stirbt auf dem Schlachtfeld. Prinz Ferdinand heiratet die Infantin Isabella. Und die Inquisition foltert Häretiker zum größeren Ruhme Gottes.

Wellen wälzen sich gegen die westliche Insel. Die See zermahlt die Knochen der Nordmänner zu Sand. Die Wellen graben ihre geriffelten Linien in den Granit. Fünf Jahrhunderte werden vergehen, bis wieder ein Europäer den Fuß auf diese Gestade setzt.

Die Überfahrt findet ein Jahrzehnt vor der Reise des Genuesen statt, und sie beginnt in Irland.

Eine Hungersnot sucht Irland heim. Pferde fressen sich gegenseitig die Schwänze ab, Schafe die Wolle. Aus entlegenen Gemeinden verbreiten sich Gerüchte über Kannibalismus. Die Menschen, die in unsäglichem Elend leben, glauben, das Ende der Welt sei gekommen.

In einem Tal in Carlow bettelt der Mob am Tor des Klosters um Essen. Die Mönche fliehen vor dem Grauen der Not – alle bis auf einen. Der überläßt der Menge seine knappen Vorräte. Von Schuldgefühlen geplagt sieht er zu, wie die Hungernden Abfälle verschlingen, und gelobt Gott, allem Essen abzuschwören. Er gibt jeden Brösel weg und nimmt nur noch die Hostie zu sich, bis er eines Morgens beim Heben des Meßkrugs während der Konsekration zusammenbricht und stirbt.

Der Mönch hinterläßt einen halbwüchsigen Sohn mit dem Namen Tomas Croft. Wer seine Mutter ist, weiß der Junge nicht.

Der Mönch hat den Jungen kahlgeschoren und nach den strengen Vorschriften des Klosters erzogen. Er hat ihn praktisch von Geburt an in den Kreuzgängen und im Altarraum der Kirche eingesperrt. Als einzige Freiheit hat er ihm zugestanden, auf den Glockenturm zu klettern und dort die Landschaft zu betrachten und die salzigen Winde zu genießen, die über die Hügel der Blackstairs herwehen. Er hat den Jungen Latein gelehrt und zu seinem Meßdiener gemacht. Darum hat der junge Tomas Croft in seinem ganzen bisherigen Leben nichts als die Gewohnheiten der heiligen Männer kennengelernt. Außer mit seinem Vater und Gott hat er mit niemandem Gespräche geführt. So enorm seine Kenntnisse des Spirituellen sind, so wenig Erfahrung hat er mit den weltlichen Dingen. Als er zum Mann heranwächst, genügen darum schon die kleinsten Dinge wie bemaltes Glas oder der Geruch von Weihrauch, um in ihm die wildesten Phantasien auszulösen, seinen Körper bis zum Verlust der Selbstbeherrschung zu erregen und sich seiner ganz zu bemächtigen.

Nachdem er den Leichnam seines Vaters beerdigt hat, dessen Finger noch immer den Meßkrug umklammern, läutet der Junge die Totenglocke. Noch nie zuvor war er allein. So kauert er sich drei Tage lang in den Beichtstuhl, bis er den Hunger nicht mehr aushält und das Tor öffnet. Zum erstenmal läßt er die Mauern des Klosters hinter sich und wagt sich hinaus in die Fremde. Damit beginnt seine Wanderschaft.

Er zieht barfuß durch verlassene Moore, leere Täler, durch mit Leichen übersäte stille Dörfer. Er ißt Gras und Disteln. Er verschlingt die Kadaver von Spatzen und Ratten, die die Brunnen vergiften. Er zerkaut weggeworfene Schuhe. Er ißt sogar die Fruchthüllen ungeborener Kälber, die oft anstelle von Fensterglas verwendet werden. Er atmet den Gestank tausendfachen Todes ein. Bei Dunkelheit bekommt er kein Licht zu sehen. An allen Ecken und Enden hört er nur Wimmern und Stöhnen. Er schläft auf den kalten Bänken von Friedhofskirchen. Manchmal brüllt der Himmel, wenn sich Dämonen um den Leib der Verstorbenen bekriegen. Dann bekommt der Junge Angst, daß es ihn nach Slieve-nan-Or verschlagen hat, den Ort, an dem die letzte große Schlacht geschlagen werden soll, an dem das Ende der Welt seinen Anfang nimmt.

Eines Tages kommt er in eine Stadt. Wie er zufällig hört, heißt sie Ferns. In ihrer Kirche erschreckt ihn ein grauenhaftes Bild – es ist die Statue eines Zwergs, dem gerade seine Geschlechtsteil abgeschlagen wurde und der mit einem heimtückischen Grinsen die offene Wunde noch weiter aufreißt. Ganz in der Nähe sitzt die verschrumpelte Leiche eines Küsters aufrecht in einer Bank. Während Tomas Croft an den Füßen des Toten kaut, starren ihn seine Augen stumm an. Der Junge muß wieder an das Kloster denken, an Jesus am Kreuz, dessen Augen auch immer auf ihm ruhten, wenn er die Kommunion einnahm.

Der Tote hält einen Stock aus Schwarzdornholz umklammert. Tomas zerbricht ihm die Finger und nimmt den Stock an sich. Mit dieser schrecklichen Waffe erschlägt er Hasen, Krähen, Katzen und Hunde. Er ißt ihr Fleisch roh und trinkt ihr Blut. Sein Hunger sorgt dafür, daß er immer geschickter wird und sich auch gegen alle möglichen Verzweifelten wehren kann, denen er nun mehr und mehr über den Weg läuft, den wandelnden Leichen, die von ihm die Tiere begehren, die er eigenhändig erschlagen hat, wenn sie sich nicht sogar an seinem lebendigen Fleisch vergreifen wollen.

Horden von gespenstischen Bettlern ziehen in endlosen Prozessionen nach Süden, wo die Luft wärmer ist. Tomas Croft folgt ihnen heimlich, bis er nach ein paar Tagen eine Hafenstadt erreicht. Es ist Wexford, von der sein Vater oft gesprochen hat. Der Fischgeruch lockt ihn auf Anhieb zum Hafen. Da er sein Leben lang auf dem Land eingesperrt war, hat Tomas Croft noch nie so etwas wie ein Ruder-, geschweige denn ein Segelboot gesehen. Erschöpft und der Verzweiflung nahe, hält er nun den Kruzifixwald aus Masten für einen riesigen Friedhof.

Als der Junge sich auf einer Kaimauer ausruht, sieht er eine Ratte über den Landungssteg einer stinkenden Schaluppe watscheln. Tomas Croft erkennt das heilige Wort, das auf den Bug gemalt ist: *Trinitie.* Vor Hunger zitternd, packt er seinen Stock und klettert auf den Landungssteg. Er muß das fette Vieh kriegen. Doch auf dem Dollbord schlägt ihm ein derart grauenhafter Gestank entgegen, daß er ohnmächtig wird. Er stürzt in ein Faß und landet unverletzt auf einem Haufen roher Lodden. Als er wieder zu sich kommt, stopft er von diesen kleinen Fischen eine Handvoll nach der anderen roh in sich hinein, bis er nicht mehr kann.

Dann schläft er auf dieser weichen Unterlage ein.

Ein Donnern rüttelt ihn wach. Die Besatzung der Schaluppe hat Tomas Croft entdeckt, und die Seeleute hämmern gegen das Faß. Der Junge hebt seinen Stock, um sich zu verteidigen, doch in diesem Moment würgt er die Fische heraus, so daß die Fischer ihn mühelos überwältigen können.

Der Heimathafen der *Trinitie* ist Bristol. Die Besatzungsmitglieder, alles Engländer, wollen den Ausländer den Haien zum Fraß vorwerfen, doch ihr Kapitän ist abergläubisch. Er erklärt, der blinde Passagier würde ihnen Glück bringen und solle verschont werden. Aber dafür muß der Junge hart arbeiten. Weil er Ire ist und folglich zu nichts anderem taugt, soll Tomas Croft sich als Fischkeuler nützlich machen.

Die *Trinitie* segelt zu einem Fischgrund in Sichtweite der Scillies. Nachdem sie dort vor Anker gegangen ist, klettern die Matrosen in Fässer, die außen am Schiff befestigt sind, und werfen Angelschnüre aus.

Tomas Croft hat Angst vor dem Ozean. Alles erschreckt ihn: dieses unheimliche Schaukeln, diese Unmenge von Wasser unter ihm, die Gewalt sogar der harmlosesten Winde und Wellen. Er hat die Aufgabe, die Fische totzuschlagen, sobald sie an Bord gezogen werden, und auch diese um sich schlagenden Tiere machen ihm angst. Am meisten fürchtet er sich allerdings vor seinen Gefährten. Die Mönche, bei denen er aufgewachsen ist, waren immer freundlich zu ihm, doch hier wird er von allen gequält.

Die Matrosen höhnen über sein rotes Haar. Lagerfeuer! johlen sie, wenn sie ihm vom Tauwerk aus auf den Kopf pissen. Sie höhnen über seine Frömmigkeit. Selbst beten sie nur, weil sie sich eine göttliche Gunst davon erwarten und nicht etwa, weil sie glauben. Sie höhnen über seine Unschuld und versuchen, ihn mit Geschichten über vollbusige Nixen zu Unkeuschheit zu verführen. Sie höhnen über seine Ahnungslosigkeit vom Meer und ängstigen ihn mit Beschreibungen der Ungeheuer, die auf seinem Grund leben. Sie höhnen über seinen gälischen Zungenschlag. Sobald er den Mund aufmacht, fängt die ganze Besatzung zu grunzen an. Für sie, die Engländer, ist er weniger als ein Mensch, und sie beschweren sich beim Kapitän, er sei überhaupt kein Glücksbringer, sondern ein verhextes Schwein, und solle über Bord geworfen werden.

Tomas Croft rettet sich in Schweigen. Laute gibt er nur dann von sich, wenn er auf Geheiß des Kapitäns mit seinem Knüppel gegen die Glocke schlägt und so den Wachwechsel ankündigt. Wenn sein Stock nicht benötigt wird, verbirgt er sich im Stauraum und sieht den Seeleuten bei der Arbeit zu.

Das größte Vergnügen bereiten dem Jungen die Kabeljauzungen. Sobald die Fische ausgenommen worden sind, verlangt der Kapitän von ihm, daß er die Zungen herausschneidet und je zehnerweise wie die Gesätze des Rosenkranzes auf einem Draht aufspießt. Auf diese Weise kann der Kapitän – der glaubt, es bringe Unglück, wenn die Mannschaft wüßte, wieviel sie erbeutet haben, und insofern ganz froh über den stummen Jungen ist – genau Buch über den Fang führen. Nachdem der Kapitän die Zungen abgezählt hat, verschlingt Tomas Croft sie alle roh.

Auf diese Weise kann Tomas Croft überleben.

Zwei Wochen lang fischt die *Trinitie* höchst erfolgreich in diesen Gründen, doch plötzlich werden eines sonnigen Morgens die Schnüre ausnahmslos leer hochgezogen. Nur die Köder hängen, von keinem Fisch berührt, daran. Die Kabeljaus haben das Gebiet verlassen.

Der Kapitän gibt Befehl, den Anker zu lichten und andere Gründe zu suchen. Doch kaum hat der Anker die Wasserfläche durchstoßen, legt sich der Wind. Eine merkwürdige Flut wirbelt unter dem Kiel. Eine Strömung, die keiner kennt, zieht das Schiff nach Westen, und das bei Windstille und schlaffen Segeln. Der Kapitän wirft ein Holzstück über das Steuerbord, doch statt längs neben dem Schiff zu treiben, wie das normalerweise der Fall ist, schwimmt das Holz vorneweg und entschwindet bald ganz seinen Blicken. Wieder wird der Anker ausgeworfen – vergeblich. Obwohl die Kette ganz aufgewickelt wird, kommt das Schiff nicht zum Halt. Mit dem Heck voran gleitet die *Trinitie* weiter, und die dunkle Silhouette von Land's End versinkt vor dem Bug.

Die Fischer starren Tomas Croft finster an. Der Junge verzieht sich in den Stauraum.

Binnen einer Stunde senkt sich Nebel über das Schiff. Unablässig müssen sie die Glocke läuten. Der Dunst ist so dicht, daß ihr Klang von oben, von unten und von allen Seiten zurückprallt, als wären die Schwaden Wände und das Schiff in einem riesigen Glockenspiel gefangen. Die bloße Luftfeuchtigkeit reicht aus, um Laternen zu löschen. Es gibt keinen Schatten mehr, nur noch ein einziges Grau, wohin man auch schaut. Vom Bug aus läßt sich die Ruderpinne nicht mehr ausmachen, vom Deck nicht mehr die Trommel. Die Luft scheint dichter zu sein als die See, denn nur nach unten ist die Sicht nicht ganz versperrt. Die Welt ist verkehrt.

Am selben Tag noch gleitet etwas Dunkles gespenstisch langsam am Backbord vorbei. Die Seeleute nehmen nur seine Gegenwart wahr und hören hoch über sich die Schreie von Papageitauchern.

»Skellig Michael«, erklärt der Kapitän mit zitternder Stimme.

Die Fischer erschauern. Skellig! Der Ort, an dem die Seelen der ertrunkenen Seeleute weinend durch die Luft fliegen. *Christe eleison*, beten sie. Das Schiff aus Bristol ist über den westlichen Rand der christlichen Welt getrieben. Nach allem, was sie wissen, kann das nur eines bedeuten: Es fährt zur Hölle. Tag für Tag hüllt sie derselbe Nebel ein. Tomas Croft wagt sich den Matrosen nicht unter die Augen. Das Schiff treibt weiter mit dem Heck voraus. Woche um Woche sehen die Fischer weder Sonne noch Mond, noch Sterne. Das einzige, was sich verändert, ist das Grau des Tages, wenn es dem Schwarz der Nacht weicht. In der Hoffnung, sich einen günstigen Wind zu erkaufen, rufen die Seemänner zu bösen Geistern. Weil es sonst nichts mehr zu essen gibt, ernähren sie sich von den Ködern. Statt zu trinken, inhalieren sie den Nebel. Nichts durchbricht die Monotonie – weder Laute noch Winde noch Sterne, anhand derer sie sich orientieren könnten, nicht einmal Vögel oder Fische. Die Männer verbringen die Tagesstunden damit, sich über die Reling zu beugen und auf den erstarrten Ozean hinunterzuschauen. Nichts ist zu sehen außer den hoffnungslos in der Finsternis verschwindenden Angelschnüren. Die Fischer irren durch die Ewigkeit.

Kurz grollt in der Ferne ein Donner. Der Nebel wird dunkler. Dann fängt er an zu glühen wie Kohlen. Pfeile wühlen das Wasser auf, und der Nebel schmeckt auf einmal nach Staub und Asche. Unvermittelt fallen überall brennende Steine herab. Sie stürzen ins Meer, daß es zischt, spritzt und brodelt; auch auf dem Deck schlagen glühende Trümmer ein.

Auf den Knien flehen die Fischer um Erlösung von diesem Meer des Teufels. In aller Inbrunst beten sie zum heiligen Elmo. Und tatsächlich, mit einem Schlag hört das Grollen auf, und es fallen auch keine Steine mehr. Bald nimmt die Atmosphäre wieder ihre gewohnte Blässe an.

Wenige Tage später wird die Luft kalt. Der Nebel gefriert zu Rauhreifnadeln. Frostschwaden wirbeln über die Wasserfläche. Jeder Atemzug sticht. Die Kälte dringt bis zu den Knochen durch. Decks, Mast und Takelage werden mit einer glitzernden Eisschicht überzogen, die so dick ist, daß das Schiff unter ihrem Gewicht taumelt. Das Eis vergrößert alles in seinem blaßblauen Ton, und es schwillt schneller, als die Besatzung es weghacken kann. Die Fischer hören das Knallen einer gewaltigen Peitsche. Dann ein entsetzliches Klatschen, als stürzten Berge in die See. Riesige Wellen heben die Schaluppe hoch, und sie droht zu kentern. Aus dem Nebel kommen Eisklippen herangesegelt. Aus allen Richtungen stoßen sie auf das Schiff herab und drohen es zu zermalmen. Tief unterhalb des Kiels dröhnen ungeheure Zusammenstöße. Der Ozean kocht. Blaue Eisblöcke schießen nach oben und knallen gegen den Schiffsrumpf. Die Berge rücken immer bedrohlicher heran. Die Balken stöhnen.

Die Seemänner beten jetzt zum heiligen Peter Gonzalez, und ihre Gebete werden erhört. Sie sind noch auf den Knien, als das Donnern und Stöhnen abrupt aufhört. Das Eis nimmt die Schaluppe nun in einen ganz eigenartigen Griff, als wolle es sie beschützen.

Drei Tage lang türmen sich die Berge um die *Trinitie* herum auf. Ihre Spitzen bleiben im Grau über dem Mast unsichtbar. Die Seeleute glauben, daß die Gipfel sogar über das Dach der Nebelbank ragen, denn in ihren Kristallprismen wandert Sonnenschein zu ihnen herunter und umgibt das Schiff mit einem bunten Vorhang.

Am dritten Tag hören die Seefahrer Musik. Süße Stimmen, die in ihren Ohren wie der Chor einer himmlischen Basilika klingen, durchdringen die Eisschluchten.

»*Nixen!*« flüstert der Kapitän.

»*Sirenen!*« ruft ein Seemann.

»*Engel!*« schreit ein anderer.

Die Besatzungsmitglieder verteilen sich auf Steuer- und Backbord, auf Vorder- und Achterschiff, sie klettern in die Beiboote, sie erklimmen die Takelage. Regungslos wie Statuen lauschen sie verzaubert den Stimmen, deren Gesang von überall her zu ihnen herabschwebt und von den Farben des Eises selbst zu kommen scheint.

Die Fischer hören samt und sonders dasselbe – den ewigen Ruf einsamer Frauen.

Jeder hört die flehentliche Bitte, er möge doch zurückkehren. Jeder Ehemann, Vater, Sohn oder Liebhaber lauscht dem über das Meer dringenden Ruf. Mit starrem Blick spähen sie stumm ins Eis und suchen im ständigen Fluß der Farben die Gestalten der Liebe, suchen in den vielen Stimmlagen den Klang des eigenen Namens.

Der Kapitän schreit in den Nebel hinaus: *Frau!* Das Wort prallt von den Kanten der Eisschluchten ab und verhallt.

Die Männer rufen nun alle die Namen ihrer geliebten Frauen, Mütter, Töchter und Freundinnen, die sie zurückgelassen haben. Sie rufen alle Frauen an, die sie je geliebt haben, alle Frauen die ihnen ihre Liebe geschenkt haben. Sie schreien sogar die Namen imaginärer Frauen, idealer Frauenbilder, und einige liebkosen sogar weiche Gestalten, die sie in die eisige Luft zeichnen. Das Schmachten der Fischer mischt sich mit dem unheimlichen Chor und den ineinander verschlungenen Echos zu einer wahren Polyphonie verzehrender Sehnsucht.

Als das Zwielicht sich senkt, verhallt der Chor. Auch die Fischer verstummen.

In den Bergen um sie herum pulsiert ein letzter Rest des Tageslichts, und das Eis taucht das Schiff in der Dunkelheit in ein mattes Glühen. Nun verlassen die Fischer einer nach dem anderen ihre Posten und kuscheln sich in die Kojen. Einige weinen.

Von seinem Allerheiligsten im Stauraum aus beobachtet der junge Tomas Croft das alles voller Staunen. Nie zuvor hat er bei diesen rauhen Haudegen so viel zärtliche Leidenschaft gesehen, und er fragt sich nach dem Grund. Er selbst hat in der Isoalation des Klosters nie eine Frau berühren dürfen. Das, was einem Kontakt am nächsten kam, erlebte er, wenn er bei der Kommunion den Hostienteller unter ein weibliches Kinn hielt und den warmen Frauengeruch einsog. Jetzt, da er den Stimmen des unsichtbaren Chors gelauscht, das sehnsüchtige Schreien seiner Gefährten vernommen, die sanften Silhouetten gesehen hat, die sie in die Luft malten, spürt er auch in sich vage Erinnerungen aus den Abgründen seines Gedächtnisses aufsteigen.

Tomas Croft packt seinen Schwarzdornstock und klettert barfuß in den Mastkorb – ein Platz, der ihm ausdrücklich verboten ist. Von dort späht er in die Nacht hinaus, kann aber nicht mehr als die im Nebel pulsierenden Eisklippen entdecken. Wie ein Säugling rollt er sich da oben zusammen, um sofort einzuschlafen. Er träumt von einem Waldgebiet, das so real ist, daß er sogar im Schlaf die Farbe Grün schmecken kann. Es ist ein sagenhaftes Reich, warm und friedlich. Die Bäume schwanken im Takt seiner Atemzüge.

Lärm unten reißt ihn aus dem Schlaf. Es ist hell. Der Nebel hat sich gelichtet. Die Eisberge sind fortgezogen; sie haben die Schaluppe freigegeben. Die Seemänner kleben alle an der Reling und starren ins Wasser. Von hier oben kann Tomas Croft erkennen, was sie bannt. Es ist eine leichte Kräuselung im schwarzen Wasser. Sie scheint von einer gewaltigen mit Seetang bedeckten Masse auszugehen. Der Meeresboden, sagt der Kapitän. Doch das Seetanggestrüpp zeichnet sich immer deutlicher ab. Man könnte fast meinen, der Meeresboden selbst steige auf.

Und er steigt weiter, bis Tomas Croft voller Entsetzen merkt, daß das gar kein Seetang ist. Er hört das Knurren einer grauenhaften Schlange, einer Hydra mit tausend Köpfen.

Die Matrosen fliehen schreiend vor diesem Alptraum. In panischer Angst rasen sie über das Deck, klettern die Takelage hinauf oder fallen betend auf die Knie. Der Kapitän selbst ist vor Angst erstarrt und kommt nicht von der Reling los.

Das Meer kocht. Glitschige Körper mit klaffenden Schlünden kommen hoch. Das Schiff wird angehoben, sein Rumpf steht auf einer widerwärtigen, schleimigen Masse. Dann endlich versinken die Ungeheuer mit einem gedehnten Zischen und Blubbern wieder in der Tiefe.

Die Fischer trauen ihren Augen nicht, denn die Szene, die sich ihnen jetzt darbietet, ist nicht minder verblüffend als die andere, die sie soeben noch verschreckt hat. Im Ozean wimmelt es auf einmal von Getier – nicht von Echsen, Aalen, Seeschlangen, Tintenfischen oder Drachen, sondern von Kabeljaus.

Die Seemänner hören auf zu beten und klettern aus ihren Verstecken, um sich an der Reling zu drängen. Lange Zeit schauen sie in gebannter Ehrfurcht zu, unfähig, sich von der Stelle zu rühren. Doch dann faßt sich der Kapitän und wirft einen Haken ins Wasser.

Hunderte von Fischen springen hoch und kämpfen um das Vorrecht, den nackten Haken schlucken zu dürfen. Ein gewaltiger Bulle stößt die anderen beiseite, beißt an und wird sofort aufs Deck gezogen. Zwei Besatzungsmitglieder drücken ihn zu Boden, während ein dritter ihn mit Hilfe seiner Elle mißt. Vom Maul bis zum Schwanz ist das Tier sechs Fuß lang.

»Prachtkerle!« schreit der Kapitän unter hysterischem Lachen und fängt wild zu tanzen an. Noch nie hat sein Schiff solche Fischgründe unter dem Rumpf gehabt. Nie hätte er sich solche Unmengen von Riesenfischen träumen lassen, die alle ganz versessen darauf sind, gefangen zu werden. Ein gesegnetes Gewässer!

Der Kapitän befiehlt allen Männern, ihre Angeln auszuwerfen. Sogleich springt eine Flut von Kabeljaus ins Schiff. In ihrer Aufregung und Gier vergessen die Seeleute ganz, die üblichen Konservierungsmaßnahmen zu treffen. Niemand ist da, der die Fische köpfen, ausnehmen, reinigen und salzen würde. Sie werfen die wild zappelnden Tiere einfach auf die Planken.

Von seinem Ausguck oben beobachtet Tomas Croft das alles durch einen Dunstschleier. Seine Gefährten sind noch in Schwaden gehüllt, ihm dagegen wärmt die Sonne die Schultern. Das Dach der Nebelbank hat sich auf dem Deck niedergelassen, so daß ihm der Wirbel zu seinen Füßen das Gefühl vermittelt, er schwebe über den Wolken des Paradieses.

Schnell verbrennt der Nebel in Kondensstreifen, die hier und da ein winziger Regenbogen ziert. Der Junge freut sich unbändig. Nach wochenlangem grauen Einerlei gibt es endlich wieder Licht und Farben. Nach wochenlanger Gefangenschaft ist der Raum endlich wieder offen. Plötzlich flattert ein Schwarm orangebrauner Motten an seinem Gesicht vorbei und ist genauso abrupt verschwunden. Diese Vision ist so klar und prägnant, daß Tomas Croft glaubt, er schlafe und träume das alles.

Die Eisberge treiben in östlicher Richtung davon, und über ihre Gipfel hinweg kann Tomas das Höhersteigen der Sonne verfolgen. Direkt über ihm ist das Himmelsgewölbe aus tiefstem Blau. Im Westen ragen die runden Konturen eines Strandes aus dem Dunst.

Als Tomas Croft die sanft geschwungene Linie des Landes erblickt, hört er in seiner Seele die Stimme seines toten Vaters. Sie schärft ihm ein, daß die Sicht Teil der Erbsünde und darum etwas Verbotenes sei, daß sie ein heiliges, intimes und streng gehütetes Geheimnis in sich berge – so wie das Heilige Sakrament in der Monstranz –, vor dem man die Augen niederschlagen müsse. Doch Tomas Croft bringt es nicht über sich, den Kopf zu senken. Er starrt gebannt zum Horizont, denn er erinnert ihn an die weichen Frauenformen, die seine Gefährten in die Luft gezeichnet haben.

Die Fischer stopfen den Laderaum voll. Der Rumpf liegt längst tiefer auf den Wellen, ja das Wasser hat praktisch schon fast die Höhe des Decks erreicht. So nehmen die Männer statt der Angeln die Kescher, beugen sich vor und schaufeln die Fische einfach an Bord.

Inzwischen hat die Sonne den Nebel bis auf einen dünnen Dunstschleier über der See verbrannt und enthüllt nach und nach das Land im Westen.

Zu seinem Erstaunen stellt Tomas Croft fest, daß die *Trinitie* nicht vor einer offenen Küste zur Ruhe gekommen ist, sondern in der Schale eines natürlichen kleinen Hafens, im Leib einer fast ganz von Felsen eingeschlossenen Bucht. Zwei Klippen, eine davon ein steiler Überhang, die andere niedrig, stehen im Osten so nahe nebeneinander Wache, daß es dem Jungen fast wie Gottes Wille erscheint, daß das Boot dazwischen hereingetrieben ist. Die halbkreisförmig angeordneten Felsen, die den Rest dieses Hufeisens ausmachen, bieten sich auf den ersten Blick als nahtlose graue Mauer dar, die nur gelegentlich von einem matten Rot durchbrochen wird, wenn sich ein Wasserfall herabstürzt. Doch als sich der Nebel lichtet, macht Tomas eine ganze Bastion von Säulen aus, die alle von den Wellen grotesk verstümmelt worden sind. Und zwischen diesen Säulen durchfurchen schmale Arme das Land. Vorsprünge und Spalten prägen die Küste hier. Das Hinterland scheint bewaldet zu sein, wobei immer wieder Felsen aus dem Grün ragen. Tomas Crofts Augen bietet sich eine runde Silhouette, und sie können von diesem verbotenen Anblick nicht lassen.

Bald ist der Nebel restlos verdampft und die Wasserfläche unbedeckt. Von seiner Warte aus kann der Junge sehen, was sich in dem Gewässer hier alles tummelt. Zwar vermag er die Tiere nicht zu benennen, doch er sieht Weißdorsche, Kabeljaus, Makrelen, Heringe, Herden von Seehunden und Delphinen, fette Heilbutte, die sich in der Sonne treiben lassen, Thunfische, die wie Pfeile hin und her flitzen, riesige Schwärme von Lachsen und Lodden und auch Grindwale, die das Wasser durchbrechen und Fontänen in die Luft stoßen, um dann wieder in träger Eleganz unterzutauchen, ohne auch nur eine Kräuselung auf dem Wasserspiegel zu hinterlassen. Mitten im Meer gedeiht hier eine ganz eigene Stadt voller Leben.

Tomas' Gefährten achten auf diese Schätze genausowenig wie sie das eigenartige Land bemerken. Sie haben nur noch Augen für die Fische um sie herum und sind vollauf damit beschäftigt, das Schiff bis zum Rand mit Kabeljau zu füllen. Andere Arten interessieren sie nicht, denn der Kabeljau ist für sie das Schaf des Neptun, der einzig wirkliche Fisch.

Ein Weidenkorb wird an ein Seil gebunden, beschwert und ins Wasser getaucht. Im Nu ist er zum Bersten mit zappelnden Kabeljaus gefüllt. Trunken von ihrer Gier, arbeiten die Fischer wie besessen. Um Platz für noch mehr Beute zu schaffen, ordnet der Kapitän an, jeden Ballast über Bord zu werfen. Prompt fliegen Sternenmesser, Anker mitsamt Gewinde, Ersatzsegel, Köder, Proviant, Türen, Luken, Laternen, Matratzen, der Ofen, Töpfe und Kannen, ja, sogar die Bibel über die Reling. Vom Bug bis zum Heck wird die *Trinitie* nach weiterem Opfernswertem durchkämmt. Kaum ist dem Schiff das letzte überflüssige Gramm geraubt worden, ruft der Kapitän in süßem Ton nach seinem Fischkeuler.

Tomas Croft meldet sich nicht. Auch wird er weder in seiner

Zuflucht im Stauraum noch sonstwo gefunden. Da keine Zeit vergeudet werden darf, geben sie den Jungen als verloren auf – vielleicht ist er ja in dem Durcheinander über Bord gegangen oder ganz einfach, so wie sie ihn gefunden haben, unter den Fischen begraben worden. Kurz und gut, sie wenden sich wieder ihrer Arbeit zu und vergessen ihn.

Der Laderaum wird zügig gefüllt. Gedankenlos stopfen die Männer danach ihre Kajüten voll, das Quartier des Kapitäns, die Ruderbänke, das Pissoir und jede Spalte, in der wenigstens ein Kadaver Platz findet. Am Ende stapeln sich die Fische sogar kreuz und quer auf dem offenen Deck.

Weil das Schiff nun so schwer beladen ist, daß es nur Zentimeter über den Wellen schwimmt, befiehlt der Kapitän, all die satanischen Kreaturen, die irrtümlich an Bord geschaufelt wurden, totzuschlagen – die Seeskorpione, die Plattfische, auf denen der Fluch eines wandernden Auges lastet, die mit dem Daumenabdruck des Teufels gebrandmarkten Schellfische, die Tintenfische, die wie Dämonen einfach ins Schiff sprangen. All diese infernalischen Bestien werden zurück ins Meer geschleudert, so daß das Schiff bald ringsum von mit dem Bauch nach oben treibenden, aufgeblähten Ungeheuern umgeben ist.

Wie aus der Luft geboren, fliegen aus allen Richtungen Scharen von Meeresvögeln herbei und stoßen auf das Schiff herab. Schlanke gurrende Tölpel und Dreizehenmöwen, Sturmtaucher und Wellenläufer, Heringsmöwen, Raubmöwen und Stärklinge kreisen tanzend und lachend über den Köpfen der Männer, um sich jäh mit dem Kopf voran auf die Kadaver zu stürzen und sich vollzufressen.

Obwohl die *Trinitie* längst überladen ist und buchstäblich keine Flosse mehr vertragen kann, arbeiten die Männer wie besessen weiter. Am Ende lehnen sie sich einfach über die Reling, halten die Hände ins Wasser, verhaken die Finger willkürlich in Kiemen und ziehen noch mehr Fische heraus, die sie in hohem Bogen auf die andere Seite werfen. Wer am Steuerbord steht, wirft die Beute zum Backbord und umgekehrt. Das ganze Schiff ist in einem besinnungslosen Rausch.

Mittlerweile wandert die Sonne über den Himmel. Aus dem Morgen wird Nachmittag, aus dem Nachmittag Abend. Der Schatten des Mastbaums streckt sich nach Osten aus. Einer nach dem anderen brechen die Seeleute erschöpft zusammen und bleiben auf den Haufen toter Fische liegen. Mit einem grünen Blitz versinkt die Sonne genau hinter dem halbkreisförmigen Gipfelzug. Die Nacht hüllt alles in Schweigen.

Die Wasseroberfläche ist spiegelglatt. Von seiner Warte aus sieht Tomas darin die Reflexion des Nordsterns. Vor ihm dehnt sich nicht ein Nachthimmel aus, sondern zwei. Die Kabeljaus haben sich in die Tiefe zurückgezogen. Jetzt treibt an ihrer Stelle träge wie herabgefallene Wolken eine Armada aus glühenden Quallen im Wasser. Aus der Dunkelheit dringt ein langsam pulsierendes Geräusch an die Ohren des Jungen, ein tiefes Atmen, das genausogut die See von sich geben könnte.

Tomas Croft packt seinen Schwarzdornstock, klettert aufs Deck hinunter und watet über die Hügel aus – so kommt es ihm vor – zahllosen glühenden Fischaugen. In der Dunkelheit stößt er auf den Kapitän. Fest schnarchend liegt er zu seinen Füßen. Der Junge betrachtet sein Gesicht, und überlegt sich, daß er ihm ohne weiteres wie einem Fisch das Gehirn zerquetschen könnte. Er holt auch schon aus, bringt es jedoch nicht übers Herz, den Stock auf seinen Schädel niedersausen zu lassen.

So steigt er vom Heck direkt ins Beiboot, löst das Tau und stößt in aller Stille von der *Trinitie* ab. Am Anfang rudert er noch recht unbeholfen, findet dann aber zu einem halbwegs regelmäßigen Hoppeln. Bald liegt die Schaluppe weit hinter ihm und ist nichts als der schwärzeste Teil einer schwarzen Nacht.

Tomas Croft rudert in westliche Richtung. Er spürt, daß das Land ihn langsam umschließt. Je tiefer er sich in die Bucht vortastet, um so lauter wird das nächtliche Atmen der See.

Er hält inne. Sofort zieht ein Sog das Boot wieder zum Meer hin. Unter sich spürt er ein Zögern, als sammle sich etwas an. Das Boot scheint nach vorn geschwappt, dann wieder in die entgegengesetzte Richtung gezogen zu werden. Erneut gibt es eine Bewegung nach vorn. Gleichzeitig wird das Boot angehoben. Eine unsichtbare Hand treibt es voran. Der Lärm wächst sich zu einem Donnern aus, das Donnern zu einer Explosion der Gischt. Tomas Croft bemerkt verblüfft ein durch die Dunkelheit flutendes Leuchten auf dem Wellenkamm, als die Woge bricht. In der Dunkelheit ist das Wasser zu Licht geworden.

Die Welle zieht sich zurück; doch schon wieder wälzt sich mehr Wasser heran und fällt mit erneuerter Strahlkraft zusammen. Das Licht dehnt sich aus, so daß Tomas Croft erkennen kann, wo er treibt: in einem See aus kühlem Feuer. In der Nähe springt ein Fisch in die Luft – auch er schimmert golden – und fällt mit einem Platsch ins Wasser zurück, auf dem sich eine schimmernde Kräuselung ausbreitet. Hinter den Ausläufern dieses sonderbaren Lichtscheins, das spürt Tomas, ist Land.

Er wartet den nächsten Wellenkamm ab, erwischt ihn und steuert das Boot ans Ufer. Dann richtet sich Tomas Croft auf und setzt den nackten Fuß auf den Sand.

Seine Spuren glühen. Sanft wie ein Federbett versinkt der pulverige Sand unter seinen Zehen. Vor Erschöpfung zitternd, legt sich der Junge der Länge nach auf den Strand. Schläfrig verfolgt er das Explodieren und Verhallen des leuchtenden Wassers. Er hört die Bewegungen der Flut und die Stille in den langen Momenten zwischen dem Zurückfließen und dem nächsten Aufbranden. Unmittelbar vor dem Einschlafen – er ist von der Monotonie des Ozeans schon hypnotisiert – kommt es ihm so vor, als sei dieser glühende Atem Ausdruck seines eigenen Selbst, seines Lebens, seiner Seele und seines Geistes.

Als Tomas Croft aufwacht, scheint ihm die Sonne in die Augen. Er fühlt sich frisch und ausgeruht. Von Westen her streicht eine Brise über das Land.

Der Wind hat die *Trinitie* bereits weit vom Strand fortgetrieben. In der Ferne sieht sie aus wie ein Spielzeug. Der Rumpf liegt so tief im Wasser, daß man glauben könnte, sie ginge unter. Irgendwie gelingt es der Schaluppe, sich aus der Mündung der Bucht herauszumanövrieren und um die südliche Landspitze zu taumeln. Das letzte, was der Junge von ihr sieht, ist der Mastkorb, der körperlos über das Deck ragt. Dann ist auch er verschwunden.

Unsicher, da er festen Boden unter den Füßen nicht mehr gewöhnt ist, rappelt sich Tomas Croft auf, geht zum Meer und starrt in das flache Wasser. Ihn entzücken die Unmengen von Seetang, die sich wie Fühler in den Fluten vor und zurück bewegen und neue Wunder dem Licht aussetzen wie Muscheln, Langusten, schlüpfrige Aale, Krabben, gepanzerte Hummer, Uferschnecken und Seesterne. Auf dem Strand verstreut liegen zu seinen Füßen Schätze, wie er sie im ganzen Leben noch nie gesehen hat: getrocknete Algen, lebende Krabben, gebleichtes Treibholz und Berge von lila Muscheln, die alle aufgesprungen sind.

Er hebt die Augen zum Land.

Der Strand, ein von Felsen umstandener Halbkreis, ist schmal und überschaubar. Seine Grenzen liegen allenfalls einen Armbrustschuß weit auseinander. Auf der Südseite steht eine nackte graue Klippe. Sie fällt so steil ins Meer ab, daß ein großes Schiff sie mit der Seite streifen könnte, ohne daß der Rumpf einen Kratzer abbekäme. Weiter draußen stürzt sich ein Wasserfall einen gerundeten Abhang hinunter und spritzt von keinem Fels gehindert auf einen Strand. Nach Norden hin steigt das Gelände indes bis zu der gerundeten Landform auf, die Tomas Croft von der Schaluppe aus beobachtet hat. Jetzt sieht er, daß der Höhenzug mit einer Art Unkraut bewachsen ist, das merkwürdig dem Flaum auf seiner Brust ähnelt.

Er atmet tief ein und ruft: »Gott zum Gruß!«

Von der Klippe her anwortet ihm eine Stimme: »Gott zum Gruß!«

Tomas Croft ist so erstaunt, daß er in schallendes Lachen ausbricht; auch dieses Gelächter kehrt zu ihm zurück. Er steht vor der Granitwand und schreit unentwegt: »Gott zum Gruß! Gott zum Gruß! Gott zum Gruß! Gott zum Gruß!«

Der Junge erinnert sich an das Gerede seiner Kameraden über das Steigen und Sinken des Ozeans. Er merkt sich die Flutlinie am Strand und zieht das Ruderboot an eine sichere Stelle außerhalb der Reichweite der Wellen. Dann packt er seinen Stock und macht sich an die Erkundung der Gegend. Er verläßt den Sandstrand, durchquert ein Kieselfeld, läuft weiter über eine mit Felsbrocken übersäte Steigung und strebt mit weit ausholenden Schritten dem Gipfel zu.

Unterhalb des Gipfels steigt das Gelände plötzlich so steil an, daß er die Spitze nicht mehr sehen kann. Geduckte Zwergfichten kauern sich hier in die Spalten. Dazwischen ist der Boden mit Wurzeln, Sträuchern, Moos und Farn überzogen. Das Gestrüpp ist zu dünn, um drüber- und zu dicht, um hindurchzugehen. Darum wählt der Junge für den Aufstieg die felsigen Betten dünn rieselnder Bäche. Von seinen Schultern steigt Dampf auf. Der Wind, der die ganze Zeit die Richtung gewechselt hat, kommt jetzt stürmisch aus dem Osten dahergefegt und schiebt Tomas Croft förmlich den Abhang hinauf. Bald hat der Junge den Felsvorsprung bezwungen, und der Gipfel türmt sich vor ihm auf. Nun sieht er, daß es sich um einen riesigen Felsblock handelt, mindestens so groß wie das Schiff, das ihn hierhergebracht hat.

Tomas Croft klettert den Felsen hinauf. Ganz oben prallt ihm mit durch nichts mehr geminderter Wucht der Wind entgegen und verschlägt ihm den Atem. Seine Augen verfolgen den Weg, den er genommen hat, bis zur Bucht zurück. Aus dieser Höhe ist sein Ruderboot nicht mehr als ein Fleck. Von der *Trinitie* sieht er überhaupt nichts mehr.

Von diesem Posten aus betrachtet, zeigt ihm die Küste ein ähnlich furchterregendes Gesicht, wie er es im Mastkorb wahrgenommen hat – eine Bastion aus grotesken Klippen, flankiert von ockerfarben gepunkteten Säulen, die jeweils durch tiefe Fjorde voneinander getrennt sind. Seine Bucht ist lediglich eine von zahllosen Scharten, dieser Gipfelgrat nur einer von zahllosen Bergzügen, die sich vom Landesinneren bis zum Meer erstrecken. Die Küstenlinie selbst ist abweisend, schroff, ja, bedrohlich.

Der Wind peitscht Tomas Croft immer wütender ins Gesicht. Daher dreht der Junge sich um und studiert das Landesinnere.

Es kommt Tomas Croft vor, als hätten alle Rotkehlchen der Welt beschlossen, ihre grünblauen Eier am Fuß dieses Felsbrokkens zu legen, denn das Feld unter ihm spiegelt das absolute Blau des Himmels wider. Hinter der Heide liegt ein mit roten Flecken übersätes Moor und dahinter eine wellige Graslandlandschaft, durchsetzt mit leuchtend gelben Sprenkeln. In der Ferne weist das Gelände die Musterung von Marmor auf. Parallel verlaufende Bergzüge sind von wogenden schwarzen Wäldern zugedeckt, während in den Tälern schmale Seen und Teiche und die sie miteinander verbindenden Wasserläufe wie Perlen in der Sonne glitzern.

Vor Tomas Crofts Augen tauchen die Farben von Buntglas auf, und er atmet den Duft von Weihrauch ein. Sein Herz hämmert auf einmal wie wild.

Der Wind heult. Tomas Croft hört so viele Geräusche gleichzeitig, daß sie sich gegenseitig aufheben. Sein Blut rast durch seine Adern. Jäh reißt er seine Hose auf, die sein Geschlechtsteil nicht mehr zu halten vermag. Er packt es mit beiden Händen, und schon zuckt er am ganzen Körper. Einen Atemzug lang hängen die Fäden seines Samens vor seinen Augen, einen Moment später vertreibt sie der Wind und verteilt sie in einem perligen, dampfenden Dunst über das üppige blaue Feld.

Schwankend zieht sich Tomas wieder die Hose hoch, dann fällt er auf den Stein. Sein Körper entspannt sich, sein Herzschlag wird langsamer; der Wind verebbt und legt sich schließlich ganz.

Oben auf dem Felsen schläft der Junge ein.

Nachdem er aufgewacht ist, steigt er wieder herab. Die Rotkehlcheneier stellen sich als Blaubeeren heraus, die in üppigen Büscheln von Sträuchern herabhängen. Sie wachsen hier in größerer Fülle als es Sterne am Himmel gibt. Im Weitergehen stellt Tomas fest, daß das Rot des Sumpfgebiets von Himbeeren, Erdbeeren und Rebhuhnbeeren kommt, eine reifer, praller und saftiger als die andere. Zum erstenmal in seinem Leben hat der Junge den Geschmack von etwas Süßem auf dem Gaumen.

Tomas Croft durchquert das Moor, indem er von einem Grashügelchen zum nächsten springt. Um ihn herum tauchen kreischende Raben in den Sumpf ein, um mit dem Schnabel voller Beeren wieder hochzukommen. Dieser Pfad führt durch eine solche Fülle von Seen, daß der Junge schon glaubt, das ganze Land sei überflutet. Im und um das Wasser herrscht ein buntes Leben: Marder, Bisamratten, Ottern, Biber, Hermelin und dieselbe Art von Lachs, die ihm schon im Ozean aufgefallen ist.

Das Gelb der hügeligen Wiesen stammt, wie der Junge bald bemerkt, von Butterblumen. Über diese Wiesen, die er schnell durchquert hat, erreicht Tomas Croft höher gelegenes Gelände. An dessen Fuß wächst ein Gestrüpp aus stämmigen Zwergfichten, zwischen denen hier und dort mit Flechten überwachsene Felsbrocken herumliegen. Dieses Gemisch weicht graugrünen Erlen, an deren Stelle schließlich Fichten und Föhren von Tomas Crofts Größe treten.

Diese Bäume sind an der Ostseite nackt, ihre Äste verdorrt. An der nach Westen zeigenden Seite sind die Äste von Sturmwinden verkrümmt worden. Es scheint eine verkehrte Welt zu sein, in der sich alles irgendwo versteckt oder festklammert. Tomas Croft glaubt das Tosen eines magischen Sturmes zu hören, doch tatsächlich rührt sich kein Lüftchen.

Als nächstes erreicht der Junge einen Mischwald aus kräftigen Bäumen, deren Stämme auch für Masten geeignet wären – Birken, Lärchen, Ahorn, Pappeln, Eschen und Espen. Beim Einatmen hat er den süßen Geschmack von Harz auf der Zunge. Die hohen Bäume mit ihren Bärten aus Moos starren hinunter auf den jungen Tomas Croft, und er spricht sie in seinem schwerfälligen Irisch ehrfürchtig an. Auf den obersten Ästen erspäht er Möwen.

Später hört er das Lied der Meise, das Stakkato des Buntspechts und die Laute zahlloser anderer Vögel wie Wildgänse, Enten, Rebhühner, Kiebitze, Brachvögel, Habichte und Bussarde.

Er merkt, daß sowohl das Ödland als auch die Wälder mit allen nur denkbaren Geschöpfen Gottes bevölkert sind, mit Wölfen, Riesenhasen, Silberfüchsen, Schwarzbären und Luchsen zum Beispiel, von denen er nichts zu befürchten hat. Sogar Hirsche folgen ihm tapfer und beäugen ihn. Und majestätische Karibus klettern die Felsen hinauf, nur um Tomas besser beobachten zu können.

Er sieht weder Gift- noch Riesenschlangen, noch andere Reptilien, und obwohl in der Luft Insekten von der Größe kleiner Vögel herumschwirren, belästigt ihn keins.

Tomas Croft kommt zu dem Urteil, daß Gott der Allmächtige dieses Land mit Seiner Fruchtbarkeit und Seinem Wohlwollen gesegnet hat. Die Beeren haben dem Jungen frische Energie gegeben. Da er die ganzen Ausmaße dieses Territoriums erforschen will, beschließt er, auch die Bergkette zu besteigen, die es vom westlichen Himmel trennt. Je weiter er läuft, desto dichter wächst die Vegetation und läßt ein Durchkommen kaum noch zu. Schließlich gibt er auf und kehrt um. Auf einem der gezackten Korridore erblickt er unter sich die grüne Zunge der See. Von da an folgt er einem Bach auf dessen Weg den Abhang zum Strand hinunter und dann weiter der geschwungenen Linie unter den Klippen.

Auf jeder der kleinen Ritzen in der Felswand sitzt eine Krone aus Kieseln und Sand. Tomas Croft lauscht den Geräuschen nach – dem Zischen des heranflutenden Schaums, dem Knirschen der rundgeschliffenen Kiesel, wenn die Wogen sich zurückziehen. Er stellt fest, daß an den Stellen, die das Wasser nicht erreicht, Gesteinstrümmer herumliegen. Jeder Kieselstrand hat seinen eigenen Fingerabdruck mit unverwechselbaren Riffelungen, Linien und Kringeln. Überall dort, wo die Flut gegen den Felsen gebrandet ist, hat sie den Granit glattgeleckt, hat sie sich im Stein verewigt.

Tomas Croft erreicht wieder das Boot. Obwohl die Schatten länger werden und die tiefstehende Sonne ihn blendet, ist sein Forschergeist ungebrochen. Er schiebt das Boot ins Wasser und paddelt zunächst auf die Mündung der Bucht zu, vermeidet dann aber den Kurs der *Trinitie* und steuert den nördlichen Landvorsprung an. Der Felsüberhang türmt sich vor ihm auf wie der Bug eines riesigen Schiffs aus Granit. An seinem Fuß springen die Wogen hoch, fallen zusammen und vereinigen sich mit dem nächsten Brecher.

Der Junge sieht ein, daß er sich diesem Wirbel auf keinen Fall nähern kann, und rudert aus dem Schutz der Bucht hinaus auf die offene See. Inzwischen ist die Sonne untergegangen. Er orientiert sich nach Norden, wo ein Kap, das noch furchterregender ist als der Überhang, in den Abendhimmel ragt. Ganz oben auf dieser senkrechten Wand sitzt eine Felsformation und starrt düster auf ihn herab. Hinter diesem Kap sieht Tomas Croft ein ganz ähnliches und dahinter wieder eins, anscheinend bis in alle Ewigkeit. Diese Küste mit ihren abscheulichen Wasserspeiern ist ein Bollwerk des Todes.

Der Junge rudert weiter, tief in die Dunkelheit hinein, stets in sicherem Abstand zur Küste. Die ganze Zeit orientiert er sich am Nordstern, bis er mitten im Rudern einnickt.

Ein gräßlicher Schrei reißt ihn aus dem Schlaf.

Es ist ein Brüllen vor Schmerzen und Angst, doch kein irdisches Wesen stößt ihn aus, sondern eine Kreatur aus einer anderen Welt. Tomas Croft hört, wie Fleisch zerfetzt, Knochen und Knorpel zermalmt werden. Er hört, wie Unmengen von Wasser aufspritzen. Schwarze Wellen schaukeln sein Boot. Ein pestartiger Gestank steigt ihm in die Nase; er muß sich übergeben. Dann hört der Junge einen letzten Todesschrei, tiefe häßliche Sauggeräusche, das Zerplatzen einer ungeheuren Blase, dann Stille.

Vor Angst zitternd, schwingt er seinen Schwarzdornstock mit beiden Händen und klettert schließlich auf die Ruderbank, um dort den ganzen Rest der Nacht Wache zu halten. Im ersten Licht entdeckt er, daß sein Boot in einer Lache aus öligem Blut treibt. Er will fliehen, doch ein merkwürdiges Treibgut versperrt ihm den Weg. Es ist der abgetrennte Fangarm eines Seeungeheuers. Das Ding ist mindestens dreimal so lang wie das Boot und zuckt noch, als Tomas Croft wie ein Besessener in die andere Richtung rudert.

Später flitzen die Konturen eines fischartigen Wesens unter dem Boot heran, das dann in seiner Nähe auftaucht. Es breitet stummelartige Flügel aus und erhebt sich schwerfällig in die Lüfte. Tomas Croft legt sich sofort in die Riemen und verfolgt es. Immer knapp über den Wellen fliegend, führt ihn dieser Vogel zu einem düsteren flachen Felsen von der Form eines Pfannkuchens, der bei jeder Flut sicher sofort überschwemmt wird. Darüber wirbelt in einer endlosen Spirale eine dunkle Wolke. Aus der Ferne gesehen, scheint der Felsen zu leben und sich zu bewegen. Ein dumpfes Brüllen hängt in der Luft. Es stinkt entsetzlich.

Tomas Croft erreicht den Felsen und sieht, daß es hier von den verschiedensten Lebensformen wimmelt, Lummen, Seetaucher, Dalke, Tölpel, Papageitaucher, Dreizehenmöwen, Sturmtaucher, Sturmvögel und dazu flügellose Wesen, halb so groß wie er. Hier gibt es mehr Leben, als der Junge sich je hätte träumen lassen. Genausogut könnte er den Sand am Meer zählen, so viele Vögel sitzen auf dem Felsen. Und darüber verdunkeln aus Mangel an Platz Tausende mehr den Himmel.

Dem Jungen gelingt es, am Felsen anzulegen. Die Vögel haben keine Angst. Sie watscheln sogar auf ihn zu, um ihn zu begrüßen. Und er schlendert zwischen ihnen umher, packt lässig die fettesten und dreht ihnen den Hals um. Ziellos schwingt er seinen Stock und erschlägt ganze Schwärme. Er klaubt ihre Eier auf und trinkt den Dotter roh. Es dauert nicht lange, da berauscht er sich an ihrem nicht enden wollenden Krächzen und Kreischen, bis ihm vom Gestank ihres Kots und des brackigen Wassers übel wird. Er rettet sich in sein Boot, in den Frieden und die Stille der offenen See.

Im Boot findet er ein Messer. Damit schlitzt er die Vögel auf und stopft ihr Fleisch roh in sich hinein. So bleibt er bei Kräften.

Viele Tage lang rudert er weiter nach Norden. Irgendwann macht die Küste einen Knick nach Nordwesten. So ändert er ebenfalls die Richtung. Um sich die Zeit zu vertreiben, rezitiert er im Rhythmus seiner Ruderschläge die Litanei. Die Winde kehren zurück, aber wie durch ein Wunder blasen sie immer in seine Richtung. Je weiter er nach Norden kommt, desto kürzer werden die Nächte. Das Wasser wird eiskalt.

Eines Nachmittags gleitet ihm ein hoher Eisberg entgegen. Tomas Croft besteigt ihn und trinkt das frische Wasser, das seine Flanke hinunterströmt. Er hackt ganze Klumpen Eis ab, die er mitnimmt, um auch später seinen Durst löschen zu können. Es gibt hier sogar eine Höhle. Barfuß geht er tief hinein, bis das Licht ganz blau wird und verschwimmt. Vögel nisten hier, die in der Dunkelheit wie Riesenmotten seinen Kopf umschwirren.

Ein andermal sieht er einen großen weißen Bären. Ohne auf ihn zu achten, schwimmt das Tier gemächlich in Richtung Süden. Das deutet er als ein günstiges Vorzeichen.

Nachdem er ein Kap, das wie ein ausgestreckter Finger auf den Nordstern zeigt, umrundet hat, rudert er wieder viele Tage lang nach Süden, umschifft am Ende ein weiteres Kap und orientiert sich immer an einer schroffen Felsenküste entlang nach Osten. Auf diesem Kurs fährt er in tiefe Buchten hinein, die nicht minder wild sind als das offene Meer und so breit, daß man vom einen Ende das andere nicht sehen kann. Tomas nimmt an, daß diese Buchten sich wie die Speichen eines Rads um das Innere der Insel ziehen, denn von jeder Landzunge aus sieht er die Bergkette mit den gezackten Gipfeln, die zu erreichen ihm bei seiner ersten Exkursion unmöglich war.

Eines Morgens wacht er mit dem Gefühl auf, etwas Ähnliches schon einmal erlebt zu haben. Im ersten Moment befällt ihn die Angst, ein Teufel treibe ihn ewig im Kreise herum, doch dann erkennt er das Wahrzeichen, nach dem er die ganze Zeit Ausschau gehalten hat, den wuchtigen Felsblock auf dem abgerundeten Gipfel. Er rudert in die Bucht hinein und geht an derselben Stelle an Land, von der aus er aufgebrochen ist.

Tomas Croft hat eine große dreieckige Insel umrundet – eine Neue Welt.

Er springt an Land und jubelt der Klippe zu: »Gott zum Gruß!«

Freudig antwortet der Fels: »Gott zum Gruß!«

Nachdem Tomas Croft das Boot hinter einem Felsen verborgen hat, nimmt er das Messer an sich und geht ins Landesinnere. Geduldig sägt er drei Fichten durch und zieht sie eine nach der anderen zu einem leicht abfallenden Plateau am Fuß der Berge, von wo man das Meer zwar nicht sehen, aber hören kann. Dort schneidet er alle Zweige ab und lehnt die nackten Stämme zur Form einer Pyramide aneinander. Um dieses Gerüst baut er eine primitive Hütte aus Flechtwerk und Lehm.

So wohnt er in seinem neuen Leben.

Tag folgt auf Tag, Woche auf Woche und Monat auf Monat. Tomas Croft benennt die Tage nach dem jeweiligen Wetter: Regen-Tag, Schnee-Tag, Wind-Tag, Sturm-Tag. Manchmal schlägt das Wetter allerdings am selben Tag mehrmals um. Auch langfristig gesehen, ist das Klima launisch, so daß er nicht mehr auf das Kommen und Gehen der Jahreszeiten achtet. Überhaupt kümmert er sich nicht mehr um das Vergehen der Zeit. So übersteht er ganze Winter, ohne sich dessen bewußt zu werden.

Was er genießt, das ist die Fülle von allem hier auf dieser Insel. Er ißt Löwenzahnblätter und saftige Beeren. Indem er ihre Stimmen imitiert, lockt er alle möglichen fetten Tiere in die Nähe des tödlichen Schwarzdornknüppels. Aus Knochenstücken baut er einen Haken und aus Moosgeflecht eine Schnur. Damit fängt er Vögel, deren Schädel er mit den Zähnen zerbeißt. Er spitzt das Ende eines Erlenholzstocks und spießt damit im flachen Wasser Fische, Hummer und Aale auf. Er sammelt Immergrün, Muscheln, Seesterne und Algen. Wenn er einen Kabeljau braucht, paddelt er einfach in die Wellen hinaus, und schon tauchen die Fische auf, um ihm zu Diensten zu sein. Lodden und Tintenfische opfern sich zu Tausenden an seinem Strand. All das ißt er roh, denn er hat vergessen, wie man ein Feuer entzündet. Und mit dieser Kost ist er vollauf zufrieden. Sie ist üppig, und er hat in seinem Leben als Asket nie etwas Besseres kennengelernt.

Wenn sich in seiner Hütte Löcher bemerkbar machen, stopft er sie mit Zweigen, Lehm, Schlamm, Treibholz und Tang. Auf diese Weise schafft er sich ein gemütliches Zuhause, das sich so harmonisch in die Landschaft einfügt, daß es das Auge täuscht und unsichtbar wird. Obwohl die Hütte kaum mehr ist als ein Loch, hält sie ihn trocken und warm und ist bequemer als alle seine bisherigen Behausungen.

Er ist weder glücklich noch unglücklich. Die Winde wehen seine Gedanken fort. Sorgen plagen ihn nur selten. Auch macht ihn seine Einsamkeit nicht verrückt. Er zähmt einen der bärengleichen Hunde, lehrt ihn, Holz zu schleppen, und er spricht sogar mit diesem Tier. Überhaupt hat hier jeder Fels, jeder Baum und jede Welle eine eigene Persönlichkeit. Er redet mit ihnen allen, und sie antworten ihm. So ist die Insel in seiner Vorstellung genauso lebendig wie er. In den Nächten beruhigt ihn die See mit ihrem steten Atem von Ebbe und Flut. Wenn ihm danach ist, klettert er auf die Hügelkuppe und stellt sich auf den Felsblock. Das Land und er sind Liebende, eine Einheit.

So wächst der Junge zu einem Mann heran. Sein rotes Haar fällt ihm über die Schultern, und ihm wächst ein zotteliger Bart in der gleichen Farbe. Er bedeckt sich mit ungegerbten Fellen und Rinde, und auch wenn er es nicht weiß, gleicht er damit immer mehr einem keltischen Flußgott aus der Vorzeit.

Ein einziges Mal sieht er einen anderen Menschen.

Es geschieht an einem sonnigen Wintertag. Ein Eissturm hat sämtliche Beerensträucher von Küste zu Küste niedergewalzt. Danach ist es zum erstenmal möglich, über das Unterholz zu laufen. Es ist eine völlig neue Erfahrung, sich schnell fortbewegen zu können. In seiner Euphorie streift Tomas Croft ziellos über das Land und viel weiter, als er je gekommen ist. Doch plötzlich versperrt ihm mitten in der Wildnis ein mysteriöser Zaun den Weg. Er ist aus Kiefernholzpfosten gefertigt und erstreckt sich so weit das Auge reicht nach Norden und Süden. Tomas Croft folgt dem Zaun, bis er ein auf der anderen Seite kauerndes Geschöpf erblickt. Als das Wesen ihn bemerkt, springt es auf und winkt ihm mit einem weißen Fell zu.

Es ist ein Heide, ein in grobes Fell gehüllter Mann mit von der Sonne ausgetrocknetem und ockerrot wie die Farbe der Klippen bemaltem Gesicht. Dazu ist er am ganzen Körper mit Vogelköpfen und Bärenklauen behängt.

Die zwei Männer nähern sich einander ohne Scheu. Lächelnd deutet der Heide auf das feuerrote Haar des Christen und ergreift seine Hand. Da erschrickt Tomas Croft, und ohne zu überlegen, drischt er mit dem Stock auf den anderen ein, bis ihm das Gehirn aus dem Kopf quillt.

Aus Angst, andere Männer könnten kommen, um den Tod ihres Bruders zu rächen, versteckt sich Tomas Croft in dieser Nacht bei den Eulen in einer Baumkrone. Unter ihm zieht eine riesige

Karibuherde vorbei. Es sind Tausende von Tieren. Ihre Augen glühen in der Nacht, und Tomas Croft hört ein ständiges Brummen und Flüstern.

Am Morgen klettert er hinunter und gibt dem Toten ein christliches Begräbnis, so wie er es auch bei seinem Vater getan hat. Von da an fühlt sich Tomas Croft zunehmend einsam. Jetzt ist er nicht mehr eins mit seiner neuen Welt. Irgendwie ist er gebrochen und unvollständig.

Stundenlang steht er auf dem großen Felsbrocken und späht ins Landesinnere, immer in der Hoffnung, mehr ockerfarbene Menschen zu sehen. Er klettert sogar auf die Klippen und sucht den Strand nach Spuren der *Trinitie* und seiner Gefährten aus Bristol ab. Doch niemand kommt vorbei.

Die Jahre vergehen, ohne daß etwas geschieht. Nur seine täglichen Verrichtungen erhalten Tomas Croft am Leben. Langsam verblassen die Erinnerungen an seine Kindheit im Kloster. Was die *Trinitie* und seine Gefährten betrifft, so geht er davon aus, daß die See sie verschlungen hat. Und alle seine Landsleute daheim sind wohl, wie er mehr und mehr glaubt, längst verhungert. So gelangt er zu dem Schluß, er sei die einzig lebende Seele auf der ganzen Welt.

Eines Morgens schreckt Tomas Croft ein Trompetensignal auf. Sofort rennt er zum Strand und kauert sich hinter einen Felsbrocken. Auf dem Wasser bietet sich ihm ein wunderbarer Anblick.

Eine mit bunten Girlanden, Bannern und Wimpeln geschmückte prächtige Karavelle segelt an der Bucht vorbei. Das Schiff kommt seinem Versteck so nahe, daß Tomas Croft sogar den auf das Bugspriet geschnitzten Namen entziffern kann: *Mathew*. Wie Moriskentänzer mit Glocken und Bändern behangene Musikanten säumen das Deck und spielen für die Klippen ein Konzert. Zum erstenmal in seinem Leben hört Tomas Croft Trommelwirbel, das Fiepen von Querpfeifen und das kalte Schmettern von Kornetts. Das Schiff hält auf den nördlichen Landvorsprung zu, und bald verhallen die süßen Laute.

Tomas Croft glaubt, verrückt zu werden. Diese Pracht ist zu phantastisch, um wahr zu sein. Doch gleich darauf umrundet schon wieder ein Segelschiff die südliche Landspitze, fährt in die Bucht hinein und gleitet unmittelbar vor seinen Augen am Strand vorbei. *Golden Hind* liest Tomas Croft. Danach kommen die *Swallow*, die *Squirrel* und schließlich die *Delight*. Sie alle durchqueren die Bucht und folgen der *Mathew* nach Norden.

Tomas Crofts Herz pocht zum Zerspringen. Hastig erklimmt er den Kamm mit dem Felsblock auf dem Gipfel und hält Ausschau. Im nächsten Hafen, der breiter, aber nicht ganz so vor der See geschützt ist wie seine gemütliche, kleine Bucht, liegt die prunkvolle Flotte vor Anker.

Tomas Croft beobachtet, wie ein Ruderboot an Land gezogen wird. Seeleute betreten den Strand, allen voran ein prächtig gekleideter Mann. Er streicht mit den Fingern über das Gras, trinkt den Tau und reißt schließlich ein Stück Erde aus, das er einem Gefolgsmann gibt, damit er es verwahre. An derselben Stelle zieht er dann eine Flagge auf.

Nun schleicht Tomas Croft den nördlichen Hang hinunter, bis er den Seeleuten nahe genug gekommen ist, um ihre Stimmen im Wind zu hören. Er erinnert sich noch an genug Latein aus dem Kloster und das Englisch seiner Kameraden auf der *Trinitie*, um das, was er aufschnappt, einigermaßen zu verstehen. Der Mann erkärt sich feierlich zum Ersten Admiral dieser *prima terra vista*. Das Land wird den Namen *Avalon* erhalten. Die Gewässer werden *Conception* getauft, weil sie solch unerschöpfliche Schätze enthalten, und die Siedlung, die sie hier errichten wollen, soll *Golden* heißen. Darüber hinaus soll dieses Territorium für immer der Macht der englischen Krone unterstehen, denn er und seine Männer sind die ersten Christen, die einen Fuß auf seinen Boden gesetzt haben.

Auf der Fahne liest Tomas Croft: *Quid non?*

Der Admiral befiehlt einem Flaggenträger, ein Zeichen zu geben. Sobald dieser seine Fahne schwingt, legt eine Flotille von Ruderbooten von den Schiffen ab und beginnt, die Ladung an Land zu schaffen.

Als erstes werden Waffen ausgeladen, und sofort errichten die Männer ein ringförmiges tödliches Arsenal aus Falkaunen, Musketen und Kanonen, deren Läufe bedrohlich in jede Richtung zeigen. Danach bringen sie Bottiche und Oxhoftfässer, Trommeln, Truhen, Flaschen, Tonnen und ungeheure Mengen von Brettern an Land. Es folgen wie aus einer Arche Noah in Käfigen gehaltene Tiere aller möglichen Gattungen: Schafe, Ziegen, Schweine, Hasen, Tauben, Geflügel, Katzen, Hunde, ja sogar Kühe und ein Stier, und zum Schluß springen zwei prächtige Schimmel vom Deck der *Golden Hind* und schwimmen anmutig zum Strand.

Zufällig ist heute der längste Tag des Jahres. Die Engländer nutzen die Helligkeit aus und sind bis spät in den Abend damit beschäftigt, Vorräte auszupacken, die Tiere in Pferche zu sperren und provisorische Hütten zu errichten.

In der Dämmerung hört Tomas Croft auf einmal Stimmen, so hell wie der Gesang von Vögeln. Aus dem Innern der *Delight* tauchen Wesen einer ihm völlig unbekannten Gattung auf. Ganze Herden werden an den Strand gebracht, wo sogleich je ein Engländer und eins dieser Tiere zu Paaren zusammenfinden. Dabei zeigen die Männer dieselbe merkwürdige Zärtlichkeit, die ihm auch schon vor so vielen Jahren an seinen Gefährten auf der *Trinitie* aufgefallen ist. Mit einem Schlag wird ihm klar, daß es sich bei diesen Wesen um Frauen handeln muß.

Bei Einbruch der Nacht sammeln die Engländer Treibholz und entfachen ein Feuer. Sie entkorken Rumflaschen und beginnen zu singen und um die Flammen zu tanzen, bis sie vor Trunkenheit und Erschöpfung zu Boden sinken.

Als sie alle schlafen, verläßt Tomas Croft sein Versteck und schlüpft an den unbemannten Waffen vorbei in den Ring. Die Tiere regen sich in ihren Käfigen, aber er flüstert beruhigende Worte, und sie bleiben tatsächlich still. Unbemerkt erforscht er das Lager.

Im Feuerschein findet er die wundersamsten Gegenstände vor, die er noch nie gesehen oder längst vergessen hat: Butter, Brot, Käse, Kekse, Gerste, Fett, Rindfleisch, Schinken, Becher, Tassen,

Malvasier, Most, einen Ofen, Kerzen, Laternen, Töpfe, Kannen, Schüsseln, Kessel, Schöpflöffel, einen Destillierapparat, bezogene Betten, Hemden, Wamse, Reithosen, Strümpfe, Stiefel, Armbrüste, Vogelflinten, Äxte, Krummbeile, Spitzhacken, Schaufeln, Sicheln, Mörser, Stößel, Schleifsteine, Blasebalge, Pech, Teer, Haken, Angelschnüre, Fangnetze, Segeltücher, Senklote, ja, sogar die Heilige Schrift.

Beim Anblick solchen Überflusses ist Tomas Croft zunächst ganz überwältigt. Er streift durch das Lager und starrt benommen all diese Reichtümer an.

Zufällig stolpert er über eine auf der Erde schlafende Gestalt. Sie atmet regelmäßig und rührt sich nicht. Im Schatten schimmert mitten auf ihr ein weißer Hügel. Tomas Croft kniet sich neben die Gestalt, streckt die Hand aus und hält sie unmittelbar über die schimmernde Ausbuchtung.

Es ist die entblößte Brust einer jungen Frau.

Der nackte Fleischhügel und die dunkle Warze obendrauf hypnotisieren Tomas Croft. Er senkt die Handfläche so nahe wie möglich über die Brust, ohne sie allerdings zu berühren, und spürt etwas angenehm Warmes davon aufsteigen.

Die Frau zuckt, dreht sich um und bedeckt sich. Tomas schleicht zum Feuer zurück.

Lange bleibt er zitternd vor dem Feuer stehen und starrt in die Glut. In der glühenden Asche glaubt er die Brust der Frau zu erkennen, und plötzlich befällt ihn eine Raserei. Er zieht aus dem Feuer einen noch brennenden Ast und jagt damit zum Hügelkamm hinauf. Mit dem andächtigen Gebaren eines Ministranten, der eine Kerze entzündet, hält er die Fackel an einen Strauch. Als er Feuer fängt, bricht er in hysterisches Lachen aus. Schon rennt er weiter ins Landesinnere und zündet wahllos Bäume an, einfach nur so, aus purer Lust. Dann läuft er wieder auf das nördliche Kap zu, setzt sein Werk fort und pendelt zurück in südliche Richtung. Die ganze Nacht rennt er in einem wilden Rausch hin und zurück, bis die Berge um das Kap mit Licht gekrönt sind.

Als die Sonne auftaucht und die Engländer sich zu regen beginnen, riecht der Morgendunst nach Rauch und Asche.

Geschickt wie ein Raubtier schleicht sich Tomas Croft heran und belauscht die Engländer, wie sie aufgeregt über die Ursache der Brände diskutieren. Der Admiral erklärt, sie müßten ein Werk von Christen wie ihnen sein, denn gestern sei das Fest des heiligen Johannes des Täufers gewesen – aber dann seien dies gewiß Franzosen, Spanier, Biskayer oder sonstige Papisten, vielleicht sogar Priester. Mit dem Befehl: »Geht und jagt die Papisten!« schickt er die Musketiere den römischen Hochstaplern hinterher, damit sie die Macht der englischen Krone kennenlernen. Tomas Croft verzieht sich in seinen getarnten Unterschlupf.

Die Engländer streifen über die Berge, den Sumpf und die Wiese, doch sie stoßen auf nichts als verängstigte Tiere, die verwirrt schnüffelnd über das verkohlte Gelände irren.

Von da an kennen die Engländer nur noch Arbeit. Sie fällen im Landesinneren hohe Bäume, ziehen sie an den Strand und zimmern eine Einfriedung. Für ihren Admiral und seine Frau hauen sie Schiefer und errichten daraus ein Herrenhaus mit je einer Tür an jeder Seite. Sie nennen es das Meerwaldhaus. Für die gemeinen Leute zimmern sie Hütten. Außerdem bauen sie eine Saline, eine Schmiede, Faßbinder- und Segelmacherwerkstätten, eine Brauerei, ein Sägewerk, eine Bäckerei, eine Küche, Ställe, Hühnerställe, Heuböden, Scheunen und ein Gefängnis. Bald ist alles ebene Gelände bebaut und immer neue Gebäude erklimmen die Hügel oder krallen sich wie Möwen an den Gipfeln fest. Die Engländer zimmern ihre eigenen Kais, Schuppen und Trockengestelle, die entweder im Wasser schwimmen oder mit den Vorderbeinen auf dem trockenen Strand und mit den Hinterbeinen in der Flut stehen. Sie versenken einen Brunnen tief im Felsgestein. In Lederbeuteln schaffen sie Humus heran und legen Ackerland für Karotten, Kohl, Kartoffeln und Steckrüben an. Dazu reservieren sie ein eigenes Gelände für einen Friedhof.

Binnen zweier Wochen errichten sie ein schmuckes Bauern- und Fischerdorf.

Statt wie sonst gewohnt täglich der Jagd, dem Fischfang und dem Beerensammeln nachzugehen, verbringt Tomas Croft jede wache Stunde damit, die Neuankömmlinge zu beobachten. In den Nächten klettert er über die Palisade und schleicht sich in die Hütten, um die schlafenden Frauen zu beobachten und sich an der Wärme, die von ihren Körpern aufsteigt, zu berauschen. Mit dem ersten Morgenlicht flieht er, allerdings nicht ohne zuvor Lebensmittel, Getränke, Kleidung, Küchenwaren, Werkzeug, Angelausrüstung und was er sonst begehrt, zu stehlen. Einmal hört er den Admiral wütend fluchen, das seien keine Christen, die dieses Land heimsuchten, sondern eine Bande diebischer Wilder. Er stellt Wachtposten auf, doch weil diese bald einschlafen, kann Tomas Croft ungehindert ein und aus gehen.

Als er eines Morgens um den großen Felsblock herumkommt, steht er unvermittelt einer jungen Frau gegenüber.

Sie hat dichtes rotes Haar, das ihr bis zur Hüfte fällt. Um die Blaubeeren, die sie gepflückt hat, tragen zu können, hat sie ihre Röcke gerafft. Unversehens sind ihre nackten Beine seinem Blick ausgesetzt. Doch die Frau läuft nicht weg. Vielmehr lächelt sie über sein rotes Haar und ruft fröhlich: »Gott zum Gruß!«

In dieser Nacht liegt Tomas wach in seiner Behausung und lauscht der Brandung, wie sie sich den ihr nachfolgenden Wogen hingibt. Schließlich löst er sich von seiner Pritsche und läuft in der Dunkelheit über den Hügel zur englischen Ansiedlung. Schon von weitem hört er eine Stimme lauthals schimpfen.

»Ein herrenloser Geselle!« tobt der Admiral. »Ein böser, lüsterner, herrenloser Mann, der das Fleisch unserer christlichen Frauen begehrt und darauf aus ist, sie eine nach der anderen zu verschleppen!«

Mit dem ersten Licht schickt der Admiral zwei Kavalleristen auf die Suche nach seiner vermißten Frau. Aber noch bevor der Morgendunst in der Sonne verbrannt ist, kehren die großen Schimmel ohne Reiter zurück. Später werden die Leichen der Soldaten oben auf dem Hügel entdeckt. Ihre Schädel sind zu Brei geschlagen worden. Von der vermißten Frau des Admirals fehlt bis auf herumliegende Blaubeeren jede Spur.

Völlig verängstigt flüstern die Engländer, das sei nicht bloß ein gesetzloser Mann, sondern der Boo Darby selbst gewesen, der da das Innere dieser gottverlassenen Insel heimgesucht habe. Von diesem Tag an sehen sie das Hinterland als das Reich des Bösen und der Gefahr an, als die Domäne des Geheimnisvollen und der Sünde. Sie haben Angst, daß die Sümpfe, Bäume und Felsbrocken mit einem Schlag lebendig werden und sie verschlingen. So lassen sie den Plan fallen, die Insel zu erforschen und zu kartographieren. Und auch nach Gold, Silber und Gewürzen wollen sie auf einmal nicht mehr suchen. Von nun an bleiben sie immer in der Nähe ihrer Festung, wagen sich nur noch selten aus der Hörweite der See. Bald verfällt die ganze Ansiedlung in Depression und Lethargie. Aus reiner Verzweiflung werden viele krank und sterben.

Die Frau erzählt Tomas Croft, daß sie Sheila nGira heißt, daß sie eine irische Prinzessin der Inseln von Mayo ist und daß die Engländer sie verschleppt haben. Nachdem sie Tomas Croft die Kunst des Liebens beigebracht hat, wird sie vollkommen glücklich mit ihm und bleibt treu an seiner Seite.

Das Leben von Tomas Croft und Sheila nGira ist geprägt von hingebungsvoller Liebe. Er stiehlt von den Engländern Kleinigkeiten wie Bänder, Glockenspiele oder kleine Flöten und schenkt sie ihr. Sie sammelt für ihn körbeweise Beeren, die er mit großem Genuß verzehrt. Im Laufe der Jahre gebärt sie ihm zehn rothaarige Töchter. Sie geben den Mädchen Phantasienamen, die einfach schön klingen, wie Innismara, Clare oder Kilronan. Tomas Croft und Sheila nGira lieben ihre Kinder allesamt inniglich. Immer wenn eins geboren wird, baut er einen Raum an. Am Ende ist der Unterschlupf ein regelrechter Kaninchenbau aus Holz, Geflecht und Lehm.

Allmählich spricht sich die Fülle an Kabeljau, die sich in diesen Gewässern tummelt, bis zu den europäischen Königshöfen herum. Scharenweise stellen Abenteurer ganze Flotten zusammen, rammen Flaggen in die Erde und stecken ihre Claims ab. Nach heftigem Gezeter und Gezerre um die lukrativsten Liegeplätze entstehen Fischereistützpunkte auf jedem windgeschützten Strand der unzähligen Buchten und Meeresarme. Gleichzeitig werden auch von den wenigen Überlebenden zahlloser Schiffbrüche auf wilden Landspitzen und an unprofitablen düsteren Küsten willkürlich Siedlungen gebaut, so daß bald jeder Quadratmeter bedeckt ist, sei es mit Stellagen, Schuppen, Stegen oder Häusern.

Es dauert nicht lange, da durchpflügen derart viele Siedler aus Europa unter einem solchen Kunterbunt an Flaggen die Gewässer der Insel, daß keiner mehr auf den rothaarigen Iren achtet, der in totaler Armut auf dem Strand seiner Bucht haust. Jeder Seemann, der zufällig das schäbige Durcheinander aus Baracken erblickt, sagt sich, daß es hier nichts zu holen gibt, und fährt weiter. Und Tomas Croft gibt sich jetzt keine Mühe mehr, sich zu verstecken. Ja, er verkehrt sogar mit den Neuankömmlingen.

Sobald seine Töchter Brüste bekommen – bei einigen sogar schon davor – verheiratet Tomas Croft sie. Die Männer, die er ihnen besorgt, sind allesamt verwegene Burschen, charakterlose Gesellen, Verbrecher. Dazu gehören ein Deserteur, ein verbannter Meuterer, ein Fischer, der seine Familie verlassen hat, ein Gesetzesverächter, ein verrückter Dissenter, ein Freibeuter, ein entlaufener Sträfling, ein blinder Passagier, ein Hurensohn und ein Mann, der sich Namenloser nennt und über den nichts zu erfahren ist. Wenn diese Kerle für etwas taugen, dann für die sieben Todsünden.

Da sie an keinem anderen Ort geduldet werden, bleiben die Jungvermählten bei Tomas Croft und Sheila nGira. Aus gestohlenen oder von Wracks geborgenen Materialien bauen sie sich primitive Schuppen. Auf den ersten Blick würde niemand auf die Idee kommen, daß hier Menschen leben. Weitaus näher liegt der Gedanke an eine Flotte verfallener Kähne, die sich vor den Wellen ans trockene, sichere Ufer gerettet haben. Zusammen mit den Siedlern bevölkern Hühner, Enten, Schweine, Katzen und Hunde den Flecken. Die Ehemänner vermischen das ursprünglich gesprochene Gälisch mit so vielen Elementen anderer europäischer Sprachen, daß die Familie ein ganz eigenes Pidgin-Irisch entwickelt. Mit der Ankunft der Enkelkinder wird aus der Familie eine Sippe, vereint durch Blut, Sprache und Tomas Crofts physische Autorität.

Der Ahnherr, jetzt ein mächtiger Mann in den besten Jahren, unterwirft alles seiner strengen Herrschaft. Wen sein Zorn trifft, den züchtigt er mit seinem tödlichen Knüppel, vor allem seine Schwiegersöhne, wenn sie sich ihm nicht beugen wollen. Er zwingt alle, ihn als »Mein Gebieter« anzusprechen, denn er sieht sich jetzt als Erster Admiral der Bucht.

So kommt es, daß Tomas Croft, das ausgestoßene Waisenkind, das so viele Jahre lang in hoffnungsloser Einsamkeit am Rand der Welt gelebt hat, mit absoluter Herrschaft über eine seinen Lenden entsprungene Gesellschaft gebietet.

Europas Herrenhäuser legen ihre Streitereien durch Blutvergießen unter den ärmsten und machtlosesten ihrer Untertanen bei. Wenn die Fischer nicht ihrem Beruf nachgehen, werden sie mit der Aufgabe beschäftigt, einander zu verfolgen und abzuschlachten. Schiffe aus der Biskaya streichen an der Küste herum und suchen spanische Stützpunkte heim. Die Spanier schlingen Seile um die wackeligen Pfähle baskischer Lager und reißen sie nieder. Baskische Briggen rammen französiche Pinassen. Französiche Infanteristen ziehen schwere Kanonen übers Land und überraschen die Engländer mit Beschuß aus den Höhen.

Nach jahrelangem Gemetzel fallen die Flaggen eine nach der anderen, bis schließlich die Engländer die Vorherrschaft haben. In der gleichen Zeit werden scharenweise verarmte Iren an die Strände gespült oder kriechen über das Eis an Land. Nach und nach kristallisiert sich so eine Gesellschaft aus englischen Herren und irischen Dienern heraus.

Die Engländer überziehen das ganze Land mit den Insignien der Staatsmacht. Eine Flagge mit senkrechten orangefarbenen und grünen Streifen, jeweils getrennt durch einen weißen Zwischenraum, gibt auch den Analphabeten zu verstehen, daß Schmuddelpapisten sich von den Frauen und der etablierten Kirche fernzuhalten haben. Dazu gibt es ein Wappen mit Löwen und Einhörnern auf dem Rücken von »zwei Wilden in nach ihrer Sitte üblicher Kriegsbemalung«, wobei die Existenz dieser Wilden freilich lediglich auf Hörensagen beruht. Das Motto des Wappens lautet: *Quaerite prime regnum Dei.* Ein trister Klagegesang auf das widrige Klima in diesem »Land des Lächelns«, seine »tosenden Sturmböen«, »wilden Wellen« und »Nebel schleudernden Strudel« wird zur Nationalhymne. Für die Zeitrechnung wird der Gregorianische Kalender übernommen. Per Verfügung bezieht sich das Wort »Fisch« ausschließlich auf die Gattung Dorsch, womit ein im Volksmund bereits üblicher Gebrauch gesetzlich vorgeschrieben wird. Es wird angeordnet, daß fünf Tage in der Woche »Fischtage« sein müssen, an denen nur Kabeljau und kein Fleisch gegessen werden darf. Weil die Händler den Wert ihrer Waren nach verarbeitetem Kabeljau bewerten, wird der Kabeljau zum offiziellen Zahlungsmittel auf dem Territorium. Den Großteil ihres Einkommens bezieht die Regierung aus der Versteigerung von Lizenzen zur Destillation und Veräußerung von Schnaps. Die Engländer richten sogar einen Gerichtshof ein und ernennen einen Perücke tragenden Magistraten, der regelmäßig Gassenjungen wegen Bagatelldelikten am Flaggenmast des Gouverneurs hängen läßt.

Trotz der unbarmherzigen Handhabung von Recht und Gesetz können Tomas Croft und seine Meute als Banditen überleben.

Mit immer mehr lockenden Siedlungen, immer mehr hungrigen Babys und immer mehr jugendlichen Helfershelfern wird der Diebstahl zum natürlichen Beruf der Iren. Im Schutze der Nacht leitet Tomas Croft persönlich die Raubzüge ins Landesinnere und die Küste hinauf und hinunter. Nach einer alten Tradition locken die Iren die vollbeladenen Handelsschiffe mit Irrlichtern in die Bucht, um sie zu überfallen und zu plündern. Bald hat die Sippe ein ganzes Arsenal kleinerer Waffen erbeutet: Streitkolben, Spieße, Hellebarden, Streitäxte, Dolche, Entermesser, Säbel, Krummschwerter, Armbrüste, Pistolen, Hakenbüchsen, Vorderlader, Luntenmusketen und Feuersteingewehre. Bis an die Zähne bewaffnet, wagen sie sich in kleinen Booten auf die See, wo sie im Schutz des unvermeidlichen Nebels den vorbeifahrenden Schiffen auflauern, um dann ihren bei Flaute wehrlosen Opfern ein Wettrudern zu liefern, das diese verlieren müssen, und über sie herzufallen. Auf solch einfache Weise bringen sie eine Flotte aus Briggs, Fregatten, Langbooten, Kuttern und Kanonenbooten in ihren Besitz. Diese Kriegsmarine, die bedrohlicher ist als die mancher Königreiche, versetzt die Iren in die Lage, Seeräuberei in großem Stil zu betreiben. Sie fallen in jeden Hafen rund um die Insel ein und verlangen von jedem Schiff und jeder Siedlung, derer sie ansichtig werden, einen Tribut. Sie bedrohen die riesigen Fischerflotten und die schwimmenden Plantagen, die die seichten Gewässer vor der Küste ausbeuten. Sogar bis zum Horizont wagen sie sich hinaus und plündern die mit Gold und Silber beladenen Handelsschiffe auf dem Weg vom neuen El Dorado zum Heimathafen.

Tief im Landesinneren vergräbt Tomas Croft scheffelweise Goldklumpen, Silberbarren und wertvolle Juwelen. Diese Aufgabe versieht er stets bei Neumond und immer allein.

Freilich geben die Iren sich nicht mit unverarbeiteten Reichtümern aus der Neuen Welt zufrieden. Sie erbeuten gleichermaßen alles mögliche Kunsthandwerk, das für die Herrenhäuser in den Kolonien bestimmt ist, wie mit Troddeln verzierte Seidenvorhänge, Samt- und Brokattücher, Möbelstücke mit kunstvollen Intarsien, weißes Porzellan, Ölgemälde großer Meister, Tapeten mit Blumenmustern, Kerzenständer aus Messing, Prismen, Lüster, marmoriertes Buntglas. Und mit diesen erlesenen Gegenständen verschönern sie ihre primitiven Baracken. Obwohl Tomas Croft die Uhrzeit nicht lesen kann, stellt er in seiner Behausung eine Vogeluhr auf. Immer wenn das Tier aus dem Gehäuse schaut, ahmt er seinen Ruf nach, in der Hoffnung, mit ihm reden zu können. Doch weil der Vogel sich nur über ihn lustig macht, schlägt er ihn mit seinem Stock in tausend Stücke. Eines Morgens muß er fürchterlich über Sheila nGira verkehrtes Bild in einem Spiegel mit Goldrahmen lachen, zertrümmert ihn aber beim Anblick des schmutzigen rotbärtigen Ungeheuers neben ihr.

Die begehrteste – und zum Glück für die Piraten in rauhen Mengen eroberte – Beute ist Alkohol. Sie fordern strömeweise

Schnaps als Tribut von den Siedlern, die nichts als ihren Frieden wollen, und rauben ganze Seen von den zwischen den Kontinenten verkehrenden Schiffen. Auf diese Weise ersetzt in der Umgebung der Bucht zunehmend Rum den Fisch als Zahlungsmittel. Die Leute haben so viel Alkohol und kippen ihn so gierig hinunter, daß sie alle mehr oder weniger überschnappen. Wer in ihrem Kreis nüchtern bleibt, macht sich verdächtig. Jede Wohnstätte ist ein Ausschank, jedes Schiff eine Taverne. Es ist so gut wie unmöglich, den Strand zu Fuß zu überqueren, ohne am Ende zu schwanken. Tomas Croft selbst erfindet eine verrückte Mischung aus Rum, Fichtenbier, Gin, Blaubeerwein, Madeira und Schießpulver, und dieses Gebräu trinken alle – auch die Kinder – aus dem Lauf einer Donnerbüchse, bis das Besäufnis zu einer wüsten Massenschlägerei ausartet. Und damit nicht genug! Sie trinken das Zeug mit solcher Konsequenz, daß sie nichts anderes mehr vertragen. Wenn ihnen irgendwann doch die Vorräte ausgehen und sie auf reines Quellwasser zurückgreifen müssen, wirkt es wie Gift auf sie; sie bekommen Durchfall und erbrechen alles.

Angesichts solcher Übergriffe bricht die örtliche Regierung zusammen. Räubergeschichten über Chaos und Terror in der Neuen Welt versetzen den englischen Hof in helle Aufregung. Atemlos lauscht man Berichten über einen verrückten Iren, einen roten Merlin, der in Polygamie mit roten Hexen haust und in einem gottverlassenen Winkel mit dem Namen Strolcheninsel, von wo aus sie Winde, Wellen und Nebel beherrschen, in blutrünstigen Ritualen Menschen schlachtet. Nachdem sich die hochwohlgeborenen Opfer dieses Ungeheuers bei der Krone beklagt haben und das übliche Protokoll von Schmeichelei und Bestechung absolviert ist, wird schließlich ein Kriegsschiff losgeschickt, das dem Quälgeist endlich den Garaus machen soll.

Auf den felsigen Kaps stehen Tag und Nacht irische Späher Wache. Als sie eines Tages das Nahen eines königlichen Kriegsschiffs ankündigen, läuft die Piratenflotte sofort mit geladenen Gewehren aus und verbirgt sich hinter Landvorsprüngen und Inseln. Kaum ist dann das Kriegsschiff mit vollen Segeln in die Bucht eingefahren, brechen die Räuber aus ihren Verstecken und umzingeln es im Handumdrehen. Ohne auch nur einen Schuß abzugeben, gehen sie an Bord und nehmen der überrumpelten Mannschaft alles ab.

Tomas Croft gibt sich exzentrisch. Das Haar zu einem roten Geweih verknotet, den Bart zu roten Zöpfen geflochten und mit brennenden Kerzen auf seinem Dreispitz tritt er vor und erklärt: »Lasset uns den Gestank des Hades einatmen.« Mit vorgehaltener Pistole zwingt er ein Dutzend Gefangene, in den Laderaum zu steigen. Zum Schluß klettert er selbst die Leiter hinunter und läßt alle Luken dicht machen. Dann entzündet er den Schwefel.

Als die Luken der Hölle wieder geöffnet werden, steigt mit einem vergnügten Kichern Tomas Croft als einziger ans Tageslicht. »Gott zum Gruß!« schreit er und lacht, bis ihm die Tränen kommen.

Als er sich beruhigt hat, lädt er den Kapitän ein, mit ihm gemeinsame Sache zu machen. Dieser lehnt jedoch höflich ab. Schlagartig wird aus Tomas Crofts Heiterkeit rasende Wut. Er schlitzt dem Mann den Rücken auf, zieht beide Lungenhälften heraus, breitet sie wie Flügel aus und befördert ihn mit einem Tritt ins Meer. Immer noch atmend, schaukelt der Engländer wie ein aufgeblähter Fisch auf den Wellen und treibt langsam davon.

Von da an tauchen keine Kriegsschiffe mehr am Horizont auf. Tomas Croft gebärdet sich nach seinem Sieg über die Krone immer mehr als König. Er fordert die Zahlung von Tributen. Er verkündet Proklamationen. Er legt Kranken die Hände auf und erklärt sie für geheilt.

In entsprechendem königlichem Glanz beginnt er seinen Lebensabend. Seine Enkelkinder heiraten und zeugen ihrerseits eine ganze Brut von Säuglingen. Aus der Sippe wird ein riesiger Stamm. Den Alltag bestimmen freilich auch weiterhin die Verkommenheit der Anarchie, Chaos und Gewalt. Es herrschen Trunksucht und Völlerei, Zügellosigkeit und Vielweiberei und natürlich Vergewaltigung, Plünderung, Verschleppung, Erpressung, Brutalität, Folter und Mord. In Tomas Crofts Reich ist alles möglich.

Jede Mittsommernacht stiehlt sich Tomas Croft davon. Allein steigt er auf den Hügel über der Bucht und entfacht auf dem

Kamm ein flammendes Feuer. Stets aufs neue weckt der glühende Himmel in den Siedlungen unten die in allen seit der Kindheit verwurzelte uralte Angst vor dem Herrenlosen Gesellen, dem Boo Darby. Auch wenn keine einzige christliche Seele diesem Geist von Angesicht zu Angesicht gegenübergestanden hat, so hat doch jede Siedlung ihren eigenen Namen für ihn und ihre eigene Vorstellung von seiner Gestalt. Im Osten der Insel ist er der Haarige Hurg oder auch der schwarze Mann, der Mann ohne Kopf oder der Hockshaw. An der Küste im Westen nennt man ihn Kürbisschädel, Blutsknochen, Leichenschwelger oder auch den Einbeinigen. Im Süden gibt es ihn als Große Ratte, Katzenmensch, Riese oder auch Zwerg. Und im Norden schließlich kennen sie den Butze- oder Büsenmann oder den Yahoo. In allen Landesteilen sind auch die Bezeichnungen Mumie oder Jancker anzutreffen.

Wie auch immer, selbst die Iren in Tomas Crofts Clan, die nicht minder abergläubisch sind als alle anderen, zittern unter diesem gespenstischen Flackern, dessen Herkunft sie sich nicht erklären können. In der Hoffnung, das Böse zu vertreiben, versammeln sie sich auf dem Strand, entfachen selbst ein riesiges Feuer, und das ganze Dorf kauert dicht gedrängt davor. Andere Siedlungen machen es genauso, so daß die ganze Küste von einem Ring von Angstfeuern erleuchtet wird.

Im entfernten Europa verbreitet sich die Legende, daß dieser Rothaarige kein bloßer Seeräuber oder gewöhnlicher Hexer ist, sondern der Leibhaftige persönlich, der aus der Hölle gefahren ist, um die westliche Welt heimzusuchen.

Eines Morgens wacht Tomas Croft nach einer durchzechten Nacht, die in eine Schlägerei ausgeartet ist, wieder einmal spät auf und reibt sich verblüfft die Augen. Ein merkwürdiges Boot – kein mächtiges Kriegsschiff, sondern ein kleiner Zweimaster – besitzt doch tatsächlich die Dreistigkeit, unmittelbar vor dem Lager der Piraten vor Anker zu gehen.

Das Schiff trägt den Namen *Ariel*.

Obwohl das Boot offenbar nicht bewaffnet ist, befiehlt Tomas

Croft seinen Männern, sofort aufzustehen und die Eindringlinge aus seinem Königreich zu vertreiben. Unverzüglich bauen sich die Piraten mit ihrem Arsenal an Schwertern, Speeren, Streitäxten und Keulen am Strand auf.

Ein flaches Ruderboot stößt von der *Ariel* ab.

Frauen betätigen die Ruder. Sie alle sind von Kopf bis Fuß in Schwarz gehüllt. Oben auf dem Bug steht ein Mann, auch er schwarz gekleidet. Mit beiden Händen stemmt er ein in der Sonne glitzerndes Kruzifix in die Höhe.

Beim Anblick des Kreuzes erstarrt Tomas Croft vor Angst. Erschrocken läßt er seine Waffen fallen und weicht zurück. Mit zitternden Händen bekreuzigt er sich. Dann wagt er sich wieder vor, starrt das Boot an und watet unbewaffnet in die Brandung.

Seine Leute sehen benommen zu. Als Tomas Croft ihnen befiehlt, die Waffen fallen zu lassen und ihm zu folgen, gehorchen sie, wenn auch widerstrebend.

Unmittelbar bevor der Rumpf des Bootes über die Kiesel kratzt, faßt Tomas Croft es am Dollbord und fordert seine Familie auf, es hochzuheben und über das Wasser zu tragen. Und tatsächlich bringen sie es so ans Trockene.

Dort fällt Tomas Croft vor den Eindringlingen auf die Knie und senkt den Kopf.

Der Priester und die Nonnen gehen von Bord und küssen den Sand. Mit dem Gebaren eines Mannes, der Gehorsam gewohnt ist, gibt der Geistliche dann Anweisungen, das Boot umzudrehen. Als das geschehen ist, breiten die Nonnen über dem Kiel ein weißes Tuch aus. Auf diesem primitiven Altar zelebriert der Priester unverzüglich das Opfer der Heiligen Messe. Die Liturgie wird teils auf irisch, teils auf lateinisch gesungen.

Wie in Trance tritt Tomas Croft vor und übernimmt die Rolle des Ministranten. Da es weder Meßwein noch Hostien gibt, holt er Jamaikarum und Schiffszwieback, und weil keine Glocke die Weihung einläuten kann, gibt er Schüsse ab. Die Stammesmitglieder, größtenteils Heiden, die das Spektakel überhaupt nicht begreifen, knien und beten nicht, sondern stehen nur in einigem Abstand da und gaffen mit offenem Mund.

Mittendrin bemerkt Tomas Croft, daß ein Mitglied seiner Herde dem Ritual nicht den gebührenden Respekt entgegenbringt. Ohne die Liturgie zu stören, schneidet er dem feixenden Kerl, als ginge es ums Zerlegen eines Kabeljaus, blitzschnell beide Ohren ab.

Unter Anleitung des Priesters und auf Geheiß Tomas Crofts zerlegt die Familie in den folgenden Tagen die *Ariel* Stück für Stück, um die Einzelteile auf einem Hügel über dem Strand zu einer Kapelle zusammenzusetzen. Die Dollborde werden zum Altargitter, die Laterne zum Altarlicht, eine schwere Platte zum Altartisch, der Hauptmast zum Turm, die Nock, die sie mit dem Steuerrad behängen, wird zum keltischen Kreuz und der Kreuzmast zum Kampanile. Die Beutestücke des Stammes finden auf einmal eine völlig neue Verwendung. Samttücher, Kerzenständer und Buntglas schmücken nun die Kirche. Gesichert wird die ganze Struktur mit Hilfe eines dicken Taus, das um den Anker geknotet wird, und den vergräbt man tief in der Erde.

Von ihrem Hügel aus beherrscht die Kapelle die gesamte Bucht.

Am Mittsommertag wird die Schiffsglocke auf den Kampanile gehievt und gleich nach Herzenslust geläutet. Die Kapelle ist fertig. Der Priester weiht sie dem heiligen Johannes dem Täufer und sperrt das Heilige Sakrament in das Tabernakel. Danach geißelt er in einer langen Predigt Trunksucht, Ausschweifungen, Piraterie und all die anderen Übel, die den Alltag in Tomas Crofts Reich ausmachen, als Sünden gegen Gott. Seine drastischen Bilder von den Qualen im Höllenfeuer jagen Tomas Croft mehr Angst ein, als dies echter Schwefel je vermocht hätte.

Nach dem Gottesdienst zieht die Versammlung zum Strand, von dem aus der Priester Weihwasser über das heranflutende Meer spritzt. Unter Mithilfe von Tomas Croft tauft er sodann die versammelte Gemeinde, indem er eimerweise Meerwasser über ihre Köpfe ausschüttet.

Den Lahmen und Kranken legt er die Hände auf und erklärt ihnen, daß Gott der Herr sie in Seiner Gnade von ihren Leiden geheilt hat.

Die Gewässer sind besänftigt, verkündigt der Priester. Und nun lächelt Gott, der Herr, seinem Volk zu. Zum Schluß befiehlt er den Leuten, ihre Sünden zu beichten. Als erster muß Tomas Croft vor ihn treten. Als der alte Mann vor vielen Jahrzehnten um Vergebung seiner Sünden bat, war sein eigener Vater der Beichtvater. Jetzt legt er der Reihe nach über die Verfehlungen seines ganzes Lebens Rechenschaft ab. Nur er, der Priester und Gott wissen, welche Buße ihm auferlegt wird, doch von diesem Tag an läutet Tomas Croft die Glocke, wann immer dies von ihm verlangt wird. Er quält seine Untergebenen nicht mehr und unterwirft sich in allem dem Willen der Kirche.

Merkwürdigerweise bleiben in dieser Nacht die Darbyfeuer auf den Hügeln aus. Verstört versammeln sich die Bewohner der Bucht um ihren eigenen Scheiterhaufen auf dem Strand. Auf einmal erscheint der Priester mit Tomas Croft an seiner Seite. Die Leute weichen zurück. Der Priester schlägt das Zeichen des Kreuzes und singt ein Gebet. Danach zündet er selbst den Haufen an und bleibt bei der Menge, bis das Feuer erloschen ist.

So wird der Priester zum Herrscher über die Bucht.

Bald richtet sich der Alltag nach dem Rhythmus der Gebete – Messe immer im Morgengrauen und zweimal am Sonntag, Beichte am Samstag, Segnung in der Fasten- und Adventszeit, die Stationen des Kreuzweges rund um die Uhr in der Karwoche, dazu endlose Fasten, Meditationen, Wachen, Predigten, Segnungen, Taufen, Kommunionsfeiern, Hochzeiten, Weihen, Salbungen und Beerdigungen. In der Kirche erteilen die Nonnen den Kindern Unterricht. Davor, in der Pause, in der Mittagszeit und nach dem Abendessen lassen sie den Rosenkranz und die Litanei der Heiligen Jungfrau Maria aufsagen. Zu jeder Zeit dürfen sich die Gläubigen vor den Altar knien. Wenn sie an der Kirche, dem Pfarrhaus, dem Kloster oder dem Friedhof vorbeigehen, bekreuzigen sich die Gemeindemitglieder. Wenn das Angelus eingeläutet wird, flüstert jeder ein Gebet. Und stets senken die Gläubigen beim Anblick des Priesters ehrerbietig den Kopf.

Wenn die Leute nicht gerade arbeiten, beten sie.

Die Männer und Jungen arbeiten am und auf dem Meer. Sie angeln Tintenfische, fangen Hummer in Reusen und Lodden mit Netzen und erlegen Wale. Im Frühling setzen sie die Gaffelsegel und fahren meilenweit bis zum Packeis hinaus, wo sie Robben erschlagen. Im Sommer rudern sie in offenen Booten hinaus und schießen auf Vögel.

Die Frauen und Mädchen arbeiten auf dem Land. Sie kümmern sich um die Gärten, die Hühner, Schafe, Ziegen, Schweine, Kühe und auch um die Pferde. An den seltenen Sonnentagen werden alle Hände gebraucht, um die Wiesen zu mähen und Heu in die Scheunen zu bringen.

In den Bergen, in die sich niemand allein oder unbewaffnet wagt, schießen die Männer Rebhühner, fangen Füchse und Schneehasen und angeln Forellen und Lachs, während die Frauen und Kinder Blau- und Himbeeren sammeln. In den Winternächten werden Holzscheite gehackt, Fässer angefertigt, Zäune aufgestellt, Boote gebaut, Segel gemacht oder geflickt, Netze ausgebessert, Häuser errichtet, Steine aus Steinbrüchen herangekarrt; dazu wird Wolle gekämmt, gesponnen und gestrickt. Sonntag ist der Tag der Ruhe.

An den übrigen sechs Tagen werden Arbeit und Gebet so harmonisch miteinander verwoben, daß das Schaffen selbst eine Heiligung erfährt. Und keine Arbeit ist frommer als der Kabeljaufang.

Der ständig gleiche ermüdende Prozeß des Angelns, Andeckziehens, Ausnehmens, Filetierens, Waschens, Salzens, Stapelns, Ausbreitens und Wendens Tausender von Fischen wird zum inbrünstigen Gebet, zu einer Art Litanei.

Der Priester schnitzt eigenhändig einen Kabeljau als Ikone in den Altaraufsatz. Und in einer Predigt bezeichnet er diesen niedrigen Fisch als Verkörperung der Heiligen Dreieinigkeit. Der Kabeljau, verkündet er, ist der Geist der Fruchtbarkeit, so wie der Allmächtige Vater der Samen der Generationen, die Wurzel allen Lebens ist. Er erklärt, daß die Initialen von »Jesus Christus, Sohn Gottes des Erlösers« im Griechischen FISH lauten. Und dieses

Meer ist mit einem solchen Reichtum gesegnet, daß der Heilige Geist selbst darüber hinweggeflogen sein muß.

So huldigt die Bucht einem Kabeljaukult, und ihre Bewohner, Fischer wie die Apostel Christi, betrachten ihre Berufung als etwas Geheiligtes und Erhabenes. Die zerlumpte Bande aus Ausgestoßenen und Gesetzlosen wird damit in eine zivilisierte Gesellschaft umgewandelt. Gewalttätigkeit, Ausschweifungen und heidnische Bräuche weichen Frömmigkeit, Ordnung und Arbeit.

Als Tomas Crofts rote Haare ergrauen, ist ein stiller, sanfter Mensch aus ihm geworden. Er ist nicht mehr der tyrannische Herrscher über die Bucht, sondern ihr gütiger und genügsamer Patriarch. Um ihn zu befriedigen, bedarf es nur noch des wohltönenden Echos der Kapellenglocke, die er zuverlässig läutet. Und ein schlichtes Mahl aus Kabeljauzungen ist für ihn ein Festessen. Der Schwarzdornstock schließlich dient ihm nicht mehr als Keule, sondern nur noch als Gehhilfe.

Eines warmen Sommerabends klopft Tomas Croft an der Sakristeitür an. Ihn beschäftigen bestimmte Fragen, über die er mit dem Priester sprechen möchte. Die zwei Männer gehen in die Kapelle und setzen sich auf eine Bank. Dort erkundigt sich Tomas Croft nach Irland und dem Reich Gottes. Anscheinend bringt er die zwei Königreiche durcheinander. In langen Gesprächspausen grübelt er über die Antworten des Priesters nach. Schließlich flüstert der alte Mann dem Seelsorger etwas ins Ohr. Er erzählt ihm von sagenhaften Schätzen, von riesigen Gold- und Silbervorräten, von unschätzbar wertvollen Juwelen, die einen Glanz verbreiten, wie ihn kein Mensch sich ausmalen kann. Würde solcher Schmuck diese Kapelle zieren, verspricht Tomas Croft, wäre sie die prächtigste Basilika vor Gott und den Menschen. Und so exakt es seine verschwommene Erinnerung noch zuläßt, beschreibt er dem Priester die Kennzeichen, die zu den vergrabenen Schätzen führen.

Der Himmel färbt sich im Westen rot, als Tomas Croft den Priester um seinen Segen bittet. Ohne Stock, den er ganz vergißt, verläßt er dann die Kapelle, humpelt zum Strand hinunter und sucht sein geliebtes Ruderboot, das ebenso grau und alt geworden ist wie er selbst. Er nimmt die Ruder, gleitet über das stille Wasser aus der Bucht hinaus und rudert weiter nach Osten aufs offene Meer, wird eins mit dem dunklen Himmel.

Tomas Croft wird nie wieder gesehen.

Zwei Wochen lang geht der Priester jeden Morgen allein und nur mit einem Spaten und einem großen Kreuz ausgestattet ins Landesinnere. Jeden Abend kehrt er schmutzbedeckt, müde und besiegt in die Kirche zurück. Am Ende klettert er auf den Felsbrocken am Hügelkamm und brüllt von dort aus in alle Richtungen von Gottes Universum einen Fluch auf Tomas Croft, dessen Seele im ewigen Feuer und Schwefel der Hölle schmachten soll.

Sheila nGira tritt ins Kloster ein, wo sie die wenigen ihr noch verbliebenen Jahre in geistiger Umnachtung verbringt.

Das wabernde Labyrinth aus Holzbaracken, in dem sie mit Tomas Croft so viel Liebe geteilt und so viel Leben gezeugt hat, wird eingeebnet und in eins der Mittsommerfeuer geworfen, die einem Brauch gemäß, an dessen Ursprünge sich niemand mehr erinnern kann, in dieser Nacht auf den Bergen und Landspitzen entfacht werden.

Mit Tomas Croft verschwindet auch sein Name. Nach einer Generation ist er in Vergessenheit geraten.

Die Jahrhunderte vergehen.

Lord Baltimore verschleppt einen Harem. Captain William Jackman rettet siebenundzwanzig Menschen vor dem Ertrinken. Fischer fangen Ungeheuer in ihren Netzen. Die *Great Easter* verlegt auf dem Ozeanbett ein Telegraphenkabel, das an einem Ort mit dem Namen Heart's Content wieder an die Oberfläche kommt. Die Reids sprengen die Felsen des Ödlands, um dort Eisenbahnschienen verlegen zu können. Marconi gelingt die drahtlose Übermittlung des Buchstabens »S« nach England. Doscos Stollen graben sich als meilenlanges Netz unter das rote Felsgestein auf dem Meeresgrund. Die *Titanic* stößt mit einem Eisberg zusammen und versinkt bei 41° 46' Nord, 50° 14' West. Ein Arzt der *White Fleet* baut aus den gezogenen Zähnen von Seemännern ein Kathedralenmodell. Ein arktischer Blizzard verschluckt die *Southern Cross* mitsamt ihrer Besatzung, ohne eine Spur zu hinterlassen. Derselbe Sturm reißt Eisschollen mit Dutzenden von Robbenfängern darauf in tödlichen Strudeln mit sich fort. Alcock und Brown beginnen ihren Flug auf einem holperigen Feld und erreichen Irland, wo sie an einem Felsen zerschellen. Ein Erdbeben löst eine Flutwelle aus, die ganze Dörfer unter Wasser setzt, Fische auf Baumkronen schwemmt und Gärten, Wiesen und Moore vergiftet. Die Zahl Neunzehn wird für tabu erklärt. Das Läuten von Kirchenglocken kündigt die Wahl eines Papstes an, obwohl sie erst in Wochen stattfinden söll. Kriege finden statt. Feindliche Unterseeboote dringen in die Buchten ein und versenken eine Fähre mit dem Namen *Caribou*. Mit eingezogenem Kopf, als blase ihnen ein scharfer Nordwind ins Gesicht, eröffnet in einem französischen Dorf ein aus achthundert jugendlichen Fischern bestehendes Regiment, dessen Motto »Nie im Liegen angetroffen« lautet, die Julioffensive und marschiert mitten ins Gewehrfeuer, das die Jungen tötet wie sonst ihre Klingen Kabeljaus. Eine Nervenklinik wird gegründet und ist im Handumdrehen überfüllt.

In diesem modernen Jahrhundert ist Tomas Crofts Nachfahren kaum noch bewußt, daß solche Dinge tatsächlich geschehen sind, daß Zeit vergangen ist.

Hören die Bewohner der Schoß-Bucht das Dröhnen eines Flugzeugs über den Wolken, das Tuten eines durch den Nebel fahrenden Dampfers oder in windstiller Nacht das Stampfen der Lokomotive auf den Geleisen, so kann es durchaus geschehen, daß sie diese Geräusche für die Klage des Boo Darby halten, der irgendwo in der Wildnis unsäglich unter seiner Einsamkeit leidet.

Obwohl sie im Zeitalter der Wissenschaft und der Vernunft leben, fürchten die Bewohner der Bucht immer noch den Herrenlosen Gesellen, der jedes Kind, das er erwischt, ins Ödland verschleppt. Ab und an sieht jemand auch noch die Silhouette des Schwarzen Tunichtguts über den Hügelkamm ziehen, der dazu verdammt ist, bis zum Jüngsten Gericht die Gräber derer auszuheben, die bald sterben werden. Nach Stürmen sichten sie Nixen draußen im Meer. Sie träumen immer noch dieselben Träume wie in den vergessenen Tagen von Tomas Croft. Ihre Zungen sprechen dasselbe Gemisch aus Englisch, Irisch und Räuberlatein. Auf dem Land mähen ihre Sicheln das Gras mit demselben Schwung wie die Sicheln ihrer Vorfahren.

Auf dem Meer tauchen ihre Ruder im selben steten Takt in die Wellen ein. Im gleichen Rhythmus auch in diesem modernen Jahrhundert wie schon zu Tomas Crofts Zeiten – ein Echo auf die Berührung des Landes durch die See.

In der Mitte des neuen Jahrhunderts brandet die Flut mit demselben Zischen gegen den Kieselstrand, das die Mönche hörten, das die Männer aus dem Norden vernahmen, von dem Tomas Croft träumte, das er im Mastkorb der *Trinitie* gehört hatte; das Zischen der Flut, deren glitzernde Pracht er schließlich zu sehen bekam. Für Tomas Crofts Kinder ist das Geräusch der Flut so beständig, so hypnotisch, daß sie es gar nicht wahrnehmen. Wie das Atmen der schlafenden Mutter den Säugling tröstet, so beruhigt das Ansteigen und Sinken des Meers diese Menschen. Sie leiden nicht unter der Erinnerung an die geschichtlichen Greuel, unter dem Bewußtsein der Vergangenheit oder Zukunft, unter der Schreckensherrschaft der Zeit. Jeden Tag leben sie eine Art irdische Unsterblichkeit.

Die Wellen sind im Fels versteinert, und darin ist auch das Vermächtnis des Patriarchen gemeißelt, damit alle es sehen können. Das stete Kommen und Gehen der Flut drückt aus, was Tomas Croft seinen Kindern versprach: ewige Beständigkeit. Der träumerische Hauch der Flut, das Seufzen der See auf dem Strand, verkünden den Wohlklang der wärmenden, schützenden Liebe – den schlichten lautlosen Klang der Heimat.

VIII

Mundharmonikas

JOHNNY THE LIGHT streckt seine Arme aus, klammert sich ans Gitter und rüttelt wütend daran. Der alte Mann verflucht dieses elende Schloß. Frustriert humpelt er zum Schaufenster weiter. Obwohl er es nicht wahrnimmt, so ist doch etwas in das Glas eingraviert:

CASEY & SOHN
Lebensmittel und Süßwaren
Postamt
Gaststätte
Bestattungen

Johnny schirmt die Augen ab und späht ins düstere Innere des Ladens. Wahllos hängt, steht und liegt dort lauter Kram herum: Ölzeug, Gummistiefel, Teekannen, Wasserkessel, Sensen, Schöpflöffel, Spaten, Laternen, Kerzen, Angelschnüre und Fischhaken. Doch Johnny achtet nicht darauf. Was er sucht, das ist die Litfaßuhr. Sie verrät seinen trüben Augen, daß es halb zehn ist.

Er hämmert, übelste Verwünschungen ausstoßend, gegen das Glas.

Hinter sich hört Johnny mit dem guten Ohr einen rauhen Laut. Er dreht sich um und sieht auf dem Kreuz über dem Kirchendach einen schwarzen Fleck. Das könnte eine Krähe sein. Sein Blick wandert die Straße entlang. Ein großer schwarzer Hund, der einem Bären ähnelt und ihm merkwürdig vertraut vorkommt, schnüffelt an Kot herum und frißt Gras. Soweit Johnny es erkennen kann, sind keine Kinder unterwegs. Zumindest etwas. Dafür ist er wirklich dankbar, aber noch immer ist weit und breit nichts von diesem fetten Ladeninhaber Casey zu sehen. Gebe Gott, daß er vor seinen Mädchen aufkreuzt, denn diese Hexen weisen ihn bloß wieder ab.

Johnny zieht die Rumflasche aus dem Mantel und hält sie sich senkrecht über den Mund. Als sie leer ist, stiert er sie mit einem verächtlichen Blick an, dann wirft er sie voller Wut in die Bordsteinrinne.

Der Hund hört den Lärm, kommt herbeigerannt und schnuppert an den Scherben. Das Vieh stinkt erbärmlich, und zwar nach Meer, doch als es an Johnnys Stiefeln schüffelt, weicht es zurück und knurrt den alten Mann an.

»P-p-püschta!« krächzt Johnny. Beim Klang seiner Stimme hört der Hund zu knurren auf. Er kommt sogar schwanzwedelnd wieder näher und hebt unaufgefordert die Vorderpfote. Der alte Mann nimmt sie zwischen beide Hände, hält sie einen Moment und schaut dem Tier tief in die Augen. Nachdem er sie losgelassen hat, schnuppert der Hund friedlich an der nächsten Ecke.

Johnny kehrt zum Schaufenster zurück und beginnt, die Hände hinter dem Rücken verschränkt, auf und ab zu gehen. Von Zeit zu Zeit blinzelt er zur Uhr, doch sie ist anscheinend stehengeblieben.

Ächzend setzt er sich auf die Stufe. Nach einigem Herumwühlen in den Manteltaschen fördert er eine zerfranste selbstgedrehte Zigarette zutage, die er sich sogleich zwischen die Lippen schiebt. Dann kramt er wieder herum, bis er ein Streichholz findet. Er packt es mit festem Griff, beugt sich weit vor und zündet es an der Sohle seines Stiefels an. Dabei zerbricht es. Fluchend tastet er nach einem anderen, hebt den Hintern, als wolle er furzen, und streicht es am Schritt entlang. Es entflammt tatsächlich, doch Johnnys Hand zittert so stark, daß es erlischt, bevor die Zigarette zu glühen anfängt. Er hält inne, sammelt sich, zündet ein drittes Streichholz an und hat Erfolg. Mit einem tiefen Zug inhaliert er den Rauch und stößt ihn in Kringeln durch die Nasenlöcher aus. Apathisch starrt er die immer noch brennende Zündholzflamme an, bis sie ihm die Fingerstümpfe versengt.

Johnny läßt den Kopf zwischen die Knie sinken, zieht den Schleim hoch und spuckt eine zähe Flüssigkeit in Richtung der Rinne. Dann schüttelt er heftig den Kopf, weil dieser Fliegenschwarm, der ihn mit der gleichen Boshaftigkeit quält wie die Kinder, noch zudringlicher wird. Vorher haben sie einen Pferde-apfel, der gerade zu verkrusten beginnt, umschwirrt, jetzt fallen sie wieder über ihn her. Auf dem Ärmel seines alten Mantels sammelt sich Asche. Zerstreut inspiziert er seine schäbigen Kleider. Am Hosenaufschlag entdeckt er einen losen Faden. Er will ihn sofort verknoten, aber seine verstümmelten Finger sind der Aufgabe nicht gewachsen. Neben ihm liegt ein Stoß Zeitungen auf der Stufe. Obwohl Johnny keine Ahnung hat, was die darauf gedruckten Striche und Kreise bedeuten, zieht er eine heraus und stopft sie verstohlen unter seinen Mantel.

Der Wind trägt einen scharfen galvanischen Geruch zu ihm herüber. Schlagartig hellt sich die Miene des alten Mannes auf. Seine Zigarette, ohnehin schon ausgegangen, weil sein Speichel nach vorn gelaufen ist und von dort herabtropft, fällt ihm unbemerkt aus der Hand.

Behutsam zieht er sich am Geländer hoch und hinkt weiter die Hauswand entlang bis zur Ecke. Dort sieht er, daß der Hund im trocknenden Seetang, jetzt ist Ebbe, herumwühlt. Doch Johnny achtet nicht weiter auf das Tier. Sein Auge ist ganz von dem glitzernden weißen Eisberg gebannt, dieser auf dem Meer thronenden Pyramide.

Johnnys Hände zittern. Seine Zunge zuckt. Sein Mund weitet sich zu einem strahlenden Lächeln. Mit lauter Stimme ruft der alte Mann in den Himmel: »U-u-unser Boot ist da, Jungs! Jawohl, bei G-g-gott! Es bringt uns heim!«

»Kinder! Auf die Knie!«
Als die letzten Nachzügler endlich vom Hof hereingeeilt sind, schließt die Nonne die Tür. Zwar geht es im Klassenzimmer hektisch zu, doch die hohen Wände schlucken den Schall. Das Stimmengewirr hört sich an wie das Strömen des Bluts in den eigenen Ohren. Die Mutter Oberin macht mit gebieterischer Geste das Kreuzzeichen.

»Im Namen des Vaters, des Sohnes und des Heiligen Geistes.«
Schlagartig herrscht andächtige Stille.

Der kleine Kevin Barron, der in der ersten Reihe kniet, umschließt ehrfürchtig die Gebetsperlen mit seinen Priesterhändchen und bekreuzigt sich. Die hagere Gestalt der Nonne ragt einem Kirchturm gleich vor seinem gesenkten Haupt auf. Der Junge ist beglückt: Er darf bei der heiligen Nonne sein, und sie erleben einer heiligen Moment.

»Die schmerzhaften Geheimnisse Christi.«

Die Mutter Oberin nimmt die schwarzen Perlen, die ihren Gürtel in der Mitte nach unten ziehen, zwischen die gefalteten Hände. Die Perlen sind eine wahre Pracht. Es sind allesamt schwere, imposante Kugeln, die immer mit einem so herrlich trockenen Klappern zusammenstoßen. Das schwere Kruzifix steckt einem Degen gleich unter dem Gürtel. Unter ihrer Hüfte baumelt ein steifer Lederriemen mit fingerförmigen Fransen am Ende, die ihm das Aussehen einer langen Hand verleihen. Der Junge studiert dieses Ding, als spräche es mit ihm. Und tatsächlich stehen darauf Worte:

HÄ

NG

MI

CH

AUF

»An diesem Tag, Kinder, an dem die Geburt des heiligen Johannes des Täufers gefeiert wird, soll jeder einzelne von euch über die schmerzhaften Geheimnisse Christi meditieren. Heute – und an jedem Tag eurer Sommerferien – sollt ihr diese Geheimnisse in euren Herzen mit euch tragen. Sie sollen euch ein segenbringendes Beispiel sein. Die Kirche, unsere Heilige Mutter, lehrt uns, daß Johannes der Täufer der Ankunft Jesu den Weg bereitete. Gott der Allmächtige hat der Welt Seinen einzigen Sohn gesandt, damit er leide und einen schrecklichen Tod sterbe, damit uns unsere Sünden vergeben werden können. Und jetzt, zwei Jahrtausende nach diesem glorreichen Geschehnis, gedenken wir Christi Schmerzen und Leiden. Durch die Geheimnisse des Rosenkranzes erleben wir die Schmerzen, die Jesus erlitt.

Wie ihr wißt, Kinder, lauten diese Geheimnisse so: der für uns Blut geschwitzt hat, der für uns gegeißelt worden ist, der für uns mit Dornen gekrönt worden ist, der für uns das schwere Kreuz getragen hat und der für uns gekreuzigt worden ist. Christus, unser Herr, hat für uns diese entsetzlichen und demütigenden Strafen auf sich genommen, um uns vor der ewigen Verdammnis zu bewahren. Er ist für uns gestorben, um unsere unsterblichen Seelen zu erlösen. Er hat sich geopfert, damit wir die Vergebung unserer Sünden erfahren und eines Tages zur Rechten Seines Vaters, zur Rechten Gottes des Allmächtigen in all seiner Herrlichkeit im Himmelreich sitzen können.«

Kevin Barron riecht das kühle, trockene Aroma von Kreide, das die Mutter Oberin umgibt. Früher glaubte er, es sei der Geruch der Güte – schließlich verströmen ihn nur die Klosterschwestern. Mit ihren sauberen und vor dem Hintergrund des schwarzen Habits weißen Händen scheinen die Fingergelenke der Nonne aus Kreide zu bestehen; ja, das Kind kann sie sich gar nicht als Mensch aus gewöhnlichem Fleisch und Blut vorstellen. Ihm will nicht in den Kopf, daß ihre Hand je so schmutzig wurde, daß sie sie waschen mußte, oder daß auch sie Nahrung und Schlaf benötigt. Jennie Moores hat ihm einmal gesagt, Nonnen müßten nie auf die Toilette gehen. Jetzt sieht er sie als weißes Skelett vor sich, von dem rußschwarze Tücher herabhängen. In seiner Einbildung hat die Klosterfrau schon die schmutzige Welt der Lebenden überwunden und steht bereits mit einem Bein in der reinen Welt des Geistes.

»Die Passion und der Tod unseres Herrn hatten einen ganz bestimmten Zweck: Jesus starb für unsere Sünden. Die Schmerzen und Unannehmlichkeiten, die ihr in eurem Leben erleiden werdet, werden nie so grausam sein wie die Qualen, die Jesus in Seiner unendlichen Gnade für uns auf sich nahm. Aber auch eure Leiden haben einen bestimmten Sinn. Ihr könnt sie für die Vergebung der Sünden anderer darbringen. Ihr könnt sie für die Vergebung eurer eigenen Sünden und die Erlösung von Millionen armer Seelen im Fegefeuer als Opfer darbringen. Denkt also im Sommer jeden Tag und jede Stunde an die schrecklichen Schmerzen und Leiden Jesu, damit eure Seelen – und eure Leiber – sauber, rein und heilig vor Gottes Augen bleiben.«

Das verschleierte Gesicht der Mutter Oberin strahlt eine so hell schimmernde Blässe aus, daß man meinen könnte, in ihrem Inneren brenne eine Kerze. Das Kopftuch preßt die Haut gegen die Knochen, so daß sich Runzeln auf ihrer Stirn bilden, doch ihre Augen leuchten wie immer, wenn sie betet. Ihr Blick sucht die knienden Kinder ab und hält bei Kevin Barron inne. Der kleine Junge erhascht ein Lächeln – ein Lächeln, das nur für ihn bestimmt sein kann.

Natürlich, sagt er sich erfreut. Sie weiß es ja.

»Morgen, Johnny, mein Sohn.«

Die Stimme hat einen jovialen Ton. Sie gehört einem beleibten Mann mit Pausbacken, der vielleicht halb so alt wie Johnny ist. Der Mann trägt Jackett, Weste und Krawatte. Seine Füße stecken in glänzenden Gummistiefeln. Er ist einen guten Kopf größer als der buckelige Johnny, und wenn er spricht, richtet er den Blick auf einen Punkt über der Mütze des Alten. »Wie läuft's so?«

Der stämmige Mann kommt forsch auf ihn zu und stellt sich auf die Stufe. Um ihn vorbeizulassen, schlurft Johnny zur Seite und nimmt gleichzeitig die Mütze ab. Dann verzieht er den Mund zu einem Lächeln, bei dem jedoch seine blutunterlaufenen Augen hervortreten. »Erstklassig, Mr. Casey. Hundertp-p-prozentig.«

»Schöner Tag heute.«

»Ja, Mr. Casey. Einen P-p-prachttag haben wir.«

Jetzt gilt Mr. Caseys ganzes Interesse dem riesigen Schlüsselbund unter seinem Gürtel. Während er die einzelnen Schlüssel untersucht, stößt er unbläßig Verwünschungen gegen die säumigen Mädchen hervor. »Nun, Johnny«, brummt er unvermittelt. »Weißt du, was wirklich merkwürdig ist …« Er sagt es einfach so, ohne eine Antwort zu erwarten.

»Äh, w-w-was?« Johnny hält den Kopf schief, um sein gutes Ohr besser in Stellung zu bringen, und tritt näher heran.

Mit seinen fetten rosa Fingern wühlt Mr. Casey in seinem Schlüsselbund herum. Verärgert, weil er den richtigen Schlüssel nicht findet, beugt er sich über das unbedeckte Haupt des Alten und donnert: »Was gibt's heute denn Neues auf der Welt?«

Johnny taumelt zurück. Wie ein Kind, das schuldbewußt seine schmutzigen Finger zu verbergen sucht, dreht er verlegen seine Mütze hin und her. Auf einmal lächelt er. »Ach, ich hab' nix Schlimmeres als mich selbst gesehen, Mr. Casey.«

Mr. Casey hat nicht zugehört und antwortet auch nicht. Während er erst das Gitter und dann die Eichentür aufsperrt, verzieht er wegen des beißenden Uringestanks das Gesicht und hält die Luft an.

Die Tür geht nach innen auf. Als die Kuhglocke im Laden losläutet, fährt Johnny zusammen. Er stößt ein Krächzen aus und glotzt verstört nach oben. Unterdessen hebt Mr. Casey die Zeitungen auf und geht eilig hinein. Erleichtert stößt er alle Luft aus. Gierig das kühle Aroma von Orangen und Sägemehl einatmend, verzieht er sich hinter die Theke.

Der Laden, dessen nackter Holzboden mit Behältern der verschiedensten Größen vollgestellt ist, riecht nach allem möglichen, unter anderem nach prall mit Kartoffeln, Steckrüben und Zwiebeln gefüllten Säcken, Regenmänteln, Essiggurken, gepökeltem Rindfleisch, Räucherspeck, Maische, Hafer, Gerste, Tee, Pfeifentabak, Priem, Brot, Schiffszwieback, Butter im Faß, Mehl, altem Cheddar, Melasse, weißem Zucker, Sirup, Marmelade und Konfitüre, Rosinen und Sultaninen, Blaubeeren, Erdbeeren, Orangen, Schokolade, Karamel und Bonbons in allen Farben und Geschmacksrichtungen.

Johnny setzt seine Mütze wieder auf und folgt Mr. Casey in den Laden. Plötzlich rümpft er die Nase. In die schwere Luft mischt sich unvermittelt der scharfe Geruch der See, der seine Sinne anregt. In einer Ecke entdeckt er Regale voller getrockneter Fische – ausgenommene Kabeljaus, die wie Brennholz aufeinandergestapelt sind – und mit einer Lake gefüllte Fässer. Aus einem kommt ein merkwürdiges Kratzgeräusch. Es enthält lebende Hummer, und die unternehmen den grotesk hoffnungslosen Versuch, übereinander nach oben zu klettern. In dem anderen werden – und das ist noch bestürzender – zungenlose Fischköpfe, jeder mit leeren Augen wie der Totenschädel eines Menschen, gelagert.

Mr. Casey geht zu einem Lebertranfaß hinüber, taucht eine Muschelschale in das ranzig riechende Öl und trinkt sie leer. Dann inspiziert er den Laden, schaltet Lichter an, zieht Jalousien hoch und sperrt alle möglichen Schubladen, Kästen, Schränke und Türen auf, ohne freilich Johnny aus dem Auge zu lassen. Schließlich entriegelt er auch die Tür zum Postamt, welches in einem wie ein Altar erhöhten Alkoven untergebracht ist, und öffnet den dort stehenden Waffenschrank.

Neben einem großen Schreibtisch befindet sich im Postamt eine schwere Wanne, die bis zum Überlaufen mit aufgerissenen Umschlägen gefüllt ist. Auf diesen prangen die Stempel so ziemlich sämtlicher Kolonien des Imperiums. Johnny humpelt darauf zu und starrt sie mit offenem Mund an. Dieser Anblick verblüfft ihn immer wieder aufs neue. Plötzlich rattert der Telegraph. Prompt fängt der alte Mann zu zittern an. Durch eine halboffene Tür sieht er eine Reihe von braun lackierten Särgen, die alle metallisch glänzen wie gigantische Mundharmonikas.

Johnny weicht zum Billardtisch zurück, der die Mitte der Ladenfläche beherrscht. Auf dem grünen Bezug kommt ihm die weiße Kugel vor wie ein Mond über smaragdgrünem Himmel. Er nimmt das wunderbar glatte, ebenmäßige Ding in seine verstümmelte Hand und betrachtet es ehrfürchtig.

In sich hinein brummelnd, daß er eine Frau bräuchte, die ihm bei dieser ganzen Arbeit zur Hand gehen könne, macht sich Mr. Casey weiter im Laden zu schaffen. Johnny rotiert derweil wie der Scheinwerfer eines Leuchtturms und folgt dem Ladeninhaber bei seiner Inspektion. An einer bestimmten Tür geht Mr. Casey vorbei, ohne sie zu aufzusperren. Darauf steht:

TAVERNE
Geöffnet: 19 – 20 Uhr   Sonntag Ruhetag
Kein Zutritt für Bergleute – Amt für Alkoholaufsicht

Johnny beginnt auf einmal zu schwanken wie ein Schoner bei schwerem Seegang.

Mr. Casey holt sich von einem Stapel mit frisch gelieferten Waren einen Besen und stochert mit dem Stiel im Hummerfaß herum. Ohne aufzusehen, brummelt er ins Faß hinein:»Nun, Johnny, mein Sohn. Was gibt es zu berichten?«

Doch Johnny hört ihn nicht. Er hat einen Fuß vor den anderen gesetzt und wippt vor und zurück, als wolle er an ein rettendes Ufer springen, schätze aber die Entfernung als zu groß ein. Mr. Casey geht nun ins Freie und kehrt die Treppe. Dabei läßt er die Tür bewußt halb offenstehen, um den anderen jederzeit beobachten zu können. Wieder im Laden, legt er den Besen auf den Stapel zurück, flüchtet hinter die Theke und sperrt den Schlüssel in die Kasse. Dann nimmt er die erste Zeitung von dem Bündel, breitet sie auf der Theke aus und vertieft sich in die Sportmeldungen.

KAMPF UM BOXWELTMEISTERSCHAFT
K.O. IN DER ERSTEN RUNDE ERWARTET

Johnny nimmt erneut seine Mütze ab und dreht sie zwischen den Fingern hin und her. Sein Wippen wird so heftig, daß der Boden unter seinen Füßen knarzt. Mr. Casey sieht verdrießlich von der Zeitung auf und starrt Johnnys Füße an.

»Das sind ja hundserbärmliche Stiefel, in die du deine Treter gesteckt hast, Johnny, mein Sohn.«

»Stimmt, Mr. Casey, Sir. Die Stiefel pfeifen aus 'm letzten L-l-loch.«

Der Trick hat geklappt: Johnny hört auf zu wippen. Damit ist das Ticken der Litfaßuhr das einzige Geräusch im Laden.

Mr. Casey liest in Frieden weiter.

Plötzlich schreit Johnny voller Angst:»Is' 'n K-k-krieg ausgebrochen?«

Mr. Casey sieht erst gar nicht auf, sondern brummelt zerstreut: »Was?«

»Was is' los im K-k-krieg?«

Der Ladenbesitzer schüttelt grunzend den Kopf, lächelt matt vor sich hin und wendet sich wieder den Nachrichten zu. Um das

Thema zu wechseln, murmelt er in beiläufigem Ton: »Also, Johnny, was macht der Leuchtturm?«

»Prima, Sir. B-b-bestens. Leuchtet wie 'ne Eins.«

»Und? Gibt es heute ein nettes Wrack für uns?« Mr. Casey liest weiter, während er spricht.

Johnny holt tief Luft und verkündet: »Unser Dampfer, Sir. Er is' eingelaufen.«

Bei dieser Neuigkeit hebt Mr. Casey die Augen. Er fixiert einen bestimmten Punkt über Johnnys Glatze.

»Und die ganze Flotte auch. Die *Beothic*, die *Nascopie* und die *Bonaventure*. Die kommen, m-m-mich und die Jungs zu holen. Jawohl, Sir.«

Mr. Casey blinzelt.

Johnnys Augen treten hervor. Er wird immer aufgeregter. »Die bringen uns h-h-heim!« Er hebt den Arm und deutet mit großer Geste mit dem verstümmelten Zeigefinger aufs hintere Fenster, durch das man den Ozean sieht.

Mr. Casey bemerkt, daß die Hand zuckt. Er richtet sich nun zu seiner vollen Größe auf. Um zu bekunden, daß ihn das Ganze bestenfalls amüsiert, schlendert er betont lässig zum Fenster. Auf dem Fensterbrett liegt neben einer großen Muschel ein altes Fernrohr. Mr. Casey zieht es aus, hält es an sein Auge und schaut ins Tageslicht. Nachdem er das Fernrohr bedächtig hat kreisen lassen, schiebt er es mit dem Handballen zusammen und legt es wieder neben die Muschel. Sein Kiefer führt bedächtige Kaubewegungen aus, und mit hinter dem Rücken verschränkten Händen kehrt er an seinen Platz hinter der Theke zurück. Schmunzelnd schüttelt er den Kopf und widmet sich wieder der Zeitung.

»Johnny, mein Sohn. Das einzige, was ich sehe, ist dieser gottverdammte Eisklumpen.«

Der alte Mann schnappt krampfhaft nach Luft und fängt an, heftig zu zittern. »Aber ich hab' ihn doch g-g-geseh'n! Unsern Dampfer. Mit meinen eigenen A-a-augen.«

Mr. Casey versucht, die Stelle zu finden, an der er die Lektüre unterbrochen hat.

»Ganz b-b-bestimmt.«

Ohne von der Zeitung aufzusehen, brummt Mr. Casey: »Johnny. Hör mir mal gut zu. Ich war heute früh selbst in der Bucht. Ich habe meine Reuse hinter dem Eis aufgebaut. Du weißt schon, der Kabeljau mag Kälte. Man muß nur schauen, was das Eis macht und die Netze auslegen. Darum habe ich die Stelle den ganzen Morgen beobachtet. Und ich sage dir: Es gibt keinen Dampfer, ganz zu schweigen von einer Flotte.«

Johnny schluckt. Sein Adamsapfel hüpft. Er sieht mit gehetztem Blick um sich. Dann sticht ihm die Tür zur Kneipe ins Auge. Auf einmal lächelt sein Mund, doch seine Augen flackern wild.

»Johnny, mein Sohn«, sagt Mr. Casey ruhig. »Warum gehst du nicht einfach heim?«

Johnnys Lächeln erstirbt. Er hört auf zu zittern.

Die Litfaßuhr tickt.

Mr. Casey versucht zu lesen, vermag sich aber nicht auf die Buchstaben zu konzentrieren, die vor seinen Augen tanzen. Schließlich gibt er auf. Schwungvoll klappt er die Zeitung zusammen und knallt sie auf den Stoß zurück. Dann schlendert er unentschlossen zur Kasse, zieht die Schublade heraus, schaut hinein und macht sie wieder zu, ohne etwas herauszunehmen oder hineinzulegen.

Die Uhr tickt.

Mr. Casey legt seufzend die Hände auf die Theke. Er schaut auf den alten Mann hinab. Diesmal sieht er ihm mitten in die Augen.

»Nun, Johnny, raus mit der Sprache. Worauf bist du eigentlich aus?«

Die Mutter Oberin lächelt den kleinen Kevin Barron an, denn sie weiß, daß er im Zustand der Gnade ist. Sie hat es heute morgen gesehen, als er die Kommunion nahm.

»Das erste Geheimnis: Er hat für uns Blut geschwitzt. ›*Es ward aber sein Schweiß wie Blutstropfen, die fielen auf die Erde.*‹«

Die Nonne verstummt und schließt verzückt die Augen. Auf einmal hängt das Schweigen hörbar in der Luft. Als sie weiterspricht, klingt ihre Stimme körperlos, als wäre sie bei den Toten, bei den Seelen in der Ewigkeit.

»*Vater unser, der Du bist im Himmel. Geheiligt werde Dein Name. Dein Wille geschehe, Dein Reich komme, wie im Himmel so auf Erden* ...«

Wie immer stimmt Kevin Barron vor allen anderen Kindern in das Responsorium ein. Er freut sich so sehr darauf, sich in den Rhythmus des Rosenkranzes hineinfallen zu lassen, in diesen heiligen Moment einzutauchen. Er freut sich schon auf den Moment, in dem die Gebete bloße Laute werden, Laute ohne jede Bedeutung, Laute, so hypnotisch wie die Litanei – die herrlichste aller Observanzen.

»*Unser täglich Brot gib uns heute. Und vergib uns unsere Schuld* ...« Die anderen Kinder stimmen mit ein, und ihre Stimmen vereinen sich zu einem Hymnus, einer Harmonie, in der die einzelnen Stimmen nach und nach aufgehen. »*... wie auch wir vergeben unseren Schuldigern. Und führe uns nicht in Versuchung, sondern erlöse uns von dem Bösen. Amen.*«

Während sie das Gebet singen, schwebt ein Wollfetzen vor Kevin Barrons Auge vorbei. In seiner Einbildung sieht er aber Möwen. Eine nach der anderen heben sie vom Wasser ab, steigen in einer geordneten Formation auf und gleiten über die Ozeane seiner Vorstellung. Die Möwen versetzen ihn in eine Art Trance, so daß er nicht bemerkt, daß die Mutter Oberin die Augen aufgeschlagen hat. Sie starrt über ihn hinweg auf die anderen Sechstkläßler hinter ihm. Und er bekommt in seinem Zustand auch nicht mit, als sie jemandem mit nach oben gerecktem Kinn zu verstehen gibt: Gerade knien, Kind.

»*Gegrüßet seist du, Maria, voll der Gnade* ...« Mitten im Gebet, mitten im heiligen Moment, unterbricht sich die Nonne abrupt. Damit stürzen die Vögel in Kevin Barrons Phantasie plötzlich ins Meer.

Alle Köpfe fliegen herum, um zu sehen, was los ist.

Kevin Barron dachte, es wäre wieder einer der bösen Jungen – die mit den Rotzglocken, dem Grind und den Warzen. Aber nein, diesmal ist es Kitt Hughes. Dem Mädchen steht der Mund offen, und ihre Augen schauen in eine ganz andere Richtung. Da sie zweimal sitzengeblieben ist, ist sie älter als alle anderen in der Klasse. Sie trägt sogar bereits Strümpfe mit schwarzer Naht, wie sie bei den Frauen modisch sind. Ihr Körper ist ähnlich gedrungen wie der Ofen im Klassenzimmer. Die Schenkel hält sie fest zusammengepreßt, aber ihre Waden, die so dick wie Brotlaibe sind, liegen weit auseinander. Und außerdem hockt sie auf den Fersen. So knien sonst nur die Protestanten.

Die Nonne blitzt sie schweigend an und nimmt in ihrem eisigsten Ton das Gebet wieder auf.

»... Der Herr ist mit Dir. Du bist gebenedeit unter den Weibern, und gebenedeit ist die Frucht Deines Leibes, Jesus.«

Völlig außer Takt übernehmen die Kinder die zweite Hälfte: *»Heilige Maria, Mutter Gottes, bitte für uns Sünder ...«*

»Richtig hinknien«, befiehlt die Mutter Oberin mit lauter Stimme. Das Gebet erstirbt mit einem Stottern. Erst schaut die Nonne verwirrt drein, dann wird ihr Blick jäh hart. Ihre Lippen sind zu einem entschlossenen Lächeln festgefroren. Mit gesetzten, abgehackten Silben spricht sie den Namen des Mädchens aus.

Kitt Hughes gafft sie blöde an. Mit einem Schlag ist im Klassenzimmer kein Laut mehr zu hören. Einen langen, leeren Moment lang geschieht überhaupt nichts. Es ist wie vor einem Schuß: Die Zeit scheint sich endlos auszudehnen.

Ein Schauer jagt Kevin Barrons Rücken hinunter. Er wartet gebannt auf das, was unweigerlich geschehen wird. Voller Scham über sein Zittern dreht er sich wieder nach vorn und senkt den Blick auf seine gefalteten Hände. Nach der Art der Priester hat er die Handflächen und die Fingerspitzen exakt aufeinandergelegt und den Rosenkranz drumherum gewickelt.

Er fixiert die eigenen Hände, doch ihre leicht gebogene Form irritiert ihn, flößt ihm eine ganz merkwürdige Furcht ein. Er fühlt sich an das Bildnis Johannes' des Täufers erinnert, bei dem die durcheinander wirbelnden Farben das Tuch auf dem Tabernakel wie im Kaleidoskop beleuchten und sich zugleich wie das Auge Gottes auf ihn, Kevin Barron, richten. Seine Beklommenheit jetzt im Klassenzimmer ist dieselbe wie am frühen Morgen in der Kirche. Solche Angstgefühle waren ihm bis dahin völlig fremd, und er hat keine Ahnung, was sie zu bedeuten haben. Um sich zu beruhigen, kneift er die Augen zu und versucht, an die Heilige Messe zu denken. Er erinnert sich an das Läuten der Kirchturmglocke, sieht wieder dem Kerzenrauch nach, der langsam ins Gewölbe über der Apsis aufsteigt und die Gebete in den Himmel trägt.

Kevin Barron hört, wie die Nonne ihre Perlen losläßt, daß sie laut klappern, und mit auf dem Holzboden donnernden Schuhen durch die Reihen stürmt. Damit erzeugt sie einen Luftzug, der die Seiten seines Hefts hochweht.

Er schlägt die Augen auf und hebt den Kopf. Und so bekommt er diesmal mit, wie die Mutter Oberin das Mädchen an den Ohren nach vorn schleift. Kitt Hughes grinst doch tatsächlich. Ganz eindeutig hat sie noch nicht begriffen, was ihr bevorsteht. Die Nonne schüttelt sie an beiden Schultern, bis sie gerade vor ihr kniet. Dann zückt sie ihren Riemen und sagt in beiläufigem Ton: »Die Hand.«

Kevin Barron beugt sich vor, um besser sehen zu können. Die Szene geht ihm durch Mark und Bein. Ein saurer Brechreiz steigt ihm bis in die Speiseröhre. Er hat sogar wieder den Geschmack der Butterschnitten im Mund, die Mutter ihm zum Frühstück gebraten hat, doch möchte er sich lieber vorstellen, er hätte irgendein widerwärtiges, schleimiges Vieh geschluckt, eine Qualle vielleicht, die sich jetzt in seinem Magen windet und entkommen will.

Die Nonne packt den Lederriemen mit festem Griff und hebt ihn über die Schulter. Einen Moment lang hängt er in der Luft wie ein langer Handschuh, den sie sich vom Arm geschält hat. Ihre Augen verengen sich und richten sich auf die schwieligen Finger des Mädchens. Geschickt und treffsicher läßt die Nonne den Riemen niedersausen. Jäh durchbricht ein scharfes Knallen die Stille. Kevin Barron blinzelt unwillkürlich. Genauso kneift er auch in der Schmiede die Augen zusammen, wenn Mr. Fewer mit dem großen Hammer auf den Amboß eindrischt, daß die Funken fliegen.

Kevin beobachtet das Mädchen mit dem Interesse eines Wissenschaftlers: Wird sie heulen? Oder die Hand wie ein vertrocknetes Blatt einziehen? Oder sich in die Hose machen wie damals Annie Slaney? Er selbst ist ja noch nie geprügelt worden, kein einziges Mal in all den fünf Schuljahren. Er studiert das Gesicht des Mädchens. Der nach einem Schock übliche leere Ausdruck fällt ihm auf. Die Augen liegen weit auseinander, die Wangen sind weiß, bevor das Blut jäh hochschießt. Er fühlt sich an den abwesenden Ausdruck auf dem Gesicht von Jesus am Kreuzweg erinnert. Jesus wird gegeißelt. Eine richtige Tracht Prügel, sagt er sich, muß sich anfühlen wie ein Stromstoß, der bis zu den Ellbogen hinaufjagt. Bei der bloßen Vorstellung spürt er schon ein Brennen in den Händen.

Die Arme des Mädchens beginnen zu zittern und zu zucken, so daß die Nonne die Finger festhalten muß. Kevin Barron ist es ein Rätsel, wie sie nur die Warzen und den Schmutz anfassen kann. Schon kommt der nächste Hieb, und wieder einer und noch mehr. Geistesabwesend befingert Kevin im Rhythmus der Schläge seine Gebetsperlen. Jetzt merkt er, daß er ein ganzes Dutzend von Schlägen für jede Hand abgezählt hat. Inzwischen ist der Mund des Mädchens verzerrt, ihre Augen sind weit aufgerissen, und sie keucht. Die Mutter Oberin tritt einen Schritt zurück und knallt ihr einen letzten Hieb über die Wange – das Zeichen dafür, daß sie fertig ist.

Jetzt muß sich das Mädchen mit dem Gesicht zur Klasse hinknien. Kitt Hughes' Wange ist geschwollen. Da, wo der Riemen sie getroffen hat, ziert sie ein roter Strich. Ihre Augen sind blutunterlaufen und treten ihr schier aus den Höhlen. Mit leerem Blick starrt sie ins Nirgendwo, wie damals auch May Penney, die ein Jahr vor ihrem Tod blind wurde. Wer Kitt Hughes jetzt anschaut, würde beschwören, daß sie nicht wirklich in diesem überfüllten Klassenzimmer kniet, sondern irgendwo weit weg und ganz allein ist.

Als die Nonne sich davon überzeugt hat, daß das Mädchen stockgerade kniet, fährt sie mit dem Rosenkranz fort. Wie Möwen, die sich von der Oberfläche der See aus in die Luft schwingen, so steigen die Gebete der Kinder, wieder angeführt von Kevin Barron, im Chor in die Höhe.

»*Gegrüßet seist du, Maria, voll der Gnade. Der Herr ist mit dir ...*«

»Ich hab' mir g-g-gedacht, Mr. Casey, Sir, ich hab mir gedacht, ob ich nicht vielleicht 'nen Tropfen Dock ... Nur 'nen k-k-klitzekleinen ...«

Mr. Casey stemmt beide Fäuste auf die Theke, setzt ein strenges Gesicht auf und blitzt die kleine bucklige Gestalt vor ihm an. Genauso sehen Eltern aus, wenn sie zu einer Gardinenpredigt ansetzen. Der Ladenbesitzer schüttelt so vage den Kopf, daß das von »Nein« bis »Ich bin zutiefst von dir enttäuscht« so gut wie alles heißen kann. Mit dem Gebaren eines Mannes, der das Sagen hat, kehrt Mr. Casey Johnny den Rücken und schlendert zum hinteren Fenster. Betont laut mit dem Kaugummi schmatzend, schaut er auf die Straße hinaus. Johnny dreht die Mütze in den Händen und verhakt die Beine ineinander wie ein Kind, das dringend aufs Klo muß.

»Ich weiß nicht, Johnny, mein Sohn. Ich weiß nicht.« Mr. Casey spricht im Ton eines alten Priesters, der zum x-ten Mal die Liturgie auf lateinisch herunterleiert. Auf den Inhalt der Worte kommt es nicht an. Hauptsache, die Form wird eingehalten. »Ich darf nicht, verstehst du. Es brauchen nur die Kontrolleure zu kommen.« Ohne daran zu denken, daß Johnny nicht lesen kann, deutet er auf die Bestimmung auf der Kneipentür.

»Nur ein T-t-tröpfchen, Sir«, sagt Johnny fröhlich, dem das Timbre von Mr. Caseys Stimme verrät, daß er sich bereits geschlagen gegeben hat. »U-u-und nich' auf Pump.« Er klimpert mit Münzen in seiner Tasche.

Mr. Casey späht zum Fenster hinaus. Etwas auf dem Wasser weckt sein Interesse. Er verdreht den Kopf ein wenig, nimmt das Fernrohr in die Hand, zieht es auseinander und starrt lange in Richtung des Eisbergs.

Johnny klimpert leise mit den Münzen.

Mr. Casey stößt einen Seufzer aus, der nur eins bedeuten kann:

Hast du schon wieder was angestellt, du ungezogenes Kind! Einmal noch will ich Gnade vor Recht ergehen lassen, aber es ist wirklich das allerletzte Mal. Ungeduldig setzt er das Fernrohr ab, kehrt hinter die Theke zurück, reißt die Kassenschublade auf und nimmt den Schlüssel heraus.

In diesem Moment bimmelt die Ladenglocke.

»Was hast du gesagt? Dock, wie …?«

Erneut läutet die Ladenglocke, und die Tür geht auf und fällt zu. Eine dicke, unscheinbare Frau mit großem rotem Halstuch huscht näher. Von ihren Fingern hängt ein Rosenkranz herab.

»Ähm … guten Morgen, Mrs. Pelly. Und? Wie geht es Ihnen so?«

Mrs. Pelly rasselt lächelnd mit dem Schlüsselbund und legt ihn auf die Theke. Zum Zeichen des Danks schlägt Mr. Casey die Haken zusammen, dann fangen sie zu plaudern an.

Er erkundigt sich nach ihrer Gesundheit. Gut, den Umständen entsprechend … Was das Wetter betrifft, sind sie einer Meinung: ein herrlicher Tag. Er fragt sich, ob die Lodden heute nacht endlich laichen werden. Sie hofft es auch, weil sie doch einen so guten Appetit hat. Und sie teilen auch die Meinung über diesen neuen Pfarrer: Wirklich ein ganz komischer Heiliger. Johnny the Light ignorieren sie so gründlich, daß der alte Mann genausogut einer der prallvollen Säcke in den Gängen sein könnte.

Johnny betrachtet die Schlüssel auf der Theke. Plötzlich grinst er über das ganze Gesicht und platzt heraus: »Unser Dampfer!«

Mrs. Pelly fährt empört herum. Sie schnüffelt, hustet, legt beide Arme um ihren Bauch und weicht einen Schritt zurück.

»E-e-er is' nämlich da, wissen Sie?«

Mr. Casey und Mrs. Pelly schütteln beide resigniert den Kopf.

Zu guter Letzt geht Mrs. Pelly zum Geschäftlichen über. Sie braucht Süßigkeiten für ihre Kleinen. Zwei Bonbons und drei Tafeln Hartschokolade bitte, eine Stange Lakritze und vier Kaugummis. Was kostet ein Fünf-Cent-Kuli? Acht Cents. Ach, und diese Pillen von Radway für den Mister; er fühlt sich heute nicht so gut. Und für sie selbst ein paar Räucherheringe. Stückweise? Oder ein Pfund? Stückweise bitte. Und bitte noch die Zeitung.

Die von gestern oder die von heute? Die von heute bitte. »Tja, ich fürchte, da müssen Sie morgen noch mal kommen, Mrs. Pelly.«

»Er bringt uns h-h-heim!«

Da, da, da war doch noch was ... Sie hat es jetzt doch glatt vergessen. Sie funkelt Johnny an. Himmel! Sie kann sich nicht erinnern! Jesusmariaundjosef! Es will ihr einfach nicht mehr einfallen. Sie schließt die Augen und denkt angestrengt nach.

Mr. Casey will ihrem Gedächtnis auf die Sprünge helfen, indem er im Laden hin und her schießt und auf alles mögliche deutet. Karotten? Koteletts? Zwiebeln? Nein, nein. Es hat keinen Zweck, es ist weg. Brot vom Bäcker? Nein, nein, nein. Ach Gott, sie ist heute zu durcheinander.

»M-m-mich und die Jungs.«

Mr. Casey schreibt die Beträge auf und sagt in einem bestimmten Ton: »Wenn das alles ist ...«

Mrs. Pelly blinzelt aufgeregt, während ihre Finger in der Handtasche wühlen. Eine nach der anderen legt sie die Münzen auf den Ladentisch, steckt ein paar wieder ein und holt andere heraus, so als wolle sie Mr. Casey nicht die ganze Fülle ihrer Mittel offenbaren. Plötzlich stößt sie einen Schrei aus.

Ach ja! Jetzt fällt es ihr wieder ein. Eine Luftpostbriefmarke bitte. Es lag ihr ja schon die ganze Zeit auf der Zunge, haha. Sie möchte nämlich Nina in den Boston States schreiben. Sie zählt die sieben Cents vor Mr. Caseys Augen ab. Er nimmt sie, zählt sie noch mal und geht zum Alkoven, um die Marke zu holen.

Mrs. Pelly schaut verstohlen Johnnys verstümmelte Finger an. Der alte Mann bemerkt ihren Blick und flüstert mit rasselnder Stimme: »A-a-ausgeburt der Natur.«

Als alles schließlich eingewickelt ist, winkt Mrs. Pelly Mr. Casey noch einmal fröhlich zu. Johnny bedenkt sie mit einem scheelen Blick von der Seite, während sie zur Tür watschelt. Hinter ihr bimmelt wieder die Glocke.

»Püschta!« knurrt Johnny. »Hol dich der Teufel!«

Mr. Casey dreht sich zu ihm um. »Ja, ja, Johnny, was war es gleich wieder? Four Star?«

Die Frage bringt den Alten völlig durcheinander. Es dauert

eine Weile, bis er eine Antwort findet. »Oh, ja, richtig, Mr. Casey. 'nen Schuß, w-w-wenn Sie so nett sind.«

Mr. Casey geht mit dem Schlüsselbund bewaffnet zur Tür und läßt den schweren Riegel zurückschnappen. Nachdem er noch einmal zu dem alten Mann, der bei den Äpfeln steht, hinübergeschielt hat, verschwindet er in der Dunkelheit. Aus der Kneipe kommt eine große gelbbraune Katze gesprungen und kriecht unter die Theke.

Johnny ist schweißgebadet. Seine Glatze glänzt richtig. Aus der Kneipe ist das Klirren voller Flaschen zu hören. Gleich darauf erscheint Mr. Casey wieder, verriegelt die Tür sorgfältig hinter sich und bezieht erneut hinter der Theke Stellung. Er reißt eine Papiertüte auf, wickelt die Flasche ein und legt das Päckchen mit einem dumpfen Knallen auf die Theke. Wie ein Küken, das unter dem Flügel seiner Mutter Schutz sucht, rollt es langsam auf Johnny zu.

»Wenn das alles ist …«

Johnny kramt in den Manteltaschen herum und fördert nach und nach Ein- und Fünf- und Zehncentstücke und auch vereinzelte Schillinge zutage. Mit zitternden Fingerstummeln zählt er den üblichen Betrag ab.

Der Ladenbesitzer rechnet noch einmal nach. Mit geschickten Fingern schiebt er immer jeweils zwei Münzen über die Theke in die geöffnete andere Hand. Als er damit fertig ist, rollt er das Päckchen auf die andere Seite. Die Münzen trägt er, so vorsichtig als hätte er ein Rotkehlchennest in der Hand, zur Kasse, wo er sie noch einmal abzählt, einzeln diesmal, ehe er sie in die entsprechenden Fächer legt.

Die Kuhglocke klingelt zweimal, und die Tür fällt zu.

Wie der Hauch eines Geistes hängt noch Uringeruch in der Luft. Auf der Theke liegen die zerrissene Papiertüte und der Flaschenverschluß.

Was für ein merkwürdiges Gebilde diese kleine Holzplattform unter einer Überdachung aus Teerpappe doch ist. Es dauert eine Weile, bis Father MacMurrough begriffen hat, daß er vor einem primitiven Friedhofstor steht. In einem rechten Winkel zur Straße führt von dort ein schmaler Weg etwa hundert Meter einen Hügel hinauf, auf dessen Kuppe ein schmiedeeiserner Zaun glitzert.

Der Wind kommt aus Westen dahergeflattert und bläht respektlos seine Soutane wie ein Segel auf. Mit einer Hand hält der Pfarrer seinen Hut fest, mit der anderen den Stock, mit dessen Hilfe er sich weiter vorankämpft. Zu beiden Seiten ist der Wegrand mit dichtem, dunklem Gestrüpp bewachsen – einer Trutzburg aus Heidekraut, Zwergfichten und Brombeer- und Blaubeersträuchern. Obwohl der Wind den Duft von Blaubeeren zu ihm heranträgt, obwohl dicke Blaubeeren überall um ihn herum an den Sträuchern hängen, achtet der Priester nicht darauf.

Auf halber Höhe hält er inne. Er erinnert sich, daß er schon einmal an dieser Stelle gewesen ist.

Von diesem aufregenden Gipfelgrat, den man den Vee nennt, fallen die Südflanken der Hügel sanft in die Richtung von Cappoquin ab. Das Dorf selbst ist nicht in Sicht, aber wenigstens erblickt der junge Mann nun endlich den ungeheuren Felsblock, der dort drüben auf einem der nicht ganz so hohen Gipfel hockt. Er kommt ihm vor wie eine knochige Sphinx, die sich auf einer Wiese sonnt.

»Melleray«, sagt er laut. Der Name einer Tochter.

Von hier an wird ihm der Turm den Weg weisen.

Nach der Besteigung der Nordflanke ist der junge Mann naßgeschwitzt und erschöpft. Den ganzen Tag lang mußte er sich einen Weg durch dorniges Gestrüpp bahnen, doch in dem kargen Gelände hier oben ist der Wind trocken und heiß. Er fegt den Grund leer und läßt nichts zu als niedrig wachsendes, ausgedörrtes Heidekraut. Die Heide weicht einem zu Kalk versteinerten Moor, auf dem das Gehen beträchtlich leichter fällt. Dann verschwindet der junge Mann wie hinter einem Vorhang in einem Wald. Mit einem einzigen Schritt läßt er die wilde Bergluft hinter sich und tritt in den Frieden des Hains. Von hier aus ist der Turm nicht mehr zu sehen.

Die Luft im Wald ist kathedralenstill. Das Licht fällt durch ein Labyrinth aus Zweigen schräg herein und übersät den Boden mit bunten Sprenkeln, als wäre es von bemaltem Glas gefiltert worden. Der junge Mann hört, wie weit über seinem Kopf der Wind an den Baumkronen rüttelt.

Ein Netz von ausgetretenen Quer- und Längspfaden führt ihn durch den Wald. In regelmäßigen Abständen findet er flache Felsbrocken vor, die hübsch angeordnet wurden und ihn irgendwie an die Stationen des Kreuzwegs erinnern. Hier im Wald ist die Luft kühl und feucht. Der junge Mann kann unter der Erde Wasser plätschern hören. Ganz in der Nähe, im Süden, läutet eine schwere Glocke voll unbarmherziger Energie. Die Laute flattern im Wind wie eine Fahne.

Die Pfade führen den jungen Mann zu einem winzigen Kanalsystem, einer Art Miniaturwasserwerk. Auf Eichenholzplanken, die als primitive Brücken dienen, kann er es trockenen Fußes überqueren. Als er wenig später wieder aus dem Schatten des Waldes tritt, blendet ihn das grelle Sonnenlicht.

Der Turm, der ihm den Weg gewiesen hat, ragt vor ihm in den blauen Himmel auf. Jetzt ist der Felsblock darunter keine Sphinx mehr, sondern ein grauer Steinhaufen. Aus allen Richtungen strömen von den Feldern weiße Gestalten zusammen und verschwinden in den Gebäuden.

Als der junge Mann den Fuß auf das Feld am Waldrand setzt, stellt er fest, daß es frisch gepflügt ist. Auf kürzestem Weg folgt er den feuchten Furchen zum anderen Ende. Er kommt vorbei an laut muhenden Kühen mit prallen Eutern, an Traktoren mit leerlaufendem Motor, an überfüllten Silos und an Scheunen, vor denen sich wohlgenährte Katzen räkeln, und überall hat er den herrlichen Geruch von warmem, feuchtem Mist in der Nase.

Schließlich muß er nur noch einen Zaun überspringen, und schon ist er mitten im Dorf. Er biegt in eine Gasse ein, in der seine Schritte zwischen den eng beieinander stehenden Steinmauern widerhallen. Nach einem Knick steht er zu seiner Überraschung plötzlich auf einem großen leeren Platz. Schlagartig ist er einem heftigen Wind ausgesetzt.

Das Herz des Platzes bildet eine in das Pflaster eingelassene Sonnenuhr. Die Schatten fallen auf drei Uhr. Vor dem Stab in ihrer Mitte setzt sich der junge Mann müde auf den Boden. Zu seiner Linken schmiegt sich ein kleiner Friedhof an ein Laubwäldchen. Rechts von ihm türmt sich die große Kirche auf.

Fragmente von Männerstimmen, die sich zu einem gespenstischen Choral zusammenfügen, entweichen durch die Fenster. Bevor sie seine Ohren erreichen, werden die Laute vom Wind eingefangen, zerfetzt und in alle Richtungen zerstreut, so daß der junge Mann die Worte nicht verstehen kann.

Die Stimmen verstummen. Mit einem dumpfen Knall öffnet sich die schwere Tür. Der junge Mann rappelt sich auf. Es ist halb vier. Im Gänsemarsch kommt ein Dutzend weiß gekleideter Gestalten aus der Kirche.

Sie alle tragen Kapuze und Schleier. Schweigend ziehen sie an der Sonnenuhr vorbei, wo der junge Mann wartet. Doch sie grüßen ihn nicht. Mit keinem Zeichen geben sie zu erkennen, ob sie ihn überhaupt wahrnehmen. Genausogut könnte er unsichtbar sein.

Unter den Kapuzen sieht er die knochigen Gesichter von alten Männern. Ihre braungebrannte Haut ist vom Wetter gegerbt und wirkt ähnlich staubig und verschrumpelt wie die von Mumien. Mit festen, entschlossenen Schritten überqueren sie den Platz und streben auf die Scheunen und Felder zu. Gegen den Stab der Sonnenuhr gelehnt, steht der junge Mann da und sieht ihnen nach, bis sie einer nach dem anderen verschwinden.

Der junge Mann sitzt im Chorgestühl. Er ist ganz allein in der Kirche. Die Glieder tun ihm von der langen Wanderung weh, und ihm ist schwindlig vor Hunger.

Er zieht aus der Hosentasche ein Stück Papier. Seine Augen wandern über die einzelnen Einträge, bis er die richtige Stelle findet:

Vespergebet 6.00
Abendmahl 6.30

Als er das Papier wieder einsteckt, spürt er den Schlüssel, den ihm der Hauswirt gegeben hat. Er schließt die Finger darum und freut sich schon auf das bequeme Bett, das ihn in seiner Zelle erwartet. Seine Hand streichelt das Holz des Gestühls. Es fühlt sich warm und lebendig an. Er lehnt den Kopf zurück und läßt den Blick schweifen.

Das Kirchenschiff ist lang und schmal mit Wänden aus weißgestrichenem Quaderstein. Durch die Fenster in der Westfassade fällt die Abendsonne schräg ins Presbyterium und malt auf die östliche Wand kleine Lichtflecken, die an Laub erinnern. Die gewölbte Decke wird von schlichten dunklen Holzbalken gestützt, doch in der fortschreitenden Dämmerung vermag der junge Mann kaum noch die Struktur der Rippen auszumachen.

Er richtet nun den Blick auf das Ewige Licht, das weinrot über dem Tabernakel flackert, bis er, hypnotisiert von der Flamme, die Augen schließt. Der schwere Geruch von Wein steigt ihm in den Kopf. Seine Ohren hören den ersterbenden Wind über den Dachfirst fegen. Er nimmt das Rascheln grober Kleider wahr: Gestalten bewegen sich in der Stille.

Plötzlich beginnt die Turmglocke zu donnern und reißt ihn aus der Trance.

Wieder und wieder pflanzt sich das Dröhnen nach unten fort, füllt stets aufs neue das Presbyterium, bis es schließlich verhallt und erstirbt.

Einer nach dem anderen treten nun die Mönche ein, diesmal ohne Kapuze. Jetzt kann der junge Mann sehen, daß sie alle graue Haare haben.

Die Mönche nehmen im Gestühl Platz, das der Länge nach auf beiden Seiten des Gangs verläuft. Sie verneigen sich knapp voreinander, dann wenden sie sich dem Hochaltar zu und verbeugen sich lange und tief. Auf den jungen Mann achten sie nicht.

Nachdem sie sich in gebanntem Schweigen auf sich selbst besonnen haben, spielt die Orgel einen einzigen lange anhaltenden Ton. Die Mönche bekreuzigen sich, verbeugen sich erneut vor dem Tabernakel und erheben die Stimmen zu einem Choral.

Der junge Mann möchte sich ihrem Gebet anschließen, doch

dann merkt er, daß er ihre Worte nicht versteht. Er setzt sich weiter vorn hin, kann aber immer noch nichts mit den im Schiff widerhallenden Lauten anfangen. Statt weiter zu versuchen, den Sinn des Gesangs zu erfassen, lauscht er ihm einfach.

Irgendwann erreichen die Mönche einen Punkt, an dem sie alle die Augen zum Himmel richten. Auch der junge Mann sieht nach oben. Das Abendlicht schwindet immer schneller. Da, wo vorhin noch das Dachgewölbe war, sieht er nur noch Dunkelheit. Er stellt sie sich als den gähnend schwarzen Himmel vor.

Der junge Mann lehnt sich gegen die kalte Marmorplatte und sinniert über die Augen der alten Mönche.

Dünne Schlieren am westlichen Horizont zeichnen einen Vorhang auf das Tabernakel des Tages. Ein aus derselben Richtung kommender eisiger Hauch kühlt die Bucht ab. Ein Blatt flattert durch die Luft und fällt auf ein Grab in der Nähe. An diesem Abend ist kein Laut zu hören.

Das Gesicht des alten Mannes am anderen Ende des Eßtischs war aschfahl gewesen, aber seine Augen leuchteten wie auch die des jüngeren in einem feuchten Grün und hatten exakt dieselbe Farbe wie eine nach einem leichten Schauer noch nasse Wiese im Sonnenschein. Der Mönch hatte vor der Brust seine Hand in die Kutte verkrallt und mit heiserer Stimme geflüstert: »Gott sei Dank wird ihm sein schwaches Herz bald einen erhabenen Moment schenken. In diesen wenigen Sekunden, die ihm vergönnt sein werden, kann seine Seele Himmel und Erde überspannen. Und in diesem gesegneten Augenblick wird er es endlich wissen.«

Die vermummten Gestalten treiben von den Feldern herein. Auf dem Platz reihen sie sich hintereinander. Der junge Mann kann nicht erkennen, wer von ihnen der Mönch mit den grünen Augen ist – die Gestalten haben alle denselben schleppenden Gang. Sie achten nicht auf den jungen Mann, der allein zwischen den Grabsteinen sitzt.

Einer nach dem anderen treten sie in die Kirche. Hinter ihnen fällt die Tür zu.

Bald kann der junge Mann ihre Stimmen hören. Sie singen das
Salve Regina. Durch die Fenster dringen die Laute wie aus einer
anderen Welt zu ihm.
Das Zwielicht wird blasser. Nur noch das durch die Kirchen-
fenster scheinende Licht erhellt den Platz mit der Sonnenuhr.
Langsam und feierlich ruft die Glocke zum Komplet.
Mit einem Mal gehen die Lichter aus. Die Fenster sind schwarz
und starren leer in die Nacht. Der junge Mann bleibt sitzen und
wartet, doch die Mönche kommen nicht heraus.
Die Silhouette der Kirche verdunkelt den Nachthimmel. Bis
auf das Ewige Licht, das durch eines der Fenster schimmert, gibt
es keinerlei Anzeichen von Wärme. Weil ihn fröstelt, schlägt der
junge Mann die Arme übereinander. Und er staunt.
Es ist doch so einfach und offenkundig.

Weißt du was, Alexander Pindikowski: Nach dem Mittagessen,
wenn diese Horde von Wilden – Gott segne sie – zur Tür hinaus
ist, haben wir ein bißchen Frieden. Dann setze ich mich hin, be-
antrage mein Weihnachtsgeld und schreibe Ciss in den Boston
States ein paar Zeilen. Danach ziehen wir zwei uns die Jacken an
und geh'n auf 'nen Sprung in diese Räuberhöhle von Laden. Ich
erwarte doch eine Geldanweisung und brauche Briefmarken, 'ne
Tafel Schokolade, Butter, vielleicht auch Schlagsahne, Melasse und
Rosinen, weil ich einen feinen Kuchen backen will, dann noch
gepökeltes Rindfleisch und Seife, damit ich deine stinkenden Un-
terhosen sauber kriege – mein Gott, hoffentlich vergesse ich sie
nicht! –, und Franzbranntwein gegen mein Rheuma. Und gebe
Gott diesem Casey doch das Herz, daß er das Geld, das er ein-
sackt, für den Loddenfang verwendet. Wenn er sich ein neues Haus
leisten kann, wird ihm doch wohl auch was dafür übrigbleiben.
Und wenn wir fertig sind, beten wir vielleicht noch in der Kirche
ein Ave Maria an das Christkind.
 Auf dem Heimweg können wir dann drüben in der Wiese
Löwenzahn für das Abendessen ausreißen. Ein Salatteller würde
doch gut zu einer Portion Lodden passen, was meinst du? Ist auch
gut fürs Herz. Gebe Gott, daß unser Fischer rechtzeitig heim-

kommt und einen ordentlichen Fang mitbringt. … Wenn diese blöden Viecher sich doch endlich zum Laichen aufraffen könnten! Frischer Fisch zum Essen – da sagt bestimmt niemand nein. Du mußt nur die Möwen beobachten, Liebes. Die Möwen machen die Lodden immer lange vor allen anderen aus. Ich sehe sie doch schon über dem Admiral's Beach flattern. Die Lodden werden sich garantiert dort tummeln, Schatz. Früher oder später landet dort jedes Vieh.

Aber die Lodden sind nicht die einzigen, die spät dran sind. Wissen wir beide das nicht am besten? Ich schwöre dir bei Jesus Christus, ein ungünstiger Wind hat ihn bis nach Flemish Cap verschlagen. Wie auch immer, wenn er hier aufkreuzt, will ich keine Geschichten von wegen Hexerei hören. Die ziehen bei mir nicht, wo doch von mir nie ein schmutziger grauer Schatten auf seinen alten Kahn gefallen ist. Oder stimmt das etwa nicht? Doch, du wirst mir schon zur Seite stehen, mein kleiner Liebling.

Bis dahin hilft mir dein hübsches Gesichtchen, den langen Tag zu überstehen, mein Schatz.

Wenn ich dich nicht hätte … Willst du mir unten bei der Stellage Gesellschaft leisten? Ich muß nämlich die Fische wenden, solange das Wetter so schön ist. Danach hacken wir Holz. Damit schüren wir den Herd ein und backen noch schnell das Brot, bevor die Racker heimkommen und Krach schlagen. Gerade heute werden sie toben! Da stopfen wir ihnen eben mit Saubohnen, Brot und Tee das Maul, dann haben sie erst mal was zu tun. Und danach schicken wir sie zum Spielen in die Sonne raus. Möge Gott sie alle segnen.

Und was sagst du zu deiner Schwester? Meinst du, sie hält 'ne Überraschung für uns bereit? Ob heute noch was passiert? Vielleicht ist es ja ein gutes Zeichen, daß diese dicke Hummel sich heute morgen in die Küche verirrt hat. Heute ist der einzige Tag im Jahr, an dem ich diese Brummer gern sehe. Und gestern haben wir doch auch wie alle anderen einen neuen Besen als Glücksbringer gekauft. Jetzt sag' ich dir mal was – und das bleibt zwischen dir, der Katze und mir –, eins weiß ich: Wenn dieses Mädchen ausgerechnet heute von allen Tagen im Kalender keinen

Mann kriegt, können wir nur noch auf die Gnade des Herrn hoffen. Diese freche Göre macht doch nie einen Finger krumm! Oder stimmt das etwa nicht, mein Herz? Wenn sie heute keinen findet, hängt diese faule Nervensäge noch zwölf Monate länger bei uns rum. Aber wenn sie den Richtigen findet, ist es mir bei allem, was mir heilig ist, ein Rätsel, wie sie dem armen Hund den Haushalt machen will. Sie kann ja nicht mal Wasser kochen, ohne daß es ihr verdampft. Hat von Tuten und Blasen keine Ahnung! Soll ich dir sagen, wie sie 'ne Hühnersuppe kochen würde? 'ne Henne bei der Gurgel packen und 'nen Kessel kochendes Wasser drüber schütten.

Ach, mein Schatz, ist es nicht herrlich, daß wir nach dem langen Winter die Fenster weit aufreißen können? Wenn der Duft von Flieder ins Haus weht – das ist ein besserer Beweis für den Sommer als Doktor Dodd dir je einen liefern kann. Merkst du, wie der Wind auffrischt? Das ist gut für die Fische auf der Stellage. Und gut für die Wäsche auf der Leine.

Schau dir das nur an: Ein Wolf streicht durchs Gelände. Warte, ich hebe dich hoch, daß du ihn sehen kannst. Da schleppt er seinen Arsch den Hügel hoch, um die Gräber zu besuchen. Möge Gott mir verzeihen, aber ich verschwende nie einen Gedanken an die Toten. Soll ich dir was sagen? Der Mann sehnt sich nach Gesellschaft. Das ist alles. Sogar nach der Gesellschaft der Toten. Mehr gibt es dazu nicht zu sagen. Jeder Dummkopf kann das sehen. Armer Teufel.

Es gibt schon die merkwürdigsten Gestalten. Oder hab' ich etwa nicht recht? Was der schon für eine Schnute zieht! Wie sieben Tage Regenwetter. Und wer hätte nicht gemerkt, warum er in den Hügeln rumläuft? Tag für Tag läßt er den Hund allein rumstromern und tut so, als würde er den Leibhaftigen jagen. Aber du und ich, wir wissen genau, was er vorhat. Und es hat nichts mit Schätzen zu tun, die irgendwo unter der Erde liegen.

Ja, schau dir das nur an. Heute sehen wir ja nur traurige Gestalten. Eine erbärmlicher als die andere. Da, der königliche Magistrat! Seine Ehren höchstpersönlich. Sternhagelvoll! Seit diesem Frühling säuft er sich so gut wie jeden Morgen blöd. Und wie er torkelt! Von dem Kerl allein könnte ein Whiskeyladen florieren. Es ist ja schlimm genug, daß Casey, dieser glubschäugige Blutsauger, das Zeug schwarz verhökert, aber noch dazu an einen Krüppel! So was gehört aufgeknüpft. Und das sag' ich ihm noch mal ins Gesicht. Jawohl, ein Landstreicher ist ein Gauner, ein Händler ist ein Verbrecher.

Es muß an seinen Gedanken liegen. Was wohl für schreckliche Vorstellungen durch seinen Kopf geistern! Es ist ein Wunder, daß er nicht ganz durchdreht. Ich würde das keinen Tag aushalten! Ein Fall für die Klapsmühle. Was nur aus den Menschen wird ... Es ist wirklich ein trauriger Anblick. Gott sei Dank haben wir wenigstens noch die Kirchenglocke. Beim Allmächtigen, in diesen Leuchtturm allein würde ich in den Nächten bestimmt nicht allzuviel Vertrauen setzen. Aber eins traue ich ihm nicht zu: daß er was klaut. Meistens weiß er ja gar nicht mehr, wo er überhaupt ist. Und hat nicht ein Härchen auf dem Kopf. Wetten, daß er heute wieder die Luft verpestet. Der stinkt, daß 'nem Pferd davon schlecht wird. Da riechst du garantiert besser. Jawohl, ich meine dich. Johnny the Light stinkt heute nach dem Tod.

IX

Ogival

ALS FATHER MacMurrough den eisernen Zaunpfosten berührt, zuckt seine Hand vor der Kälte zurück. Bei näherem Hinsehen erkennt er, daß zur Zierde Kreuze ins Gitterwerk der Tür eingeflochten sind, die vor dem wild wuchernden Gras nur nicht zur Geltung kommen. Der Pfad war steiler gewesen, als er ausgesehen hatte, und der Priester war ins Keuchen gekommen. Damit hat er die Ziege aufgeschreckt, die im Schatten eines Felsens schlief. Durch eine Lücke im Zaun rennt das nicht angekettete Tier davon.

Im Süden ist irgendwo in der Ferne gedämpftes Donnern zu

hören, das sich anhört wie das Rumpeln von Wagenrädern unter einer schweren Last. Die Laute erinnern ihn an die Beben am Mount Hagen, die freilich eher harmlose Poltergeister waren und sich damit begnügten, Tassen zum Klirren zu bringen und die Welt ein wenig zu schaukeln, ohne den geringsten Schaden anzurichten. Kein Vergleich mit den großen Beben, die, wie er gelesen hat, China periodisch erschüttern. Doch diese Fakten schienen nicht zu existieren, als alle danach raus auf die Straßen strömten und jedem Fremden benommen und mit zahllosen Wiederholungen erzählten, was für eine merkwürdige Sache da geschehen war.

Hier im Norden kümmern Erdbeben freilich kaum jemanden. Hier ist das Land fest verwurzelt.

Es ist der Eisberg, der dieses Rumpeln verursacht.

Sie kommen von Skellig. Die junge Frau klettert als erste heraus und wartet auf dem Steg, bis ihr Begleiter das Boot vertäut hat. Als er fertig ist, geht er neben ihr den Hügel zum kleinen Hauptplatz von Cahirciveen hinauf.

Dort nimmt sie ihn bei der Hand und spricht endlich mit ihm. Nach dem tiefen Schweigen während der Überfahrt erschreckt ihn ihre Stimme. Sie kommt von irgendwo unterhalb ihres Hutes, und er kann ihre Augen nicht sehen. Sie sagt das eine oder andere, das eigentlich als Trost gemeint ist, doch er ist zu benommen, um auf die Bedeutung der Worte zu achten.

Es ist das letzte Mal, daß der junge Mann ihre Stimme hört. Daß dem so ist, begreift er schon in dem Moment, als er dem Pferdewagen nachsieht, bis er um die Ecke verschwindet und das Licht mit sich forträgt.

Father MacMurrough stößt das Tor weit auf. Die rostigen Angeln knarzen. Er betritt den Friedhof.

Friedhof. Er denkt an den Pidginbegriff: *Matmat.*

Die Grabsteine gleichen blanken Knochen: unbearbeitet, blaß, kalt. Die Stürme des Nordatlantik haben die Inschriften ausgewaschen. Unter ihrer Wucht haben sich die Steine geneigt, wenn sie nicht ganz umgefallen und von Unkraut überwachsen sind.

Der Priester bekreuzigt sich, zum Beten fehlt ihm aber der Wille. Wegen des Windes knöpft er seinen Umhang zu. Er hält kurz inne, um sich zu orientieren, dann beginnt er mit vorsichtigen, tastenden Schritten seine Suche, wobei er mit dem Schwarzdornstock unablässig im Gestrüpp vor seinen Füßen stochert.

EDMUND LANDRIGAN

Siedler

1851–1910

In der Herberge von Cahirciveen findet der junge Mann keinen Schlaf. Er fühlt sich benommen und leer, als wäre alle Luft aus ihm herausgepreßt worden.

Er steht mit der Sonne auf und wandert ziellos Meile für Meile über das Ödland. Gegen Mittag schaut er auf eine Gruppe von Häuschen hinunter, verborgen in einem Tal. Die Szene wirkt wunderschön und friedlich auf ihn.

Doch die Schornsteine sind kalt. Keine Kinder spielen. Keine Wäsche hängt zum Trocknen in der Luft. Der Grund wird ihm klar, als er sich, immer auf dem Kamm weitergehend, dem Dorf nähert: Das sind alles Ruinen. Wahrscheinlich wurde die Ansiedlung während der großen Hungersnot verlassen. Die Strohdächer sind längst verrottet und die Steinmauern nackt.

Er geht zu dem toten Dorf hinunter, setzt sich auf eine Schwelle und lauscht. Stundenlang hört er den Geistern zu, die hier durch die sonnigen Gassen wandeln. Entsetzt stellt er fest, daß er sich ausgerechnet an diesem Ort weniger hohl, weniger einsam fühlt.

ALOYSIUS LYNCH

Davys und Nins geliebter Sohn

1922–1924

Jetzt steht er auf einer anderen Anhöhe und schaut auf ein anderes Dorf hinunter – diesmal ist es seine eigene Gemeinde – und atmet den warmen Hauch des Lebens. Rauch steigt fröhlich aus jedem Schornstein. Strahlend helle Wäsche flattert wie Signalflaggen im Wind. Auf der Straße, auf den grünen Wiesen, am Kai oder bei den Stellagen stehen Grüppchen beisammen und plaudern mit lebhaften Gesten.

SAMUEL BLANDFORD
1872–1914

Nur zu gern würde er still dasitzen, an einem Küchentisch vielleicht, und den Tag genießen. Es würde ihn glücklich machen, könnte er sich an dem durch das Küchenfenster hereinfallenden herrlichen Licht erfreuen, mit jemandem eine Kanne Tee teilen und einer anderen Stimme zuhören – ein banales Ereignis, das in diesem Moment zweifellos in jedem der Häuser dort unten geschieht. Vielleicht backt jemand Brot, während die Katze schnurrend auf dem Fensterbrett liegt. Vielleicht bereitet jemand das Mittagessen zu, säugt ein Baby oder erzählt seinem Kind eine wahre Geschichte. Vielleicht lieben sich in dieser späten Vormittagsstunde ein Mann und seine Frau. Das Auge des Priesters wandert neugierig von Haus zu Haus.

RIP
JEREMY FORTUNE
Abenteurer
1905–1945

Er selbst hat nie körperliche Liebe kennengelernt. Seit seiner Ordination hat er nicht einmal mehr getanzt. Ja, seit damals hat bis heute niemand seinen Körper berührt. Und abgesehen von dieser Frau, die ständig von ihm gesegnet werden will, hat er in dieser Gemeinde auch nie andere berührt. Nicht einmal Leichen hat er gesalbt. Seine eigenen Verwandten haben schon vor langem in Wexford die ewige Ruhe gefunden, und er ist davon überzeugt, daß es auf der ganzen Welt keine Seele gibt, die einen Gedanken an ihn verschwendet. Für ihn steht fest, daß niemand seinen Kummer teilt, denn er beichtet ja nicht einmal mehr. Selbst die Bäume scheinen zurückzuweichen, wenn er sich nähert …

Er bricht in ein lautes Lachen über sein erbärmliches, aufgeblasenes Selbstmitleid aus.

UNBEKANNTER SEEMANN
Handelsmarine
Im Gefecht gefallen
2. Nov. 1942

Nach Skellig kehrte er nicht sofort ins Seminar zurück. Statt dessen zog er zu Fuß oder mit dem Rad allein übers Land und besuchte die Ruinen alter Klöster. Ihn trieb die Vorstellung, er würde dort vielleicht eine Göttin finden, eine Art Sheila nGig, die ihn retten könnte.

Abbeylara, Mellifont, Graiguenamanagh – die Mönche gaben ihren Wohnstätten die herrlichsten melodischen Namen. Immer wenn der junge Mann diese Worte laut ausspricht, hört er sich singen. Von seinem Buch erfährt er, wie die Mutterabteien sich ihre Töchter heranzogen. Die Klöster haben Irland wie Gänseblümchen geziert, sagen die Leute, aber er sieht in ihren Überresten etwas ganz anderes: wunderschöne schlafende Frauen. Jedes Näherkommen ist das Vorspiel zu einem Kuß.

Morgen für Morgen sitzt er irgendwo auf einer Grabplatte und liest über die Geschichte dieses Klosters. Er weiß, daß unter der Platte die Knochen eines namenlosen Mönchs liegen, ohne Sarg und mit feierlich nach dem Brauch der Zisterzienser gefalteten Armen. Bisweilen schenkt ihm der Gedanke an diese nahe bei ihm friedlich schlummernde Menschengestalt so etwas wie Trost.

Er studiert die Unterseiten von Bögen, sucht nach Gängen, Gemächern und Gewölben und schaut von Turmgerippen hinab. Er schlendert durch die Räume, in denen lebendige Mönche einst ihre Mahlzeiten einnahmen, schliefen, arbeiteten und beteten. Außer Krähen, die auf den windumtosten Zinnen hocken, und in den Abflußkanälen zwischen den Gräbern schwimmenden Ratten stößt er auf keine anderen Wesen, die sich bewegen.

Letzlich war es die verklärte und verhärtete Gewißheit auf den Gesichtern der lebenden Mönche, deretwegen er nicht ins Kloster eintrat, sondern lieber nach Maynooth zurückkehrte. Trost fand er, indem er sich einredete, er habe ja nichts verloren, denn Liebe und Einsamkeit seien im Grunde nichts als verschiedene Ausdrucksformen desselben Bedürfnisses – Liebe als die Sehnsucht nach einem bestimmten Gegenüber, Sehnsucht nach einem Gegenüber im allgemeinen. Er erkannte, daß die Einsamkeit des Ordens eine gewisse Schönheit, Reinheit und Klarheit bietet, die in der komplizierten Welt der Beziehungen nicht zu erreichen ist. Vor allem sah er aber voraus, daß er auf diese Weise weiter Buße tun konnte – und zwar täglich – für die eine Sünde, aus der, wie er jetzt schon wußte, sein gesamtes weiteres Leben bestehen würde.

Aus keinem anderen Grund, als um Irland zu entfliehen und so die Möglichkeit einer erneuten Begenung mit der jungen Frau auszuschließen, bewarb er sich für den Dienst in den Missionen. Weil ihn die Geschichte von Matteo Ricci, dem Jesuiten, beeindruckt hatte, der in seiner Kirche sämtliche Kerzen angezündet und damit den heidnischen Angreifer vertrieben hatte, hatte er um Versetzung nach China gebeten, war dann aber in die Berge von Neuguinea geschickt worden.

Da. Da ist ein neues Grab.

Keine Einfassung, kein Grabstein machen es kenntlich. Es gibt nur ein primitiv aus den Bestandteilen eines alten Paddels zusammengenageltes Kreuz. Mit einem Feuerhaken wurde in unbeholfenen Buchstaben wie von Kinderhand diese Inschrift ins Holz gebrannt:

LUKE
DWYER
Ertrunken 1947
Von uns
gegangen
Doch
Unvergessen

Der Priester stellt Spekulationen darüber an, ob ein leerer Sarg zu seinen Füßen beerdigt liegt. Das Meer ist ein geräumiges Grab. Als kurz Windstille herrscht, dringt an seine Ohren der Klang jugendlicher Stimmen.

Halpim mi. Halpim mi.

Erschrocken suchen seine Augen das Salzwasser ab. Außer schwarzen Punkten, es sind Meeresvögel, sieht er auf der klaffenden Leere nur den Eisberg und leewärts vereinzelte Eisschollen, die ins offene Meer hinausgezogen werden.

Riccis Freund Li Zhi schrieb davon, wie man auf gute Art den Tod finden könne: für eine ehrenwerte Sache, im Krieg, als Märtyrer und so weiter. Aber einfach nur auf einer Eisscholle davonzutreiben? Was für ein schrecklicher, was für ein sinnloser Tod! Father MacMurrough hat solche Geschichten von der Seehundjagd gehört, von Männern, die einen einzigen kleinen Fehler begingen, als sie den Fuß hierhin, statt dorthin setzten und deshalb von ihren Gefährten getrennt wurden.

Und wenn das Ende nahte, welcher Moment wäre wohl der schmerzhafteste? Das Abrutschen in die täuschend warme Strömung? War es erst soweit, hieß man den Tod vielleicht sogar schon willkommen. Oder schon vorher, wenn man die Hoffnung aufgegeben hatte, wenn die Dämmerung sich über die langsam dahintreibende Scholle senkte und man sich nach einer Axt sehnte, die einem die erfrorenen Glieder abhackte, nur damit man ein bißchen länger treiben konnte, weil man wußte, daß man die Sonne nie wieder sehen würde? Womöglich brachte das aber auch Erleichterung, da schmerzhafter Zweifel in gelassenere Gewißheit überging. Das Allerschwerste daran war wohl der Anfang. Nach und nach sah man seine Gefährten davongleiten, jeder isoliert auf seiner einsamen Eisscholle, jeder wie man selbst bereits ein Geist, der noch in Ruf- und Hörweite war, doch unendlich weit weg von den anderen, während sie alle ihrem einsamen Tod entgegentrieben.

Sollte ihm jemals ein solches Schicksal drohen, überlegt der Priester, würde er dann auf auf sein langsames Ende warten? Oder würde er den Schritt sofort tun?

Wie ist das, wenn man ertrinkt? *Lus long wara*, sagten die Goroka dazu. Tod durch das Wasser. Er selbst war einmal in einem reißenden Bergbach fast ertrunken. Was für eine Panik das gewesen war inmitten von donnerndem Wasser, spritzender Gischt, Stromschnellen und Felsbrocken, und dazu gräßliche Schmerzen. In stillen Gewässern wie diesem dagegen kann es in aller Stille geschehen – ein Spritzer, vielleicht ein Schrei, ein paar harmlose Klatscher, dann ein sanftes Hinabgleiten in den schützenden Schoß der See und Friede für immer. Nur ein Schritt …

Dai. Sterben.

Es sind nur Schulkinder, die da rufen. Die Pause ist vorbei. Die Kleinen strömen durch die Tür wie schäumendes Bier aus einem Zapfhahn.

BERNICE WHALEN
In liebender Erinnerung
1937–1947

Einige Familiennamen tauchen immer wieder auf den Grabsteinen auf. Es ist eine Art Litanei: Murphy, Kelly, Sullivan, Walsh, Smith, O'Brien, Byrne, Ryan, Conor, O'Neill, Reilly, Doyle. Ganze Clans liegen hier begraben. Father MacMurrough stellt sich vor, wie der Samen aus den Lenden des Adams und der Eva dieser Bucht, wer immer sie gewesen sein mögen, wie von der Spitze einer Pyramide durch die Generationen geflutet ist. Während er die Namen auf den Steinen liest, hört er erneut Stimmen. Diesmal sind sie jedoch in seinem Kopf. Sie kommen von jenseits des Meers, aus seiner Kindheit. Er hört das rollende »R« des heimischen Wexforder Dialekts. Die Stimmen sprechen von Hexen und Zauberern, von Kräutern und Talismanen. Sie warnen vor Todesfeen, dem bösen Auge und der tödlichen Berührung. Sie erzählen von Orten mit melodischen Namen wie Lisdoonvarna, Skibbereen, Ireland's Eye, Dingle und Muff.

Erstaunt stellt er fest, daß er noch gar nicht auf seinen eigenen Namen, den irischsten von allen, gestoßen ist. Doch just in diesem Moment tritt er zufällig vor das Grab, das der Grund seine Besuchs auf dem Friedhof ist.

Als er in dieser Gemeinde ankam, wußte er über seinen Vorgänger nur das, was ihm seine wenigen greifbaren Hinterlassenschaften verrieten; wie zum Beispiel sein Köter, der mit leeren Flaschen übersäte Keller, das halb verfallene Pfarrhaus, dieser Stock, der ihm gehört haben mochte oder auch nicht, und das, was sich bei Sonnenschein und steigenden Temperaturen in der Versetzgrube unter dem Anbau deutlich bemerkbar macht.

RT REV FRANCIS CONROY, PD
1880–1948
Sohn der Gemeinde
Requiescat in Pace

Ein niedriger Zaun aus liebevoll bemalten weißen Pflöcken faßt das Grab ein. Obwohl der Frühling bislang kalt und unfreundlich war, sprießt hier das Gras wie durch ein Wunder bereits üppig und grün. Der Grabstein schimmert in einem blassen Rosa. Seine glattpolierte Oberfläche spiegelt die Sonne wider.

Father MacMurrough läßt die Augen über den Wald aus Grabmälern schweifen und schätzt ab, wie viele Tote Conroy in den langen Jahren als Gemeindepriester beerdigt hat. Jetzt liegt er selbst unter ihnen. Man hätte fast glauben können, nach einer solch großen Zahl von Totenmessen habe er zumindest in seinem Fall die Sterblichkeit überwunden. Nun, vielleicht trifft ja auch das Gegenteil zu, und Conroy hat mit jeder Beerdigung einen kleinen Rückstand des Todes in sich aufgenommen, bis sich in ihm eine so hohe Dosis anreicherte, daß auch er sterben mußte.

Aber natürlich weiß jeder, wie das Gift, das ihn tötete, in Wahrheit hieß. Unter der heiligen Dreieinigkeit der Heilmittel hatte Father Fran eine eindeutige Wahl getroffen.

Leise brummt Father MacMurrough: »Du langlang lang Wiski«, um seine Worte schon mit dem nächsten Atemzug zu bereuen.

Er wendet sich ab und starrt auf das offene Feld. Und du? fragt er sich. Wohin gehst du?

Eine Ecke in der Nähe ist für die Nonnen reserviert. Sogar im Tod sind sie von allen anderen getrennt – aber wo liegen die übrigen Priester?

Wie jemand, der heimlich in ein Kloster eingedrungen ist, huscht Father MacMurrough an der Reihe von Steinen vorbei.

SR MARY ALOYSIUS NOLAN
1877–1940

SR MARY STANISLAUS MALONEY
1860–1896

SR MARY TIMOTHY CLEARY
1873–1922

Beim Lesen ihrer Mädchennamen empfindet der Priester einen lüsternen Kitzel – er lugt in das Schlafzimmer ihrer Jugend. Er hat ihnen ihr Nonnentum entrissen, und jetzt sind sie wieder Mädchen, Jungfrauen. Aber als er sich auf die ihnen vom Orden verliehenen religiösen Namen konzentriert, hat er eine andere Vision: Sie sind immer noch Jungfrauen, in ihren Adern strömt aber warmes Blut, und sie liegen mit den ihnen zugeordneten heiligen Märtyrern in den Armen im Sarg.

Unversehens tritt er auf eine Wurzel und zuckt zusammen. Im ersten Schreck hat er sie für eine Schlange gehalten.

Ihn fröstelt im Wind, und er geht weiter.

Schließlich kommt er am anderen Ende des Friedhofs an. Der Zaun ist zugleich auch die Gemeindegrenze, denn dahinter liegen ungesegnetes Sumpf- und Ödland und immer wieder Felsbrokken. Auf der Landspitze am Ende der Wildnis wartet der Leuchtturm.

Der Priester überlegt, ob er versuchen soll, zu beten. Aus einem Dickicht vor ihm flattert eine Krähe auf. Sie steigt in den Himmel empor, zieht über ihm ihre Kreise und starrt unablässig auf ihn herunter, bis sie genug hat und davonfliegt. Zu seiner Überraschung findet Father MacMurrough dort, wo die Krähe hervorgebrochen ist, noch mehr Gräber. Am Zaun entlang hangelnd, kämpft er sich weiter durch das Gestrüpp, dessen Dornen sich wie lange Fingernägel im Saum seiner Soutane verkrallen.

Auf ungeweihtem Grund liegt eine Gruppe armseliger Holzkreuze. Die Gräber sind allesamt aufs Geratewohl ausgehoben, zugeschüttet und seitdem nie gepflegt worden. Ein paar von den Inschriften kann der Priester entziffern. Bei den Toten handelt es sich größtenteils um Frauen, und sie liegen allein.

Die Ecke der Heiligen.

Das also ist mein Platz.

Er schlängelt sich zurück zum Grab des ertrunkenen Dwyer. Dort lehnt er seinen Schwarzdornstock gegen das Ruderblatt. Als er die Hände zum Schutz gegen den Wind in die Taschen steckt, bekommt er den runden Kieselstein zu fassen, den er am Strand gefunden hat.

Ihm fällt wieder die alte gälische Legende ein, die erklärt, warum es in Irland üblich war, Steine um die Gräber zu streuen. Bevor er in die Schlacht zog, warf jeder Krieger einen Stein auf einen Haufen. War der Kampf vorbei, nahm jeder Überlebende einen mit. Das, was vom Haufen übrigblieb, stand für die Anzahl der Erschlagenen und diente zugleich ihrem Gedenken.

Father MacMurrough wirft seinen Kieselstein nicht auf den Boden – noch nicht. Seine Finger schließen sich darum, und erneut wundert er sich über die Härte, die Klarheit des Steins. Ohne zu wissen, warum eigentlich, verzieht er die Lippen zu einem närrischen Grinsen.

Er setzt sich auf einen umgestürzten Grabstein und stellt sich vor, er ruhe sich an einem Küchentisch aus, bei einer Tasse Tee vielleicht. Dann zündet er sich eine Zigarette an und wartet. Er wartet darauf, daß die Stimme des Iren unter der Erde zu ihm spricht. Er will hören, was ihm der Tote über das herrliche, friedliche Erlebnis des Ertrinkens zu erzählen hat.

Der kleine Kevin Barron preßt die Stirn gegen das Glas. Er beobachtet die Mutter Oberin auf dem Weg ins Kloster. Die schwarze Silhouette der Nonne zerteilt die Schar der Kleinen genauso wie ein durch die See pflügender Dampfer die Wellen. Als sie sieht, wie zwei Zweitkläßlerinnen Festgefroren spielen, unterbricht sie sie und hält drohend den Zeigefinger vor ihre enttäuschten Gesichter.

Mittlerweile scheucht die Laiennonne fröhlich lachend eine Traube von Erstkläßlern durch die Hintertür. Vielleicht wollen die Nonnen Süßigkeiten verteilen, weil heute der letzte Schultag ist.

Im Hof spielen die Mädchen Himmel und Hölle und Verstecken, turnen an den Geräten herum und singen:

> Überhäuft mir die Papisten nicht
> mit Spott nicht und mit Hohn.
> Denkt nur an Winton, den armen Wicht,
> und an seine zwei Ohr'n.

Die kleineren Jungen spielen Fangen, Bockspringen und Räuber und Gendarm. Die älteren, allesamt ungewaschene und stinkende Raufbolde mit Warzen an den Händen und schmutzigen Gesichtern, haben ein Spiel mit dem Namen »Tritt bloß nicht auf meinen Mantel!« angefangen. Bei Billy Doherty und Tommy Doyle ist genau das schon passiert, und sie raufen brüllend im Graben miteinander. Hinter der Ecke steigen weiße Rauchkringel in die Luft. Die Mädchen aus der elften Klasse haben sich mit einer Zigarette davongestohlen. Kitt Hughes steht unter ihnen. Dann übertönt plötzlich ein wüster Fluch den Lärm. Billy Doherty hat ihn ausgestoßen. Unvorstellbar! Billy Doherty! Wo er doch Ministrant ist, genauso wie Kevin Barron.

Durch das Gewirr von Beinen hüpft ein Gummiball. Wie ein verängstigtes Tier, das sich irgendwie retten will, schießt er hin und her. Kevin Barron ist froh, daß er nicht rausgegangen ist. Er würde nur unter dem Fenster stehenbleiben, den Rücken an die Wand pressen und sich möglichst klein machen, um den anderen nicht aufzufallen – den Bösen, die schmutzig sind und stinken.

Letzte Woche ging er noch raus. Als aus der Menge ein Ball über den Hof geflogen kam, wagte er sich, ohne zu überlegen, aus der Deckung und rannte los, um ihn zu fangen. Prompt packten sie ihn. Eine Hand drehte ihm den Arm hinter den Rücken, während ihm eine andere gleichzeitig den Kopf nach unten drückte. Der Schmerz schoß ihm bis ins Schulterblatt. Der Schweißgestank ungewaschener Kleider und fauliger Atem schlugen ihm entgegen, am Handgelenk spürte er diese widerlichen Warzen, doch er lächelte sein mattes Lächeln und tat so, als wäre nichts. Die Hände schoben ihn auf drei Elftkläßlerinnen zu, die im Schatten der Veranda miteinander plauderten. Als er vor ihnen stand, ließ die Hand vorn seinen Kopf los, knöpfte seinen Hosenschlitz auf, zog sein Schwänzchen heraus und hielt es für die Mädchen hoch. Und die Stimme rief ihnen die ordinärsten Gemeinheiten zu. Er dagegen starrte in die Wolken, als mache ihm das überhaupt nichts aus. Und während ihm Tränen in die Augen schossen, rettete er sich in den Tagtraum, auf den er sich in solchen Momenten immer verließ. Er stellte sich vor, er hätte Tuberkulose, und überlegte, wie schön es doch wäre, genau wie Bernice Whalen damals im Sanatorium Ruhe zu finden. Oder besser noch, er könnte sich einfach in den Sarg legen und für immer tot sein, so wie Bernice. Trotzdem hörten die Tränen nicht auf zu fließen, bis er statt der Wolken nur noch wäßrige Schlieren sah. »Ach, laßt ihn doch in Ruhe, das arme Kind!« rief schließlich eins der Mädchen. Plötzlich stand er allein da und schaute benommen drein wie ein von seiner Herde getrenntes Lamm. Die Mädchen musterten ihn kurz mit beiläufiger Neugierde, dann schwatzten sie weiter.

Richtig, er ist froh, daß er drinnen geblieben ist, wo ihm keine Gefahr droht, wo alles gut ist.

Kurz vor der Pause spürte Kevin Barron mitten im Gebet, wie seine Nase wieder einmal zu bluten anfing. Er hob sofort die Hand, woraufhin die Mutter Oberin sich sein Gesicht ansah und einen Seufzer ausstieß. Dann zog sie aus ihrer Schublade einen Lumpen, den er sich gegen die Nase drücken sollte, und befreite ihn vom Spielen. Kaum war Kevin allein im Klassenzimmer, hörte das Bluten auch schon auf.

Der Junge verläßt seinen Platz vorm Fenster. Auch wenn er sich noch glücklicher gefühlt hätte, wenn die Nonne bei ihm geblieben wäre, genießt er es, hier ganz allein zu sein. Leer ist das Klassenzimmer für ihn voller Leben. Das Kruzifix über der Tafel und die Bänke, die genausogut auch in einer Kirche stehen könnten, der Geruch von Weihrauch, all das verleiht ihm einen Hauch von Heiligkeit, eine Atmosphäre wie in einer Kapelle. Er kann die Gegenwart anderer Wesen fühlen. Eines davon ist natürlich der Allmächtige Gott, aber auch sein Schutzengel ist bei ihm und wacht über seine unsterbliche Seele.

Kevin Barron geht zu den Bankreihen hinüber, wo die Sechstkläßler sitzen. Er verspürt einen Kitzel, weil er fremde Bereiche erforschen kann. Da heute der letzte Schultag ist, durften die Schüler ihre Bücher wegpacken, sich in Schwester Donatillas Zimmer umsehen und sich vom Regal an der hinteren Wand alle Bücher nehmen, die ihnen gerade gefielen. Ihn interessiert brennend, welche Lexika und Bücher mit Geschichten die Größeren aufgeschlagen liegen ließen. Als er sie inspiziert, schaut er krampfhaft an den Sachen vorbei, die einige Jungen und sogar ein paar von den Mädchen in die Holzplatten geschnitzt haben – allesamt schlimme Ausdrücke.

In den Büchern findet er die herrlichsten Dinge. Er stößt auf Diagramme über Fische und Plankton. Er lernt die Bedeutung von *ogival* und *Ogive* und entdeckt Begriffe wie *Phosphoreszenz* und *Biolumineszenz*, die so lang und kompliziert sind, daß er sie gar nicht aussprechen kann. Er sieht Skizzen vom ausgestorbenen Großen Alk und den Beothukindianern, die ebenfalls von der Erde verschwunden sind. Er erfährt vom Laubenvogel aus Neuguinea, von der fleischfressenden Kannenpflanze, von der Wirkung des Mondes auf die Gezeiten und von der Ankunft des Joseph von Arimathaia mit seinem Schwarzdornstock in Glastonbury. Er liest über Osiris und Mithra, über den Totengräberkäfer und über eine magische Substanz mit dem Namen Sehpurpur.

Eine Landkarte aus dem Mittelalter stellt die Insel, auf der er lebt, als einen Haufen kleinerer Felsen dar. Zu seiner großen Überraschung wird ihm klar, daß sein Heimatland vor langer Zeit zerschlagen wurde wie ein Ei oder wie eine riesige Eisscholle. Das Bild legt dem Jungen die Vorstellung nahe, daß die Erde unter seinen Füßen sich bewegt, daß er zum Golfstrom hinaustreibt. Er geht zur Weltkarte hinüber, die heute die Tafel verhängt. Darauf ist seine Insel wieder zu einer festen Masse zusammengefügt. Ihre dreieckige Gestalt gleicht einer Hand mit vage in nördlicher Richtung ausgestrecktem Zeigefinger.

Der Boden unter seinen Füßen kommt wieder zur Ruhe. Kevin Barron geht ganz nahe an die Karte heran und findet den Teil der Küste, in dem seine Bucht liegt. Die Entfernung zwischen den beiden Kaps macht kaum einen Fingerbreit aus. Um die Strecke nach Irland auszumessen, müßte er dagegen die Finger öfter nebeneinanderlegen, als er je wird zählen können. Der Junge geht wieder ein paar Schritte zurück und betrachtet staunend die Welt in ihrer wahren Größe. So muß auch Gott sie sehen, wenn er vom Himmel herabschaut und die Größe Seiner Schöpfung ermißt.

Er hört ein Rascheln im Korridor. Jemand flüstert dort. Der Junge lugt zur Tür hinaus, sieht aber niemanden. Der Flur ist leer. Die Wände und der Kiefernholzboden sind kahl. An den Haken hängen keinerlei Jacken, auf dem Boden liegen keine Gamaschen. Man könnte meinen, die Schule sei bereits für die Sommerferien geschlossen.

Dennoch war jemand oder etwas da. Kevin Barron hat es eindeutig gehört. Ihn überkommt auf einmal dieselbe Angst wie in der Kirche und vorhin beim Beten des Rosenkranzes. Es läßt sich nicht leugnen: Etwas ganz Eigenartiges quält ihn heute. Der Junge zieht sich auf Zehenspitzen ins sichere Klassenzimmer zurück und sucht hinter dem Pult der Mutter Oberin Zuflucht.

Mitten auf dem Tisch liegt das Klassenregister. Auf den Deckel hat die Nonne in Schreibschrift »Klosterschule St. Joseph« geschrieben. Darunter hat sie einen bärtigen Mann in langem Umhang und mit Säge und Hammer in den Händen gezeichnet. Das ist der Heilige selbst, der Schutzpatron der Zimmerleute.

Kevin Barron weiß genau, was unter dem Deckel steht. Er hat die Nonne die Namen aus dem Register so oft rufen hören, daß er sie alle ohne Hilfe aufsagen könnte, so wie er auch die Litanei in- und auswendig kennt; von den Ministranten ist er der einzige, der nie im Meßbuch nachschauen muß. Er ist stolz, daß er auch die Zehn Gebote beherrscht, dazu die sechs Gebote der Kirche, die Stationen des Kreuzwegs, den Rosenkranz und sämtliche lateinischen Teile der Messe. Darüber hinaus weiß er, was er neben seinem Namen finden wird: Barron, Kevin √√√√√√√√√√ √√√√√√√√√√√√√√√√√√√√√√√√, die Zeichen seiner pünktlichen Anwesenheit. Dennoch klappt er aus Langeweile den Deckel auf – und springt erschrocken zurück. Quer über der ersten Seite liegt der Riemen der Nonne. Wie der ausgestreckte Finger eines Anklägers deutet er direkt auf seine Brust.

Er starrt das Ding an. Schließlich wagt er sich näher und betastet es ängstlich. Als er spürt, wie rauh das Leder ist, fängt sein Puls an zu rasen.

Kevin Barron rennt zum Fenster und drückt die Stirn gegen das Glas. Die Mutter Oberin ist nirgends zu sehen. Er eilt zum Pult zurück. Sein Herz pocht heftig. Mit der rechten Hand packt er den Riemen am Griff und läßt das Leder herunterhängen. Es bewegt sich, es lebt.

HÄ
NG
MI
CH
AUF

Der Junge spürt die Hitze seines Blutes in den Adern. In der Manier eines Bettlers streckt er die linke Hand aus, dann hebt er den Riemen und schlägt sich damit auf die Finger. Das Geräusch hallt laut im leeren Raum wider.

Voller Angst legt Kevin Barron den Riemen zurück und klappt das Register zu. Nun huscht er zum Ofen und tut so, als würde er die dahinter gestapelten Holzscheite zählen. Sein Gesicht ist gerötet. Nach dem Schlag verspürt er ein herrlich warmes Kribbeln in der Handfläche.

Niemand ist in Sicht. Sein Herz hämmert gegen die Rippen. Er geht zum Pult zurück und greift wieder nach dem Riemen. Diesmal läßt er ihn mit voller Wucht auf seine zarten Finger niedersausen. Wie er es sich vorgestellt hatte, jagt der Schlag einen Stromstoß seinen Unterarm hinauf und sorgt dort für ein weiteres angenehmes Prickeln.

Ohne den Riemen wegzulegen, geht er zum Fenster. Immer noch kein Zeichen von der Nonne.

Inzwischen ist es Kevin egal, ob man ihn hören kann. Noch einmal schwingt er das Leder und schlägt mit aller Kraft zu, die sein kleiner Körper aufbringen kann. Der Schock schießt den ganzen Arm hinauf, in die Schulter und explodiert in seinem Kopf. Seine Besorgnis, seine Angst vor dem Geflüster im Flur ist verschwunden.

Es ist gut, sagt er sich. Es ist gut.

Seine Nase fängt zu bluten an. Der Junge gibt sich erst gar nicht die Mühe, das Blut zu stillen, sondern läßt es einfach in seinen Mund fließen. Es ist schwer und dick und schmeckt süß.

Das ist keine Sünde, sagt er sich. Es ist gut.

Marys Finger verdrehen den Schal. Wenn jemand sie sähe, würde er glauben, sie wringe ihn aus.

Sie geht zum Fenster und drückt die Nase an der Scheibe platt. Dahinter stecken Moira und Alice zwischen den Stapeln von Kleidern und Bettdecken kichernd die Köpfe zusammen. Mary schneidet eine Grimasse, doch ihre Freundinnen ignorieren sie. Sie wünscht sich, sie würden unverzüglich zu ihr nach draußen kommen und sie einweihen.

Sie selbst meidet diesen Ort. Caseys *Octagon* ist für sie ein Wirrwarr aus aneinander- und aufeinandergestückelten dunklen Schuppen, in denen das Hauptgeschäft, ein Bestattungsbüro, eine Kneipe, eine Kohlenhandlung, ein Sämereiladen, ein Gerätespeicher, ein Anbau für den Verkauf von Beeren und weiß Gott noch alles untergebracht sind.Schon als Kind fürchtete er sich davor. Auch heute noch hat sie Angst, sich in diesem Labyrinth zu verirren und für immer darin zu verschwinden. Wie diese Frauen, die er angestellt hat, es tagaus, tagein in diesem düsteren Loch nur aushalten können, wird sie ihr Leben lang nicht begreifen. Sie braucht die Sonne, den Wind und das Gefühl der Freiheit.

Mary geht einen Schritt zurück, um das eigene Spiegelbild im Glas betrachten zu können. Ihre dichten schwarzen Brauen, die sich markant vom Weiß des Gesichts abheben, treffen sich über der Nase und bilden einen natürlichen Schutz für die Augen. Die Augen scheinen immer irgend etwas in der Ferne zu suchen. Bereits heute sagt man ihr, sie hätte die Augen ihres Vater. Weil das Licht ihr weißes Kleid zum Leuchten bringt, sieht sie im Glas keine Hexe mit schwarzem Halstuch mehr, sondern eine Prinzessin. Sie dreht sich wie ein Kreisel und sieht das Kleid so in die Höhe wirbeln, daß ihre schlanken Schenkel, das Beste, was sie hat, in der Sonne aufblitzen.

Am Schaufenster entlang bummelt sie weiter zur Ecke. Dort bückt sie sich, um einen Stein aus dem Schuh zu holen – er trägt noch immer eine Schicht aus orangebraunem Staub. Einfach nur so schließt sie die Augen und läßt sich von der glatten Schindelwand den Weg ums Haus herum weisen.

Mary imponiert es, wenn Leute den Mut haben, für die Verkleidung von Wänden Schindeln herzunehmen. Sie wünscht sich, ihre Mutter würde den blauen Asbest von ihrem Haus herunterreißen und durch weiße Schindeln ersetzen. Es sind die schlichten, regelmäßigen Rillen, die sie daran so liebt. Kein Vergleich mit dem Flickwerk daheim! Schlimm genug, daß die vielen Stürme den Rahmen der Balken verzogen haben und daß die Frau in jedem Zimmer eine geblümte Tapete hingekleistert hat, damit niemand das merkt. An manchen Tagen, an denen die Sonne gnadenlos auf den Asbest herabbrennt, steht Mary eine halbe Stunde in ihrem Zimmer und starrt die Wand an. Dann vertieft sie sich in die parallelen Linien, bis sie sich krümmen, bis sie anfangen zu pulsieren und sie hypnotisieren – bis sie Dinge sieht, die überhaupt nicht existieren.

Die Schindeln lenken sie zur nächsten Ecke. Dahinter warten Dinge auf sie, die eindeutig existieren, zum Beispiel die See, Stürme, große Strecken, Gefahr, irgendwo hinter dem Horizont Irland und – dessen ist sie sich inzwischen hundertprozentig sicher – ihr zukünftiger Ehemann, wer immer er sein mag.

Richtig, heute ist der Tag, an dem es passieren wird.

Ihre Hand ertastet die Kante. Sie schlägt die Augen auf und lugt um die Ecke.

Ein Mann sitzt mit dem Rücken zu ihr auf dem Flutland. Ein

Kissen aus Zeitungspapier schützt ihn vor dem nassen Sand. Er brüllt irgend etwas in Richtung des Eisbergs, doch seine Worte gehen im Wind verloren. Mary hat keine Ahnung, warum er so schreit. Es sind doch keine Boote auf dem Wasser. Na ja, vielleicht spricht er mit dem Echo, das von der Klippe unter dem Brow zurückkommt. Dann hebt er mit beiden Händen eine Schnapsflasche und hält sie senkrecht über seinen Mund. Der Alkohol fließt so frei wie Quellwasser seine Kehle hinunter.

Mary weiß genau, wer das ist, stellt sich aber lieber vor, es wäre ein Pirat. Er ist an Land gegangen, um seine erbeuteten Goldstücke und Juwelen zu zählen. Jeden Moment kann er sich umdrehen, und dann wird er sie in ihrer ganzen Schönheit mit dem blendend weißen Kleid und ihren in der Sonne golden leuchtenden Beinen erblicken. Er wird aufspringen, sie an sich reißen, zu seinem weißen Segelschiff tragen und über das weite Meer in sein Reich entführen. Und dort wird sie für immer seine Prinzessin sein ...

Die Kuhglocke bimmelt.

Alice stürmt mit einer schon aufgeschraubten Flasche Limonade aus dem Laden. Ihr folgt Moira. Sie hat ein Eis und eine noch nicht angezündete Zigarette in den Händen und knallt mit dem Absatz die Tür hinter sich zu. Wie Mary haben beide Mädchen auffällige Kleider an, nur sind ihre dunkellila. Als sie sich auf die Stufen setzen, verläßt Mary ihren Platz und klemmt sich zwischen sie.

»Oh, mein Magen!« stöhnt Mary. »Ich habe seit dem Aufstehen heute früh nichts mehr gegessen!«

»Da, schleck mal.« Moira bietet ihr Eis an.

»Ein tolles Hurenfrühstück«, meint Alice.

Moira spuckt etwas zwischen ihre Füße. »Mensch, Mary, du hättest reinkommen und das Dreckschwein mit eigenen Ohren hören sollen! Er kam aus dem Büro und bediente uns selbst. Sagt er doch glatt: ›Ihr solltet nicht qualmen, Mädchen.‹ Da hab' ich gesagt: ›Vergib mir Vater, denn ich habe gesündigt.‹ ›Halt die Klappe!‹ fährt er mich an, aber was meinst du, wie lüstern er uns anglotzt! Brigit und Frances müssen ja die Hölle bei ihm durchmachen, die armen Dinger. Möge Gott mir helfen, wenn ich dort jemals 'nen Job annehmen müßte.«

»Aber das Geld hat er blitzschnell eingesteckt. Hast du das auch gesehen?«

»Wie findet man Casey, wenn er sich verlaufen hat? Antwort: 'ne Münze die Straße runterrollen lassen.«

»Und bei Moiras Busen hat er richtig Stielaugen bekommen. Überleg doch mal, Moira, Liebes ... Ich glaube, daß du deinen Schatz gefunden hast. Schließlich ist er ja noch Junggeselle. Und außerdem baut er ein neues Haus. Wenn das kein Zeichen ist ... Du kennst doch das Sprichwort: ›Wer einen Vogel fangen will, muß erst den Käfig bauen.‹ Beim Allmächtigen, Moira, heute ist dein Glückstag.«

»Diesen Schleimer? Keine Angst. Der ist mir zu fett und schmierig.«

»Und seine großen Beißer sind auch nicht gerade das Richtige für deine jungfräulichen Titten. So prächtig sie sind, vielleicht sind sie nicht echt.«

»Genausogut könnte ich Johnny the Light nachlaufen. Und wie er ständig die Hacken zusammenschlägt! Das würde ich nie ertragen!«

»Und seine ewigen Kriegsgeschichten erst!«

»Ganz zu schweigen von den Särgen im Hinterzimmer. Am schlimmsten sind die leeren. Da überlegst du ständig, welcher für dich reserviert ist.«

Alice hält ihre Limonadeflasche eine Armeslänge von sich. »Warm wie Ziegenpisse!« ächzt sie und verzieht das Gesicht. Sie bietet die Flasche Mary an. Die nimmt sie und reicht sie mit derselben Bewegung an Moira weiter.

Moira wischt mit der Hand über die Öffnung und trinkt. Schmatzend meint sie:»Schenke den Armen, leihe dem Herrn.« Sie gibt die Flasche Mary zurück, die erneut ablehnt.

»Sag mal, haben *wir* heute was ausgefressen?« Moira beugt sich vor und spricht ganz bewußt nur Alice an.

»Was ist bloß mit der langbeinigen Schlampe los?« Alice hat den Wink sofort verstanden.»Ist sie eingeschnappt?«

»Mary, Schätzchen«, säuselt Moira. »Ist dir 'ne Laus über die Leber gelaufen? Sei doch ein liebes Mädchen und schaff sie weg. Sofort. Wenn nicht früher.«

Alice mustert Mary von oben bis unten. »Ach, übrigens, meine Liebe, du hast dich heute ja wirklich toll in Schale geschmissen. Kein Vergleich mit den Kartoffelsäcken, die du sonst immer trägst. Wenn ich es nicht besser wüßte, würde ich sagen, sie haben dich für die Erste Kommunion ausstaffiert.«

»Die Jungfrau Maria!« prustet Moira los und klatscht sich auf die Schenkel.

»Heirate in Weiß«, sagt Alice mit einem süffisanten Grinsen, »dann wird der Erfolg dir immer recht geben.«

»Da fällt mir ein: Hast du je von einer Jungfrau gehört, die immer nein sagt?«

»Halt's Maul, du Walroß!«

»Ich gebe zu, die hier hat mit Jungfräulichkeit nicht viel am Hut.« Und mit lüsterner, heiserer Männerstimme grölt Moira:

> »Denn sie war ja so hungrig,
> und sie brannte darauf …«

»Mal was anderes«, unterbricht Mary ärgerlich den Unsinn der anderen. »Hat sich bei euch was in der Nacht getan?«

Moira zieht Streichhölzer aus der Tasche ihres Kleids, zündet fachkundig die Zigarette an und reicht sie Mary. Die nimmt sie seufzend zwischen Daumen und Zeigefinger und betrachtet nachdenklich den sich kringelnden Rauch.

»Einfach reinstecken«, rät Moira.

Mary schiebt die Zigarrette anmutig zwischen die Lippen, inhaliert und muß husten. Sie streckt sie Alice entgegen.

»Nö, bei mir war nichts«, antwortet Moira auf Marys Frage. »Null Komma Josef.«

»Bei mir auch nicht.« Moira macht einen tiefen Zug. »Nicht mal ein Besuch von der alten Hexe.«

»Tja«, erklärt Mary mit fester Stimme, »*ich* hatte einen Traum, so viel weiß ich noch. Aber worum es in Gottes Namen ging, das kriege ich nicht mehr zusammen.«

Im Schulhof auf der anderen Seite des Platzes treiben die Köpfe der Kleinen körperlos über dem Zaun. Ein Gummiball fliegt seinem eigenen Willen folgend in trägen Bögen hin und her. Mary schließt die Augen, öffnet und schließt sie sofort wieder. Das ist ihr Kameraspiel, denn die Frau läßt sie nie den richtigen Fotoapparat ausprobieren. Zusammen mit den Fotos verwahrt sie den schwarzen Kasten im Wohnzimmer und rückt den Schlüssel nicht raus. So sorgt Mary eben ohne Schnappschuß dafür, daß der Ball mitten in der Luft stehenbleibt. Wie eine auf dem Wind sitzende Möwe behauptet er seine Position. Genau dieselbe Vorstellung von fliegen oder schweben hatte sie heute schon einmal. Oder war es gestern? Sie ist sich nicht mehr sicher.

Sie richtet die Linse ihrer Spielkamera auf die Gesichter der Kinder. Auch deren Rufe, Lächeln und Farben hält sie fest, nur werden sie bei ihr auf einmal ernst. Ihre Kamera verwandelt die Kinder in etwas völlig anderes, nämlich in die Art von Menschen, wie man sie auf echten Schnappschüssen sieht. Die Gesichter werden grau und wirken entfernt, als wären sie vor langer Zeit abgebildet worden. Ihre Spielkamera hält die Kinder mitten in einer Pirouette oder beim Baseballspielen fest, ohne auf den Augenausdruck zu achten, und verbannt sie an einen Ort irgendwo in der Ferne.

»Du hast es geschafft«, meint Alice.

Moira nickt. »Das wär's dann also.«

»Jetzt wißt ihr's.« Mary wringt den Schal. »Mehr gibt es dazu nicht zu sagen.«

Durch das Buntglasfenster der Kirche kann man die Altarlampe erkennen. Mary verlagert den Kopf und versucht, die von innen beleuchtete Scheibe in neuen Farben wie Pink oder Grün zu sehen. Wie herrlich und still es jetzt in der Kirche sein muß, überlegt sie.

Als sie etwa vier Jahre alt war, zündete ihr Vater immer eine rote Altarkerze an und stellte sie auf ihren Nachttisch. Er erklärte, sie funktioniere wie die Lampe in der Kirche: sie sei ein Zeichen dafür, daß Gott bei ihr sei und über ihren Schlaf wache. Die Kerze tauchte das Zimmer in ein dunkelrotes Licht und wärmte und heiligte es. Aber als sie einmal aufwachte, sah sie, daß die Kerze erloschen war. Das Zimmer war schwarz und kalt, und es stank entsetzlich. Bestimmt schlich irgendein böses Wesen in der Dunkelheit herum. Sie schrie wie am Spieß. Ihr Vater sollte kommen und sie beschützen.

Unvermittelt schmettert Moira:

»'ne große Welle suchte Long Beach heim,
stuuuuumm war fortan Snooks Omilein ...«

»Tja!« Alice stellt die leere Flasche abrupt auf die Stufe. »Hier haben wir uns doch wirklich ein beschissenes Wasserloch eingehandelt, oder etwa nicht?«

»Hört zu«, sagt Mary. »Wißt ihr noch, was die Frau gesagt hat? Sie hat gemeint, daß dieser Glückskuchen nicht unbedingt funktionieren muß. Wie auch immer, wir wollten auch andere Sachen ausprobieren, erinnert ihr euch?«

»Ein bißchen von dem, ein bißchen von dem«, singt Moira.

»Ja, das stimmt schon«, gibt Alice zu. »Und ich sage dir, was Moira und ich getan haben. Wir waren heute früh schon in der Kirche und haben ein Gegrüßet-seist-du-Maria zur heiligen Margarete gebetet.«

»Mal sehen, ob es uns was hilft«, nörgelt Moira. »Ebensogut hätten wir auch zum heiligen Judas beten können.«

»Ach, übrigens, Mary, Schätzchen, wo hast du dich nur rumgetrieben? Wir waren beim vierten schmerzhaften Geheimnis Christi, als du dich ins Klassenzimmer geschlichen hast.«

»Zerbrich dir darüber nur nicht den Kopf. Was ist mit den anderen Methoden, die sie uns genannt hat?«

Moira hebt die Hand. »Aber erst müßt ihr ein Kreuz aufs Herz machen und geloben, daß ihr eher sterbt, als daß ihr es verratet.«

Die anderen zwei murmeln ihren Schwur und zeichnen ein großes X auf die Brust.

»Also gut. Als ich von unserer Party heimkam, habe ich in der Dunkelheit Samen im Garten verstreut, wie sie es uns erklärt hat, und dazu gesungen:

›Meinen Samen setz' ich,
meinen Samen sä' ich.
Wer immer mein Schatz ist,
komm her und mäh' mich.‹

Glaubt mir, ich kam mir so richtig blöd vor, wie ich da in der Dunkelheit Selbstgespräche führte. Aber heute morgen bin ich im Garten nachsehen gegangen. Und wie, meint ihr, sind die Samen auf die Erde gefallen? Sie hatten die Form von einem ...«
Die anderen warten gespannt.
»... *Fisch!*«
Obwohl es ein Alltagsbegriff ist, hat dieses Wort heute eine besondere Bedeutung. Mary reagiert wie auf einen lauten Fluch in der Kirche und tut so, als hätte sie es nicht gehört. In der Hoffnung, irgend etwas würde ihren Blick bannen, starrt sie auf die Straße und heftet die Augen auf den Schlaglochflicker mit seinem Gaul und Wagen. Sie haben die Schmiede erreicht und zuckeln in ihre Richtung.
Alice kichert.
Moira stößt sie in die Rippen. »Was ist so lustig daran, du Hosenscheißerin? Fisch steht für Fischer, was sonst? So was muß man wissen. Wenn du so schlau bist, du rothaarige Kuh, welche tolle Entdeckung hast du dann gemacht?«
»Halt deinen dummen Mund und hör mir zu!« fährt Alice sie an. »Gestern nacht habe ich an der Klippe 'ne Blume gepflückt, wie sie es uns geraten hat, und sie im Blumenkasten eingesetzt. Und jetzt ratet mal, in welche Richtung sich der Stiel heute morgen geneigt hat ... zum Wasser hin!«
Moira und Alice kreischen vor Lachen. Mary dagegen reagiert überhaupt nicht und nimmt nur noch ein diffuses Summen wahr, wie man es beim Tauchen in einem Fluß hört. Gebannt sieht sie zu, wie der Schlaglochflicker seine Tasse hebt und einen Schleimfaden hineinspuckt.
Moira reibt sich lüstern die Hände. »Na gut, wer immer der schuppige Schmutzkerl ist – ich habe den ersten Anspruch auf seine Forelle.«

Alice gibt Mary einen Ellbogenschubs. »Und du, Schätzchen? Was ist in deinem berühmten Glas getrieben?«

Mary hebt den Blick zum in den Himmel ragenden Kruzifix auf dem Kirchturm. Die Sonne brennt ihr auf die Stirn, und sie denkt, wie aufregend es wäre, könnte sie jetzt den Rock hochziehen und sich die Schenkel wärmen lassen. Mit leiser Stimme sagt sie: »Ein Schoner.«

Alice und Moira bekommen einen hysterischen Lachanfall. Wie Hunde wälzen sie sich auf dem Rücken und strecken alle viere in die Luft.

Schließlich richtet sich Alice wieder auf. »Dann wollen wir mal sehen«, keucht sie und reibt sich die Tränen aus den Augen. »Was haben wir? Eine gesegnete Dreifaltigkeit? Oder den einzigen und wahren Heiligen Geist?«

»Wenn es der Richtige ist«, kreischt Moira, »werden wir ihn uns wohl zu dritt teilen müssen!«

»Dann braucht er viel Wind in den Segeln.«

»Und einen steifen Mast.«

»Drei steife Maste!«

Schon wieder wälzen sich Moira und Alice auf dem Boden. Auf einmal bimmelt die Kuhglocke. In der offenen Tür steht Casey. Er grinst sein übliches Grinsen und schlägt die Hacken zusammen.

Schlagartig beruhigt sich Moira. An niemanden im besonderen gerichtet sagt sie jede Silbe betonend: »Ich glaube, es zieht.«

Casey verschwindet langsam. Die Glocke bimmelt, und die Tür fällt zu.

»Was für ein Schnüffler«, stöhnt Alice. »Der Mann hat nur Ohren für Schmutz.«

»Er ist ein Ekel« bestätigt Moira. »Sonst gibt es nichts über ihn zu sagen.«

»Schluß mit dem Gerede!« ruft Alice. »Kümmern wir uns um das Wichtigste. »Wenn dieses Orakel zutrifft, wer könnte dann eurer Meinung nach gemeint sein?«

Mary wirft beide Arme hoch. »Von was für einem dämlichen Orakel faselst du da nur? Das führt doch zu nichts. Es ist so, wie

es die Zeichen sagen: Dein Mann wird einen Schwanz zwischen den Beinen haben. Und abgesehen davon – beantworte mir mal folgende Frage: Welcher Mann in diesem Ort hat nichts mit Fischen zu tun? Gab es schon mal einen? Oder wird es je einen geben?«

Dieser Ausbruch hat Alice sichtlich erschreckt. »Der Priester?« schlägt sie schüchtern vor.

Niedergeschlagen hocken die drei auf der Stufe. Voller Wut bricht Mary den Stiel des Eises in lauter Stücke. Alice bläst über die Flaschenöffnung und erzeugt damit den klagenden Laut des Nebelhorns. Moira schleudert den Zigarettenstummel in den Graben. Mit Singen versucht sie die anderen aufzumuntern.

> »Kommt ein Junge, der ein Boot baut,
> kommt ein Junge, der damit abhaut,
> kommt ein Junge, der die Fische fängt ...«

Mary unterbricht sie mit Grabesstimme. »Hört zu, wenn wir wenigstens ein paar Namen hätten, könnten wir es mit dem Apfel versuchen. Das wäre wenigstens etwas.«

»Apfel?«

»Weißt du nicht mehr, was die Frau gesagt hat? Du nimmst Apfelkerne, gibst ihnen die Namen der Jungs und legst sie auf die heiße Herdplatte. Der erste, der hüpft, ist der deine.«

»Alles schön und gut«, meint Moira, »aber wen soll ich in meinen Ofen schieben?«

»Tja«, erwidert Alice, »da wäre Billy der Gackerer ...«

»Nein, danke! Den können die Hühner haben.«

»Na gut, dann fällt mir noch Fernie Furey ein, der dich in den Hintern gezwickt hat.«

»Der Muffel? Der würde nicht mal bäh zu 'nem Schaf sagen!«

»Er ist nur ein bißchen schüchtern, das ist alles.«

»Schüchtern wie meine Arschbacken. Mit dem läßt sich absolut nichts anfangen. Außerdem ist er mein Cousin. Das ist ja das Dumme: Ich bin mit jedem komischen Vogel an diesem Strand verwandt. Mit jedem außer dem da!«

Der Schlaglochflicker und sein Klepper überqueren den Kirch-

platz. Das Pferd tritt mitten in den Haufen hinein, den es auf dem Hinweg hat fallen lassen. Jetzt ist der Karren leer, aber der Geruch von feuchtem Lehm durchdringt die Luft. Der Mann wendet sich von den Mädchen ab. In diesem Moment entläßt das Pferd einen gelben Strahl auf den Boden; eine Lache schlängelt sich langsam durch die Kiesel. Auf einmal stinkt es nach Ammoniak. Mit angewidert verzogenen Gesichtern sehen die Mädchen dem Mann nach, wie er, der Gaul und der Karren davonzuckeln.

»Machen wir weiter«, drängt Alice. »Da wäre noch Billy Nolan. Der ist nicht schüchtern, oder? Ich hab' ihn deinen Busen begrabschen sehen. Leugne das nicht! Ich habe genau gesehen, wie er einmal nach der Segnung die Pfote auf deine Brust gelegt hat, möge Gott ihm das verzeihen. Auf alle Fälle ist das ein Zeichen von Zuneigung.«

»Der Fettsack? Der hat doch 'nen Hintern so breit wie ein Pferdearsch!«

»Ein Esel schimpft den anderen Langohr, würde ich sagen.«

»Und noch was: Die Männer von hier sind doch allesamt von oben bis unten mit Warzen bedeckt. Mal Hand aufs Herz – möchtest du, daß zwei warzige Hände dein reines Fleisch abtasten?«

»Warzen lassen sich leicht wegmachen. Du brauchst bloß in einer Vollmondnacht rauszugehen und zu sagen: ›Mond, Mond, nimm meine Warzen weg.‹ Das ist alles.«

»Was du nicht sagst. Das ist doch heidnischer Aberglaube und nichts dahinter.«

»Herrgott, Mädchen, bist du heikel! Dir muß der Richtige wohl gebacken werden. Fangen wir noch mal an. Wie wär's mit Gus Gallant?«

Moira verzieht die Lippen zu einem anzüglichen Grinsen. »Endlich sagst du was Vernünftiges. Ja, bei Gott, der kann sein Brot jederzeit in meinen heißen Ofen schieben.«

Alice kichert. »Alles nur leeres Gerede. Es ist höchste Zeit, daß wir es ausprobieren.« Sie nimmt zwei Zündhölzer aus der Schachtel und legt sie nebeneinander. »Der da ist Gus, und der ist unsere Moira.« Mit einem dritten Streichholz entzündet sie die bei-

den, und die Mädchen verfolgen mit angehaltenem Atem, wie sie abbrennen und ausgehen.

Die verkohlten Köpfe biegen sich in verschiedene Richtungen. »Zu schade«, meint Alice. »Aber was soll's. Ihr wißt ja selbst, was so über ihn geredet wird. Was anderes: Was haltet ihr eigentlich von seinem Schatten?«

»Aloysius Butt?« Moira verdreht in gespielter Leidenschaft die Augen und läßt den Kopf zwischen die Knie fallen. Plötzlich atmet sie durch den Stoff, hechelt wie ein Hund und gibt ein obszönes Stöhnen von sich. »Gott, bin ich heiß! Aloysius Butt! Oh, meine Innereien schmelzen vor tierischer Lust!«

Alice und Mary müssen so furchtbar lachen, daß sie keinen Laut mehr hervorbringen. Doch nachdem sie sich beruhigt und die Augen abgewischt haben, bleiben sie eine ganze Weile stumm.

Mary schnüffelt an ihren Fingerspitzen. Sie riecht wieder ihren Frauenduft.

Moira reibt ihre dicken Waden und zieht die Füße an. »Es ist ja nichts dabei, seine Witze zu machen und zu lachen«, flüstert sie, »aber jetzt mal im Ernst: Ich würde es tun. Nicht mit diesem Hummer von Wish Butt – mit dem ganz bestimmt nicht –, aber sonst mit so ziemlich jedem anderen. Und wenn sie zehnmal warzige Hände haben. Jawohl.«

»Ich auch«, erklärt Alice feierlich. »Schon in zwei Sekunden.«

Wieder tritt langes Schweigen ein. Um die ernste Stimmung aufzuheitern, rezitieren Alice und Moira:

»Hast du schon mal?«

»Nein, nie.«

»Möchtest du denn?«

»Und ob!«

Dann starren sie alle drei auf den Boden, jede in ihren eigenen Gedanken verloren.

»Was für eine Dreieinigkeit von Nonnen wir doch sind«, meint Moira schließlich. »Drei Jungfern.«

»Wahrscheinlich könnten wir jederzeit ins Kloster gehen«, mault Mary. »Immer noch besser, als nie einen abzukriegen ... oder?«

»Da fällt mir was ein«, sagt Alice. »Das habe ich ganz vergessen, euch zu erzählen. Mutter Fleischkloß hat mich heute morgen in ihr Büro geschleift.«

»Was wollte das alte Schlachtschiff denn von dir?«

»Du hast doch nicht etwa die Knie so gebeugt wie die Protestanten, oder?«

»Wenn das keine Sünde war!« ruft Alice. »Mary, du bist zu spät gekommen und hast es verpaßt. Aber das hättest du durch die Mauern gehört. Es ist pure Gemeinheit, einem so schlichten Gemüt wie Kitt Hughes den Riemen zu verpassen. Die weiß doch die Hälfte der Zeit nicht, ob sie schläft oder wach ist.«

»Wenigstens ist sie nicht so schlimm geprügelt worden wie Martin Mullowney«, meint Moira. »Erinnert ihr euch noch?«

»Als er in der Nase bohrte?«

»Richtig. Ihr wißt ja, wie er das macht. Er kratzt so lange rum, bis sie blutet. Und damals – es ist die Wahrheit und so wahr mir Gott helfe – hatte er den Zeigefinger bis zum zweiten Fingerglied drin stecken. Da ruft sie ihn auf und sagt: ›Martin, mein Junge, sag uns doch bitte Bescheid, wenn du es gefunden hast.‹ Und er richtet sich auf und sagt: ›Mutter Nilus, lecken Sie mich doch am Arsch.‹

Wenn das keine Beleidigung war! Na gut, ihr wißt ja, was sie getan hat. Sie denkt 'ne Minute drüber nach, dann drückt sie ihn vor sich auf die Knie, packt seine Zunge und läßt ihn das Bußgebet aufsagen. Und als er fertig ist, holt sie den Riemen raus und verabreicht ihm die üblichen fiesen Hiebe.«

»Ich schwöre euch bei Gott, hätte sie 'nen Kabeljau zur Hand gehabt, dann hätte sie ihm den um die Ohren geknallt.«

»Mag sein, aber wozu hat sie nun dich geholt?« will Mary wissen.

»Einmal probiert sie es bei jeder. Sie will rausfinden, ob wir vielleicht Nonnen werden wollen.«

»Ich werde bestimmt keine schwarze Witwe!« schwört Moira. »Das könnt ihr mir ruhig glauben.«

»Du mußt dich hinsetzen, und dann hält sie dir eine Predigt. Tausende von Frauen würden ihr Leben Gott weihen, sagt sie. Sie würden Jesus heiraten, den besten Ehemann, den man sich wünschen kann. Dann fragt sie, ob du schon mal die Stimme des Herrn gehört, Zeichen gesehen oder dich jemals berufen gefühlt hast. Zum Schluß lädt sie dich ein, in ihre ›Gemeinschaft‹ einzutreten.«

»Und da hast du gefragt: ›Wo kann ich mich eintragen?‹«

»Ich habe gesagt, ich würde aufmerksam in mich hineinhören, ob ich Gottes Ruf vernehme.«

»Wenn sie mich je in ihr Büro ruft«, erklärt Moira, »dann sage ich ihr ins Gesicht: Nein, danke, Schwester. Es ist nun mal so, daß ich heiraten will, und zwar in Weiß. Ich will einen richtigen Ehemann aus Fleisch und Blut mit einem Schwanz zwischen den Schenkeln, aber bitte ohne Warzen. Und ich will ein ganzes Haus voller Babys.‹«

»Holt sie denn nie die Jungs rein?« beschwert sich Mary. »Das ist unfair!«

»Rede keinen Unsinn, Mädchen. Was für eine Predigt könnte sie denen schon halten? ›Heirate die Jungrau Maria, die beste Ehefrau, die du dir wünschen kannst‹?«

Hinter Domillys Hühnerstall, wo sie angeblich vor Männerblicken geschützt ist, flattert an der Leine Damenwäsche im Wind. »Schicke Damenhöschen!« schreien die Jungen regelmäßig, wenn sie sie erspähen. Verträumt und eigentlich aus keinem besonderen Grund meint Mary: »Theresa Kilbride sagt, man kann eine Jungfrau schon an der Art erkennen, wie sie geht.«

»Klar«, grinst Moira. »Wußtest du das etwa nicht, liebe Mary? Ein Blick auf dein keusch wackelndes Hinterteil verrät mir, daß du noch nie 'ne richtige Forelle gesehen oder zwischen den Pfoten gehabt hast – es sei denn die von deinem kleinen Bruder natürlich.«

Zur Rache kitzelt Mary die andere unter den Achseln. »Du Miststück. Du hast wahrscheinlich schon eine zwischen den Pfoten gehabt, was?«

»Nun, zumindest habe ich mal eine gesehen. Eine richtig ausgewachsene, meine ich. Und sie war ausgewachsen, das könnt ihr mir ruhig glauben.«

»Wo? Wo?« schreien die anderen zwei wie aus einem Mund. »Wo? Sie hing natürlich aus seinem Mund heraus, was dachtet ihr denn?« Den Blick auf die Wolken gerichtet, fängt Moira an zu summen.

»In der Hölle sollst du schmoren«, schimpft Alice. Unvermittelt packt sie Moira und verdreht ihr den Arm. »Los, raus mit der Sprache, oder wir machen Strumpfbänder aus deinen Eingeweiden.«

»Könnt ihr ein Geheimnis für euch behalten?« zischelt Moira. »Kein Wort kommt über meine Lippen. Eher sterben wir!« geloben die beiden anderen und schlagen ein Kreuz vor dem Herzen.

Moira holt tief Luft. »Ich habe es gesehen.«

»Es?« fragt Alice und verdreht die Augen. »*Es?*«

»Du weißt schon. Es. Alles.«

Alice und Mary starren sie mit offenem Mund an.

»Und weiter?« drängt Alice.

Moira sieht sich hastig um, ob auch wirklich niemand vor der Ladentür steht und lauscht. »Ihr seid die ersten, denen ich davon erzähle. Es war letzten Sommer. Ich war in den Hügeln drüben, Blaubeeren pflücken. Aber es ist nicht so, wie ihr meint – ich habe nicht spioniert! Ich hatte wirklich keine Hintergedanken.«

»Und? Weiter?«

»Na ja, ich habe Geräusche gehört und was Weißes gesehen. Da habe ich durch die Sträucher geschaut, und … da lagen sie lang ausgestreckt auf der Lichtung.«

»Wer?« fragen Alice und Moira wie aus der Pistole geschossen.

»Kreuz aufs Herz.«

Die anderen zwei stöhnen, doch sie gehorchen atemlos.

»Victor Thomey und Bridey Fitzgerald.«

»Aber … die sind doch verheiratet!«

»Natürlich sind sie verheiratet. *Jetzt.*«

»Und? Was ist passiert?««

»Na, *es* ist passiert.«

»*Was* ist passiert? Hör zu, wenn du es uns nicht erzählen willst, dann laß es eben bleiben.«

»Na ja …, sie haben es getan. Also gut: Sie haben miteinander gevögelt. Ich hab' alles gesehen. Vom Anfang bis zum Ende. Als es vorbei war, habe ich mich schleunigst davongemacht. Wenn ihr mich gesehen hättet, dann hättet ihr gemeint, der Teufel wäre hinter mir her. Ich hab' im Laufen sogar meinen Eimer verloren. Liegt wahrscheinlich noch immer dort irgendwo rum. Aber das war mir in dem Moment völlig egal. Aus meiner Unterwäsche dampfte es nur so raus. Ich war so heiß wie 'ne Katze. Richtig verrückt. Ich dachte schon, ich würde die ganzen Sträucher anzünden. Mensch, ich sage euch …«

»Und? Wie war's?«

»Es ist … ich weiß auch nicht. Was kann man schon darüber sagen. Es ist, wie es ist.«

Mary schüttelt den Kopf. »Ich glaube, du erfindest das nur, um uns auf die Folter zu spannen.«

»Meine Fresse«, sagt Moira mit tiefer Stimme. »Das ist nichts als Jägerlatein, junges Fräulein.«

»Du hast nie was gesehen!« faucht Mary. »Du willst uns nur ärgern!«

»Junges Fräulein«, brummt Alice immer noch mit ihrer tiefsten Stimme. »Bist du dir wirklich sicher?«

»Also gut – hat Bridey diesen Sommer etwa kein Kind gekriegt?«

»Himmel!« entfährt es Alice in ganz natürlicher Tonlage.

Die Mädchen denken nach.

Ein überlegenes Lächeln spielt auf Moiras Lippen. »Ich schätze, ich war bei seiner Schöpfung dabei. Das Baby heißt Constantine.«

»Nein, Constance.«

»Von mir aus.«

»Weißt du was, Moira? Wenn das Kind alt genug ist, um aufgeklärt zu werden, solltest du es eines Tages nach der Messe ansprechen und ihm die Geschichte erzählen.«

Vom Admiral's Beach her ist Schreien zu hören. Alice will schon aufstehen und nachsehen gehen, doch Mary hält sie zurück. »Kümmere dich nicht drum. Es ist nur Johnny. Er versteckt sich vor den Kindern.«

»Püschta!« spottet Alice.

»Versündige dich nicht!« tadelt Moira sie. »Der arme Mann ist mit seiner Häßlichkeit genug gestraft. Habt ihr seine Finger gesehen? Eigentlich hat er gar keine mehr!«

»Meine Tante hat mir erzählt, daß Johnny sogar einen Pferdefuß hat«, berichtet Alice. »Das ist der Grund, warum er humpelt. Aber sie hat noch was anderes gesagt: Johnny hätte früher mal einen Orden vom König gekriegt. Und Johnny the Light sei der größte Mann, der je auf diesen Straßen umhergetappt ist. Könnt ihr euch das vorstellen?«

»Apropos laufen«, meldet sich Mary zu Wort. »Welche von euch Hexen ist gestern nacht in der Dunkelheit wortlos an mir vorbeigerannt? Ihr wäre bestimmt kein Zacken aus der Krone gefallen, wenn sie hallo gesagt hätte.«

»Ich bin die Straße raufgegangen, meine Liebe. Habe ich das dir nicht schon gesagt? Hab' aber niemand gesehen.«

»Ich genausowenig, Schätzchen. Und bin gleich ins Bett gefallen. Allein, leider.«

»Und überhaupt – warum hast du dich um diese Stunde noch draußen rumgetrieben?«

»Sie hat mich rausgeschickt, um das mit dem Schal zu machen.«

»Du Teufelin! Das hast du uns ja ganz verschwiegen!«

»Darum bist du also zu spät gekommen! Spann uns nicht auf die Folter: Was hat der Schal dir verraten?«

»Fehlanzeige. Die Sonne hatte alles schon weggebrannt.« Mary rollt den Schal auf und hält ihn hoch, damit ihre Freundinnen selbst sehen können. »Nachdem ihr heimgegangen wart, ging ich auf den Brow. Ich schwöre bei Gott, ich sah nicht die Hand vor Augen – aber ich weiß, daß irgendein Nachtschwärmer vorüberschlich. Da habe ich mir gesagt, wenn es nicht eine von euch zwei ist, dann muß es der Darby sein. Ich habe mir vor Angst fast in die Hosen gemacht, wißt ihr?«

»Vielleicht war es der Amadahn«, meint Alice fröhlich. »Oder ein riesiger Kobold.«

»Es könnte auch der Mann ohne Kopf gewesen sein«, sagt Moira.

»Oder ein Pirat.»
»Vielleicht ein Fremder.«
»Johnny war's bestimmt nicht. Der hätte vor sich hin gebrummelt.«
»Püschta.«
»Und du hättest ihn gerochen. Den riecht man, bevor man ihn sieht. Wenn man das Pech hat, daß der Wind aus seiner Richtung weht.
»Vielleicht war es Martha«, sagt Moira.
»Genau! Das muß sie gewesen sein, Mary, meine Liebe. Die alte Frau ist durch die Straßen gewandert auf der Suche nach einem Sterbenden. Oder aber sie hat den Tag der Herzen mit einem Hexenfluch belegt.«

Marys Blick wandert zu Marthas Baracke hinüber. Aus dem Ofenrohr steigt weißer Rauch und löst sich sofort im Wind auf.

»Bei Gott, Mary, ja!« ruft Moira aufgeregt. »Sie war's. Das ist so sicher wie die Scheiße in 'ner toten Ziege. Die Alte weiß genau, an welchem Tag und in welcher Stunde eine Prophezeiung auch klappt. Wetten, daß sie uns alle verhext hat. Kein Wunder, daß unsere ganzen Versuche nichts eingebracht haben. Wir sollten die Pisse dieser Hexe kochen!«

»Mary, du hast noch Glück gehabt, daß sie dir nicht ins Gesicht gespuckt hat. Einmal ist sie zu Walter Halleran auf die Brücke gekommen und hat ihm direkt in die Augen gespuckt. Ohne jeden Grund. Eine Zeitlang war er praktisch blind und ging am Tag drauf nicht in die Schule.«

Mary fällt wieder ein, was an ihrem vierten Geburtstag geschah. Sie war auf der Gasse draußen und probierte das neue rote Dreirad aus, das sie geschenkt bekommen hatte. Plötzlich tauchte die alte Martha hinter ihr auf, stieß sie weg und schnappte sich das Dreirad. Sie nahm es ganz einfach an sich, als gehörte es ihr, und sagte nicht ein Wort. Und dann bestieg sie das Spielzeug rittlings mit ihren Stecken von Beinen und fuhr mit spitz angewinkelten Knien immer im Kreis um die kleine Mary herum. Am Anfang war das Mädchen zu verdattert, um zu weinen, aber als sie etwas rotes Nacktes zwischen den Schenkeln der alten Frau sah, rannte sie kreischend zu ihrem Vater. Doch sie schaffte es nie, ihm zu sagen, was ihr so große Angst eingejagt hatte.

Ihre Augen weiten sich. »Glaubt ihr, daß sie uns verhext hat?« flüstert sie. »Glaubt ihr, daß wir nie einen kriegen? Keine einzige von uns drei?«

Alice und Moira bedenken sie mit einem scheelen Blick.

»Laß den Kopf nicht hängen«, muntert Alice sie auf. »Immerhin haben wir aller Voraussicht nach die Wahl unter allen Junggesellen in der Gemeinde.«

»Richtig, liebe Mary«, nickt Moira. »Nur Mut. Außerdem gibt es eine ganze Reihe Prachtexemplare, die ihre Perlenaugen auf deinen Arsch geworfen haben ... Oder ist dir das gar nicht aufgefallen?«

»Nenn mir doch einen davon«, quengelt Mary. »Wo soll er denn sein? Zeig ihn mir!«

»Nun ...« Moira grübelt.

»Michael Barron zum Beispiel!« platzt Alice heraus. »Ich hab gesehen, wie er in der Ostermesse deinen Hut bewundert hat. Das wäre doch ein hübscher Junge für dich.«

»Bei meinen Augen!« prustet Moira. »Der Professor! Aber ...«

»Ja, und?« fällt ihr Alice ins Wort. »Außerdem ist er nicht so durchgeistigt, wie er aussieht. Er rasiert sich sogar schon. Und heute hat er die Schule geschwänzt. Zu dritt waren sie in der Nacht auf dem Meer draußen. Führten irgendwas im Schilde. Nein, er ist ganz und gar nicht so weltfremd, wie du meinst.«

»Bestimmt haben sie die Reusen geplündert«, sagt Moira. »Mary, mein Liebling, vielleicht hat er dich schon in seinem Buch stehen.«

»Dann gibt es mindestens ein Buch, das ich nicht lesen will«, wirft Alice dazwischen.

»Wißt ihr was?« meint Mary verträumt. »Wir sollten auch irgendwohin rausgehen. Es ist so ein schöner Tag heute. Wir könnten Himmel und Hölle spielen.«

»Oder uns auf den Klippen sonnen.«

»Im Wasser waten.«

»Michael Barron?« unterbricht Mary.

»Ach, Mädchen!« fährt Alice sie ungeduldig an. »Vielleicht ist er es, vielleicht ist es ein anderer. Glaube einfach daran. Wir haben noch den ganzen schönen Tag vor uns.«

Glauben. Mary erinnert sich genau an den Moment, in dem sie den Glauben verloren hat. Schon bevor sie den ersten Milchzahn mit Hilfe der Zunge entwurzelte, hatte sie beschlossen, es auf einen Test ankommen zu lassen. Als es dann soweit war, schluckte sie das Blut hinunter, damit niemand etwas merkte, und verbarg den Zahn unter dem Kissen. Am Morgen lag er immer noch da, ein trockenes, groteskes Etwas. Da weinte sie, wenn auch nicht wegen des Verlusts eines Zähnchens, sondern weil sie etwas anderes verloren hatte, das sie nur noch nicht benennen konnte. Erst als sie Jahre später Katechismusunterricht erhielt, erfuhr sie, was es war.

»Willst du ein Ei auf die Straße werfen, wie es deine Mutter gesagt hat?«

Mary zuckt die Schultern. Wahrscheinlich.

»Siehst du! Dann gibt es ja noch Hoffnung für uns alte Jungfern.«

»Bei meinem Glück«, murmelt Mary, »kommt dann Johnny the Light dahergetorkelt und latscht mit seinem gespaltenen Huf mitten drauf.«

»Was mich betrifft«, sagt Moira, »fahre ich nach Father Duffy's Well raus. Dort schaue ich mir das Faß an, dann sehe ich schon, was es zu sehen gibt.«

»Und ich«, erklärt Alice, »pflücke ein Dutzend Äpfel. Dann schüre ich ein, bis der Ofen glüht, und bringe jeden Junggesellen hier im Ort zum Hüpfen.«

Die Mädchen sehen zu, wie die Nonne aus der Tür tritt und mit den Armen einen so weiten Kreis beschreibt, daß ihre Kutte sich bläht. Sogleich schwirren die Kinder um sie herum – ein Kutter, umgeben von einer Flotte von Booten. Die Nonne wiegt die Glocke in der Hand, hält aber noch den Klöppel fest. Dann hebt sie sie über den Kopf. Die Pause ist vorbei.

»Das wär's dann«, sagt Alice.

»Genau.«

»Sowieso.«

Die drei stehen auf und strecken sich. »Vielleicht«, sinniert Moira, »ist es mit dem Männerfangen wie mit dem Angeln. Ein schlechter Anfang bringt ein gutes Ende.«

»Darum bitten wir ja in unseren Gebeten«, sagt Alice. »Aber vielleicht sollten wir lieber nicht beten. Was diesen Unsinn mit der Liebe betrifft, heißt es, sie sei wie ein Blitzschlag. Der soll mich doch im Arsch treffen, dieser dämliche Blitz! Ich sage euch, Liebe ist bestimmt einer von Gottes schmutzigen Witzen.«

Alice und Moira gehen in den Laden zurück, während Mary wieder zur Ecke bummelt.

Johnny ist weg. Nur der schwarze Hund des Priester schnüffelt noch im Seetang herum. Die Wellen galoppieren dem Horizont entgegen. Obwohl der Wind in die andere Richtung weht, steigt Mary der salzige Geruch von Algen in die Nase. Heute nacht werden sich die Fische ganz bestimmt hier am Strand wälzen. Sie krümmt die Finger zu einem Spielzeugfernglas und sucht das Wasser ab. Wieder und wieder schaut sie bis zum Horizont, doch vom roten Kahn fehlt jede Spur.

Vom Ende der Straße aus kann man die Spitze des Leuchtturms sehen. Das Ganze gleicht dem Visier auf einem Gewehr. Heute, nimmt sich Mary vor, gehe ich dorthin. Ich war noch nie dort, aber heute wird sich das ändern.

Gähnend kehrt sie zu den Eingangsstufen zurück. Moira hat ihre Streichholzschachtel fallen lassen. Gemächlich hebt Mary sie auf. Dann schaut sie durch die Glastür in den Laden. Alice, Moira und Casey grinsen. Er hat die leere Flasche zurückgenommen und schiebt jetzt eine Mütze über die Theke.

Mary steht dicht vor der Tür, wo es windgeschützt ist. Bevor ihre Freundinnen rauskommen, zieht sie hastig drei Zündhölzer aus der Schachtel.

Herrlich, dieses Knattern. Reine weiße Bettücher, die im Wind flattern. Wie Segel auf einem Hochzeitsschiff. Manchmal möchte ich sie am liebsten die ganze Woche da draußen hängen lassen, nur damit ich sie hören kann.

Jetzt paß mal auf, Cornelius Quirk, mein Liebling: Wir setzen dich dort drüben auf den Sägebock, aber in sicherem Abstand zum Beil. Sonst wirst du am Ende noch geköpft. Oder du verlierst die Zehen und Finger – noch so einer wie Johnny the Light. Dann werden deine kleinen Zehen zerstoßen, und die Hühner bekommen sie ins Futter gemischt. Und du wirst einer der gefallenen Engel mit dem Pferdefuß sein. Darum setzen wir dich lieber dorthin, wo du die Sonne und ein bißchen Wind abbekommst. Und dein Häubchen ziehen wir dir schön ins Gesicht. Dann kannst du ein lieber Junge sein und zusehen, wie der Rest der Welt vollends überschnappt. Ich bin gleich wieder da. Ich hacke nur ein paar Holzspäne zum Einschüren.

Da gehen deine Schwester und ihre Busenfreundinnen durch das Schultor zu ihrer letzten Schulstunde. Halte dir das mal vor Augen. Halte dir das einfach mal vor Augen. Ich frage mich bloß, ob sie schon was weiß. Gott sei Dank hat sie Schutzengel an ihrer Seite – der Mond steht zusammen mit der Sonne am Himmel. Wie ich ihr erklärt habe: jeder Glücksbringer ist von Hilfe. Da kommt eins zum anderen. Diesen Hahn, der gekräht hat, muß sie doch auch gehört haben. Und hoffentlich ist ihr der Knopf aufgefallen, den ich ihr in die Kommode gelegt habe. Aber natürlich hat sie es mit keinem Wort erwähnt. Die doch nicht. Heute morgen war sie stumm wie ein Fisch. Hat nur geschmollt. Und aß nicht einen Krümel. Ich schwöre dir bei Gott, wegen diesem Sommerkleid hätte ich fast die Geduld verloren. Schnürte sich den Gürtel um den Arsch und hatte es dann so eilig, davonzukommen, daß sie den Spiegel im Garten hat stehenlassen. Na, besten Dank. Aber ich werde einen Teufel tun und ihn für sie reintragen. Hoffentlich verdirbt sie sich ihr Glück nicht mit Dummheiten. Sonst fängt sie sich am Ende noch einen häßlichen Seeskorpion ein.

Aber wahrscheinlich sollte ich nicht so auf sie einreden. Sie ist ohnehin schon aufgewühlt. Und schließlich ist heute vielleicht der wichtigste Tag ihres Lebens.

Tja, mein Schatz, eigentlich sollte ich an einem schönen sonnigen Morgen wie heute Samen kaufen, die Hacke nehmen und einfach beginnen, diesen Park anzulegen, statt nur immer davon zu reden. Einfach ein bißchen Ordnung in diese Welt bringen. Die Erde ist dick und feucht genug, da werden bestimmt schon zum Fest des heiligen Bonaventura die ersten Knospen rausschauen. Man muß nur darauf aufpassen, daß keine Robben aus dem Wasser gekrochen kommen und die Gärten plündern. Der Flieder ist ja wunderbar, aber noch ein paar andere Blüten wären paradiesisch. Es wird herrlich sein, hier in der Sonne zu stehen und die ganzen Düfte einzuatmen.

Da ist wieder der Mann mit seinem Wagen. Ist das nicht traurig, mein Schatz? Da haben wir den Tag der Herzen, und wer ebnet die Wege? Niemand außer einsamen Männern mit häßlichen Tieren.

Ja, er ist noch dort oben. Brütet noch immer im Friedhof. Pater Langbein. Der Aufseher im hohen Norden. Beschämt uns Heiden mit seiner Frömmigkeit. Entweder hat er eine Frau im Fegefeuer, von der wir keine Ahnung haben, oder er betet für jeden einzelnen Grabstein. Aber wir zwei, wir wissen Bescheid, was, mein Schatz? Dem armen Mann graut nur davor, in dieses gespenstische alte Haus zurückzugehen. Vielleicht sucht er sich ein Bett da oben auf dem Hügel. Na, er wird früh genug eins kriegen. Wird es nicht uns allen so gehen? Hoffentlich hat er sein Kreuz mitgenommen, denn höchstwahrscheinlich wird er seiner eigenen Seele begegnen. Die Dämonen und die Engel kämpfen in diesem Moment um ihn. Ich kann sie fast sehen.

Tja, Sir Percival Willoughby, die Katze sitzt auf dem Fensterbrett und ruft nach uns. Wir müssen die Bettwäsche von der Leine nehmen und dann reingehen. Das Essen auf den Herd stellen. Den Tag der Schöpfung beginnen. Das Bügeleisen auf der Herdplatte anwärmen. Dann gönnen wir uns erst mal 'ne Tasse Tee und dazu Rosinenbrötchen und Preiselbeermarmelade, einen Keks und eine Scheibe vom frischen Brot – es duftet schon aus dem Ofen – und Zwieback, daß du was für deinen kleinen Gaumen zu kauen hast. Wir machen es uns mal so richtig gemütlich, nur wir zwei, was hältst du davon?

X

Blaue Stunde

Von uns gegangen ...«
Der Bug zerschlägt den hostiendünnen Matsch. In seiner
Form gleicht das zerklüftete Tor den Tausenden von Klippen aus
echtem Granit, die die Küste spalten. Die senkrechten Mauern
hier wirken jedoch blaß und gespenstisch. Gazeartige grüne, blaue,
karmesinrote und goldene Schattierungen, deren Pigmente schon
so ausgebleicht sind, pulsieren auf ihnen. Jetzt sind davon nur
noch Spuren oder vielmehr durchsichtige zarte Schraffuren üb-
riggeblieben, die an feinstes Buntglas erinnern.

Von links kommt ein Geräusch von einem reißenden Segel.
Eine ganze Wand schält sich von der Front des Eisbergs und
stürzt in eine Schlucht. Der Eisfall entblößt eine schwarze Narbe
– eine Ader aus Küstenstaub. Abgestandener Geruch treibt an
Michael Barrons Nase vorbei; ihm folgt ein todeskalter Hauch.
Der Junge zittert.

Im Jahre 1914, hat ihm Pop erzählt, schwappten Wellen über
die aufgebahrten Toten hinweg, überzogen sie von einer Sekun-
de auf die nächste mit einer dünnen Eisschicht und rissen sie mit
sich. Die meisten dieser Schollen trieben in den Golfstrom hin-
aus, wo sie schmolzen. Die Leichen verschwanden spurlos. Ein
Block wurde jedoch an den Fogo gespült. Sein Kern bestand aus
einem Jungen, der nicht älter als Michael war. Ein Fischer ent-
deckte ihn und vertäute die Eisplatte mit einer Selbstverständ-
lichkeit, als würde er eine Jolle bergen, an der Mole.

Michael staunt über die Größe dieses Eisgebildes, das sie um-
armt. Er staunt über sein Alter, über die weite Strecke, die es
zurückgelegt haben muß, und überlegt, wie viele Leichen junger
Leute schon darin begraben sind.

»... aber unvergessen«, vollendet Wish. Er hat sich über dem
Stauraum aufgebaut. An seinen Beinen lehnt griffbereit die Flin-
te. Er packt das Gaff und stößt mit seiner Hilfe die Spitze des

Boots im Stil eines Gondoliere immer wieder von der Eiswand weg. Gus, der auf der Ruderbank hockt, taucht das lange Ruder sorgfältig und schnell überall dort ein, wo er Wasser vorfindet.

»Dreh bei!« schreit Wish und stößt eine große Scholle beiseite. »Dreh bei!«

Michael rammt das Reserveruder achtern in das trübe Naß. Wie die grüne Schleimschicht eines Teichs deckt der Matsch die Oberfläche der Eisbucht so gründlich zu, daß sich der von außen hereinbrechende Seegang zu einem bloßen Plätschern beruhigt. Gleichwohl verfängt sich das Boot ständig zwischen Eistrümmern und -schollen, und wenn der Rumpf abgebrochene Teile rammt, hallen die Schläge dumpf von den Wänden wider.

»Dreh dich doch selber bei!« knurrt Gus.

Michael hat die Nase voll von dieser Jagd. Seit Stunden betreiben sie sie schon. Längst ist ihm die Kälte in sämtliche Knochen gekrochen, und vor Hunger ist ihm ganz schlecht.

»Gallant«, brummt Wish gedehnt, »jetzt muß ich dir mal was sagen: Das war wirklich ein geschickter Zug von dir, daß du ihnen unseren einzigen Fisch als Geschenk vermacht hast. Und was hast du damit bewirkt? Du hast sie bloß aufgepäppelt, damit sie uns weiter an der Nase herumführen können. Wetten, daß sich die zwei Erzengel unter uns in diesem Moment die Lippen abschlecken und sich vor Lachen schütteln. Jetzt haben wir überhaupt keinen Fisch mehr, den wir unseren hungernden Kindern mitbringen können. Nichts. Null.«

»Halt's Maul, Butt! Was zum Teufel soll's? Kein großer Unterschied zwischen einem und keinem. Der war sowieso nichts wert. Und jetzt halt dein Maul.«

Wish brüllt unverdrossen: »BEREUE, BEREUE, BEREUE, DU SÜNDER ... DANN FINDEST DU ERLÖSUNG BEI DEINEM HERRN ... JESUS ... CHISTUS!« Seine Rufe hallen mit immer leiser werdender Lautstärke wider.

»Schnauze, hab' ich gesagt! Sie sind irgendwo hier drin. Wir haben die Mistviecher in der Falle. Sie müssen zum Atmen hochkommen, aber du Riesenarsch vertreibst sie bloß wieder!«

Zur Antwort streckt Wish in einer obszönen Geste den Daumen nach oben. Mit gespielter Tapferkeit, als wolle er sich nur vor dem Haus die Füße vertreten, steigt er dann auf den Rand einer Eisscholle. Sie sinkt unter seinem Gewicht ein, doch er ruft übermütig:»Ich hab' meine Jesuslatschen an und kann auf dem Meer laufen!« Als das Wasser über seine Stiefel zu schwappen droht, wechselt er lässig auf eine größere und stabilere Platte über. Sobald seine Füße an den gefrorenen Rändern Halt gefunden haben, hangelt er sich mit dem Gaff am Kahn entlang und manövriert sich vor dem Boot ganz in die Bucht hinein. Dazu singt er laut:

>»Oh, wie wir toben werden,
>oh, wie wir brüllen werden ...«

Bald darauf stößt das Boot gegen den Kontinent aus Eis. Gus legt die Ruder beiseite, klettert flink zum Stauraum hinüber und stemmt den Anker hoch. Einen Moment lang wiegt er ihn in den Armen, als tröste er einen Säugling. Mit den Worten:»Raus mit dir und lauf!« wirft er ihn dann auf das Eis und springt hinterher. Mit einer Hand birgt er den Anker und zieht ihn bis über die Flutlinie, um die Kralle in einen Eishügel zu rammen.

Unterdessen hat sich Michael über dem Stauraum aufgebaut und zieht das Boot am Tau heran. Es gleitet mit solcher Leichtigkeit das Eis hinauf, daß er fast glaubt, Geister würden es schieben. Als es ganz oben ist, neigt sich das Boot zur Seite und kommt schließlich auf dem Außenbord zum Liegen.

Michael knotet das Tau um den Steven und läßt sich vom Dollbord hinab. Als er die Füße auf die milchig blaue Masse stellt, fangen seine Knie an zu zittern. So wartet er, bis sein Körper sich allmählich an die unvertraute Festigkeit gewöhnt hat. Kein Zweifel, das Ungetüm ist tatsächlich auf Grund gelaufen. Sein Eis ist von brackigem Meerwasser ganz klebrig und bietet sicheren Halt.

Der Berg leidet bereits unter der zersetzenden Gewalt des Salzwassers. Die Flut, die nun einsetzt, hat seinen Sockel schon ringsum angenagt und ihn zum Zeichen seines Alters in einen

Pilz aus Eis verwandelt. Aber die gespenstisch glatt geschliffene Böschung weist nicht den üblichen Unrat auf, den eine Flut sonst zurückläßt – keine Algen, kein Holz, keine Seesterne, Muscheln oder Uferschnecken, keine Kiesel und keinen Sand.

Wish stellt sich nun neben Michael und rammt den Fischhaken in das Eis, als wäre es eine Fahnenstange. »Im Namen seiner Majestät König George des Sechsten ergreife ich hiermit Besitz von diesem neuen ...«

»Halt deine Scheißfresse!« zischt Gus.

Die Jungen stehen auf einem schattigen Flecken. Gus deutet mit dem Kinn auf das durch das Eistor hereinströmende Sonnenlicht. Wortlos rutscht er zum Boot zurück, nimmt die Flinte heraus, legt den Lauf auf den Bootsrand, spannt den Hahn, zielt.

Jetzt sieht auch Michael den schwarzen Schwanz. Er lugt hinter einer Kuppe hervor.

Nach einem tiefen, gespannten Durchatmen donnert die Flinte los. Eis spritzt auf und senkt sich in silbrigem Dunst zu Boden.

Der Knall prallt mit einem Donnern vom Eis zurück. Michael ist sich sicher, den Eisberg unter seinen Füßen beben zu spüren. Als der Widerhall erstorben ist, hören die Jungen das klägliche Schreien eines Babys. Ein kreisförmiger roter Fleck breitet sich auf der Eisklippe aus.

»Und«, intoniert Gus feierlich, »möge der Herr deiner Seele gnädig sein.« Mit einer großspurigen Geste klappt er den Verschluß auf und richtet den Lauf himmelwärts, bis eine rauchende blaue Patronenhülse in seine Hand fällt. Dann setzt er die immer noch umgeknickte Flinte wie einen Papagei auf seine Schulter. Michael genießt den herrlichen Schießpulvergeruch.

Der hinter dem Eishügel verborgene Bulle wird nun ganz sichtbar. Im Stil eines sich auf einer Rutschbahn vergnügenden Kindes gleitet er mit dem Kopf voran einen natürlichen Eiskanal hinunter. Ein Auge ist ihm weggeschossen worden. Seinem anmutig gewundenen Weg folgt eine rostig-rote Blutspur. Dann plumpst das Tier ins Wasser, um sogleich zu versinken.

Seehunde, sagt Pop, sind die Seelen der im Meer ertrunkenen Seeleute.

»Verstoße dich Gott in die Hölle«, brummt Gus. Er schiebt eine neue Patrone in die Kammer und klappt den Lauf zu. Mit Hilfe des Fischerhakens ist Wish inzwischen der blutroten Spur hinterhergeklettert. Gus folgt ihm eilig und wartet gemeinsam mit ihm, bis das Tier wieder auftaucht.

Michael bleibt im Schatten zurück. Sein Atem dampft. Vor Kälte bibbernd, stopft er die Hände in die Taschen seines Ölzeugs. Trotzdem gibt es kein Entkommen vor der Kälte. Sie ist durch seine Stiefel gedrungen, kriecht seine Beine hoch und setzt sich in seinem Unterleib fest, um von dort aus auf den ganzen Rest seines Körpers auszustrahlen.

Umrahmt vom bleichen, gespenstischen Fjord wirkt das knallig rote Boot, in dem er so viele glückliche Stunden erlebt hat, merkwürdig weit entfernt. Irgendwie gehört es nicht hierher, sondern ist zusammen mit allem Bunten in der wirklichen Welt zurückgeblieben. Den Jungen befällt auf einmal die Furcht, er sei in eine abgelegene, isolierte und kalte Parallelwirklichkeit hineingefallen. Er sehnt sich nach der schlichten Wärme der Küche.

Anschwellendes Licht lenkt seinen Blick nach oben. Die Krone des Bergs glüht in der Sonne. Langsam entfernt er sich vom Boot und von seinen Gefährten, und kaum hat er einen erfolgversprechenden Weg entdeckt, beginnt er die Besteigung der Pyramide.

Als die Sonne im Westen versank, wurde sie von der Göttin Nut verschluckt, doch am Morgen wurde sie zwischen ihren Schenkeln wiedergeboren.

Die Uhr an der Wand sagt, daß es halb zwölf ist. Jeden Moment wird jetzt ein Klopfen an die Tür dröhnen. Es ist jedes Jahr dasselbe.

Durch die hohen Fenster flutet Licht herein. Mary hebt das Gesicht in die wärmenden Sonnenstrahlen und kneift die Augen zu einem schmalen Schlitz zusammen. Als die Sonne hinter einer Wolke verschwindet, gelingt es dem Mächen, mitten in die schwarze Scheibe hineinzuschauen. Sie versucht sich auszumalen, wie es ist, wenn man gebärt. Brennend heiß? Oder wegen des vielen Wassers eher kühl und naß?

Jeden Moment wird jetzt ein Klopfen an der Tür dröhnen. Mary kann es fast schon hören. Sie ist in einem Zustand, in dem man genau weiß, daß gleich etwas Bestimmtes geschehen wird. Ja, eigentlich ist es bei ihr heute den ganzen Tag schon so. Wenn man nur intensiv genug an die Zukunft denkt, kann man sie bisweilen tatsächlich noch schneller herbeiführen.

Ja, das Klopfen wird an der Tür dröhnen, und die Nonne wird hinüberhuschen und aufmachen. Dann wird eine dunkle Säule von Mann im Rahmen stehen. Zunächst wird er einen Schritt zurückweichen, als wäre er überrascht. Die Kinder werden von ihren Sitzen aufspringen, Haltung annehmen und ein harmonisches »Guten Morgen, Pater!« singen.

Mary hat den Buchstaben »M« gewählt – mit dem auch ihr Name anfängt. Immer wenn die Nonne ihnen zu lesen gibt, was sie gerade haben wollen, zieht sie diesen einen Band aus dem Regal für die Lexika. Und heute, an dem Tag, an dem sie die Schule für immer abschließt, wird sie ihn zu Ende lesen, denn inzwischen ist sie bei »Mythologie« angelangt. Sie kennt bereits Ganymed, Ahura Masda, Balder, den Koloß von Rhodos, Cheops, Teotihuacán, Stonehenge, den Kult von Mithra, Venus, die Göttin der Liebe, hat nachgelesen, welchen Ruf der Hahn ausstieß, als Apollo geboren wurde, und ist vertraut mit all den anderen Sonnen-, Mond- und Sterngöttern, dem Ursprung der Kalender und vielen anderen wunderbaren Dingen.

Sie liest am liebsten, wenn keine Prüfung droht. Heute ist sie mit den Gedanken allerdings nicht bei den Worten. Die Uhr lenkt sie ab – schließlich hat sie noch die Warnung der Frau im Ohr: Punkt Mittag, Kind, oder du kannst das Ganze vergessen.

Außerdem lenkt sie das verwaiste Pult ab, auf dem ein Lineal, Stifte und Bücher verstreut herumliegen. Es sieht so aus, als wäre er nur kurz rausgegangen. Mary läßt die Hand in das Fach unter ihrem Pult gleiten und berührt die verkohlten Zündhölzer. Sie gibt sich alle Mühe, sein Gesicht vor ihrem inneren Auge auferstehen zu lassen, aber es will ihr einfach nicht gelingen, obwohl sie seit ihrem sechsten Lebensjahr in dieselbe Klasse gehen.

Fünf nach halb elf.

Benommen von einer solchen Flut lächelnder Gesichter wird der Priester langsam ins Klassenzimmer treten. Er wird seinen Arm wie einen Zauberstab halbkreisförmig schwingen, wie durch Magie werden die Kinder auf ihre Sitze zurückfallen, und er wird sie mit seinem Priesterlächeln bedenken.

Moira hat sich einen dicken Roman genommen. So etwas und Comics sind das einzige, was sie interessiert. Sie blättert ihn eilig durch – wahrscheinlich sucht sie die romantischen Stellen.

Alice liest etwas über das Meer. Sie reißt ein Blatt aus ihrem Notizblock und kritzelt mit einem lüsternen Grinsen eine Mitteilung für Moira. Mary liest mit.

WAS SCHLIMMES DABEI?

Moira antwortet.

ES IST HEISS! ES GEHT ÜBER FEUER. DEINS?

FISCH, FISCHER

OOOH! NAMEN, LIEBSTE, NAMEN!

Den Zeigefinger immer auf ihr Buch gepreßt, schreibt Alice etwas ab. Um ihre Lippen spielt ein verschmitztes Lächeln.

GADUS MORHUA, AURELIA AURITA, HIPPOGLOS-SUS HIPPOGLOSSUS, NOCTILUCA SCINTILLANS, MAL-LOTUS VILLOSUS – GEFÄLLT DIR EINER VON DIESEN HÜBSCHEN BURSCHEN?

Als die Mädchen losprusten und kichern, sieht die Nonne wütend auf und schürzt die Lippen.

Zehn nach halb.

Sobald der Priester lächelnd vor ihnen steht, wird der Lärm zunehmen, wenn die Kleinen schwatzend ihre Griffel, Hefte, Füller und Bleistifte einpacken.

Mary blättert blind im Lexikon herum. Als sie hinschaut, merkt sie, daß auf der aufgeschlagenen Seite die Zeichnung eines Fischs prangt. Aber das ist ja gar kein Fisch, sondern eine Nixe.

Das Wesen liegt auf einem Felsen am Strand. Sein Unterkörper hat Flossen und Schuppen. Der Schwanz baumelt träge im Wasser. Der Oberkörper ist der einer wunderschönen Frau, die sich in dickes dunkles Haar eingewickelt hat. Die Brüste sind nackt, weisen jedoch keine Warzen auf – was Mary noch merkwürdiger als die Flossen und Schuppen findet.

Sie will das Buch schon zuschlagen, als ihr Auge auf die Seite gegenüber fällt. Dort ist ein riesiger schwarzer Zentaur abgebildet. Im Hinterkopf hört sie eine Nonnenstimme flüstern, sie solle nicht hinschauen und das Buch schließen.

Das Ungeheuer wirkt mächtig und geschmeidig. Seine Brust ist mit dunklem Filz bewachsen, sein Kopf mit dichtem schwarzem Haar und einem festen lockigen Bart gekrönt. Mit seinem muskelbepackten Arm schwingt es einen Speer. Ist es überhaupt ein Tier? Wenn nicht, dann kann es nur ein Mann sein.

Aus dem Feuer, das sie unter der Sonne gespürt hat, ist kühle Feuchtigkeit geworden, die sich über ihren ganzen Körper ausbreitet. Genau dasselbe empfindet sie immer, wenn sie an einem heißen Sommertag in dem durch das Moor fließenden Bach badet. Fasziniert sieht sie die nebeneinander abgebildeten Gestalten an. Plötzlich streift sie der Gedanke, daß sie Mann und Frau sein könnten.

Die Uhr sagt Viertel vor zwölf.

Der Priester wird vorn stehen, und die Kinder werden schwatzen, bis die Stimme der Nonne »Ruhe!« befiehlt. Das Durcheinander wird sich legen. Die Kinder werden stöhnen. Die Nonne wird erklären: »Kinder, bevor ich euch entlasse, möchte der ehrwürdige Vater noch ein paar Worte zu euch sagen.«

Die Nonne wird hinter ihr Pult treten. Sie wird die Finger zu einer Art Gebet ineinander verhaken. Sie wird den Priester erwartungsvoll ansehen. Er wird sich vorn hinstellen und auf die Uhr sehen. Er wird sich bekreuzigen, und die Nonne und die Kinder werden es ihm gleichtun. Der Priester wird die Hände hinter dem Rücken verschränken und die Pose eines Redners einnehmen. Dann wird er tief Luft holen und anfangen.

Jeden Moment muß sein Klopfen an die Tür donnern. Es ist ja jedes Jahr dasselbe.

Michael staunt über die Leichtigkeit des Aufstiegs. Der Hang ist mit einem Teppich aus verkrustetem Schnee bedeckt, so daß er sich mit jedem Schritt seine Treppe selbst hauen kann. Dank des Schnees meistert er Spalten, Schluchten und Gassen, rutscht er auf langgezogenen Graten nicht aus und wandert durch reizvolle säulenförmige Tempel. Von einer wärmenden unsichtbaren Hand fühlt er sich immer höher gezogen.

Über ihm heben sich die Umrisse des Gipfels deutlich vom Blau des Himmels ab. Er ist spitz, und Michael erkennt schon jetzt, daß es dort gerade noch zum Stehen reichen wird.

Mit jedem Schritt scheint die Luft wärmer. Zu beiden Seiten ist das Eis lichtdurchlässig. Prismen spiegeln den Sonnenschein wider, verstreuen ihn und überfluten selbst die tiefsten Spalten mit kaleidoskopartigen Mustern. Michael rechnet schon damit, nach der nächsten Biegung auf ein Erdbeerfeld, eine Glockenblumenwiese oder auf einen Fliederstrauch zu stoßen.

Ein schriller Schrei läßt ihn jäh anhalten. Er dreht sich um und sieht nach unten.

Wish und Gus haben den Bullen mit dem Gaff am Schwanz erwischt. Das Tier zappelt und windet sich hilflos. In seiner Panik schreit es wie ein Schwein. Die Jungen kreischen vor Vergnügen – Dämonen, die die Verdammten quälen.

Zu zweit ringen sie den Seehund nieder. Wish hockt sich auf ihn und hält ihn an den Flossen fest, während Gus ihm den Kolben der Flinte zwischen die Augen schlägt. Aus dem Schädel spritzt Blut auf die zwei Jungen und ergießt sich in einem kreisförmigen Fleck über das Eis. Der Seehund zuckt noch ein-, zweimal, dann hängt er reglos in ihren Armen. Mit einem Mal ist er nichts weiter als ein Sack voller rotem Saft und Fett.

Wish erblickt Michael hoch über sich und stößt sein typisches Johlen aus. Gus winkt ihm triumphierend mit einem in der Sonne rot glänzenden Arm zu.

Angewidert wendet sich Michael ab und setzt den Aufstieg fort.

Etwa auf halbem Wege kommt er zu einer ebenen Fläche. Sie ist groß genug, um dort ein Zelt aufzuschlagen, ja, man könnte darauf sogar zu dritt Ball spielen. Von den Adern eines gefrorenen Katarakts, der spektakulär über seinem Kopf hängt, tröpfelt Schmelzwasser herab und sammelt sich auf dem Plateau in reizvollen stufenförmig angeordneten Lachen. Von dort fließt es in ein in den Boden des Plateaus gestanztes Loch ab, durch das es in einem senkrechten Wasserfall ins Innere des Eises stürzt. Eine hauchdünne Eismembran säumt die Ränder der untersten Lache. Michael kniet sich davor nieder, bricht ein Stück von der Membran ab und legt sie sich auf die Zunge. Sie schmilzt wie die Hostie bei der Kommunion. Nun beugt er sich über das Wasser und trinkt davon. Es ist perlend frisch und schmeckt reiner als alles, was er bisher gekostet hat. Und es ist so kalt, daß seine Zähne zu brennen anfangen. Er wünscht, er könnte jemanden hierherführen, an diesen besonderen Ort, und mit ihm gemeinsam aus diesem Wunderbrunnen trinken.

Der Berg bebt. Kräusel jagen über die Wasserfläche. Natürlich liegt das an der unaufhaltsamen Eisschmelze. Spätestens Ende der Woche wird der Berg nur noch in der Erinnerung existieren.

Etwas zupft an Michaels Ellbogen.

Er dreht sich um. Zarte Dampfwolken wirbeln vom Gipfel aus in den Himmel. Ein dünner Regenbogen taucht auf, treibt verträumt im Dunst dahin und entschwindet.

Michael sieht den Weg nach oben deutlich vor sich. Er ist leicht zu erklimmen.

»Im Namen des Vaters, des Sohnes und des Heiligen Geistes.

Liebe Kinder: Danke, daß ich in eurem Klassenzimmer zu Gast sein darf. Ich weiß, daß ihr euch auf eure Ferien freut. Heute ist ein wunderbarer Tag, und ihr wollt gern hinaus in den Sonnenschein, um ihn zu genießen – so wie auch ich. Darum möchte ich euch nicht allzu lange aufhalten.

Glückwunsch zum Bestehen eurer Prüfungen und zum Aufrücken in die nächste Klasse. Glückwunsch insbesondere an diejenigen unter euch, die von jetzt an ihren Weg allein in der Welt gehen. Meine besten Wünsche begleiten euch. Möget ihr Erfolg und Glück finden.

Nun, kann mir jemand sagen, welcher besondere Tag heute ist – außer natürlich, daß jetzt die Ferien anfangen? Ganz richtig, mein Junge. Heute ist der Festtag Johannes des Täufers. Sein Geburtstag, wenn ihr so wollt. Wie ihr wißt, ragt Johannes aus der Schar der Heiligen heraus. Normalerweise wird am Tag eines Heiligen seines Martyriums gedacht – des Tages, an dem er für seinen Glauben starb. Aber das Fest Johannes des Täufers wird an dem Tag gefeiert, an dem er geboren wurde. Weiß jemand, warum die Kirche, unsere Heilige Mutter, dem heiligen Johannes eine solche Sonderbehandlung gewährte?

Ganz genau, mein Kind. Er bereitete die Welt auf die Ankunft Christi vor. Der heilige Johannes bereitete dem Herrn den Weg. Die Bibel sagt, daß er der auserwählte Pfeil Gottes war, der Prophet des Höchsten. Er kündigte die Ankunft Christi an. Er legte Zeugnis vom Licht ab.

Es war der heilige Johannes, der uns die wichtigste Lektion lehrte, die wir wissen müssen: daß Gott selbst das höchste Licht unserer Seele ist. An diesem Morgen, liebe Kinder, an dem ihr euch anschickt, den Sommer zu genießen, möchte ich euch an diese schlichte Lehre erinnern. Haltet euch immer an die einfache Wahrheit eures Glaubens. Denkt an die Bedeutung des Lichts: Der Allmächtige Gott – Christus – selbst in all seiner Weisheit, Erhabenheit und Güte ist das Licht.

Nun, liebe Kinder, heute wird das Fest des heiligen Johannes gefeiert. Aber dieser Tag hat noch eine andere Bedeutung. Kann sich jemand denken, welche?

Ja, mein Kind! Sehr richtig. Heute ist Sommeranfang. Heute ist Sonnenwende. Um diese Zeit steigt die Sonne wie immer nach zwölf Monaten zu ihrem höchsten Punkt am Himmel auf. Um diese Zeit haben wir jedes Jahr die meisten hellen und die wenigsten dunklen Stunden. Die Sonnenwende ist eine Zeit des Leuchtens, eine Zeit der Frische, der Wiedergeburt. Es ist ein Tag, an dem wir nach vorn, an dem wir in die Zukunft schauen. Es ist ein Tag, an dem wir aus uns herausgehen, unsere kleinen Sorgen hinter uns lassen.

Liebe Kinder, das Licht eurer Seele ist Gott. Es ist der Allmächtige Christus. Das hat uns der heilige Johannes gelehrt. Dank ihm können wir glauben. Aber … das Licht unserer Seele ist noch mehr. Was könnte dieses mehr sein?

Weiß keiner die Antwort?

Ahnt ihr sie nicht einmal?

Das Licht, von dem ich spreche, das sind auch – die Menschen. Es sind unsere Mitmenschen. Unsere Brüder und Schwestern. Damit sind nicht nur unsere richtigen Brüder und Schwestern, unsere Blutsverwandten gemeint, sondern auch unsere Freunde. Unsere Schulkameraden. Liebe Kinder, damit sind sogar unsere schlimmsten Feinde gemeint.

Es sind die Menschen, die die Dunkelheit unserer Seele erhellen. Es ist der Kontakt zu den Mitmenschen. Es ist die Verbindung mit anderen, das Band zu einer anderen Seele, die Berührung durch ein Wesen außerhalb unserer selbst.

Liebe Kinder, heute morgen habe ich dem Friedhof einen Besuch abgestattet. Es war mein erster Gang zu diesem heiligen Ort, seit ich meine Mission in dieser Gemeinde angetreten habe.

Und was, glaubt ihr, habe ich dort erfahren?

Ich habe gelernt, daß die Namen auf den Grabsteinen auch die Namen sind, die ihr tragt. Die Menschen, die dort unter der Erde ruhen, sind eure Groß- und Urgroßeltern. Vor nicht allzu vielen Jahren waren all diese Leute … Was waren sie? Sie waren Kinder so wie ihr heute. Ja, vor nicht allzu langer Zeit saßen diese Kinder in genau diesem Zimmer. Sie wärmten dieselben Pulte, die jetzt ihr einnehmt. Sie schrieben an dieselbe Tafel. So wie ihr heute freuten sie sich auf die Freiheit des Sommers. Sie freuten sich darauf, in der Sonne zu spielen. Aber heute, an diesem herrlichen Sommertag, liegen diese Menschen unter der Erde. Heute sind sie alle Teil von Gottes Ewigkeit.

Die höchste Form menschlicher Verbindung, liebe Kinder, ist die Liebe. Ihr seid vielleicht noch zu jung, um das zu wissen, aber sie ist die größte aller Wahrheiten. Bald – wenn ihr Glück habt – werdet auch ihr diese erhabene Wahrheit kennenlernen. Und ihr werdet noch eines lernen: Die Liebe kann die heiligste, die schönste Erfahrung sein, die das Leben für euch bereithält. Die Liebe kann das erhabenste, das herrlichste, das gesegnetste Sakrament Gottes sein.

Aber die Liebe kann auch überwältigend – sogar furchterregend sein. Viele, die sich ihr stellen wollen, werden davonlaufen. Sie werden in panischer Angst vor ihr fliehen, als wäre sie ein gräßliches Ungeheuer. Viele werden zurückweichen. Viele werden bei ihrer Seele schwören, sich diesem Ungeheuer nie wieder zu nähern. Genau das aber, liebe Kinder, gilt es zu vermeiden, und dafür müßt ihr Mut aufbringen.

Wenn das Licht der Liebe zu euch kommt, dürft ihr nicht ängstlich fliehen. Wie furchterregend diese Liebe auch sein mag, was immer ihr auch tut, ihr müßt sie annehmen. Sie ist die erhabenste aller spirituellen Freuden Gottes. Sie ist nicht weniger als der Weg, die Straße zur Erlösung eurer Seelen, und ihr müßt sie fest packen und dürft sie nie wieder loslassen.

Meine Kinder, meine lieben Kinder, meine Botschaft an diesem Tag, an dem ihr in diesen herrlichen Sommer – in euer herrliches Leben – hinausgeht, ist diese: Ich möchte, daß ihr ja sagt zu dem Geschenk des Lichts. Es ist der Weg zur Erlösung. Ich möchte, daß ihr die Hand nach euren Brüdern und Schwestern ausstreckt. Ich möchte, daß ihr nach vorn in die strahlende Helligkeit der Liebe tretet. Versprecht mir, daß ihr das tun werdet. Versprecht mir …«

Der Priester tritt vom Spiegel zurück. Schweißperlen rinnen ihm über die Augen.

Er führt die Hand an seine Stirn.

»Im Namen des Vaters, des Sohnes …«

Michael Barron ist jetzt der Sonne ganz nahe.

Er steht auf dem Gipfel des Eisbergs. Jedes Molekül des furchterregenden Podests wird dafür benötigt, sein Gewicht zu halten. Das Eis wurde eindeutig ihm zuliebe angeschwemmt. Er war dazu ausersehen, hier oben anzukommen.

Kein Zweifel, einmal, vor langer Zeit in der Geschichte der Welt, flog eine Krähe, eine Möwe oder vielleicht ein Schmetterling durch dasselbe Fenster in die Luft – oder womöglich war es ein Seemann, der zufällig in dem Moment im Mastkorb saß, in dem sein Schiff in der Bucht Zuflucht fand. In Michaels Vorstellung ist der Eisberg keine Masse mehr, die unwiderruflich auf Grund gelaufen ist, sondern ein großer weißer Schoner, der sich gegen den Wind stemmt. Vorhin war ihm vom Sturm auf den Gipfel noch schwindlig gewesen, jetzt versetzt ihn dieser Gedanke in einen neuerlichen Taumel.

Warme Winde ziehen vom Land zu ihm herüber und vertreiben die vom Eis aufsteigende Kälte. Plötzlich atmet der Junge den Erdgeruch von Heu, Harz und Teerdächern ein.

Von diesem Gipfel aus kann er das Eis als Ganzes in sich aufnehmen. Der sichtbare Teil über der Haut des Ozeans ist riesig genug, doch Michaels Blick durchdringt das Wasser und entziffert auch die verborgene Masse, die tiefen Umrisse des Bergs, seinen Hauptteil, der – auch er ganz in kathedralenblauen Schattierungen – unter Wasser auf tödlichen Graten und Gräben reitet. Das ist das, was Gott sieht: die Topographie der Liebe.

Michaels Kumpel sind von hier oben aus gesehen winzige Gestalten. Kopf an Kopf beugen sie sich über den Seehundkadaver. Sie haben ihn bereits aufgeschlitzt und vor sich ausgebreitet. Dunkle Flecken beschmutzen das Eis. Messerklingen blitzen im Sonnenlicht auf. Die Jungen bewegen sich so feierlich wie der Priester und sein Ministrant beim Zelebrieren der Messe.

Auf dem stillen Wasser im Windschatten des Eisbergs tanzt das Parallelogramm von Caseys Reuse. Das Kabel, an dem die ganze Konstruktion hängt, führt so augenscheinlich zu seiner Verankerung am Naked Man, daß es Michael Barron plötzlich so vorkommt, als lasse die Steinpyramide einen riesigen Drachen fliegen.

In der anderen Richtung, Meilen von hier im Norden – weit hinter Gelden, ja, noch ein gutes Stück hinter Distress, Isle aux Morts und den anderen düsteren Häfen, die die Küste bis hin zum Fogo säumen – schleppt ein Motorboot ein Haus Zentimeter für Zentimeter zu einem neuen Standort. Aus dem Kamin entweicht fadendünner Rauch, so daß sich der Eindruck aufdrängt, das Haus schiebe das Boot an.

Der Anblick erinnert Michael an Pops Erzählung von der

großen Flut im Jahre 1929. Eines Tages fingen um die Mittagszeit herum die Ofenklappen zu tanzen an. Da sagte Gran zu Pop: »Noah, ich sterbe, verdammt noch mal!« Und als Pop das Klappern hörte, rief er: »Verdammt noch mal, Frau! Ich sterbe auch!« Aber keiner von ihnen starb. Noch nicht, zumindest. Sie setzten sich sogar in aller Seelenruhe hin und verzehrten ihr gepökeltes Rindfleisch.

Gerade hatten sie die Teller abgewaschen, als das Meer sich entschloß, an Land zu gehen. Das Wasser löste die Häuser friedlich aus ihrer Verankerung und trug sie in einem Flottenverband aufs Meer hinaus. Die Leute winkten einander fröhlich zu, ohne sich beim Kartenspielen, Putzen oder Singen stören zu lassen. Als die Flut sich wieder legte, bauten sie in die Fensterrahmen Ruderpflöcke ein und paddelten die Häuser bis zum Admiral's Beach zurück, wo sie sie rund um die Kirche herum – die selbst fest in der Erde verankert war – an derselben Stelle wie zuvor einpflanzten. Am nächsten Morgen wurden Kähne auf Baumkronen gefunden. »Es war keine Katastrophe«, sagte Pop, »sondern eine Romanze.«

Weit draußen springen Grindwale einer nach dem anderen, heiße Fontänen spuckend, aus dem Wasser. Michael stellt sich jeden einzelnen als Speiche eines riesigen Rads vor, das sich, getrieben vom Wind, durch das Meer auf das Ufer, das sie Flemish Cap nennen, auf Irland zuwälzt. Michael denkt an den Winter, in dem die Bucht zufror und die Jungen Kufen an ihre Stiefel schnallten, ihre Mäntel zu Segeln ausbreiteten, die sich sogleich im Wind blähten, und einander wie die Verrückten ein Wettrennen zum tödlichen Rand hin lieferten, den sie früher oder später erreichen mußten.

Doch heute ist der Wind warm und streichelt sein Gesicht. Zugleich kühlt er den auf seiner Stirn glitzernden Schweiß. Michael wischt sich die beschlagenen Brillengläser ab. Der Anflug einer Farbe zieht an seinen Augen vorbei, ein bloßer Hauch, der so schwach ist, daß er auch nur eine Erinnerung sein könnte. Bevor er ihm entgleitet, entfacht der Funke Visionen von Blüten, Halluzinationen von Löwenzahn, gelben Butterblumen, üppigen

Glockenblumen, Kirschbäumen, grünen Kiefern und Mündern voller Blaubeeren.

Er dreht sich um und richtet den Blick zu guter Letzt auf die Gemeinde. Fliederbüsche springen ihm in die Augen. Ihre Blüten umrahmen einem Heiligenschein gleich die Salzkiste. Vor dem blaßblauen Haus erscheint ihr Lila geradezu feuerrot. Etwas läuft über die Straße auf das Haus zu – eine Säule aus weißem Licht.

Ein Anflug von Schwindel befällt Michael Barron, als das tückische Eis sich unter seinen Füßen bewegt.

XI

Wagenrad

DIE SONNE hat ihren Zenit erreicht. Der Junge, der etwas früher von der Schule heimgehen darf, läuft über den Kirchplatz zum Laden. Dort angekommen, schirmt er die Augen mit den Händen ab und drückt sich die Nase am Schaufenster platt. Aber weil mehrere Kerosinlampen vor der Litfaßuhr hängen, kann er nicht erkennen, wie spät es ist.

So beschließt er, »Als ob« zu spielen. Er tut so, als ob es noch genau sechzig Sekunden bis Mittag wären; dreht sich um und läuft laut zählend über den vom Sonnenlicht überfluteten Platz zur Kirche, die Stufen hinauf und durch die Tür unter dem Rosettenfenster zum Glockenturm.

Just in dem Moment, in dem er bei sechzig angelangt ist, dröhnt die Glocke los.

Möwen hören den Klang und landen auf den Felsen. Mit gereckten Hälsen lauschen sie dem Hallen nach. Die Klosterkatze erwacht gähnend aus ihrem Sphinxschlaf, blinzelt und legt die Ohren an. Der Hund am Strand hebt seinen schwarzen Schädel über die Wellen, schüttelt sich das Salzwasser aus den Ohren und schnüffelt in die Luft.

Das senkrecht über dem Gipfelkamm stehende Licht ertränkt den Felsblock unter sich. Einen Moment lang wirft der riesige Stein keinen Schatten.

Der dicke Geschäftsinhaber unterbricht sein Geldzählen. Er merkt sich noch schnell die Endsumme und beglückwünscht sich gleichzeitig zur Genauigkeit seiner Litfaßuhr, ohne sich freilich die Mühe zu machen, nachzusehen. Lächelnd wendet er sich wieder dem Kassensturz zu.

Der Wind raschelt durch die Birkenblätter. Mitten in der Allee hält der Priester unvermittelt an und pflanzt seinen Stock vor sich in den Boden. Bedächtig beugt er sich vor und lehnt sich mit seinem ganzen Gewicht auf den Stock. Sein Blick folgt den Horden von Schulkindern, die jetzt alle auf dem Heimweg sind. Das Messer in seinem Leib nimmt seine Arbeit wieder auf.

Als sie die Glocke hören, bleiben die Kinder wie auf Kommando stehen und bekreuzigen sich.

Sechs Nonnen versammeln sich lachend um eine Krippe. Eine siebte fällt in der Einsamkeit ihrer Zelle auf den Betschemel und fleht Gott inbrünstig an, Er möge ihr nach ihrer lebenslangen Suche noch heute den Weg zu Ihm weisen.

Der Leuchtturmwärter sitzt am Rand des Brow und läßt die Füße herabbaumeln. Der Klang der Glocke fliegt an seinem kaputten Ohr vorbei. Er trinkt den letzten Tropfen seines Rums.

Auch der Schmied, der im selben Takt mit dem Hammer auf den Amboß drischt wie der Klöppel auf die Glockenwand, vernimmt ihren Ton nicht.

Noch während seine priesterlichen Hände am groben Strick ziehen, sagt der Altarjunge das Gegrüßet-seist-du-Maria auf. Er ist glücklich, denn dieser Ort ist heilig, der Moment ist heilig, und er ist in Sicherheit.

Der schmutzige weiße Hengst zieht den Karren von selbst. Die Speichen der Wagenräder heben sich wie durch Magie von dem sich drehenden, verschwommenen Rot ab.

Der Priester lehnt sich auf seinen Stock und zieht mit der freien Hand seine Uhr aus der Tasche, schüttelt sie, hält sie an sein

Ohr und steckt sie wieder ein. Dann bekreuzigt er sich und läßt die Augen zufallen. Mit leiser Stimme spricht er drei Gegrüßet-seist-du-Maria. Es ist heute das erste Mal, daß er von Herzen betet. Er bittet um seine eigene Erlösung.

Dampf steigt vom Rücken des Jungen auf der Spitze des Eisbergs auf, und seine Brillengläser laufen an, während er beobachtet, wie in der Ferne ein weißer Blitz vor einem Feld aus blassem Grünblau aufleuchtet.

Das Mädchen in dem perlweißen Kleid stürmt schwer atmend durch die Hintertür ihres Hauses und über den leicht abfallenden Vorplatz zum Kiesweg. Mit dem Absatz bohrt sie eine Mulde in ein frisch gefülltes Schlagloch und spreizt dann ihre langen Beine, um beide Füße jeweils am Rand der lehmigen Erde aufzusetzen.

Über und hinter dem Mädchen nimmt die Mutter den Säugling von ihrer Brust und bedeckt ihre Blöße. Dann stemmt sie das Kind mit beiden Händen der Sonne entgegen.

Im Windschatten des Eisbergs und direkt unterhalb eines furchterregenden Überhangs holt der Junge mit dem pickeligen Gesicht in der Manier eines Baseballwerfers aus und schleudert das Herz des Seehunds seinem schieläugigen Kumpel entgegen. »Da!« schreit er. »Lutsch dran!«

Das dicke Mädchen pflückt in der Wiese einen goldenen Löwenzahn und hält ihn der Rothaarigen unter das Kinn. Dann bekreuzigt sie sich und singt mit leiser Stimme:

> »Biste 'ne Hexe oder 'ne Fee
> oder die Frau von Timothy Cleary?«

Der schieläugige Junge hält das Ruder wie einen Baseballschläger. Als ihm das Seehundherz entgegenfliegt, holt er aus und drischt es über das Boot hinweg ins Wasser. Dazu brüllt er:

> »Im Namen des Vaters,
> des Sohnes
> und des heiligen Homerun!«

Als der Mann mit den runden Brillengläsern die Glocke hört, sieht er von seinem Buch auf, das er zur Hälfte gelesen hat, doch er weigert sich, zu beten.

Die Frau mit dem geschwollenen Unterleib hält keuchend auf der bergauf führenden Straße inne. Ihre Finger wandern von der Schlaufe des Rosenkranzes zu den untersten Perlen hinunter und zählen drei Gegrüßet-seist-du-Maria ab.

Der gebrechliche alte Fischer, der auf dem Sofa neben dem Ofen kauert, legt das Spielzeugboot, an dem er schnitzt, beiseite und schürt mit zittrigen Händen die Asche.

Der auf der Deichsel seines Karrens hockende Mann führt die Hand an seine Stirn, bekommt seine schwarzgrau karierte Mütze am Schirm zu fassen und schiebt sie ein wenig zurück, damit die Sonne seine Augen wärmen kann.

Der Junge auf dem Eisberg bekreuzigt sich zerstreut, ist aber zu sehr abgelenkt, um an etwas so Alltägliches wie ein Gebet zu denken.

Die Mutter stemmt das nackte Kind hoch und spricht sehr zärtlich mit ihm. Sie erzählt ihm vom Herdfeuer des Universums, vom Sichelmond mit seinen scharfen Hörnern, von fallendem Staub, von Schäfchenwolken und von Zirrusschirmen.

Die Tochter versucht, die Stimme der Mutter aus ihrem Bewußtsein zu verscheuchen. In den Händen hält sie einen Glasbecher mit einer trüben Flüssigkeit. Sie will sie schon auf die Straße schütten, als ihr Blick auf die Rundung der Bucht fällt.

Die Leute auf der Heuwiese lassen ihre Sicheln fallen und neigen, auf ihre Rechen gestützt, in verzückter Hingabe den Kopf.

Als der Leuchtturmwärter diese Leute sieht, dämmert ihm, daß wohl gerade die Glocken läuten. Er dreht die Seite mit dem guten Ohr in ihre Richtung, und sie bestätigen es ihm. Sein Kopf füllt sich mit dem Weingeruch der Kirche.

Die Schülerin mit den Frauenstrümpfen tritt vor die Verandatür, um das Hühnerfutter auszuschütten. Die Sonne entblößt den häßlichen Striemen, der auf ihrer Wange schwillt. Während sie der Glocke lauscht, starrt sie mit leerem Blick ins Nichts.

Der Leuchtturmwärter schreit über das Meer: »Aha, J-j-jungs!

Ich hör' die Sirene von unserm Dampfer! Und ich seh' auch schon den ganzen Rest: Die *Stephano* und die *Florizel* und die *Bell* und die *Beothic* ...«

Der Ministrant zieht ein letztes Mal kräftig am Seil. Er möchte so sehr, daß die Stimme der heiligen Glocke Maria alle anderen Laute besiegt und so die Kirche, die Schule und die Gemeinde für immer und ewig von allem Übel und aller Gefahr erlöst.

Der Junge oben auf dem Eisberg heftet den Blick auf das weiße Kleid. Er ist sich sicher, daß gleich alles zusammenfallen, daß das Eis, das ihn trägt, in Millionen Splitter auseinanderbrechen wird. Und wenn das geschieht, wird er auf dem Wasser wandeln. Er wird den ganzen Weg bis zum Strand zu Fuß bewältigen.

Das Mädchen mit dem weißen Kleid geht über die Straße zum Geländer. Das Becherglas fällt ihr aus der Hand und zerschellt auf den Steinen. Sie schaut erst gar nicht hinunter, sondern kneift die Augen zusammen, prägt sich das Licht ein, das sie in der Ferne sieht, und hält die Zeit an.

»... und die *Nascopie*, die *Bonaventure*, die *Diana*, die *Eagle* und die *Kite*. Wir fahren heim, Jungs! D-d-dank sei Gott!«

Der Ministrant läßt das Seil los, doch wie ein Geist läutet die Glocke auch so noch drei weitere Male. Überglücklich genießt der Zehnjährige den Nachhall.

In der sich ausbreitenden Stille steigen die Möwen eine nach der anderen auf, der brennenden Sonne entgegen. Die Katze, aus dem Schlaf geschreckt, fängt nun an, ihre Kleinen abzulecken. Der Hund wandert auf vom Seetang verklebten Pfoten weiter den Strand entlang. Der Priester streichelt den wertvollen Stein in seiner Tasche. Der Mann auf dem Karren läßt die Peitsche schnalzen, worauf der Hengst mit einem Schnauben antwortet. Seine Hufe klappern auf dem Kies, die roten Felgen drehen sich, die roten Speichen verschwimmen.

Der Wind flaut ab. Seeigel klammern sich an Steine. Schwarzer Rauch wirbelt aus dem Kamin der Baracke.

Ein Schatten fällt auf die östliche Flanke des Felsblocks. Die Sonne beginnt ihre Wanderung den Nachmittagshimmel hinunter.

XII

Funken

M IT 'NEM KAHN kann man genausogut ersaufen wie mit 'nem Dory.«
Michael Barron beobachtet die weiße Gestalt in der Ferne wie durch die Linse eines Teleskops: Alles andere ist weggefegt. Statuenhaft steht die Gestalt, das Gesicht dem Meer zugewandt, am Geländer, doch ihr Augenmerk scheint etwas in ihrer Nähe zu gelten – vielleicht der Straße zu ihren Füßen oder der sich über das Schwemmland heranwälzenden Flut oder den auf den Bojen der Fischer hockenden Möwen.

»Schwachsinn! Beim Allmächtigen, ich fahre auch mit 'nem Kahn ohne Kiel. Hauptsache, ich hab' Holz unterm Arsch.«
Oder vielleicht lauscht sie auch in ihr Inneres hinein. Vielleicht sind ihre Augen geschlossen. Vielleicht sieht sie gar nichts …

Bis zu diesem Frühling seines Lebens hat Michael Barron nie etwas dergleichen gesehen. Selbst letzten Sommer, als soviel passierte und es ihm vielleicht hätte auffallen können, merkte er nichts (er war ja noch ein gedankenloses Kind). Aber am 8. Mai – dieses Datum hat sich in sein Gedächtnis gebrannt wie der 25. Dezember oder der 18. März, sein Geburtstag – gingen ihm die Augen auf. Seitdem ist die Welt noch gefährlicher geworden.

Am 8. Mai, in der Kirche, waren ihre Augen gesenkt gewesem, halb geschlossen wie die der Statue der Heiligen Jungfrau. Doch Michael sah die Augen und verspürte einen Drang, seine Bank zu verlassen, sich vor ihr wie vor einem Schrein hinzuknien und zu beten. Es war ein höchst sonderbares Verlangen, und er mußte es in seinem Herzen regelrecht niederringen. Danach fragte er sich, ob so etwas ständig in den Gedanken der erwachsenen Männer umging – und ob er nun dazu verdammt war, auf Kosten seines Seelenfriedens darunter zu leiden.

Hat er in all den Jahren bis dahin nie etwas bemerkt, so saugt er in den Wochen seitdem jedes Detail in sich auf: die Farben, die sie trägt, die Art und Weise, wie ihre langen Finger den Bleisteift halten, die Kringel und Schnörkel ihrer Schrift, sogar ihren Geburtstag, den er im Register nachgeschaut hat – den Tag vor Allerheiligen. Er weiß, was für ein Gesicht sie aufsetzt, wenn sie lacht, wenn sie wütend ist. Wirft sie Schokoladenpapier, Limonadeflaschen oder Zigarettenstummel auf die Straße, hebt er alles auf und hortet es heimlich in seinem Zimmer. Ist sie mitten in einer Menge, sieht er unter all den Köpfen keinen anderen als den ihren, der die übrigen wie ein Kirchturm überragt, sieht er nur ihren fohlenartigen Gang, nur die Bewegungen ihrer langen, schmalen Finger. Aus jedem Geschnatter hört er den klaren Klang ihrer Stimme heraus.

Bei gleißendem Sonnenlicht richtet er die Augen überall dorthin, wo mit ihrem Auftauchen zu rechnen ist. Er plant seine Bewegungen, so daß er ihr jederzeit über den Weg laufen kann, sei es im Korridor, auf dem Schulhof, in der Kirche, auf der Straße. Der Glaube, daß sein Warten mit jedem Herzschlag kürzer wird, gibt ihm die Kraft zum Weitermachen. Bis dahin wird die Welt zu einem Teil dessen, worauf er wartet: Wellen, Bäume, Wolken – alles ist nur ein stellvertretendes Bild, ein Abglanz.

Wenn sie schließlich in sein Blickfeld hereinplatzt, wagt er kaum zu atmen. Welche Handlung er auch beobachtet – ob sie eine Buchseite wendet, Rosenkranzperlen abzählt, Seilhüpfen oder Dame spielt, durch das Moor watet, Beeren pflückt – er umgibt sie mit einem Heiligenschein; es ist, als würde er in Wirklichkeit nur immer diese eine Gestalt sehen, die mit gesenktem Blick von der Kommunion zu ihrer Bank schreitet, während die Hostie auf ihrer Zunge zergeht. Noch nie hat er ihren Körper gespürt. Nicht einmal die Haare auf seinen Unterarmen haben sie je gestreift (nur einmal, im Vorbeigehen, hat Michael Barron etwas gerochen, das er für das heiße, dunkle Aroma ihres Blutes hielt). Noch nie hat er es gewagt, eine Geste, ein Signal von sich zu geben.

Wenn er abends von seinem unbeleuchteten Zimmer aus verfolgt, wie der Lichtfleck hinter jenem Fenster weiter oben in der Straße plötzlich erlischt, kommen die Stunden ohne Hoffnung, etwas von ihr zu sehen, die Stunden der Blindheit, in denen ihm nichts als die Vorstellung bleibt: dann malt er sich aus, wie der schwellende Wadenmuskel, die feuchte Kniekehle, der runde Unterschenkel den Rock berührt. In diesen Momenten übernehmen seine Erinnerungen die Herrschaft und fressen wie in den Träumen seinen Verstand auf.

»Kommt darauf an, ob das Boot ein Leck hat ...«

Gus und Wish besteigen die Ostseite. Im Moment sind sie genau unter ihm. Mit zunehmendem Zorn hört er ihre Stimmen. Er will sie hier oben nicht haben. Noch nicht.

»... und wenn das so ist, dann ist es scheißegal, ob es einen Kiel hat oder nicht. Ein Kahn kann genausoschnell sinken wie 'n Dory.«

Wütend reißt sich Michael vom Anblick am Ende der Bucht los und schaut nach unten. Wish schwingt mit einer Hand den Fischhaken, rammt ihn tief ins Eis und zieht sich ein Stück weiter hoch. Von seiner Schulter hängt der Kescher herunter wie bei einem Landstreicher das Bündel. Darin liegen drei Flaschen. Jede enthält eine dunkle Flüssigkeit. Und Michael erspäht noch etwas anderes: eine schwarze fleischige Masse, die noch halb lebendig ist. Hinter Wish kommt Gus in Sicht. Unter dem einen Arm hat er die Flinte, unter dem anderen das Reserveruder, auf das er sich beim Klettern wie auf einen Krummstab stützt.

Michael will sie nicht bei sich haben, denn sie könnten dasselbe sehen wie er. Er muß absteigen, ihnen entgegengehen und sie aufhalten. Es ärgert ihn, daß er damit eine Chance verliert. Egal, wie lange die Gestalt dort drüben verweilt, er würde hier oben bleiben und sie beobachten. Und er wäre glücklich, selbst wenn das Eis unter ihm wegschmölze. Er dreht sich wieder um.

Ein Arm der Gestalt schirmt die Sonne ab. Die Augen untersuchen etwas in der Ferne – eine merkwürdige Wolke, eine Herde Grindwale oder einfach nur den Horizont.

Oder das Eis.

Michael Barron hält die Luft an. Vor ihm wuchert die Fülle von Land, Meer, Himmel und Wolken – ein ungeheurer von der Sonne durchdrungener Raum, der das halbe Universum verschlukken könnte –, und doch schwillt dieser winzige von dem Kleid abstrahlende Funke an und füllt sein Bewußtsein mit Licht, seinem Licht. Wie magnetisch, wie sichtbar muß dann erst das Podest sein, auf dem er hier steht? Er muß doch genauso auffällig sein wie diese Statue im Buch – wie hieß sie doch? –, der Koloß von Rhodos. Und Michael Barron krönt die leuchtende Pyramide, die wie ein Pfeil zum Himmel weist, zu ihm, der sie bezwungen hat: Schau her!

Die Hand senkt sich – war das ein Abschiedsgruß? Wenn ja, dann kann nichts auf dieser Erde mehr sicher sein. Dann sind all die Wahrheiten, an die Michael glaubt, unbegründet, nichts als Trugbilder.

Schweißtropfen perlen kalt seinen Nacken hinunter. Er wendet sich ab und flieht, rennt vor der Vision davon, die er über das Wasser hinweg hatte. Mit großen Sätzen jagt er die von ihm selbst gehauene Schneetreppe hinunter. Es zieht ihn zurück in die Sicherheit unter seinen vertrauten Kumpeln. Gott sei Dank kann er noch ihre Stimmen hören.

»Das stimmt. Bei Gott, es gibt zig Möglichkeiten zu ersaufen, da kannst du Gift drauf nehmen.«

Gus und Wish haben bereits das Plateau erreicht. Dort versperrt ein Eisklumpen die Sicht auf die Gemeinde. Ein Segen, für den Michael dankbar ist.

Gus starrt auf das Loch hinunter, den Abfluß des Katarakts. Zusammen mit dem Schmelzwasser ergießt sich nun ein gelber Sprühregen ins Herz des Eises. Michael stellt sich vor, wie der ganze Kristallberg sich verfärbt, bis von ihm nur noch eine stinkende Masse aus Neusilber übrig ist. Unterdessen steckt Wish weiter oben den Arm bis zum Ellbogen in die prasselnde Gischt und wäscht darin die Seehundflossen. »Erinnerst du dich noch an Davey Lynch?« schreit er zu Gus hinunter. »Diesen Verrückten, der sich für Abraham hielt? Es heißt, er hätte seinen Balg aus 'nem Dory und nichts anderem geholt ...«

Pelzfasern und schwarze Blut- und Fettklecke beflecken auf einmal die gläsernen Lachen. Der Kescher mit den Flaschen liegt unter Wasser, und das zarte Eis ist unter den Tritten von schweren Stiefeln geborsten.

»... und vergiß nicht Lukey Dwyer und aus was er rausgefallen ist. Der Professor weiß den Tag noch – du etwa nicht? Diese gottverdammten Dorys sehen doch wirklich wie Särge aus, wenn du mich fragst!« Gus hat die Flinte neben sich auf den Boden gelegt. Am Schaft kleben verkrustetes Blut und Haare. Michael geht darauf zu und hebt sie auf. Er genießt es, diese Waffe zu halten. Die Flinte macht mehr aus ihm, sie verleiht ihm eine Stimme. Erst letztes Weihnachten gestand ihm Pop nach ein paar Gläsern Rum, daß er mit genau diesem Ding Michaels Vater gezwungen hat, seine Mutter zu heiraten. Erst dachte Michael, der alte Mann erzähle nur einen seiner komischen Witze, bis er nachrechnete, wann der Krieg war und in welchem Jahr die Julioffensive, nach der Pop zurückkehrte und Oma Ray heiratete. Demnach war Joan 1917 geboren worden. Sie war bei ihrer Hochzeit also erst fünfzehn gewesen! Jetzt ging ihm auch auf, warum sein Vater so selten aus Labrador heimkam, daß er sich kaum ein Bild von seinem Gesicht machen konnte. Und er begriff, warum er bis auf einen Bruder keine weiteren Geschwister hatte. »Schau dir doch nur den Sean Rideout an«, scherzte dieser Mann einmal, als Joan ihm deswegen eine Szene machte. »Der kommt jedes Jahr, und jedes Jahr kriegt seine Frau ein Baby. Der Teufel soll mich holen, wenn ich dauernd heimkomme.«

Mit Schnee wischt er den Schmutz so zärtlich von der Flinte, als wolle er ein Kind trösten, das sich weh getan hat.

»Vielleicht war das Dory leck«, mutmaßt Gus. Er hat sich mit der Axt ein Stück entfernt und hackt auf den Boden ein. Als er einen Haufen Splitter aus dem Eis geschlagen hat, schiebt er ihn mit dem Fuß weg und haut weiter. Er legt eine Feuerstelle an. »Vielleicht war Lukey so dumm und hat ein Schwein mit aufs Meer genommen. Oder eine Frau. Oder eine Leiche. Keine Ahnung. Wer zum Teufel weiß das schon?«

Michael klappt den Lauf auf und läßt die Patrone in seine Hand gleiten. Dann zielt er auf die Sonne und blinzelt durch den

Lauf. Er hofft, auf dem glitzernden Stahl bunte Spiralen zu sehen, doch das Rohr ist mit Ruß verschmutzt, so daß er außer langen Schatten nichts erkennen kann. Enttäuscht schiebt er die Patrone wieder in die Kammer und legt die Flinte dorthin zurück, wo er sie aufgenommen hat.

»Jedes Schiff kann sinken. Kähne. Dorys. Dingis. Motorboote. Rettungsboote. Segelschiffe. Dampfer. Menschenskind, schau dir doch nur die *Southern Cross* an. Ein großer Dreimaster, der wie ein Ziegel untergeht. Oder die *Titanic* ... oder ...«

»... Barrons Kahn.« Wish kommt auf ihn zugewatschelt. »Da hätten wir ein Boot, das nie sinken wird. Aber eins kann ich euch verraten. Zwischendurch dachte ich heute morgen wirklich, daß wir das Pech gepachtet haben. Aber nein ...« Er kitzelt Michael mit dem Seehundfleisch unter der Nase. »Jetzt haben wir uns endlich 'ne hübsche Scheißrobbe geschnappt. Was sagst du dazu, Barron?«

Vom Blutgeruch wird Michael übel. Er dreht das Gesicht weg.

»Riecht wie Fisch«, gluckst Gus, »schmeckt wie Hühnerfleisch.«

Michael dreht sich der Magen um. Er läuft zur Kante, von wo aus er auf das Boot hinuntersehen kann, setzt sich auf den Schnee und fängt an, seine Brille zu putzen.

»Du bist ein Schwachkopf, Butt«, brummt Gus. »Auf dem Wasser hatten wir kein Glück mit den Seehunden. Erst als wir aus dem Kahn raus sind, haben wir einen erwischt. Der Kahn ist eine Katastrophe von jetzt bis in alle Ewigkeit.«

Michael liebt die Bretterverschalung des Bootes. Als einziges in der Gemeinde hat es noch übereinandergreifende Außenplanken. Pop hat es während eines langen harten Winters in der Scheune ganz allein gebaut. Seine einzige Hilfe dabei war eine Drehbank, die er mit Pedalen betätigte. Weil er den Rahmen den Rundungen einer Frau nachempfand, sagte er gern, es sei warm im Boot. Nun, das geschah zu einer Zeit, als von Michael noch nicht die Rede war. Inzwischen ist nun das »Y« vom Namen, den Pop damals an den Bug malte – Pop taufte es nach seinem Kosewort für Oma Ray –, verblaßt. Ansonsten liegt das Boot heute wie da-

242

mals wunderbar auf dem Wasser. Jetzt wartet es da unten einsam auf der Eisböschung. Es wirkt verloren, als sehne es sich danach, wieder ins Meer zu gleiten und in wärmere Gefielde zu treiben. Wenn das geschähe, überlegt Michael, wenn das Boot sich tatsächlich entschlösse, sie zu verlassen, was könnten sie dann noch tun? Zurückschwimmen? Doch keiner ist so geübt, daß er den ganzen Weg bis zum Strand bewältigen, geschweige denn auch noch andere retten könnte, wie seinerzeit Captain William Jackman, der die ertrinkenden Matrosen in der Labradorsee vor dem Tod bewahrte, und das auch noch im Oktober.

Unter Umständen gäbe es überhaupt keine Rettung für die Jungen. Aber dieser Gedanke kommt Michael derart absurd vor, daß er ihn verwirft.

»Aber was soll's?« Als wäre es ein Baseball, wirft Gus das Seehundherz gelangweilt in die Luft und fängt es wieder auf. Michael muß unwillkürlich an die Azteken denken, die ihren Menschenopfern die Herzen herausschnitten und sie dem Sonnengott darboten. »Niemand kann sagen, wir wären abgesoffen. Wir sind nur keine Fischer mehr. Dafür sind wir Schlächter.« Er schmiert das Blut wie Kriegsbemalung über sein pickeliges Gesicht, legt den Kopf zurück und brüllt in den Himmel: »Gottverdammte Schlächter! Gottverdammte MÄNNER! Das sind wir!«

Seine Schreie prallen von den Eismauern zurück.

Gus sieht Michael an und deutet mit dem Kinn auf den Gipfel. »Und, Navigator, was hast du uns zu vermelden? Was haben wir von den luftigen Marssegeln aus erspäht?«

Michael zuckt die Schultern: nichts Erwähnenswertes.

Grunzend wendet sich Gus wieder seiner fast vollendeten Mulde zu. Zufrieden richtet er sich dann von seinem Werk auf und bellt zu Wish hinüber: »Zeit für das Scheißholz, 'nen Armvoll bitte. Und mach gefälligst schnell!«

Michael vertieft sich in den Anblick der Wellen. Halbherzig wie müde Ponys hüpfen sie noch ein bißchen herum. Der Wind legt sich. Wenn es Zeit für den Tee ist, wird sich das Wasser kaum noch rühren. Nun, vielleicht kommt ein Ostwind auf und bringt sie wohlbehalten heim.

Gus plaziert das Steuerruder längs über der Grube. Mit energischen Hieben zerhackt er es in kleine Scheite. Michael kann das Geräusch der Axt fast schmecken, und ihm wird leicht schlecht davon. Mit genau demselben Knacken ist damals sein Bein gebrochen. Es waren die berühmten Sekunden zwischen dem Unfall und dem Begreifen, als er mit merkwürdig abstehendem Wadenbein über dem Schlagmal hing und die Menge noch über seinen Punktgewinn jubelte. Sein Gesicht war zu einem lächerlichen Grinsen verzogen, denn er begriff in diesem Moment, daß sein Körper aus Holzstecken bestand und nicht viel mehr taugte als die Pyramiden, die sie aus Eiszapfen bauten, und diese Vorstellung erheiterte ihn ungemein.

Das Holz kommt auf dem Eis bedenklich ins Rutschen.

»Vorsicht, Junge!« ruft Wish im quengelnden Ton einer überfürsorglichen Mutter. »Du verstümmelst dich noch! Denk nur an Johnny the Light!«

»Barron, richte Butt doch was von mir aus. Sag ihm: Sei ein Engel und flieg zu Jesus.« Geschickt spaltet Gus das Ruderblatt zu leicht entflammbaren Splittern.

»Wißt ihr, was Captain Jackman gemacht hat? Immer wenn sich einer beim Fischausnehmen eine eitrige Wunde holte, hat er die Axt genommen und ihm kurzerhand den ganzen Finger abgehackt. Besser, als zu sterben, hat er dazu gesagt. Aber am Ende wollte keiner mehr bei ihm anheuern, weil sie alle Angst hatten, verstümmelt heimzukommen. Und das ist die reine Wahrheit.«

Gus breitet die Splitter in der Mulde aus, um darüber die Scheite in der Form eines Zelts aufeinander zu schichten.

»Geschafft«, sagt er salbungsvoll und tritt einen Schritt zurück.

»Fertig«, brummt Wish.

»Das wär's«, verkünden beide wie aus einem Mund und verbeugen sich feierlich wie Ministranten voreinander.

»Tja, Jungs«, sagt Gus, »das war unser Reserveruder. Macht noch eins kaputt, und wir kommen gehörig in die Bredouille. Barron, du fauler Arsch, mach dich wenigstens halbwegs nützlich und schlag uns einen Funken.«

Gus fummelt unter seinem Ölzeug herum und fördert einen Zeitungsfetzen zutage. Nun entzündet Michael ein Streichholz an seinem Stiefel, und bald haben sie ein prasselndes Feuer. Die Jungen breiten ihr Ölzeug aus und setzen sich um die Feuerstelle. »Himmel, wir frieren uns noch die Eier ab«, stöhnt Gus. Er legt die Seehundstücke in die Glut und schiebt sie mit dem Gewehrlauf vorsichtig hin und her. Das rote Fleisch färbt sich in den Flammen schnell schwarz, die Überreste des Fells verkohlen, und das Blut wirft Blasen. Das Eis an den Rändern der Grube schmilzt mit einem beständigen Zischen.

»Tja, entweder der Kahn ist Schrott oder auch nicht«, sinniert Wish verträumt. »Entweder er bringt Glück oder er bringt Pech. Sonst läßt sich nichts darüber sagen.«

»Na ja, ich bin mir da nicht so sicher. Eins steht jedenfalls fest: Auf die Kabeljaus ist kein Verlaß.«

Wie die zwei anderen schaut Michael verzaubert in die Flammen. Seit gestern nacht haben sie kaum geschlafen. Und seit gestern abend, als ihre Mütter ihnen das Abendessen machten, haben sie so gut wie nichts gegessen. Durchgehalten haben sie nur, weil das Abenteuer sie so sehr erregte.

Alle drei gähnen und nicken.

»Und die bewährte Methode, den Kabeljau zu finden, ist, es irgendwo zu versuchen, und wenn der Kerl dort nicht will, dann zieht man eben den Anker hoch und probiert es woanders. Und das macht man, bis man ihn hat.«

»Ein Fisch hat nun mal keine Glocken«, deklamiert Gus.

Mehrere Holzstücke fallen mit einem Zischen ins Schmelzwasser. Gus schreckt hoch.

»Zeit zum Essenfassen, Jungs.« Tapfer zieht er mit bloßen Händen die Flossen des Seehunds aus dem Feuer. »Tut mir leid, Barron, aber weil es nun mal so ist, daß Butt und ich ihn getötet haben, kriegen wir das eigentliche Fleisch.«

»Dem Sieger gehören die Fleischtöpfe«, verkündet Wish, ohne mit der Wimper zu zucken.

Gus gräbt weiter und birgt das Herz. Es ist so heiß, daß er sich die Finger verbrennt und es Michael auf den Schoß wirft. Der stößt es in panischer Angst weg, so daß der dampfende Fleischklumpen zischend auf dem Eis liegenbleibt.

»Nun, Koch, wo sind unsere Klöße …?«

»Barron, richte Butt doch aus, daß er sich verpissen soll.«

»Unser Wasserkessel mit dem flachen Arsch, unser Bergsteigertee, unser Tischfetzen?«

Alle drei bekreuzigen sich beiläufig. Wish faltet die Hände und betet:

»Für diese Völlerei, o Herr,
bedanken wir uns wirklich sehr.«

Gleich darauf machen sich Wish und Gus über das angebrannte, fette Fleisch her. Michael nimmt das Herz in die Hand und drückt es vorsichtig wie einen Apfel, den er auf seinen Reifezustand prüft. Er hat den gleichen Heißhunger wie seine Gefährten, doch kann er das Blut nicht sehen, das aus den Adern sickert und das Eis zu seinen Füßen beschmutzt.

»Ich kann euch sagen, wer genau weiß, wo die Fische immer sind«, brummt Gus mit vollem Mund. »Dieser fette Räuber Casey. Mann, der bringt sogar die Eisberge so weit, daß sie vor seiner Reuse auf Grund laufen und die Fische anlocken. Das würde ich dem alten Gierhals schon zutrauen.«

»Kann den Hals nie vollkriegen.«

»Klebt am Geld wie die Rinde am Baum.«

»Sitzt auf dem Geldsack wie …«

»… ein Vogel auf den Eiern.«

Wish und Gus nicken einander zu.

»Bestimmt hält er gerade sein Fernglas vor sein Adlerauge, dreht wie blöd an der Scharfeinstellung und grübelt, woher in Gottes Namen der Rauch kommt. Wußtest du übrigens, daß er in seiner Freizeit nichts anderes tut, als die Blaubeerhügel nach nackten Ärschen abzugrasen?«

»Was ist los, Barron?« grinst Gus und zwinkert Wish zu. »Kein Appetit?«

»Apropos schlaue Fischfänger: Noah, Noah Wade, das ist ein ganz guter.«

Wish hat recht. Pops Auge sieht Dinge, die anderen nicht auffallen. Michael wünscht sich, der alte Mann wäre jetzt bei ihnen. Selbst wenn er in seine Decke gewickelt in der Küche sitzt, braucht er nur durchs Fenster aufs Wasser hinauszuschauen, und sofort kann er auf die besten Untiefen und sämtliche Riffe auf dem Meeresboden hinweisen. An seinen guten Tagen ist er ein freundlicher alter Kauz und bastelt an seinen Modellen oder spielt mit Kevin Dame. An seinen schlechten Tagen liegt er an Kissen gelehnt auf dem Sofa beim Ofen und gleicht eher einem Möbelstück. Dann treten seine Augen, die soviel wissen, in panischer Angst hervor, und er wagt es nicht einmal zu blinzeln. Eigentlich ist ihm nichts Bestimmtes zugestoßen – er ist weder gestürzt, noch hat er einen Schlaganfall oder sonst einen plötzlichen Schock erlitten. Es ging einfach nach Weihnachten los. Da fing er an zu schrumpeln wie ein toter Weißdorsch, der zu lange in der Sonne gelegen hat. Einfach so. Joan meint, daß sich in ihm nach all der Zeit jetzt doch die Erinnerung an Beaumont Hamel rege, sonst gebe es keinen Grund.

»Barron!« Gus schnippt vor Michaels Augen mit den Fingern. »Bist du bei uns, mein Junge?«

»Es war ein Fehler von dir, daß du die Hügel erwähnt hast. Mit den Ärschen hast du dem Jungen einen Floh ins Ohr gesetzt. Bei seiner schmutzigen Phantasie denkt er jetzt nur noch daran, welch saftigen Hering er heute abend an den Haken kriegen kann.«

»Nein!« ruft Gus in gespielter Empörung. »Stimmt das, Mikey?«

»Wir haben 'nen kleinen Fischzug im Gebüsch vor, was?« Die zwei wiehern vor Lachen. Michael gibt mit keiner Regung zu erkennen, daß er sie überhaupt gehört hat.

»Beim Allmächtigen!« keucht Wish voll jäher Leidenschaft und reibt sich die Hoden. »Heute nacht ist die richtige Zeit dafür.«

»Wenn du in dieser Nacht der Nächte nichts unter deine Rute kriegst, dann kriegst du nie was. Punkt.«

»Es ist alles eine Frage des Glücks. Wie bei den Fischen. Du stellst es so an: Wenn du die Rute an der falschen Stelle aushängst, dann mußt du eben den Anker lichten und sie woanders ...«

Mit einem boshaften Feixen fällt Gus ihm ins Wort. »Barron, bitte Butt um eines: Da er so ein toller Jäger ist, soll er uns doch sagen, auf welches Stück Fleisch er aus ist.«

»Das werde ich euch Hurenböcken wohl kaum auf die Nase binden.« Wish versucht, ein Grinsen zu unterdrücken und in einem möglichst gleichgültigen Ton zu sprechen. »Als erster muß Gallant damit rausrücken. Aber ich sag's euch gleich. Es ist Rosie Cleary.«

»Die mit dem Gescht zum Davonlaufen? Die könnt ihr gern zu zweit haben – vorausgesetzt, euer Zaumzeug ist so breit, daß es über ihr Maul geht.«

Wish und Gus nagen die Knochen und Knorpel ab. Michael nimmt das Herz ängstlich zwischen die Finger, tut aber so, als wäre es noch zu heiß. Gus stupst Wish augenzwinkernd an.

»Wußtet ihr, daß Seehunde einen Harem besitzen?« fragt Wish. Einige haben zumindest dutzendweise Weiber. So ein Leben ist gar nicht so schlecht. Na gut, sie finden oft genug ein grausames Ende, aber bis dahin lassen sie es sich wirklich gutgehen. Und was hältst du von Alice Keating?«

»Gesicht wie ein strenger Winter. Außerdem bringen fuchsrote Haare Pech.«

»Himmel, bist du heikel! Wie wär's dann eben mit ihrem Schatten?«

»Die Dicke? 'n Gesicht wie das stumpfe Ende von 'ner Axt.«

»Ein gekochter Stiefel.«

»Eine Dose voller Würmer.«

»Trotzdem ganz gut zu greifen.«

»Soviel zur Dicken. Nun zur Bohnenstange: Die kriegt ja jetzt langsam Knospen und sieht gar nicht mal so schlecht aus. Oder ist dir das etwa entgangen?«

Ein Aal windet sich durch Michaels Magen. Genau so fühlte er sich, als Father Conroy während der Mitternachtsmesse stolperte. Mit einem Schlag war das übliche Gemurmel in der Kirche verstummt. Michael wollte nur noch eins: zur Tür hinaus und

weit, weit wegrennen. Zum erstenmal war er froh, daß er den
Dienst am Altar aufgegeben hatte. Sonst hätte er jetzt dort im Al-
tarraum stehen müssen, und es wäre ihm nicht möglich gewesen,
einfach so zu tun, als hätte er es nicht gesehen, als wüßte er den
Grund nicht.

Um seinen Magen zu beruhigen, betrachtet Michael den sanft
geschwungenen Horizont. Als sein Auge den Fogo erreicht, er-
faßt es das Heck eines Küstendampfers, der gerade um das Kap
herum verschwindet. Das ist die *Northern Ranger*, das Post-
schiff, das alle Häfen der Insel anfährt. Michael gibt sich sein täg-
liches Versprechen: Eines Morgens wird er es tun; er wird vor al-
len anderen aufstehen, die Ruder zum Kai runtertragen, in sein
rotes Boot steigen und aus der Bucht hinausrudern, zuerst nach
Norden, und nicht rasten, bis er die Insel ganz umrundet hat. Er
wird es den anderen schon zeigen, die nur immer behaupten, das
sei unmöglich.

»Die schon eher!« ruft Wish voller Elan.

»Mensch, die hat so lange Beine, daß deine Nase zwischen ih-
ren Titten stecken bleibt, wenn du vor ihr stehst.« Gus schmatzt
anerkennend mit den Lippen. »Aber klare Sache, die würde ich
auch nicht von der Bettkante stoßen.«

Etwas Heißes, Flüssiges brennt auf einmal unter Michaels Li-
dern. Er wendet sich ab vom Wasser, das jetzt frei ist von Damp-
fern, Grindwalen und abgeschleppten Häusern, und nimmt nun
doch den schwarzen Fleischklumpen in die Hand. Wie ein Wis-
senschaftler oder Detektiv auf der Suche nach der Lösung eines
Problems dreht er ihn mal in diese, mal in jene Richtung und in-
spiziert ihn aus allen Winkeln. Das Fleisch ist jetzt abgekühlt und
verkrustet allmählich. Michael hält es sich vor die Augen und
dann direkt unter die Nase. Es stinkt so erbärmlich, daß der Aal
in seinem Magen zuckt und sich zusammenrollt.

»Hast du gehört, was Martin Mullowney einmal in der Nacht
getan hat? Er ist mitten auf der Straße mit Theresa Kilbride zu-
sammengestoßen. Es war nämlich so dunkel, daß keiner den an-
deren gesehen hat.« Wish spuckt einen Klumpen Knorpel ins
Feuer. »Aber warte ... Laß dir gesagt sein, was du tun mußt, wenn

dir die Langbeinige übern Weg läuft. Erst sagst du wie ein Gentleman: ›Oh, Entschuldigung.‹ Dann aber gleich hoch mit dem Rock und runter mit dem Höschen, raus mit deinem Kerl und rein damit in die Kiste in der Mitte, und zwar schnell, bevor sie weiß, was los ist.«

Michael preßt das Seehundherz so fest an seine Unterlippe, daß er nur noch den Geruch von Speck, Fett, Blut und Asche in der Nase hat. Er streckt die Zunge heraus und leckt an dem schwarzen Klumpen. Leider kann er sich die Ohren damit nicht verstopfen.

»Nein, nein, mein Sohn, ihre Schenkel sind viel zu lang dafür …«

»Die sind perfekt. Und erst dieser wunderbare Arsch.«

»… ein kleiner Weißdorsch wie der deine kommt aber nicht so weit rauf. Nein. Hör zu. Du stellst es so an: Erst drückst du ordentlich ihre Titten. Und dein Kerl, der will natürlich raus. Also, was macht er? Na, er öffnet den Reißverschluß, klettert runter, hüpft über den Boden, huscht ihre Beine rauf, kriecht unter den Rock und ins Höschen, findet ihre Möse und schlüpft rein! Mit dem Kopf voran! Zack! Bis zum Anschlag!«

Obwohl Michael nur noch verschwommen sieht, entgeht ihm nicht, daß sie sich nicht mehr anstoßen. Sie achten überhaupt nicht mehr auf ihn. Er ist allein.

»Tja, mein Sohn, anders kann einer mit so 'nem kleinen Schwanz wie deinem die schöne Langbeinige im ganzen Leben nicht ficken.«

Michael drückt die Augen mit solcher Kraft zu, daß die Tränen hervortreten. Dann versenkt er die Zähne ins Fleisch. Es ist glitschig und noch halb roh. Wütend reißt er ein Stück heraus. In seinem Mund fühlt es sich an wie Gelee. Als er kauen will, können seine Zähne das ölige Fleisch nicht festhalten, und es rutscht in die Backentasche. Weil seine Zunge des Klumpens genauso wenig Herr wird, schluckt er ihn schließlich in seiner Verzweiflung als Ganzes. Er spürt, wie er seine Speiseröhre hinunterrutscht und in den Hohlraum unter den Rippen fällt. Um zu verhindern, daß ihm das Fleisch wieder hochkommt, drückt er sich den Rest des Herzens an den Mund, saugt das Blut aus und schlürft es in tiefen Zügen. Das Blut schmeckt reich und süß, und dafür ist Michael Barron dankbar.

* *
*

Segne uns, o Herr, und diese Deine Gaben, die wir dank Deiner Güte empfangen dürfen, durch Christus unseren Herrn.
Amen.

»Hier sind wir versammelt: alle in einem Leib.«
»So sind wir wieder zusammengekommen. Und was für ein Wunder liegt vor uns. Schwester Mary Irene, mein liebes Kind, du hast dich selbst übertroffen.«
»Wieder einmal.«
»Ein wunderbares Festmahl hast du uns bereitet.«
»Es duftet wie der Himmel! Ist das nicht die Wahrheit, Schwestern?«
»Unsere Irene, sie ist ein Geschenk des Herrn!«
»Petrus wird das Himmelstor weit aufreißen, sobald er sie den Perlenweg hinaufwandern sieht.«
»Ja, was für eine paradiesische Speise! Obwohl doch die Jagdzeit schon lange vorbei ist!«
»Danken wir Gott für die Eistruhe, Schwestern.«
»Danken wir Gott für *dich*, Mary Irene.«
»Nun, Schwestern, hebt die Gläser. Auf die Sommersonne.«
»Gotte segne die Sonne.«
»Und was für ein glorreicher Mittsommertag heute doch ist!«
»Wirklich ein Wunder, daß die Schulschwänzer so dünn gesät waren.«
»Daß sie so zahlreich erschienen sind, willst du sagen.«
»Ja, ich bin überrascht, daß überhaupt Kinder da waren.«
»Verzeih mir, Vater, aber ich muß einen sündigen Gedanken beichten. Ich selbst hatte nicht übel Lust, fernzubleiben.«
»Du hast recht, Schwester Donatilla. Ich weiß nicht, warum wir uns heute überhaupt mit dem Unterricht abgegeben haben.«

»Was für ein herrlicher Nachmittag. Was würdet ihr davon halten, wenn wir uns ein Boot ausliehen und über die Bucht rudern würden?«

»Nach Freshwater Room? O ja. Und dort auf dem Strand ein Picknick machen.«

»Unter dem Wasserfall. Was für eine großartige Idee!«

»In der strahlenden Sonne sitzen.«

»Die milde Brise spüren.«

»Wäre dieser Tag nicht ein Juwel?«

»Schwestern, an eins muß ich euch erinnern: Je größer die Begierde, desto größer das Opfer und desto größer das Verdienst.«

»Jawohl, Ehrwürdige Mutter.«

»Es war ja nur ein Vorschlag, Ehrwürdige Mutter.«

»Apropos Juwelen: Alle Anwesenden haben doch unsere eigenen kleinen Kostbarkeiten gesehen, nicht wahr?«

»Unser Wunder? Und ob wir sie gesehen haben, Schwester Mary Valentine. Jede von uns.«

»Dieser Schurke von Joseph! Hatten wir uns nicht alle gründlich in *ihm* getäuscht?«

»Und wir waren so besorgt wegen *seiner* Ausflüge in die Nachbarschaft gewesen.«

»Valentine, es geht das Gerücht, daß du die dramatische Entdeckung gemacht hast ...«

»Richtig. Ich war auf dem Weg zum Katechismus und eilte gerade durch die Küche, als ich in der Speisekammer so ein merkwürdiges Rascheln hörte. ›Das ist doch bestimmt eine Ratte, die da frühstückt, glaubst du nicht auch?‹ flüsterte ich Schwester Irene ins Ohr. Wir schnappten uns den Besen, öffneten die Tür, schalteten das Licht ein, und ich schwöre beim Unserem Herrn, mich hätte fast der Schlag getroffen. Ist das nicht die Wahrheit, Irene?«

»Mir verschlug es die Sprache. Das einzige, was ich herausbrachte, war: ›Im Namen des Vaters und des *Sohnes*.‹«

»Und ich sagte: ›Mögen uns alle Heiligen im Himmel behüten.‹«

»Und als ich endlich wieder bei Sinnen war, sagte ich zu *ihm*:

›Joseph, du Teufel, das ist also die Belohnung, die man bekommt, wenn man die Sicherheit im Schoß der Kirche verläßt.‹«

»Als nächstes kommen Maxima, Secunda und Donatilla vorbei, und sagen: ›Nanu, was für Streiche heckt ihr Sünderinnen denn hier unten in der Speisekammer aus?‹«

»Und ich sage: ›Schwestern, habt ihr in eurem heiligen Leben schon einmal ein wahres Wunder bezeugen können? Kommt her und schaut es euch an.‹«

»Danach mußten wir natürlich Mutter Zebrinas aus ihrem Bett holen. Gott segne sie, aber ich bin mir nicht sicher, ob sie es begriff. Und erst vorhin haben wir es der Mutter Oberin gezeigt. Unsere kleine Verkündigung ist damit vollständig.«

»Darf ich euch daran erinnern, Schwestern: Wir sind eine Gemeinde Gottes.«

...

»Nun ... Irene, konntest du sie schließlich abzählen?«

»Sieben. Für jede von uns eins.«

»Wir könnten sie so benennen.«

»Vielleicht sollten wir lieber abwarten, wie sie sich benehmen. Womöglich steht uns der Sinn dann eher danach, sie nach den Todsünden zu benennen.«

»Und wir haben jedem von ihnen eine Laientaufe erteilt.«

»Dieser Joseph ... *er* hätte mir fast die Finger zerkratzt.«

»Darf ich euch noch einmal daran erinnern: Wir sind keine weltliche Familie.«

»Ich schenke mir noch einen Schluck von diesem köstlichen Wein ein, wenn es recht ist, Schwester.«

»Irene, Gott segne dich, mein Kind. Du hast ihnen eine prächtige Krippe gemacht. Da liegen sie jetzt drin, die lieben Kleinen, und so geschützt und friedlich.«

»Ein armseliges Werk, Secunda. Es ist doch nur eine Apfelkiste mit ein paar Tüchern darin.«

»Aber die Bänder an den Kanten sind wirklich hübsch.«

»Ich kann euch sagen, es war ein ziemlicher Kampf, bis wir Joseph dazu brachten, sie uns zu überlassen.«

»Gelinde gesagt!«

»Die süßen Kleinen. Sie haben gefrühstückt, und jetzt liegen sie da und schlummern. Kein Laut war zu hören.«

»Armer Joseph. Das muß *ihn* ganz schön mitgenommen haben, eine solche Brut zu stillen.«

»Es ist ein heiliges Geschenk, daß man Kindern die Brust geben kann.«

»Die Muttermilch. Eins von Gottes Wundern.«

»Ich bitte euch, liebe Schwestern, ihr versteht doch, was ich euch sagen will.«

...

Father MacMurrough hebt mit einem Suppenlöffel den Deckel von der Schüssel. Daneben liegt eine Scheibe Brot vom Bäcker, die bereits mit Butter beschmiert ist. Er beißt in die Kruste und kaut bedächtig. Dazu trinkt er einen Schluck lauwarmen Tee.

Plötzlich fährt er herum und spitzt das Ohr. Er schiebt den Löffel und die Tasse beiseite.

Was war das? Ein Geräusch?

Von drinnen?

Er lauscht mit angehaltenem Atem.

Sein Blick fällt auf die kleine Sammlung auf dem Fensterbrett aufgereihter Steine. Sie warten. Auch der Kiesel, den er heute morgen am Strand gefunden hat, wartet, allerdings in der Tasche seiner Soutane verborgen. Ein rätselhaftes Lächeln huscht über sein Gesicht.

Obwohl er sich nicht von der Stelle rührt, hört er nichts mehr. Sein Tee wird kalt. Froh, daß niemand seine Narretei mitbekommen hat, dreht er sich wieder zum Tisch um, nimmt den Löffel und die Tasse in die Hand und widmet sich seinem Mittagessen.

»Wir müssen viel tun.«

»Eine Ecke im Garten als Laufstall herrichten.«

»Ja, mit Glockenblumen, Rainfarn und Butterblumen.«

»Ein richtiges kleines Haus als Schutz gegen den Regen.«

»Und einen Ofen für den Winter.«
»Für jedes ein warmes Bettchen.«
»Und eine Schale.«
»Mit dem eigenen Namen darauf.«
»Wir geben ihnen Leckereien.«
»Kabeljauzungen und dergleichen.«
»Gebackene Flossen.«
»Lodden, sobald welche gefangen werden.«
»Verzeih mir, Herr, aber ich habe selbst Appetit.«
»Frische Sahne.«
»Spielsachen.«
»Und wir lesen ihnen Märchen vor.«
»Und singen Wiegenlieder.«
»Wiegen sie in den Schlaf.«
»Sie sind ja so winzig.«
»So zierlich.«
»Und sehen so zerbrechlich aus.«
»Die Äuglein sind noch zu.«
»Süße kleine Dinger.«
»Sind sie nicht entzückend!«
»Das ist ja so herrlich!«
»Geschenke des Himmels.«
»Ja, Juwelen. Juwelen Gottes.«

Farben übermalen das Gesicht des alten Mannes. Er ist überglück-lich.

Eine nach der anderen legen sie sich auf seinen narbigen Hals, wärmen ihn, kühlen ihn ab. Wenn er wollte, könnte er die Augen schließen und raten, welcher Farbton ihn gerade berührt. Ganz nahe bringt er sein Gesicht ans Fenster und sieht die ver-schwommenen Flecken der buntscheckigen Pigmente aus Man-gan-, Kobalt-, Eisen- und Kupferoxid. Er studiert die groben Blasen und Kratzer – Mängel, die den strahlenden Glanz des Gla-ses aber eher noch hervorheben. Jede Scheibe präsentiert der Welt draußen ihre Vielfältigkeit, so daß ihn nicht nur der Berg auf dem Wasser entzückt, sondern ein ganzes Spektrum von Eisbergen hintereinander, jeder leuchtend und phantastisch. Hinter dem Eis steigt Rauch auf und treibt mit dem Wind nach Osten. Man könnte fast an den Schornstein eines Dampfers denken, der auf die Küste zusteuert. Johnny strahlt über das ganze Gesicht und flüstert heiser: »Es ist soweit, Jungs. Ich hab's euch doch gesagt. Unser Dampfer ist da!« Seine Worte hängen über dem leeren Kirchenschiff und mischen sich mit den Staubkörnern, die, den Sternen des Himmels gleich, durch die stille Luft treiben.

Neben dem Fenster hängt in trüberem Licht ein gerahmtes Gemälde an der Wand. Johnny streckt seinen krummen Rücken durch, so gut er kann, und schielt hinauf. Er kann die Inschrift nicht lesen, aber das ist auch gar nicht nötig, denn die Sprache des Bildes ist deutlich genug: Jesus wird ans Kreuz genagelt. Das Kreuz liegt auf der Erde; drumherum haben die Soldaten seine Kleider, Werkzeug und Nägel verstreut. Sie binden Jesus ans Kreuz. Einer drückt einen Nagel gegen Jesu Handgelenk, ein anderer holt mit dem Hammer zum Schlag aus. Auf einmal tun Johnny die Hände weh, und er steckt sie in die Taschen.

Aus dem Inneren seines Mantels fördert er einen Apfel zutage. Er hält ihn in der zitternden Hand und betastet ihn wie ein dickes rotes Juwel. Ihm ist ein Rätsel, wie er zu so etwas gekommen sein kann. Er schnüffelt daran, dann setzt er sich auf eine Bank und verschlingt ihn gierig mitsamt Gehäuse und Stiel. Nur ein paar Kerne fallen von seinem Kinn herab.

Brummelnd trottet Johnny den Gang zur Epistelseite hinunter. Dabei stützt er sich an den Bankrücken und der Wand ab, als müsse er bei hohem Seegang ein schlüpfriges Schiffsdeck überqueren. Das kostet ihn so viel Mühe, daß ihm die Mütze auf dem Kopf verrutscht. Schließlich biegt er nach rechts ins östliche Querschiff ab und kämpft sich unter der Empore weiter, bis er den Schrein erreicht.

Die Augen der Jungfrau sind gesenkt, ihr Gesicht drückt unendliche Heiterkeit aus. In den Armen wiegt sie das Heilige Kind, das mit Fingern aus zerbrochenem Gips nach ihrem Gesicht greift. Darunter tanzt in einem safrangelben Kristall ein Votivlicht. Johnny starrt die Kerze an, bis sie sich in seinem Kopf zu einer blendenden Flamme auswächst und ihm ganz schwindlig davon wird. Auf einmal scheint der blaßblaue Schleier über dem Antlitz der Jungfrau, wie von einem göttlichen Hauch bewegt, zu rascheln.

»Püschta!« zischt Johnny. Der Boden unter seinen Füßen gibt nach, und er rudert heftig mit den Armen. Dabei stößt er gegen den Opferstock und fegt ihn zu Boden. In hohem Bogen fliegt die Schachtel davon, der Blechdeckel springt auf, und die Münzen ergießen sich auf die Holzbohlen, daß das Klirren durch die ganze Kirche hallt.

Die Augen springen Johnny schier aus dem Kopf. Er wagt nicht mehr zu atmen und dreht das gute Ohr zur Tür. Es herrscht vollkommene Stille. Unter Schmerzen läßt er sich auf alle viere nieder, um die Münzen zu bergen. Hat er eine gefunden, muß er mühsam mit seinen Stummelfingern herumfummeln, bis sie endlich wieder in der Schachtel liegt. Zu guter Letzt knallt er den Deckel zu, richtet sich auf und befestigt die Schachtel in ihrer Verankerung.

Mühsam tastet er sich weiter zum Mittelschiff. Seine Hand gleitet die Marmorbrüstung über der Kommunionbank entlang und befühlt die in den Stein gemeißelten Zeichen. Als einziges entziffert er die Zahl 1916, aber auch nur, weil er weiß, daß die Buchstaben für seine Freunde in der Kindheit stehen. Er erinnert sich an eine Parade von Schatten, die er von seinem Krankenlager aus den Feldweg hat hinuntermarschieren sehen, jeder mit einem Holzgewehr über der Schulter, jedes Gesicht entstellt von einer fiebrigen Halluzination.

Unter den Düften von Weihrauch, Lack und Leder, in das die Meßbücher gebunden sind, entdeckt Johnny einen süßen, schweren Geruch. Sofort eilt er darauf zu. Statt umständlich zur Öffnung in der Mitte zu gehen, klettert er einfach über die Kommunionbank und landet mit voller Wucht auf dem Boden des Allerheiligsten. Er unterdrückt einen Schmerzensschrei und bleibt kurz stehen, um sich zu orientieren.

Der Teppich ist grün und weicher als jede Wiese, über die er je gelaufen ist. Vor Johnny liegt eine Glocke mit einem handlich in die Form eines Kreuzes gegossenen Griff. Er packt sie am Holm und hält sie sich vors Gesicht. Die Wölbung spiegelt seine Finger vierfach und verzerrt wider. Auf seiner Haut fühlt sich das Metall eiskalt an. Wie ein kleines Tier, das brutal aus dem Schlaf gerissen wird, gibt das Gerät ein lautes Ächzen von sich. Johnny läßt es erschrocken los, und die Glocke fällt scheppernd auf den Teppich, um sogleich zu verstummen.

Aus Angst, daß der Lärm jemanden aufgeschreckt haben könnte, humpelt Johnny hastig die drei Stufen zum Tabernakel hinauf und zieht das über der goldenen Flügeltür hängende Tuch beiseite. Die Tür ist verschlossen. Während er noch daran rüttelt, glaubt er plötzlich, jemanden direkt hinter sich zu spüren, der ihn schon die ganze Zeit beobachtet hat. Schuldbewußt dreht er sich um und läßt den Blick über das Schiff schweifen.

Die Bänke wogen Reihe um Reihe auf und ab, nicht regelmäßig, sondern sprunghaft wie die immer unruhiger werdende See kurz vor einem Sturm. Schon wieder dreht sich dem alten Mann alles; er muß sich an der Leiste festhalten.

Seine Nase wittert neuerlich den süßen Duft. Johnny humpelt die Stufen hinunter zu einem kleinen Tisch links vom Tabernakel. Dort liegt auf einem Leinentuch ein Tablett, und darauf stehen wie winzige Skulpturen aus Eis zwei kleine Kristallkaraffen.

Johnny fängt an zu keuchen. Er setzt sich auf die Ministrantenbank und greift nach dem Kristall, das die begehrte braune Flüssigkeit enthält. Es ist mit einem Korken versiegelt. Johnny zerrt daran, doch er bleibt stecken. Weil seine Hände zu sehr zittern, klemmt er den Korken zwischen seine zahnlosen Kiefer und zieht ihn mit einem saugenden Geräusch heraus. Er spuckt ihn auf den Boden, kippt die Karaffe kurzerhand um und schluckt gierig ihren Inhalt. Das Getränk ist süß und schwer.

Der Alkohol schießt ihm ins Blut. Seine Lungen heben und senken sich. Er wirft den Kopf zurück, und sein Adamsapfel fängt an, wie wild zu hüpfen. Noch einmal führt er die Karaffe an seinen Mund und trinkt sie bis zum letzten Tropfen leer.

Über ihm flackert die winzige Flamme des Ewigen Lichts. Das Kristallglas mit seinen raffinierten Facetten, Rillen und winzigen

Spiegeln wirft das Kerzenlicht tausendfach zurück und läßt es zu einem Feuerball anschwellen. Dieses Freudenfeuer hält Johnny in seinen bloßen Händen.

Tag der Entdeckung*

Sei mir gegrüßt, meine liebe Ciss!

Geliebte Ciss, ich wünschte mir, Du wärst jetzt daheim und könntest Dich mit uns über den herrlich klaren und milden Himmel freuen, den uns der Herr in Seiner Güte schenkt. Vorhin haben die Kleinen ihr Mittagessen gekriegt, und ich habe sie soeben zum Strand gescheucht. Jetzt ist es so einsam geworden, da habe ich mir gesagt, bevor ich mit der Hausarbeit weitermache, setze ich mich erst vors Fenster ins Licht und schreibe Dir ein paar Zeilen.

Weißt Du, die Kleinen liegen mir jeden Tag in den Ohren und fragen: Wann kommt denn jetzt die Tante Ciss? Meine Große würdest du kaum noch erkennen. Sie wächst wie Unkraut. Heute morgen ist sie mit der Schule fertig geworden. Und weil heute Johannistag ist, befragt sie außerdem ihre Orakel. Und sie ist so zugeknöpft, daß ich jede Wette eingehe, daß sie was entdeckt hat. Erinnerst Du Dich noch an das Sommerkleid, das Du uns geschickt hast? Sie hat es nach dem Aufstehen angezogen und will es ums Verrecken nicht ausziehen. Wie auch immer, ich habe das Mädchen nicht mehr im Griff, Ciss.

Was die anderen betrifft, habe ich keine Ahnung, was in Gottes Namen ich nur den ganzen Sommer lang mit ihnen anstellen soll. Nicht daß ich mich beklagen möchte, denn wie Du ja selber weißt, helfen sie einem, die trüben Gedanken zu vertreiben. Der Kleine, Gott schütze ihn, wird mir schon über den Sommer helfen. Er ist meine Erlösung. Und der Alte? Er jagt ständig den Fischen hinterher, Tag und Nacht und Nacht und Tag. Das Angelusgebet ist jetzt schon seit einer halben Stunde vorbei, und er ist immer noch nicht daheim.

Sonst gibt es wenig Neuigkeiten. Niemand ist gestorben. Con

---

* John Cabot entdeckte Neufundland am 24. Juni 1497

Fitzgeralds Mädchen hat Jack Thomeys Jungen einen Prachtbuben geschenkt, und Anastasia läuft rum und schreit so laut, wie es ihre Lungen nur hergeben, daß sie nicht die erste ist und gewiß nicht die letzte sein wird. Und erinnerst Du Dich an Frankie Hughes, diesen Schafskopf? Neulich hat er sich eine Heugabel in den Fuß gerammt, und jetzt nennen sie ihn alle Christus. Der neue Priester ist vielleicht ein komischer Heiliger, sag ich Dir. Streift den ganzen Tag durch die Straßen und sucht verlorene Seelen. Dabei ist er selber eine verlorene Seele. Kein Vergleich mit Father Fran, Gott hab' ihn selig.

Heute nacht ist Feuernacht, und wir treffen uns zum üblichen Rummel auf dem Brow. Ich darf nicht vergessen, das Tor auszuhängen und im Hühnerstall zu verstecken. Erinnerst Du Dich noch an den Unsinn, den wir trieben, als wir die Fässer klauten und ins Feuer warfen? Wenn Du jetzt da wärst, würden wir zwei sicher wieder losziehen und einen lustigen Streich aushecken.

Und wie geht es Deiner Familie? Es muß aufregend sein bei Euch oben mit all den Automobilen und Wolkenkratzern und dem ganzen Trubel um einen herum. Ich kann es mir gar nicht richtig vorstellen. Schick uns doch bitte Fotos.

Tja, meine Liebe, ich muß jetzt aufhören und den Kindern was fürs Abendbrot in den Herd schieben. Gebe Gott, daß die Lodden heute nacht endlich kommen. Vielleicht hole ich ein paar Fische rein, wenn die Sonne uns weiter so wohlgesonnen ist. Wenn Du zu uns runterkommst, Ciss, dann graben wir uns eine Armvoll Löwenzahn aus – ich habe gesehen, daß die Pusteblumen heute aufgeblüht sind. Die Felder sind alle ganz gelb davon. Weißt Du noch, wie wir sie uns unters Kinn gehalten haben? Ich erinnere mich daran, als wär's erst gestern gewesen. Ach Gott, ich weiß gar nicht, wohin die Zeit verschwindet. Sie rast dahin wie der Blitz.

Es grüßt Dich in Liebe

Deine Schwester Hestia

Mary will nicht reingehen. Heute nicht. Der Ruß könnte ja ihr Kleid beschmutzen. Von der Schwelle aus saugt sie die herrlich dunklen Gerüche von Kohlestaub, heißem Metall, Wasserdampf, Sägespänen und Pferden in sich auf.

Mehr als einmal hat die Frau sie gewarnt: Ein Schmied könne einem Mädchen Schaden zufügen, wenn er wolle. Das viele Eisen um ihn herum würde nicht nur der Macht der Hexen widerstehen, sondern es verleihe ihm sogar eigene Kräfte. Er könne den Amboß umstürzen und gräßliche Flüche ausstoßen, Flüche, die sich erfüllen würden. Außerdem könne er ein Mädchen mit dem Wasser aus seinem Trog besprenkeln, worauf ihr Warzen wachsen könnten. Aber Mary gibt nichts auf diese Ammenmärchen. Sie hat keine Angst vor Mr. Fewer. Und der Schmied duldet die Gesellschaft der Jugendlichen, solange sie ihm nicht im Weg stehen.

Sich umschauend findet sie sich schnell im Dunkeln zurecht. Die Decke ist niedrig, die Schmiede eng, und es ist drückend heiß darin. In der Nische brennt ein Feuer. Mr. Fewer ist bis zur Hüfte nackt. Sein hier und dort von Brandwunden vernarbter muskulöser Oberkörper glänzt unter rußigem Schweiß. Er betätigt langsam den Blasebalg – *puff, puff, puff* –, der die Luft pfeifend einsaugt und über das Feuer spuckt. Sofort glüht die Asche in einem merkwürdigen Rot; Hitze breitet sich aus, und die Flammen schießen mit einem wütenden Prasseln den Rauchfang hinauf.

In der anderen Hand hält Mr. Fewer einen langen Schürhaken, mit dem er in der Kohle herumstochert. Als er ihn über die Flammen hebt, ist die Spitze weiß wie Rauhreif. Mary träumt vor sich hin, der Schmied sei ein Zentaur und würde mit seinem Speer einen feuerspuckenden Drachen erstechen.

Er pumpt nun schneller – *puff, puff, puff* –, so daß das Feuer zu dröhnen anfängt und die Funken fliegen. Hinter der Werkstatt ist ein Schnauben zu hören. Das Mädchen zuckt erschrocken zusammen, dann erkennt sie, daß dort ein Pferd steht, von dem um die Ecke nur das im Feuerschein weiß glänzende Hinterteil zu sehen ist. Das Tier tänzelt nervös – es hat Angst. Mit Recht.

Auf dem Boden liegen willkürlich Raspel, Zange, Hammer und Nägel herum. Beim Anblick dieser Werkzeuge muß Mary an die Folterungen der christlichen Märtyrer denken, wie Geißelung, Verstümmelung und Kreuzigung. Auch wenn ihr Glaube ihnen die Kraft gab, das alles zu ertragen – manchmal sogar den Willen, es anzunehmen –, die Qualen müssen unvorstellbar gewesen sein. Darüber sinniert sie eine Weile und stellt überrascht fest, daß sie keine Angstschauer überlaufen. Statt dessen erregt sie ein merkwürdiges, fast sündiges Vergnügen. Sie sagt sich, dieses Vergnügen stamme wohl vom Stolz, vom Stolz und der Härte, die sich neuerdings in ihr bilden.

Sie hat noch keine Uhr (vielleicht bekommt sie eine zum Schulabschluß geschenkt), aber sie schätzt, daß höchstens eine Stunde seit dem Angelusgebet vergangen ist, als sie sah – oder vielmehr, als ihr verkündet wurde –, daß ihre weiche äußere Haut von ihr abgefallen, daß nur noch das feste Gehäuse, der Kern vorhanden ist. Mary selbst ist dieser Kern, der harte, der wahre Glaube. Jetzt ist sie nicht nur stark genug, um jeden Schmerz zu ertragen, nein, sie glaubt sogar, daß jede Folter ihr zusätzliche Kraft verleiht. Je mehr sie leidet, desto größere Gewißheit wird sie gewinnen. Sie sieht auf die Folterinstrumente hinab und bekennt ohne Scham: Ich würde Schmerzen mit Freuden auf mich nehmen.

Was für ein merkwürdiger Gedanke! Zum erstenmal in ihrem Leben ist Mary so etwas durch den Kopf geschossen. Das muß wohl eine Erwachsenenidee sein, überlegt sie, der Gedanke einer Frau.

Mr. Fewer nimmt die Eisenzange und gräbt in der Asche herum, bis er ein Hufeisen zutage fördert. Es ist weißglühend. Er legt es geschickt auf den Amboß, dann hebt er den Hammer und drischt ihn mit aller Kraft auf das Eisen. Funken spritzen wie ein kleines Feuerwerk über den Boden.

Bei jedem dieser klirrenden Hammerschläge kneift Mary die Augen zusammen. Schließlich dreht Mr. Fewer mit Hilfe der Zange das Hufeisen um und bearbeitet die andere Seite. Inzwischen ist es nur noch rotglühend. Als es flach genug ist, wirft der

Schmied es in den Trog. Mit einem gespenstischen Zischen, Spritzen und Blubbern verschwindet es in einer Dampfwolke. Gleich darauf zieht er das tropfnasse Eisen aus dem Bad. Jetzt ist es weder rot noch weiß, sondern nüchtern grau. Er schwingt die Zange mit beiden Händen hin und her und hebt dann das Hufeisen über seinen Kopf. Vor dem Hintergrund seiner rußgeschwärzten Wangen leuchten seine Augen wie Kerzen. Die Art und Weise, wie er das Ding über sich betrachtet, erinnert Mary an den Priester, wenn er bei der Segnung das Heilige Sakrament über seinen Kopf hält.

Das Metall, das der Schmied hebt – das er hochhält, damit sie es anbeten kann –, ist rein, hart und beständig.

Schon wieder beunruhigt den kleinen Kevin Barron dieser merkwürdige Gedanke, der ihn schon in der Schule gequält hat: daß ein flüsterndes Tier ihm nachstelle.

Der Junge schaut mit zusammengekniffenen Augen gen Himmel. Tatsächlich, er wird beobachtet.

Doch es ist nur eine Möwe.

Der Vogel schwebt auf dem Wind. Seine Bewegungen haben den Charakter eines Ritus. Er treibt ein paar Zentimeter nach vorn, dann läßt er sich vom Wind zum Ausgangspunkt zurücktragen. Und wieder geht es vor und zurück, vor und zurück, immer zum selben Punkt. Kevin überlegt, ob die Möwe vielleicht schläft.

Unvermittelt beschreibt sie einen weiten Kreis, dann stürzt sie sich hinter dem Kai hinab und fängt sich erst knapp über dem Wasser. Der Luftzug hinterläßt eine hauchdünne Kräuselung auf dem Spiegel.

Ach so, der Vogel will spielen!

Als er den Looping vollendet hat, steigt er wieder in seine ursprüngliche Höhe auf. Behutsam, wie ein großes Schiff, das sich an ein vertrautes Dock herantastet, kehrt der Vogel an exakt dieselbe Stelle zurück, die er vorhin eingenommen hat.

Die Möwe entspannt sich dort oben über dem Wind. Sie hat eindeutig begriffen, daß Kevin ihr nichts antun wird. Andere Jungen würden Steine nach ihr werfen, wieder andere würden auf sie schießen, Kevin und der Vogel jedoch sind Freunde. Sie werden gemeinsam fischen.

Mit der Spitze seines Angelhakens durchsticht der Junge den Kopf eines Wurms. Dann schiebt er den Rest des sich noch windenden fetten Körpers den gesamten Schaft hinunter, wirft die Angelschnur aus und sieht zu, wie der Köder mit einem Spritzer auf dem stillen Wasser aufschlägt und langsam versinkt. Weißdorsche schwimmen heran und schnuppern am Wurm. Anbeißen will keiner. Aber gerade auf sie ist Kevin Barron aus. Er hat bereits einen kleinen Stapel gefangen. Sie sollen ein Geschenk für den Priester sein, für den Hund. Es ist eine gute Zeit fürs Fischen, denn die Flut steigt. Der Köder sinkt bis zum Meeresgrund, doch dort unten sind nur Seeskorpione, die Kevin nicht ausstehen kann. So zieht er die Schnur wieder etwas höher.

Der Junge ekelt sich vor ihren fetten Bäuchen, ihren riesigen klebrigen Mäulern und ihren Teufelshörnern. Sie sind die Ratten des Meeres. Er vermutet, daß sie Kadaver fressen. So wie er sich das vorstellt, fallen all diese trägen Vielfraße dort unten, all diese abscheulichen Ungeheuer, die sich winden und kriechen – nicht nur die Seeskorpione, sondern auch die Flundern, Hummer, Krabben, Aale, die schleimigen Quallen und die Tintenfische –, über Menschenleichen her und nagen alles ab, bis nur noch Knochen übrigbleiben. Manchmal kommt es Kevin Barron so vor, als könne er riechen, wie der Verwesungsgestank von dort unten nach oben steigt. Der Tod durch Ertrinken wäre für ihn das Schlimmste, was er sich vorstellen kann. Selbst bei dem Gedanken an eine Bootsfahrt dreht sich ihm schon der Magen um, denn dann trennt einen nichts von dem nassen Grab als ein paar windige Holzplanken. Man treibt direkt über unvorstellbar gräßlichen Dingen. Er ist so froh, daß er letzten Sommer nicht dabei war, als Mikey und Pop den armen Mr. Dwyer zurückbrachten.

Plötzlich wird die Schnur schwer.

Ein dicker Lippfisch hat den Köder geschluckt.

Kevin Barron ärgert sich. Ein Lippfisch ist doch nichts als häßlich und wertlos. Und warum läßt er sich fangen? Eine Sünde ist das! Das soll er ihm büßen! Er holt den Fisch heran, zieht ihn kurz aus dem Wasser und läßt ihn gleich wieder untertauchen, einen regelrechten Tanz führt er mit ihm auf, raus und rein. Als er das Gefühl hat, daß der Lippfisch gründlich durcheinander ist, gestattet er ihm, eine Weile herumzuschwimmen und sich einigermaßen zu erholen. Dann zerrt er ihn erneut an die Oberfläche und wiederholt sein Spiel. Benommen schwimmt der Fisch danach in Kreisen herum. Der Junge quält ihn so lange, bis er erstarrt und mit dem Bauch nach oben im Wasser treibt.

Kevin zieht ihn nun an Land und wirft ihn auf den Kai. Verächtlich die Nase rümpfend, stellt er den Stiefel darauf und reißt den Haken aus dem schaumbedeckten Maul. Noch zuckt die Flosse. Da packt der Junge das Tier beim Schwanz und knallt den Kopf wütend gegen die Planken. Jetzt ist es garantiert tot, und er befördert den Kadaver mit einem Tritt ins Wasser zurück, wo er sofort versinkt. Kevin kann sehen, wie Weißdorsche, Seeskorpione, Flundern und sogar noch mehr Lippfische eilig herbeischwimmen und den Kadaver in Null Komma nichts zerfetzen. Bald ist er spurlos verschwunden.

Die Möwe schwebt immer noch in vollendeter Eleganz über dem Wind. Sie schaut Kevin Barron frech mit ihrem Porzellanauge an. Sie will spielen.

Das Kind spießt einen neuen Wurm auf und wirft die Schnur in hohem Bogen aus. In dem Moment, in dem der Köder auf das Wasser klatscht, kitzelt ihn ein leises Pfeifen im Ohr.

Der geteerte Rumpf eines Außenborders kommt um den Leuchtturm herumgeschossen. Der Motor hebt das Boot so weit aus dem Wasser, daß der Kiel es zur Hälfte gar nicht berührt. Der Bug scheint zwei Augen zu haben. Und die sehen zu, wie nach beiden Seiten Wellen aufspritzen. Das Boot fährt unbeirrbar in gerader Linie auf ihn zu, so daß er fast das Gefühl hat, es bewege sich nicht vorwärts, sondern baue sich wütend vor ihm auf.

Während ihn das Boot noch ablenkt, fühlt sich die Bambusrute in seiner Hand auf einmal merkwürdig leicht an.

Es ist die Möwe. Sie ist herabgestürzt und hat den Haken geschluckt. Jetzt will sie wieder ihren Posten am Himmel einnehmen. Es dauert einen Moment, bis Kevin Barron begreift, was geschehen ist, aber dann bricht er in lautes Lachen aus. Der Vogel will also unbedingt spielen.

Aufgeregt flattert das Tier in alle Richtungen. Da springt der Junge auf und rennt, die Rute über dem Kopf schwingend, zum Ende des Kais. Dort kehrt er um und läuft zum Strand zurück, umrundet den Schuppen und rast wieder den Kai entlang. Ihm ist nicht klar, wer hier führt, die Möwe oder er. Für seine Begriffe sind sie ohnehin eins – aneinandergekettete Spielkameraden. Der Junge merkt gar nicht, daß die Rute schon an seinen Fingern scheuert, ja, er steigert sich so sehr in das Spiel hinein, daß er fast über das Ende des Kais hinaus ins Meer rennt.

Mit einem Mal strafft sich die Schnur. Das erbost den Jungen. Der Vogel will doch glatt mit seiner Rute davonfliegen! Das ist unfair! Er zieht mit einem wütenden Ruck an der Schnur.

Der Vogel überschlägt sich mitten in der Luft. Jetzt schwebt er wieder genau dort, wo er vorhin so friedlich gestanden hat, und schaut zum anderen Ende der straffen Schnur, die ihn mit dem Jungen verbindet. Sein Auge ruht – man könnte fast meinen: mitleidsvoll – auf dem Kind. Plötzlich taumelt die Möwe mit dem Schnabel voran nach unten und schlägt auf dem Wasser auf.

Kevin Barron hat gesehen, wie böse Jungen kranke Hennen vom Kai aus ins Wasser schleuderten und vor Lachen brüllten, wenn die verzweifelt gackernden Tiere, die ohne Schwimmhäute keine Chance hatten, hilflos davonsegelten. Jetzt nimmt er an, die Möwe wird es den jämmerlichen Hennen gleichtun, doch statt dessen treibt sie auf den Wellen, regungslos, Abfall.

Kevin Barron zieht den Vogel auf den Kai. Ein leichter Schlag auf den Kopf, und er wirft ihn auf den Haufen zu den erbeuteten Fischen. Dabei spreizen sich die Flügel, und die Federn verfangen sich in der Schnur. Aus dem Schnabel tropft ein roter Faden. Das noch immer geöffnete Porzellanauge ist blind.

Mit dem Absatz zieht Mary eine Furche in den Staub. Sähe sie jemand, würde er glauben, sie zeichne die Quadrate für »Himmel und Hölle«. Sie macht aber nichts als einen Strich, der über die ganze Breite des Feldwegs verläuft.

Sorgfältig darauf bedacht, stets westlich von ihrem Zeichen zu bleiben, geht sie weiter zur Holzplattform, betritt sie aber noch nicht. Von hier aus quert der Feldweg, der gerade so breit ist, daß drei Leute nebeneinander Platz haben, die Straße in einem rechten Winkel und führt weiter über den Hügel nach Norden. Ganz oben wartet der Zaun mit dem gußeisernen Tor. Mary hat wieder die Bilder der Frau vor sich, wie sie hysterisch wird und sich weigert, dort hinaufzuklettern, und von Monsignore Conroy, wie er sein schreckliches Weihrauchfaß langsam schwingt und …

Mary kneift sich selbst. Heute ist doch der Tag der Liebenden, und den will sie sich auf keinen Fall mit trüben Gedanken verderben. Um ihren Kopf davon zu befreien, atmet sie den herrlichen Duft der wie Weintrauben in den Sträuchern hängenden Blaubeeren ein. Dieser Weg, sagt sie sich, ist heute nicht mehr das, was er einmal war. Heute ist er ein Hexenweg. Heute führt er ins Hexenland, das hinter dem Tor beginnt. Und auch diese kleine Plattform ist heute etwas anderes, nämlich ihr Spielhaus.

Mary wischt den Staub von den Brettern am Rand der Plattform, und als sie sicher ist, daß sie sich das Kleid nicht mehr beschmutzen kann, dreht sie sich um, stützt sich mit den Handflächen an der Kante ab, macht einen Satz und hockt sich unter dem niedrigen Teerdach hin.

Jetzt versucht sie sich neu zu orientieren. Inzwischen hat sie das letzte Haus, das ihr nur noch seine unbemalte graue Rückfassade zeigt, hinter sich gelassen. Wer dort wohnt, weiß sie gar nicht – vielleicht niemand. Statt eines fünfzackigen Sterns, der aufgehenden Sonne oder des zunehmenden Sichelmonds zieren dort Katzenaugen die Scheunentore, und die beobachten das Mädchen. Nach Westen hin marschieren die Telegraphenmasten tapfer immer weiter den Hügel hinauf bis zum Horizont. Es ängstigt das Mädchen, daß sie jetzt auf einmal die Grenze überschritten und das Vertraute hinter sich gelassen hat. Links von ihr, im Osten, schimmert der Leuchtturm vor dem Hintergrund der blaugrünen See. Noch nie hat sie den Turm so nah, so scharf und deutlich vor sich gesehen.

Zwischen ihr und dem Leuchtturm liegt unbebautes flaches Ödland, in dem es nicht einmal Zäune gibt, sondern nur ein paar Bäume, dichtes Gestrüpp und mit Steinen durchsetzte Hügelchen. Der Feldweg verengt sich zu einem Fahrweg, dann zu einem Pfad und verschwindet schließlich ganz im Moor. Als einziges Lebewesen zeigt sich ein freilaufender Ziegenbock, der sie von einem Hügel aus finster mustert.

Am Strand südlich des Ödlandes, hat Mary gehört, liegt der Gallows Beach. Dort wurde die verrückte Nonne gehängt, dort nehmen die Nixen ihre Sonnenbäder. Mary hat diesen Ort noch nie gesehen. Noch gehört der Gallows Beach zu ihrer Zukunft. Der Strich, den sie im Staub gezogen hat, markiert den nördlichsten Punkt, den sie je erreicht hat, die Grenze ihres Lebens. Diesseits liegt das Bekannte, jenseits das Fremde. Bald wird der Strand zu ihrer Gegenwart gehören.

Gegenwart, Vergangenheit – was ist was? Mary kommt ganz durcheinander. Gähnend lehnt sie sich unter das schattige Dach zurück und schließt die Augen. Ihre Beine baumeln weiter über die Kante und genießen die Sonnenstrahlen. Käme jetzt jemand, würde er sehen, wie der Wind ihren Rocksaum anhebt und die Sonne auch ihre langen Schenkel wärmt, doch das ist ihr egal …

Mary träumt von schwarzen Zentauren. Eine ganze Herde galoppiert ihr in einer engen Gasse hinterher. Sie entkommt ihnen, indem sie ihre langen Beine streckt und durch die Luft fliegt. Im nächsten Traum räkelt sie sich in einem riesigen Bett, auf das durch ein weit geöffnetes Fenster der Wind bläst. Zu den verschiedensten Zeiten haben viele andere Menschen im selben Bett geschlafen, und jetzt liegen sie alle neben ihr.

Ein eindringliches Brummen schreckt das Mädchen auf. Ein Teil ihres Bewußtseins ist noch immer im Traum gefangen. Sie verspürt einen sündigen Drang: Sie möchte die Hand unter den Rock schieben und dann weiter bis unter das Höschen. Aber dann entsinnt sie sich der Augen, die sie vom Scheunentor aus beobachten.

Sie setzt sich auf. Im ersten Schreck glaubt sie, das Brummen komme von einer Hornisse, die zwischen den Beeren herumsummt, und es dauert eine Weile, bis sie den Schlaf abgeschüttelt hat und merkt, daß es ein Außenbordmotor sein muß. Sie hüpft von der Plattform herunter, überquert den Feldweg und stellt sich an den Rand der Hügelkuppe, von wo aus grüne Wiesen steil zum Wasser hin abfallen. Sie reibt sich den Schlaf aus den Augen, und jetzt sieht sie ein Boot mit teerschwarzem Rumpf. Es hat dieselben Augen wie die Scheune hier. Sein Rumpf schießt über die Wellen. Zurück bleibt schaumiges Kielwasser. Es rast direkt auf den Kai zu. Am Steuer sitzt ein alter Mann.

Hinter dem Eisberg steigt immer noch Rauch auf. Beim Verlassen der Schmiede ist er Mary zuerst aufgefallen. Seitdem hat sie ihn auf dem ganzen Weg hierher kaum einmal aus den Augen gelassen. Obwohl sie sich denken kann, woher der Rauch stammt, träumt sie auch weiterhin lieber von einem donnernden Feuer und einem seinen mächtigen Hammer schwingenden Zentaur, der sich auf einem Eisamboß seine eigenen Hufe schmiedet.

Der Wind flaut ab. Von ihrer Warte aus kann Mary den auf der südlichen Landspitze thronenden Naked Man deutlich sehen. Moira behauptet, der lange Stein vorn sei sein Schwanz, aber das ist nur ihre schmutzige Phantasie. Jenseits des Foot, in Richtung Brimstone, krallen sich noch mehr Landspitzen ins Meer. Das einzige Mal, als Mary hier war, hat sie nicht darauf geachtet, aber sie erkennt sie auf Anhieb. Sie sind ja alle auf der großen Karte der Insel verzeichnet, die im Klassenzimmer an der Wand hängt.

Trotzdem überrascht es sie im nachhinein, daß die Kurven und Farben der Karte keine Comiczeichnung, die Namen nicht irgendwelche musikalisch klingende Wortgebilde sind, sondern daß sie tatsächlichen Orten zugehören. Hier reihen sie sich vor ihr aneinander und sind nicht minder real als die Sonne: Brickhouse, Deadman's Cove, Ireland's Eye, Cappahayden, Bay Despair, Hogueras und ein halbes Dutzend andere, und alles ist exakt dort, wo es laut der Karte sein muß.

269

Und das ist noch längst nicht alles. Wenn sie dem Rest der Karte glauben kann, dann mischt sich das Salzwasser dieser Bucht mit den Fluten, die die Strände der Boston States, von England, Irland, ja, sogar von China umspülen. So könnte sie, wenn sie denn wollte, jederzeit in ein Boot steigen und um den Head herum und über das Riff zum Golfstrom rudern, und der würde sie früher oder später zu allen aufregenden Gegenden dieser Welt tragen. Im Geschichtsbuch hat Mary von römischen Göttinnen gelesen, die vom Himmel auf die ganze Welt herunterschauen und alles sehen. So kommt sie sich im Augenblick vor.

Sie malt sich aus, was die Welt für sie bereithält. Alles, was sie noch nicht kennt, wartet hinter der Linie, die sie über den Feldweg gezogen hat.

Ihr Blick fällt auf den Leuchtturm. Er lockt sie, zieht sie an wie einen Seemann in Not.

Mary berührt die Linie mit der Fußspitze. Vor ihr steht mitten in der Wildnis der unheimliche Ziegenbock und beobachtet sie, wartend. Hinter ihr sind der Brow, die Kirche, in der sie getauft wurde und die Erstkommunion und die Firmung empfing, ihre Schule, in der sie all das wurde, was sie ist, das blaue Haus, in dem sie geboren wurde – alles ruft sie zurück. Cabot muß sich so gefühlt haben, als sein Schiff auf den Horizont zusegelte und er sich noch einmal umdrehte und sein Land, seine Heimat, im Meer versinken sah. In einem solchen Moment konnten damals wohl nur Leute weiterfahren, die von einem durch nichts zu erschütternden Glauben durchdrungen waren.

Mary macht mit ihren langen Beinen eine Grätsche über die Linie. Ein Fuß steht fest im Alten, der andere im Neuen. Der Wind bauscht ihr Kleid und bläst ihr die Haare in die Augen. Eine Duftnote steigt ihr in die Nase, und sie merkt, daß sich noch ein Hauch des Kohlegeruchs von der Schmiede in den Haaren gehalten hat. Sie schließt die Augen und rennt los.

Johnny the Light betritt die Sakristei. Schnüffelnd wie ein Bluthund, humpelt er auf kürzestem Weg zum Schrank. Da er nicht abgeschlossen ist, kommt er problemlos an den Meßwein heran.

Eine Flasche nimmt er an sich, die anderen stellt er so hin, daß der Diebstahl nicht auffällt. Überraschend mühelos schraubt er die erbeutete Flasche auf, schließt die Augen und trinkt in tiefen Zügen. Als er die Augen wieder öffnet und nicht mehr keuchen muß, bemerkt er, daß lauter dunkel lackierte Fächer die Wände säumen. Er steckt die Flasche ein und macht sich an die Erforschung des Raums.

Der alte Mann entdeckt Fackeln, Kerzen, Kerzenhalter, Schneuzen, ein Weihrauchfaß, eine Hostienschale, Altartücher, Chorhemden aus weißer Seide, rote Soutanen, herrlich bunte Meßgewänder aus erlesenstem Gewebe, mehrere Karaffen und sogar eine Monstranz. Keins von diesen Dingen interessiert ihn sonderlich. In einem Schrank stößt er allerdings auf einen silbernen Hostienkelch, dessen Deckel ein winziges Kreuz ziert. Er hebt den Deckel an. Darunter liegen Hunderte, wenn nicht Tausende von Hostien kreuz und quer durcheinander, wie die Briefmarken, die er in Caseys Faß gesehen hat. Er steckt sich eine Handvoll in den Mund. Sie zergehen ihm auf der Zunge wie Zukker.

Johnny schlurft weiter. Die Dielen unter seinen Füßen knarzen, doch sein Ohr nimmt nicht wahr, daß er es ist, der den Lärm verursacht. Aufgebracht krächzt er: »P-p-püschta!«, verharrt regungslos und lauscht. »Aha, es geht ja, Jungs«, flüstert er schließlich.

Auf dem Tisch ruht ein schweres, in schwarzes Leder gebundenes Buch. Mit seinen verstümmelten Fingern schlägt er es auf. Die Blätter sind sehr fein, dünn, fast durchsichtig, so daß er sie kaum auseinanderbringt. Er beugt sich ganz nah darüber und versucht, aus den Buchstaben schlau zu werden, aber auch sie sind dünn und zierlich. Einige davon, die mit roter Farbe gedruckt wurden, tanzen vor seinen Augen. Zu seiner Enttäuschung enthält das Buch keine Bilder.

Johnny sieht eine Tür aus grobem Holz, hinter der sich anscheinend eine Kammer verbirgt. Er schiebt den Riegel zurück und öffnet sie. Vor ihm tut sich ein schwarzes Nichts auf. Kalte, abgestandene Luft schlägt ihm entgegen. Eine Leiter zu seinen Füßen führt in die Tiefe.

»B-b-beeilt euch, Jungs!« zischt er. »Unser Schiff ist da. Es bringt uns heim.«

In der Manier eines erfahrenen Seemanns dreht er sich um, setzt vorsichtig einen Fuß auf die oberste Sprosse und klettert ein gutes Dutzend Sprossen hinunter. Im Keller angekommen, spürt er nackte, feste Erde unter den Füßen. In der Luft hängt der kräftige Geruch von Humus; von der Substanz her erinnert sie an Weihrauch: Der alte Mann kann die Luft fast schmecken. Da es keine Fenster gibt, muß er sich an das spärliche Licht halten, das von oben hereinfällt.

Während er darauf wartet, daß seine schwachen Augen sich an die Dunkelheit gewöhnen, zieht er die Flasche aus dem Mantel und trinkt. Nachdem er sie am Fuß der Leiter auf den Boden gestellt hat, zieht er seinen großen Mantel aus und hängt ihn über eine Sprosse. Dann löst er die Schnur um seine Hüften und läßt die Hose fallen. Mit vor Kälte zitternden Beinen kauert er sich nieder und uriniert auf die Erde. Irgendein kleines Tier, ein Käfer wahrscheinlich, huscht sein Bein hinauf. Als es sein Knie erreicht, wischt er es weg. Nach und nach bemerkt er die Reihe von eisigen weißen Rechtecken, die vor ihm aus der Dunkelheit ragen.

»Sag mal, Barron, ist das nicht ein widerwärtiger Anblick? Wird dir davon nicht auch speiübel?« Gus hält sich die Hände vor die Augen und tut so, als würde er Wish aus seinem Gesichtsfeld aussperren. »Erst kommt das Essen, dann das Scheißen. Ich kann Butt genausowenig essen wie scheißen sehen.«

Wishs Gesicht verrät wie immer keine Regung. Nur sein Schielauge dreht sich, seinen eigenen Regeln folgend, in alle Richtungen. »Barron, richte Gus folgendes von mir aus: Sag ihm, er soll da raufkriechen und uns aus den Augen gehen, sonst muß er noch seine Zähne auf dem Boden zusammensuchen.« Er saugt unappetitlich an einem Seehundknochen. »Hmm, ist lecker und schmeckt nach mehr!« Als ihm klar ist, daß er wirklich jedes

Gramm Fett abgenagt hat, wirft er den Knochen lässig über die Schulter. Dann drückt er sich einen Nasenflügel mit dem Zeigefinger zu und preßt mit aller Kraft einen dicken Klumpen Schleim aus dem anderen Nasenloch heraus. Ebenso verfährt er anschließend mit dem anderen.

Michael wendet sich ab. Er versucht, an eine Landschaft zu denken, an sanfte grüne Hügel, bewachsen mit Gras und Bäumen und weich wie ein Federbett. Er überlegt, wie schön es wäre, sich in diesem warmen Erdbett auszuruhen. Doch er kann das Eis unter seinen Schenkeln beim besten Willen nicht leugnen, denn es sendet seine Todeskälte bis in seinen Rücken hinauf. Genausowenig kann er den Gestank von Blut, Fett, Knochen und der um ihn herum verstreuten Abfälle leugnen. Dieser Ort ist das reinste Fegefeuer. Die Definition aus dem Katechismus fällt ihm ein: *Der Ort, an dem bestimmte Seelen leiden müssen, ehe sie ins Paradies aufgenommen werden* ... Seine Speiseröhre ist ganz verklebt von dem fetten Seehundherz. Er hustet und spuckt, doch er wird den fauligen Geschmack von Blut einfach nicht los.

»Barron, mein Sohn, es war doch nur ein Witz, Menschenskind.«

»Wir schwören dir bei Gott, wir hätten nie gedacht, daß du das wirklich essen würdest.«

»Wir hatten eigentlich gedacht, du würdest es dir durch den Arsch schieben, hab' ich nicht recht, Butt?«

Michael zwingt sich zu einem Lächeln. »Tja, da wird es im Laufe der Zeit auch landen.«

Die anderen zwei wiehern.

Noch einmal lecken aus dem halb verbrannten Holzstoß Flammen in die Höhe. Es sind die Seelen der Toten, die sich da rühren, die sich inmitten von Asche und Verfall Gehör verschaffen wollen. Auf ihrem Weg zu den Wolken streicht die angewärmte Luft Michael über das Gesicht. Er wünscht, er könnte sich mit ihr treiben lassen, hinauf in den endlosen Himmel.

Die Sonne brennt auf das Eis herunter. Kein Schatten schützt seinen Gipfel. Wenn Michael noch einmal hinaufklettern und über das Wasser zur Gemeinde schauen würde, könnte er dann immer noch das weiße Kleid sehen? Würde es immer noch warten?

Gus wühlt unter seinem Ölzeug herum. Zum Vorschein kommt der Draht mit der daran aufgespießten Kabeljauzunge. Triumphierend hält er sie hoch. »Die steht mir zu!« feixt er. »Schließlich habe ich den Fisch rausgeholt.« Er hält das graue Fleischstück über die Flamme, wo es sofort zu brutzeln anfängt. Er schiebt es sich in den Mund und schluckt es, ohne zu kauen, hinunter. Wie ein Kind, das gerade eine Süßigkeit bekommen hat, leckt er sich die Lippen.

Wish stimmt unterdessen einen Klagegesang an:

>»Wir fischten im Sommer, wir fischten im Herbst,
> doch am Ende des Jahres war'n uns're Hände leer ...«

Aus voller Kehle grölt Gus den Refrain mit:

>»Die Zeiten, sie sind schwer, ja schwer ...«

Nun zieht Wish eine durchnäßte Papiertüte unter seinem Ölzeug hervor. »Brot und Fische«, kommentiert er und wirft jedem seiner Kameraden einen baseballgroßen Klumpen Schiffszwieback zu. »Dann probiert mal eure Beißerchen daran aus.« Ohne einen Kommentar abzuwarten, rappelt er sich auf und schlittert zur Wasserlache hinunter. Dort liegt noch der Kescher mit den drei Flaschen darin. Er holt ihn heraus. Dazu singt er in lüsternem Ton:

>»Denn sie war ja so hungrig
> und sie brannte darauf ...«

»Jetzt hat dieser elende Nichtsnutz endlich mal was Vernünftiges gefangen«, sagt Gus mit betont lauter Stimme.

Das Feuer fällt mit einem Zischen in seinem Becken zusammen. Die letzten glühenden Holzscheite geben noch einmal ein Knacken von sich, dann ertrinken sie. Von Asche und Ruß schwarz gefärbtes Schmelzwasser läuft über und fließt als tintiges Rinnsal den Berg hinunter. In gespielter Panik kreischt Gus: »Barron! Wir sinken! Hol den Eimer und pump die lecke alte Wanne leer!«

Wish kommt mit den Flaschen im Kescher zurück. »Barron, sag ihm, daß er so schlau ist wie mein Arsch. Also, Jungs, Zeit für eure Ration.« Wie der Meßdiener bei der Kollekte hält er Gus den Kescher unters Kinn.

Sein Kumpel nimmt die tropfnassen Flaschen heraus. Dann zückt er sein Taschenmesser, klappt den Korkenzieher auf und schraubt ihn in den Korken. Immer heftiger ächzend beginnt er zu zerren. »Fest wie 'n Rattenarsch!« stöhnt er.

Plopp!

Während Gus die anderen Flaschen entkorkt und weiterreicht, kämpft sich Wish aus seinen Gummistiefeln. Seine mit einer Art schwarzem Schlamm bedeckten nackten Füße kommen zum Vorschein. Gus verzieht das Gesicht. »Herrgott, ich hab' sie noch gar nicht gesehen, da hab' ich sie schon gerochen.«

»Was ist los? Glaubt Gus Gallant etwa, Gummistiefel seien dazu da, kein Wasser reinzulassen? Himmel, nein! Sie sind dazu da, um den Gestank nicht rauszulassen.«

Gus stellt seine Flasche zwischen seine Beine auf das Eis und beißt in den Schiffszwieback. Er muß eine Weile kauen, bis er den Bissen runterschlucken kann. Stirnrunzelnd brummt er: »Barron, richte Butt doch von mir aus, daß der Schiffszwieback seiner Mutter wie ein Furz schmeckt.«

»Der Koch möge mich doch bitte am Arsch lecken.« Wish hält sein Stück ins Sonnenlicht. »Bestimmt nicht schlechter als die halbrohen Flossen mancher Leute.«

»Barron, wir zwei haben doch gesehen, wie er die Knochen abgeschleckt hat, oder? Da hat er sich nicht beklagt. Was aber diesen Stein von Zwieback betrifft, hätten wir ihn gestern in der pechschwarzen Nacht essen sollen. Dann hätten wir nicht sehen können, was drin ist.«

»Der Koch möge doch bitte an meinen Eiern lecken.«

»Barron, ich will dir mal 'ne Geschichte erzählen. Eine wahre Geschichte. Ich saß mal bei Butt in der Küche, und da gab mir seine Mutter so ein Stück Schiffszwieback. Ich beiß' rein und ... Ich schwöre es dir beim lebenden Jesus – aber der Teufel soll mich holen, wenn ich nicht auf was *Weiches* gebissen ...«

In Gedanken weilt Michael schon wieder voller Sehnsucht auf dem Land. Er denkt über das den Seeleuten vertraute Trugbild von den Häusern nach, die ihnen auf dem Strand entgegenkommen, sobald sie den Heimathafen ansteuern. Dann schätzt er die Entfernungen ab und überlegt, daß er, sollte er irgendwo zwischen den beiden großen Kaps an Land gespült werden, wohl einen Tagesmarsch zurücklegen müßte, bis er die Hintertür seines Hauses erreicht hätte. Wenn seine Füße nur wieder auf fester Erde stünden, würde er sich jetzt nicht so entwurzelt, so weit entfernt fühlen.

»... und natürlich sag' ich mir – das ist ein Wurm ...«

Michael gibt sich einen Ruck, damit ihm die Augen nicht zufallen. Hätte es ihn in ein entferntes Reich verschlagen, seinetwegen sogar China, würde er sich nicht so weit weg von allem fühlen. Er würde gar nicht spüren, daß er irgendwo am dunklen Rand des Alls treibt.

»... aber nein! Es war nur ein Reißnagel mit 'nem Plastikkopf.« Gus hält seine Flasche gegen die Sonne. Ihr Licht durchdringt das Glas und tanzt als lila Fleck auf seiner mit Pickeln übersäten Wange. Er schnuppert an der Öffnung.

»Der Koch möge mir doch bitte die Stiefel lecken«, brummt Wish.

Gus trinkt einen großen Schluck. »Beste Pferdepisse«, kommentiert er mit fester Stimme. »Bestimmt die Art von Pisse, wie sie Johnny the Light trinkt.«

»Runterstürzt, willst du sagen. So besoffen wie der immer ist.«

Gus reißt Michael mit einem Stoß aus den Träumen. »He, du Penner! Wozu geben wir dir denn Gift? Trink mal 'nen Schluck.«

Michael schnüffelt mißtrauisch an der Flasche. Er hat nicht vergessen, wie Gus beim Ostertanz heimlich in eine leere Flasche pißte und sie dann Johnny the Light anbot, der dort halb betrunken herumhing. Er trank sie in einem Zug aus. Als Gus die Geschichte später im Saal erzählte, immer wieder unterbrochen von hysterischem Lachen, lächelte Johnny nur, schmatzte mit den Lippen und torkelte die Straße hinunter. Doch weder Wish noch

Michael fanden es besonders lustig, daß er einen alten Mann derart quälte. Noch dazu einen Helden.

Nun, seine Nase entdeckt nur den Geruch reifer Blaubeeren. Der Duft trägt ihn fort vom Eisberg zu echtem Festland, einem natürlichen Gelände mit fruchtbarem Boden und Bäumen, die atmen. Diese Flasche enthält die Erde selbst. Michael führt sie andächtig an seine Lippen und trinkt. Der Beerenwein ist schwer und süß und hat noch einen Nachgeschmack von Hefe, aber für Michael ist er nicht weniger heilig als ein Sakrament. Der Junge schließt die Augen, wie er es auch bei der Kommunion tut.

»Sag Butt, er soll ein braver Junge sein und 'ne Runde Kippen drehen.«

»Der Koch möge doch bitte meinen Schwanz lutschen«, knurrt Wish. Trotzdem holt er gehorsam Tabak und Zigarettenpapier heraus. Er schlägt ein Bein unter das andere und dreht, sich betulich wie eine vornehme Dame gebend, drei Zigaretten auf dem angewinkelten Knie. Die Jungen nagen am Schiffszwieback, rauchen und trinken.

»Gar nicht so schlecht, wenn man sich dran gewöhnt hat«, meint Gus. »Aber wenn wir wieder so was kaufen, müssen wir es einen oder zwei Winter im Keller lagern, dann kriegt es mehr Charakter.«

»Immerhin war es über Nacht auf dem Meer. Wein reift, wenn er übers Wasser fährt.«

Gus funkelt Wish in gespieltem Zorn an. »Himmel, Arsch und Zwirn, dieser Butt ist so knallvoll, daß seine Augen schon ganz braun sind.«

Wish spuckt einen Tabakfussel aus. »Wußtest du das nicht? Die Weiße Flotte benutzt heute noch Portfässer als Ballast. Und die sind randvoll. Auf diese Weise überqueren sie den Ozean zweimal.«

Michael fallen schon wieder die Augen zu. Er sieht vor sich Hunderte von Schiffen mit voller Takelage am Horizont vorbeigleiten. Das ist die Weiße Flotte von Portugal. Dieses schöne Bild geht über in ein anderes von Seerosen auf einem Teich. Der Wind hebt die Blätter an, so daß ihre blasse Unterseite zum Vorschein kommt. Doch dann blinzelt der Junge und schlägt die Augen auf. Das Wasser ist wieder leer.

Der Wind frischt auf. In der Ferne, dort, wo die Jungen am Morgen vor Anker gelegen haben, rollt eine schaumige Welle heran; zum Land hin bleiben davon nur dünne Kräuselungen übrig.

»Es stimmt aber«, beharrt Wish. »Bei Gelegenheit müssen wir versuchen, Sprossenbier zu brauen.«

»Sprossenbier?«

»Johnny hat mir erklärt, wie das geht. Und an Rohstoffen ist weiß Gott kein Mangel. Wir könnten gut davon leben.«

Gus tut das mit einer wegwerfenden Bewegung ab. »Butt denkt nur immer an seinen Lebensunterhalt. Er endet noch mal so wie der alte Jeremy Fortune. Mit Jeremy geht es dahin, aber glaubt ihr, er würde das Fischen aufgeben? Niemals! Er liegt schon auf dem Sterbebett, da will er aufstehen und sagt zu seiner Frau: ›Verdammt noch mal, Frau, ich muß doch meinen Lebensunterhalt verdienen.‹«

»Es ist ein Kinderspiel. Du zerhackst Tannenzweige zu kleinen Stecken, legst sie in mehrere Gallonen Wasser und läßt sie kochen, bis das Wasser bis auf einen halben Liter verdampft ist. Johnny nennt das Essenz.«

Michael hat noch nie Sprossenbier getrunken. Trotzdem liebt er den Geruch von Sauerstoff, den es nirgendwo gibt außer bei dem kleinen Sprossenbierstand, der in dem Dorf auf der anderen Seite der Hügelkette steht. Die Luft dort ist so herrlich grün, schwer und kühl, daß man sie sich fast auf der Zunge zergehen lassen kann.

»*Essenz?*« schnaubt Gus und zwinkert Michael zu. »Barron, hast du schon mal so einen Blödsinn gehört? Hallo, Father Mac-Murrough, wie geht es Eurer Essenz an diesem schönen Morgen?«

»Dann gibst du dreißig Gallonen Wasser, dreizehn Pfund Melasse und ein Pfund Zucker in die Essenz. So ungefähr zumindest. Es muß nicht genau stimmen. Das Ganze erhitzt du und füllst es in Flaschen ab. Das ist alles. Und wenn du was besonders Starkes haben willst, dann reicherst du es mit etwas Rum an.«

»Barron, klär den Herrn da doch mal auf: Das ist ein einziges Ammenmärchen.« Wish bohrt mit dem Zeigefinger zwischen seinen Backenzähnen herum und zieht etwas Schwarzes heraus. Er hält es ins Licht, betrachtet es und steckt es sich wieder in den Mund. Gus trinkt, wischt sich danebengetropften Wein vom Kinn, rülpst laut und nimmt zerstreut einen Zug von seiner Zigarette. Michael nippt an seiner Flasche und atmet das Aroma der Berge ein, das sie enthält. Der Eisberg schwankt so leicht, daß seine Kameraden nichts spüren, doch ihm dreht sich der Kopf.

Wish kratzt sich unterdessen am Schritt. Aus voller Kehle singt er:

»Und die Zeiten, sie sind schwer, ja *schwer* …«

Weil ihm der Rauch seiner Zigarette ins Gesicht steigt, kneift Gus die Augen zu, so daß der Eindruck entsteht, er nehme Wish ins Visier. »Hör auf meinen guten Rat, Junge: Laß es einfach in Ruhe gären.«

»Gallant, schieb dir deinen Rat in den Arsch.«

»Schieb dir doch deinen Daumen in den Arsch.«

»Barron, hast du gehört, ob Gallants Mutter auch Kinder hatte, die überlebt haben?«

»Barron, stimmt das Gerede, daß es bei Butts Geburt einen Fehler gegeben hat, daß sie das Baby weggeworfen und die Nachgeburt getauft haben?«

Gus greift sich an die Hose und reibt sich lustvoll. Dazu seufzt er: »Wo ist das Land, wo Milch und Mösensaft fließen?« Er streckt die Zunge heraus und legt sie wie in Erwartung der Kommunion auf die Unterlippe. Doch plötzlich schießt sie nach oben und wackelt obszön. Als Wish das sieht, bekommt er einen Lachanfall, und weil sein Mund noch voll ist, bespuckt er sich selbst von oben bis unten mit Schiffszwieback.

Gus dreht sich kopfschüttelnd zu Michael um. »Ich schwöre dir, der Junge ist durchgedreht.«

Wish beruhigt sich gerade so lange, daß er »Leck mich an meinem königlichen Arsch« keuchen kann. Aber kaum hört er die eigene Stimme, brüllt er schon wieder vor Lachen.

Mit übertrieben englischem Akzent deklamiert Gus: »Mister Barron, ich fürchte in der Tat, daß das Kind geisteskrank ist. Aber lassen Sie uns eine Untersuchung vornehmen.« Er hält sich den Zeigefinger vor die Augen und betrachtet ihn ernst. »Master Butt, hätten Sie die Güte, uns Ihre Meinung dazu kundzutun?«

Von der Seite schielt Wish auf den Finger – er traut sich nicht, ihn direkt anzuschauen, wälzt sich aber trotzdem auf dem Eis. Inzwischen lacht er nicht nur Tränen, er bringt keinen Ton mehr heraus.

»Nein, Master Butt ist nicht mehr derselbe, seit ihm das Pferd über den Kopf lief.«

Michael steht auf, geht zu dem Loch, in dem das Schmelzwasser verschwindet, und pinkelt wie vorhin schon Gus hinein. »Seien Sie vorsichtig, Mister Barron!« ruft ihm Gus nach. »Master Butt leckt sich bereits die Lippen!«

Michael hat es nicht allzu eilig, zu seinen Gefährten zurückzukehren.

»Mister Barron, ich muß schon sagen, Master Butt hat eine sonderbare Art zu lachen, finden Sie nicht auch?«

Weil Gus genau den Tonfall von Wishs mädchenhaftem Gekicher trifft, bekommt dieser vor Lachen kaum noch Luft.

»Also gut, Master Butt, hätten Sie die Güte, uns diese Frage zu beantworten: Wie stehen Sie zu folgendem?« Gus knöpft sein Ölzeug auf und hebt sein Hemd an. Dann plaziert er die Hände links und rechts vom Nabel und schiebt das Fleisch zusammen, so daß es einen mit Haar bewachsenen dunklen Schlitz bildet.

Schlagartig beruhigt sich Wish. Mit offenem Mund starrt er den Bauch des anderen an. Sein Schielauge tritt hervor und macht sich wieder selbständig. Dann breitet sich ein Lächeln auf seinem Gesicht aus. Er setzt zu einer Antwort an, schließt jedoch den Mund und schluckt. Schließlich schaut er mit hochrotem Kopf zu Boden und holt tief Luft.

»Aha, mein Junge!« Gus ahmt den tadelnden Ton der Nonnen nach. »Ich kenne alle deine Sünden! Ich weiß sogar, wer deine Freundin ist! Heißt sie nicht Mary?« Er zwinkert Michael zu.

Der spürt, wie ihm alles Blut aus den Wangen weicht.

»Mary Fünf-Finger! Beichte! Du kannst uns nicht entkommen! Beichte deine Sünden!«

Wish starrt stumm seine schmutzigen nackten Zehen an.

Peinliches Schweigen tritt ein.

Die Jungen trinken ihren Wein bis zum Bodensatz aus. »Das Zeug wirkt, mir tut nichts mehr weh«, prahlt Gus.

»Aye!« bestätigt Wish, der sich von seinem Anfall wieder erholt hat.

Michael glaubt, daß sie nur dick auftragen, denn er spürt den Wein überhaupt nicht.

Wish hält seine leere Flasche hoch. »Waren es nicht leere Flaschen, denen Father Fran seine Visionen, Voraussagungen, Heilungen und den ganzen Rest verdankte?«

»Ohne Zweifel.«

Gus nimmt einen tiefen letzten Zug von seiner Zigarette und saugt dabei die Wangen ein. Dann schnipst er den Stummel davon. Mit einem *ffft* landet er in der Lache. Langsam strömt der Rauch aus Gus' Nasenlöchern und wird vom Wind davongetragen. In ernstem Ton fängt der Junge zu erzählen an:

»Da war doch dieses Paar, das hinter dem Palast gevögelt hat, wißt ihr. Der Pfarrer macht gerade seinen Abendspaziergang. Mit der Nase im Gebetbuch geht er durch das Gras, als er auf einen fetten Arsch tritt. Da hört er eine Frauenstimme: ›Gott segne Sie, Pater!‹, und er meint, das sei ein Engel, der gekommen ist, um ihn mit in den Himmel zu nehmen.«

Wish verdreht die Augen. Mit einem wissenden Nicken brummt er: »Ein idealer Tag, um im Gras zu pütern.«

»Pütern! Träume ich, oder spricht da etwa Wish Butt vom Pütern? Barron, ich wette mit dir um einen ganzen Dollar, daß der Kerl im ganzen Leben noch keine Titten gesehen hat! Er wüßte ja gar nicht, was er damit anfangen soll. Und schon gar nicht, wo er seinen kleinen Stachel reinstecken soll. Weißt du, was er macht, wenn so ein steiler Zahn den Rock hochhebt und sagt: ›Da rein‹? Er klemmt den Schwanz zwischen die Beine und rennt, was das Zeug hält. Und soll ich dir sagen, wozu er überhaupt 'nen Stachel hat?«

Wish hört nicht hin. Mit Grabesstimme fragt er:»Hast du schon mal?«

Im selben Ton antwortet Gus:»Nein, nie.«

»Möchtest du?«

»Und ob!«

Gus und Wish halten gleichzeitig die Hand an die Schläfe und salutieren.

»Damit er bis elf zählen kann ... Menschenskind, im Moment kann ich kaum noch die Augen offen halten.«

»Soll ich dir was sagen, Barron? Ich glaube, dieser Deckhengst ist schon mit 'nem Ständer auf die Welt gekommen.«

»Was wir brauchen, ist eine Ergänzung zum Werk der Gnade an den Klosterschulen: Schwanz abreißen. Strafe allein genügt nämlich nicht. Ich denke, ich werde Seiner Essenz dem Papst einen Brief schreiben.«

»Kennt ihr den von der Frau, die mit 'ner Katze unterm Arm auf die Straße gegangen ist? Das Vieh springt runter und rennt weg. Da schreit die Frau ...«

Gus geht nicht darauf ein.»Wenn nur die Wellen alle Titten wären ...«

»... meine Muschi ... Fangt meine Muschi!«

»... Gott weiß, daß ich ertrinken würde.«

Vor Erschöpfung, aber auch aus Ekel, stößt Michael einen Seufzer aus. Gus mißt ihn mit einem strengen Blick.»Was soll das nun? Habe ich ein Stöhnen vernommen? Beichte, du Heulsuse: Was erregt dein Mißfallen? Was hat sich dir aufs Gemüt gelegt?«

»Ich denke, Barron will weg von hier. Habe ich nicht recht, Mikey, mein Junge? Das war ja auch ein hurenmäßiges Frühstück. Und wenn wir heute nacht noch Schabernack treiben wollen, sollten wir uns vorher 'ne Mütze Schlaf genehmigen.«

»Schabernack! Türen, Scheißhäuser und Scheunentore und so was? Das nennst du etwa Schabernack? Diese Art von Streichen ist doch was für die Kleinen. Aber wir sind mit der Schule fertig. Wir sind Männer. Und heute nacht gibt es das, worauf Männer aus sind: als erstes 'ne richtige Flasche. Aber keinen Sirup! Und danach 'ne Mieze. Was zwischen die Beine! Hab' ich nicht recht, Barron?«

Michael will ihnen nicht den Gefallen tun und darauf eingehen. Er hat nur noch Augen für die Eisblöcke. Einige sind ins Wasser gerutscht und treiben in einer kleinen Prozession aufs Meer hinaus. Er beneidet sie um ihre friedliche Flucht.

»Gallant, du bist ein Quatschkopf. Du kannst weder Fische noch Miezen fangen.«

Gus tritt Michael gegen den Fuß. »Raus mit der Sprache, Barron: Hast du dir schon mal 'ne Kirsche gepflückt?«

»Genau!« johlt Wish. »Wir wollen es wissen! Los, sag schon!«

Michael blinzelt. Aber damit hat er bereits verraten, daß er sie gehört hat. Erneut weicht alle Farbe aus seinem Gesicht.

»Hast du schon mal 'ne Titte gequetscht?«

»So 'ne hübsche in den Sträuchern?«

»Auf und davon in die Wildnis, um ein Stück …«

»Sag schon, Barron, wir wollen alles wissen.«

»Wie heißt sie?«

»Wie war sie so?«

»Nach Fisch gerochen und nach Hähnchen geschmeckt?«

»War es ein Affe …?«

»Klettert sie, wenn du ihr die Stange gibst?«

»Erzähl uns vom Kitzeln.«

»Vom Stöhnen.«

»Vom Zucken.«

»Vom Spritzen.«

»Hast du bei den Zehen angefangen?«

»Dich auf beiden Straßenseiten hochgeschleckt?«

»Und hast du den Mann im Boot gefunden?«

»Den Schatz unterm Busch?«

Gus bricht ab. »Apropos: Ihr wißt doch, daß irgendwo im Moor Gold begraben liegt. Beutegut. Alles natürlich verhext und verflucht. Glaubt ihr mir etwa nicht? Es ist aber wahr. Wenn ihr jede Menge Weiber wollt, dann braucht ihr vor allem eins: so 'nen Schatz …«

Michael atmet auf.

»Gallant, du bist ein gottverdammter Verrückter. Siehst du das nicht auch so, Barron?«

»Hör zu, Butt. Du bist Henry Mainwaring, ich bin Peter Easton, und dieser Nichtsnutz da unten ist Blackbeard. Und wir drei zusammen sind die Herrenlosen Gesellen. Sobald wir wieder an Land sind, schnappen wir uns 'ne Spitzhacke und 'ne Schaufel und inspizieren das Gelände. Was sagst du dazu?«

Wish schüttelt in gespieltem Abscheu den Kopf.

»Du glaubst nicht an den Schatz? Immerhin haben sie diese blutbedeckte Kriegsaxt am Strand ausgegraben. Wo, glaubst du, kam die her?«

»Leif der Glückliche. Eric der Rote. Billy der Gockel. Johnny the Light. Keine Ahnung. Wer zum Kuckuck weiß so was schon?«

Wish nimmt die Flinte in die eine und das Beil in die andere Hand. Leicht schwankend stellt er sich barfuß in der Pose eines triumphierenden Kriegers hin und reckt die Waffen in die Höhe. »Wir sind die Freunde Gottes und die Feinde der Welt!« schreit er in den Himmel. Dann fängt er an zu tänzeln und singt: »Denn wir sind die Kinder der tiefen blauen See …«

»Still!« zischt Gus und stößt ihn an. »Hör doch!«

Irgendwo hinter dem Eisberg ist in der Ferne das Tuckern eines Außenbordmotors zu hören.

»Mike Landrigan«, flüstert Gus. »Das ist sein Motor. Jede Wette, daß er den Padre holen will.«

»Der Alten wird's noch ein letztes Mal besorgt, bevor sie sie in die Grube verfrachten.« Wish legt seine Waffen ab, sammelt die Flaschen auf, hält sie nacheinander senkrecht über seine ausgestreckte Zunge und leckt die letzten Tropfen auf. Dann schleudert er sie über die weiße Klippe. Mit einem Klirren zerschellen sie unten auf dem Eis. »Die muß in ihren Sarg gevögelt werden.«

Wish tanzt und singt dazu:

> »'ne große Welle suchte Long Beach heim,
> stuuuuumm war fortan Snooks Omilein …«

Wie aus dem Innern des Eises tauchen auf einmal zwei Möwen auf. Sie fliegen knapp über die Köpfe der Jungen hinweg und verlangen mit einem gierigen Kreischen nach Resten und Abfällen. Nur zu gern wäre Michael jetzt eine Möwe. Dann würde er die Flügel ausbreiten und von diesem Ort fliehen. Zuallererst würde er der Sonne entgegenfliegen, um sich aufzuwärmen. Danach würde er einen imaginären Hang hinabgleiten und auf festem Boden aufsetzen, und zwar dem der Gemeinde – daheim.

Die Vögel stoßen mitten in der Luft zusammen und prallen gegen die Eiswand. Michael macht sich Sorgen um sie. Er wünscht sich, sie würden davonfliegen, sich an einen sicheren Ort retten.

»Alcock und Brown«, brummt Wish gedehnt. »Wenn wir nur den verdammten Haken nicht verloren hätten! Einmal hab' ich jeweils einen Haken mit Wurm an den Enden einer Schnur angebracht und das Ganze ins Wasser geschmissen. Nacheinander kommen doch glatt zwei dumme Möwen runter und beißen an. Sie fliegen los und sind für immer siamesische Zwillinge. Halten Händchen, stoßen permanent zusammen und versuchen, schlau draus zu werden.«

Wish läßt sich Zeit. Er brabbelt mehr, als er erzählt. Unterdessen greift er unauffällig nach der Flinte.

Man bräuchte nur einen Stock zu heben, und schon würden die Möwen fliehen. Michael betet, daß dieses Pärchen die Waffe rechtzeitig bemerkt. Aber nein, sie sind zu gefräßig. Er wendet sich ab und wartet. Die nächste halbe Sekunde weitet sich zu einer wahren Ewigkeit aus. Nach dem Schuß stürzen Eisstücke den Abhang hinunter.

»Du schieläugiger Dussel.«

»Quatsch. Ich hab' ins Schwarze getroffen. Wir haben hierzulande eben zähe Möwen.«

»Du hast genau dazwischen getroffen.«

»Um die Wahrheit zu sagen: Es war ein Schuß ins Blaue. Soll Glück bringen.«

Gus springt auf und entwindet Wish die Flinte. Dann spannt er den Hahn und zielt auf Wishs gutes Auge. Es stiert auf den rauchenden Lauf. Wishs Gesicht verrät keine Regung.

Michael hat gesehen, was für einen Schaden eine Schrotflinte Kaliber 12 unter Vögeln wie Rebhühnern oder Krähen anrichten kann. Vor Jahren trug Pop ihm auf, eine Henne zu schlachten, die zu krank war, um zu leben. Michael beschloß daraufhin, sie hinzurichten. Er trug sie in einem Sack zum Brow, band sie fest wie einen zum Tode Verurteilten, entfernte sich zehn Schritte weit, drehte sich um, zielte und drückte ab. Federn explodierten im Wind. Als er den Kadaver untersuchen wollte, fand er kein einziges größeres Stück. Michael überlegt, was wohl von Wishs Kopf übrigbliebe, wenn diese Waffe tatsächlich geladen wäre und losginge.

Den Kopf hinter dem gespannten Hahn, zischt Gus: »Butt, hast du je vom Harbour-Grace-Gefängnis gehört? Die Insassen dort langweilten sich so sehr, daß sie Strohhalme zogen, um zu sehen, wer wen ermorden würde. Und das machten sie wirklich. Sie brachten einander um. Nicht, daß sie sich etwa haßten. Sie hatten einfach die Schnauze voll. Sie langweilten sich zu Tode, das ist alles.«

Der Lauf schwankt. Gus schneidet eine Grimasse. In seinen Gedärmen tut sich was. Mit matter Stimme sagt er: »Du hast doch hoffentlich deinen Sarg mitgebracht.«

Wishs Schielauge rollt weiter davon, als Michael es je hat wandern sehen. Seine Augenwinkel schimmern feucht. Obwohl ihm keine wirkliche Gefahr droht, hat Wish Angst.

Die dumpfe Stimme zischt: »Barron, wußtest du, daß Butt blaue Augen hat ...?«

Ein gedämpftes Donnern dröhnt los. Michael zuckt zusammen.

»Eins ging nach Westen, das andere nach Osten ...«

Das Donnern kam von Gus' Hintern.

»Vergib mir, Herr, denn ich habe gesündigt.« Gus läßt die Flinte sinken und bekreuzigt sich. »Fünfzehnmal habe ich einen ziehen lassen.«

Ein strenger, fauliger Geruch zieht an Michael vorbei – eine Seele auf dem Weg in die Hölle.

»Auf die Beine mit dir und los!« heult Wish erleichtert und

wischt sich die Augen trocken. Dazu stößt er ein merkwürdig hysterisches Lachen aus, das Michael noch nie bei ihm gehört hat.

»Den hätte ich anzünden sollen, was meinst du, Butt?« lacht Gus.

»Stimmt, bei dem vielen Gas hättest du 'nen ganzen Wal braten können.«

»Normalerweise stecke ich sie nur in der Badewanne an, weißt du.«

»Klar. Man muß die Blasen erwischen, wenn sie aufsteigen.«

»Die sieht man, bevor man sie riecht.«

»Genau. Dann versengt man sich das Arschloch nicht.«

»Sag mal, Butt, woher weißt du das eigentlich? Wann warst du schon mal in 'ner Badewanne?«

»Seit wann das Interesse?« entgegnet Wish in einem Singsang. »Ich schreibe ein Buch.«

»Dann leck mich am Arsch ...«

»... es wird 'ne Liebesgeschichte.«

Die zwei Jungen machen einen Knicks voreinander.

Wish hält die Handfläche hinters Ohr. »Hört! Ein Hornsignal.« Er läßt einen quietschenden Furz los, der fast so schrill ist wie das Geräusch, das entsteht, wenn man einen Grashalm zwischen die Daumen klemmt und dagegen bläst. Dann schließt er die Augen und atmet tief durch die Nase ein. Ein Ausdruck absoluter Verzückung zieht über sein Gesicht.

»Hunde schnuppern immer zuerst am eigenen Dreck. Das hier war aber kein Hornsignal. Butt hat offenbar im ganzen Leben noch kein Hornsignal gehört. Aber wenigstens deswegen braucht er sich keine grauen Haare wachsen zu lassen. Sie werden ihn nie einziehen.« Gus flüstert mit lauter Stimme. »Erstens ist er untauglich ...«

Wish steigt in seine Gummistiefel.

»... und dann hat er keinen Mumm.« Gus wedelt mit der Hand vor seiner Nase. »Gott sei Dank. Der Gestank von seinen Füßen hat mir schon in den Augen gebrannt. Ist ja fast so schlimm wie das Klo in Butts Haus.«

Wish späht von der Seite zu ihm herüber. »Apropos, wo ist hier die Kloake?«

»Vor dir.« Gus deutet mit weit ausholender Geste auf Wish. »Du Schmutzferkel.«

»Ich dachte immer, ich würde eher zu Verstopfung neigen, aber der Gesellschaft, die ich gezwungenermaßen pflege, verdanke ich die Lauferei. Die Zeit ist gekommen, einen Kaktus zu setzen. Gib mir doch bitte einen Fetzen Zeitungspapier.«

»Wenn du die von heute willst ...« – Gus deutet auf die Asche – »mußt du morgen wieder kommen.«

»Vergiß es.« Wish schirmt die Augen ab und späht zum Gipfel hinauf. »Ich glaube, die Spitze ist ein prima Ort. Warm und sonnig. Da haben die Nonnen beim Abendbrot schön was zum Lamentieren. Barron, konnte man dich da oben von der Gemeinde aus sehen?«

Michael starrt mit leerem Blick geradeaus. Was ist klüger: nikken oder den Kopf schütteln? Er tut so, als hätte er nicht gehört. Wish dreht sich kichernd um und beginnt den Aufstieg.

Michael überlegt, was geschehen würde, wenn er aufspränge, dem anderen nachliefe und ihn in den Schnee risse. Wie würde er ihnen das dann erklären?

»Dieser Spinner«, flüstert Gus. »Dieses Früchtchen ist einfach zu schmutzig für die Menschheit.« Unvermittelt fängt er so laut zu schreien an, daß Wish es nicht überhören kann. »Hey, Barron, ist dir schon mal Butts tuntenhaftes Watscheln aufgefallen?«

Als Wish das hört, hält er abrupt inne. Er kann nicht mehr weitergehen. Mit einem dümmlichen Grinsen stopft er sich beide Ohren mit den Zeigefingern zu. Statt den Aufstieg fortzusetzen, springt er hinter den nächsten Eishügel.

Obwohl Wish sich hinkauert, ist der Bommel seiner Mütze weiterhin zu sehen. Mit einem grausamen Grinsen klappt Gus die Flinte auf, nimmt die leere Patronenhülse heraus, wirft sie über die Schulter ins Meer, schiebt eine neue ein und klappt den Verschluß leise wieder zu.

»Barron, wird dir bei diesem Anblick nicht auch kotzübel?

Dieser Schmutzkerl scheißt doch überhaupt nicht. Wir wissen genau, was er macht. Er holt sich einen runter.« Mit lauter Stimme singt Wish über den Eishügel hinweg:

>Birkenwein,
Teerwein,
Kirschenwein
und Terpent*ein* ...«

»Barron?« flüstert Gus, »Kennst du die Geschichte von der *Rainbow*? Die saß mal im Treibeis fest. Da war nichts zu machen, außer einfach mitzutreiben und zu warten, bis das Eis im Golfstrom schmolz. Und weit und breit rührte sich nichts – keine Robben, keine Fische, nichts. Den Männern war so langweilig wie Sträflingen im Gefängnis. Und was, meinst du, haben sie getan? Sie nahmen ihre Gewehre, kletterten aufs Eis, kauerten sich wie echte Soldaten hinter Eishügel und fingen an, aufeinander zu schießen. Einfach nur so zum Spaß.«

Er zielt auf einen Eiszapfen über Wishs Bommel und ruft: »Butt, sei ein Mann und zeig uns deine Essenz!«

Michael wendet sich ab und wartet, bis die endlos lange halbe Sekunde verstrichen ist. Sein Blick fällt aufs Ruderboot, und zu seinem Erschrecken erkennt er die zwei Möwen wieder. Kein Zweifel, es sind Alcock und Brown. Sie stolzieren übers Eis und hacken auf den Seehundkadaver ein. Michael tut es leid um sie, denn er dachte schon, sie wären dahin geflogen, wo sie frei und sicher sind, und würden längst auf dem Kai hocken, sich am Admiral's Beach drüben mit Lodden vollstopfen oder einfach im strahlenden, wärmenden Sonnenlicht schweben. Aber jetzt schlittern sie unbeholfen auf dem blauen Eis herum. Wenn er es nicht besser wüßte, würde er sie für einsame Aasgeier halten.

Um Zeit zu gewinnen, fährt der alte Landrigan mitten durch die Reuse, bugsiert das Boot vorbei an den Felsen und über die Sandbank hinweg. Das Boot schlängelt sich durch die mit Kabeln verbundenen Hummertöpfe und passiert die Bojen auf der anderen Seite. Nun zieht Landrigan, die Lippen so fest aufeinanderge-

preßt, daß sie weiß werden, und das Auge starr auf den Leucht-
turm gerichtet, der die Hälfte der Strecke markiert, die Drossel-
klappe weit auf. Mit heulendem Motor und aus dem Wasser ra-
genden Bug braust das Boot davon.

Der Junge sitzt mit dem Rücken zur Fahrtrichtung und klam-
mert sich an der Stauraumabdeckung fest. Sein Haar weht im
Wind. Father MacMurrough mustert ihn voller Verachtung. Was
für eine ernste Miene das Kind macht und wie hager und blaß sein
Gesicht ist! In Wexford würde man sagen, ein Kind mit einem
solchen Gesicht wäre ein alter Mann, den die Hexen als Ersatz für
ein geraubtes Kind zurückgelassen hätten. Und der Junge hier
macht seinem Namen alle Ehre. Der alte Einsiedler Kevin fand
seinerzeit nämlich in Glendalough Zuflucht und verjagte alle
Frauen, die seine Gesellschaft suchten.

Eins seiner frommen Händchen hält die Papiertüte mit seinem
Chorhemd, die andere sucht am Holz Halt. Der Junge sieht aus,
als würde er sich jeden Moment übergeben. Aber dazu besteht
überhaupt kein Anlaß! Das Boot gleitet hier, im Windschatten,
doch dahin. Kein Vergleich mit den Wellen von vorhin, als man
vielleicht noch darauf achten mußte, nicht ins Wasser zu fallen.
Das kann der Priester nun wirklich nicht verstehen. Für ihn ist
dieser Junge eine Memme, und er fragt sich, ob er sich am Ende
vor dem Meer fürchtet.

Father MacMurrough lehnt sich über das Dollbord, um selbst
nachzusehen, was es mit dem Wasser auf sich hat.

Die Sonne steht im Zenit, und die See spiegelt alle Farben des
Universums wider; die Luft flimmert und glüht. Der Pfarrer
schiebt die Hutkrempe weiter über die Augen und studiert das
glitzernde Wasser. Die Oberfläche unter dem Bug verrät noch
keine Regung; der gerade mal einen Fuß unter ihnen liegende
Sandboden ist klar zu erkennen. Plötzlich verdunkelt eine un-
natürliche Gestalt den Sand. Der Priester erkennt auf Anhieb,
was das ist – das Skelett eines Holzbootes. Mit einem Mal ver-
langsamt sich die Zeit. Für die Dauer eines Atemzugs, während
der das Boot daran vorbeigleitet, verengt sich die ganze Welt auf
ihn und das Wrack.

Die Überreste sind halb im Sand begraben. Weil die Balken schwarz sind, schätzt der Priester das Alter des Kahns auf mehrere Jahrhunderte. Dank des schützenden Riffs hat das Gerippe die vielen alles zermalmenden Stürme überstanden – wahrscheinlich wegen derselben Felsen, die es damals aufgeschlitzt und versenkt haben.

Das Boot da unten hat die Rundungen einer Frau, erst breit, dann schmäler und schließlich wieder breiter werdend. Die Rippen sind zwar auseinandergebrochen, aber in einer Weise, daß sie nach außen zeigen. Das Skelett lädt großzügig zur Umarmung ein.

Wie aufregend es sein wird, stellt sich der Pfarrer vor, wie wunderschön es sein wird, wenn er – ungesehen und ungehört – über die Kante ins Wasser gleitet, zu dieser schwarzen Gestalt hinunterschwimmt und in ihrem zarten, liebevollen Griff versinkt.

Das Motorboot donnert weiter. Von seiner Phantasie noch ganz überwältigt, schaut der Priester zu dem Jungen auf und deutet, ohne zu überlegen, aufs Wasser – eine stumme Aufforderung, seine Verzückung mit ihm zu teilen. Aber etwas anderes lenkt das Kind ab. Sein Blick ist auf Wolken von kreischenden Möwen, Tölpeln und Papageitauchern gerichtet. Dort bietet ein herrlicher Strand Schutz zwischen zerklüfteten Klippen. Das Gesicht des Jungen ist lang und wirkt verängstigt. Man könnte fast glauben, er habe ebenfalls eine Leiche gesehen.

Als der Pfarrer sich wieder übers Wasser beugt, hat das Boot das Wrack hinter sich gelassen. Keine Spur ist mehr davon zu sehen. Binnen eines Atemzugs ist dieser Moment entstanden und wieder vergangen.

Der Priester sieht, wie das Kielwasser eine schaumige weiße Schicht über seine Vision zieht und fühlt sich unwillkürlich an die Verhüllung des Tabernakels mit einem weißen Tuch erinnert. Plötzlich packen ihn unbändiger Zorn und Eifersucht. Vor allem auf sich selbst ist er wütend, denn fast hätte er dieses erbärmliche Kind an seinem Traum teilhaben lassen.

Mr. Landrigan deutet mit seinem zitternden knochigen Zeigefinger auf die hintere Küchenwand. Dort sieht der kleine Kevin Barron eine Tür oder vielmehr eine Öffnung. Sie führt in eine Kammer.

Als sie über die Wiese auf das Haus zuliefen und Kevins Magen sich langsam beruhigte, erzählte Mr. Landrigan ihnen, daß er dort geboren wäre. Und tatsächlich hat das Gebäude eine Aura des letzten Jahrhunderts an sich. Aber Mr. Landrigan sprach in einem derart beleidigten Ton, als fühlte er sich betrogen, als hätte das Haus sein Versprechen gebrochen, ihm zeit seines Lebens jedes Leid zu ersparen, worauf er sich – anscheinend aufgrund seiner Geburt darin – ein Anrecht zusprach.

Obwohl er hier wohnt, tritt der alte Mann wie ein Besucher schüchtern beiseite und sieht zu, wie der Priester und der Junge ihre Gewänder auspacken, kurz ausklopfen, sich über die Köpfe ziehen und noch einmal zurechtzupfen. Kevin ist froh, daß der andere Furcht zeigt. Damit gibt er dem Jungen das Gefühl, er sei bereits ein Priester. Mit einem Anflug von Eitelkeit zündet er die Kerze an. Sobald Father MacMurrough das Öl, das Meßbuch und den Hostienkelch in der Hand hat, gibt er Kevin Barron mit einem Nicken zur schmalen Tür hin zu verstehen, daß er vorangehen soll. Doch plötzlich fühlt sich der Junge beklommen. Noch nie hat er so etwas getan.

Das Kind duckt sich unter den niedrigen Balken und tritt in die Kammer. Früher mag der winzige Raum als Speisekammer gedient haben. Ein von dicken Vorhängen umrahmtes quadratisches Fenster von der Größe eines Beichtgitters läßt nur wenig Licht herein. Der Raum ist kalt – Kevin kann seinen eigenen Atem sehen –, und die Luft ist geschwängert mit einem widerwärtigen abgestandenen Gestank. Die Fäulnis weckt in dem Jungen eine tiefsitzende Furcht. Wir sind in Gottes Hand, hält er sich dann vor. Das ist ein heiliger Moment.

Im düsteren Halbdunkel zeichnet sich das Bett ab. Das Kissen umrahmt etwas Rundes. Dieser Gegenstand ruft in dem Jungen ein anderes Bild wach, die Fotografie im Lexikon von dem Kannibalen aus Neuguinea, der einen Schrumpfkopf so beiläufig am

Haarbüschel hält, als wäre es eine Kokosnuß. Der Gegenstand auf dem Kissen lenkt die ganze Aufmerksamkeit des Jungen auf sich. Während der Überfahrt schwirrte ihm der Kopf aus Ekel vor dem Meer und all den häßlichen Tieren darin. Dieselbe Art von Abscheu quält ihn jetzt hier. Die Bettdecke ist bis zum Kinn hochgezogen. Die Gesichtshaut ist braun und ledrig. Ein Netz von blauen Adern überzieht die Stirn. Weil die Wangen von einem Moosgeflecht und der Schädel von hauchdünnen rauchweißen Haaren bedeckt sind, würde man eher an einen Mann denken. Die tief eingesunkenen Augen sind halb geöffnet, die Iris liegt wie bei einer Leiche bloß. Ob diese Augen noch etwas sehen können, vermag Kevin Barron nicht zu beurteilen.

Wieder fühlt er ein Glühen, einen unbändigen Stolz auf das Privileg, daß er in dieser heiligen Stunde hier sein darf in der Gesellschaft des Priesters, ja, des höchsten Gottes – das Licht der Letzten Ölung heiligt selbst das Waschgestell – und sogar des Todes. Dennoch ist sich Kevin sicher, daß die Kammer noch ein anderes Wesen beherbergt, eins, das flüstert und genauso greifbar ist wie der Pfarrer, genauso wahr wie Gott und schrecklicher als selbst der Tod.

Er reißt die Augen vom Kopf der Frau los und sieht sich um. Auf dem Boden steht nichts außer dem niedrigen Doppelbett, in dem sie liegt, und dem Waschgestell. Die ockerfarbenen Bettpfosten sind so dick wie Ruderriemen. In das Kopfteil sind zwei identische kreisförmige Muster geschnitzt, zwei strahlende Sonnen. Das Holzbrett am Waschgestell hat die Form von Cupidos Bogen. An die Wand ist ein großes braunes Kruzifix genagelt.

Father MacMurrough fällt auf die Knie und bedeutet Kevin, es ihm gleichzutun. Er beginnt seine Gebete.

Beim Klang seiner Stimme klappen die Augen auf dem Kissen auf, werden immer weiter und nehmen das ganze Zimmer in sich auf. Langsam richten sie sich auf den Pfarrer und dann auf den Jungen. Es kostet Kevin enorme Selbstüberwindung, nicht davonzurasen. Die Kehle auf dem Kissen zuckt. Die Lippen öffnen und schließen sich mechanisch. Die Augen blinzeln und stellen sich schließlich auf einen Punkt in der Mitte zwischen dem Pfarrer und dem Jungen ein. Die alte Frau sieht etwas – etwas, das die anderen nicht bemerken.

Zwar hat Kevin schon öfter Totenwachen gehalten, Leichen betrachtet und sogar geküßt, doch heute erlebt er zum erstenmal das Sterben eines Menschen. Seine Angst legt sich, und erneut treten Stolz und Eitelkeit an ihre Stelle. Der Priester stimmt feierliche lateinische Verse an, die Kevin nicht kennt. Hinter ihnen kauert Mr. Landrigan auf der Schwelle. Kevin hat Pop von Teufeln und Engeln erzählen hören, die am Sterbebett um die entfliehende Seele kämpfen, vom Aufmarsch großer Armeen, von zuckenden Blitzen, von wolkenlosem Himmel über dem Haus eines Kranken und sogar vom Geheul der Todesfeen. Doch hier vollzieht sich nichts Heidnisches.

Die Frau ist Mr. Landrigans Mutter. Er selbst hat die trockene, verwitterte Haut eines Mannes in den Siebzigern, was bedeutet, daß sie an die Hundert sein könnte. Vielleicht wurde sie sogar vor der Hungersnot geboren.

Dieser Gedanke fasziniert den Jungen. Er starrt die ledrige Haut an und kommt ins Grübeln. Dabei spekuliert er nicht so sehr über das, was sie gesehen hat, sondern über das, was sie bald erfahren wird. Die alte Frau ist wie ein Fenster, eine Glasscheibe, die ein Jahrhundert Lebenserfahrung in dieser Welt von der Ewigkeit der nächsten trennt. Wenn er da nur hindurchsehen könnte! Wenn sie ihm nur verraten könnte, was sie auf der anderen Seite des Todes erspäht hat!

Unter der Decke bewegt sich etwas. Der Junge ist ganz hypnotisiert davon: ein kleines Tier, vielleicht ein Frettchen oder eine Bisamratte wandert vom Unterleib zum Hals hinauf, doch zum Vorschein kommen dann nur ihre Hände. Die Finger sind violett und grotesk verkrümmt. Hektisch schlagen sie die Decke zurück und entblößen den Oberkörper der alten Frau. Ihre Brüste sind verschrumpelt wie leere Luftballons. Unwillkürlich fühlt sich der Junge an Pops Ding erinnert, das sie ja auch immer sehen, wenn sie ihn wie ein Baby hinter das Haus zum Waschzuber tragen müssen.

Die Krallen greifen nach dem Kopf des Priesters und packen ihn am Gesicht. Zu Kevins Erstaunen zuckt Father MacMurrough nicht einmal. Der Pfarrer gestattet diesen Klauen doch tatsächlich, seine Wangen zu streicheln. Man könnte fast meinen, er wolle es sogar. Die alte Frau flüstert etwas, aber ihre Stimme ist so dünn und krächzend, daß der Priester sich über ihren Mund beugen muß. Der Junge jedenfalls wird aus dem Gezische und Geröchel nicht schlau.

Auf einmal durchdringt ein anderer Laut den Raum, ein gedämpftes Stöhnen, wie es genausogut ein in den tiefsten Untiefen des Meeres gefangenes Tier ausstoßen könnte. Doch das Stöhnen kommt von der alten Frau. Es wird lauter und steigert sich schnell zu einem Schrei, dann zu einem Kreischen. In panischer Angst strampelt sie sich von der Decke frei. Schlagartig breitet sich ein entsetzlicher fauliger Gestank aus, der sich wie ein blutverschmiertes Messer durch die Nasenschleimhäute wühlt.

Der Priester bleibt besonnen. Er greift nach hinten und schubst den Jungen mit sanftem Druck zur Tür.

Kevin stolpert in die Küche. Unschlüssig bleibt er dort stehen und kratzt an seiner verschorften Hand. Mr. Landrigan hat sich schon vorher hierher gerettet. Er tut so, als sei der Junge gar nicht da. Erst fegt er den abgewetzten Linoleumboden – das muß er tun, solange sie lebt, denn es bringt Unglück, wenn man in der Nähe einer Leiche kehrt –, dann schlurft er zum Schrank, zum Tisch, zur Brennholzkiste, zum Herd, um die Teller, Tassen und Untertassen ordentlich hinzustellen, die Glut anzufachen, Wasser aus dem Eimer in den Kessel zu schütten und mehrere Löffel Teeblätter in die Kanne zu geben. Das tut er mit einer Entschlossenheit, als könnte er mit solch simplen Verrichtungen alles wiedergutmachen, als ließen sich damit die schrecklichen Schreie aus der Kammer ersticken.

Durch die offene Tür kann Kevin ein beruhigendes Murmeln hören.

»Wahrlich, ich sage dir, noch heute wirst du mit mir ...«

Nach und nach läßt das Kreischen nach, wird erst zu einem bloßen Schreien, schließlich zu einem Stöhnen.

Doch dann schreckt ein Zischen den Jungen auf. Zu guter Letzt hat ihn Mr. Landrigan doch bemerkt. Im ersten Schreck quellen die Augen des alten Mannes hervor wie die eines verängstigten Hasen. Mit gekrümmtem Finger winkt er Kevin zu sich. Das Kind gehorcht. Als es vor ihm steht, packt er es mit einem sonderbaren Lächeln am Handgelenk. Kevin merkt, daß er nur durch den Mund Luft holen kann und auch das nur rasselnd. Und sein Atem stinkt nach abgestandenem Tabak.

»Ist der Tod nicht was Wunderbares?« flüstert Mr. Landrigan. Bei Totenwachen und Beerdigungen hat der Junge das schon öfter gehört, und er hat schon eine teilnahmsvolle Antwort auf der Zunge, doch plötzlich hält er inne, als er sieht, daß Mr. Landrigan jetzt zwei Teetassen auf den Tisch stellt.

Dann kommt ihm eine neue Idee: Warum stellt er seine Frage nicht einfach ihm? Der alte Mann muß es doch wissen. Schließlich hat er sein ganzes Leben in diesem Haus verbracht. Was ist das für ein Wesen, das im Tabernakel eines Sterbezimmers haust? Wie heißt dieses Untier mit den langen Klauen, das sich vor Kindern wie ihm verbirgt, dieses flüsternde Wesen, das noch schrecklicher als der Tod sein soll? Aber dem Jungen fehlt der Mut, danach zu fragen.

Die braunen Vorhänge zu beiden Seiten des Fensters bauschen sich im warmen, lebendigen Sonnenschein. Das Licht verrät dem Jungen, daß der Tag draußen noch viel verspricht. Er sieht eine Möwe vorbeifliegen, doch die ist so schnell, daß er sich schon nicht mehr sicher ist, ob sie echt war.

Ohne von seinem Tee aufzusehen, sticht der alte Landrigan mit seinem knochigen Zeigefinger in Richtung Garten. Durch das Küchenfenster sieht der Pfarrer das weiße Chorhemd in der Sonne schimmern.

Der Junge steht auf einem Hügel, in den man einen kühlen Keller für die Kartoffeln gegraben hat. Er starrt auf die Erde – ein Lamm ohne Mutter, das sein Alleinsein beklagt. Es ärgert Father MacMurrough, daß das Kind sich in seinem Leid suhlt. Zum Glück hat er ihn rechtzeitig rausgeschickt. Hätte er das dann Folgende erlebt, hätte er erst recht Grund zu Selbstmitleid gehabt.

Mir gemessenen Bewegungen wie auch in der Kirche nimmt der Pfarrer Stock und Hut, öffnet die Tür, tritt hinaus und zieht die Tür leise hinter sich zu. Er fragt sich, seit wie vielen Tagen, Monaten oder Jahren der alte Landrigan seinen Tee gegenüber einem leeren Gedeck einnimmt. Und wer ist das Phantom, dem der Alte solch zärtliche Worte zuflüstert? Seine Mutter? Eine Ehefrau? Ein Kind?

Der Priester möchte anstandshalber noch ein bißchen warten, bis Landrigan – gemeinsam mit ihr? – fertig ist. Dann wird er noch einmal reingehen und erledigen, was noch ansteht. Die alte Frau wird wohl noch ein, zwei Tage leben.

Der Wind läßt nach. Hinter dem Haus steht die Luft. Mit einem Mal wird Father MacMurrough bewußt, daß er naßgeschwitzt ist. Seine Soutane saugt die Sonne förmlich auf, und das Hemd klebt ihm auf der Haut. Eisige Tropfen rinnen seinen Rücken hinunter, und trotz der Hitze fröstelt er.

Intensive Gerüche steigen ihm in die Nase. In einem an der Südfassade unter den Dachsparren angebrachten Trog wachsen Glockenblumen, die jetzt ungeschützt der prallen Sonne ausgesetzt sind. Auf einem halb verfallenen Tisch ganz in seiner Nähe liegt ein halb ausgenommener Kabeljau. Seine Eingeweide sind über die Tischplatte geflossen und festgetrocknet. Die mit Blut und Fett verschmierte Messerklinge ragt aus einer Kieme heraus. Das tote Auge ist trübe. Der alte Mann muß gerade mit dem Ausnehmen beschäftigt gewesen sein, als das Schreien losging.

Father MacMurrough läßt den Blick über das Anwesen schweifen. Sein erster Eindruck bestätigt, was man ihm zugeraunt hat: Auch Gelden ist dem Tod nahe. Kein Hundegebell, kein Kindergeschrei. Offenbar sind tatsächlich alle übrigen Häuser aus ihren Fundamenten gerissen, auf Baumstämmen zum Wasser gerollt und an einen geschützteren Strand gebracht worden. Nach dieser Sturmflut, wann immer sie gewesen sein mag, begannen die Leute mit allem Hab und Gut umzuziehen. Sogar den Friedhof legten sie neu an. Geht man nach den Resten von Anlegestegen und

Stellagen, den rostigen in die Klippen gehauenen Ringen, an denen die Schiffe vertäut wurden, und dem leeren Keller, über dem einmal ein Steinhaus gestanden haben muß, war Gelden früher eine blühende Siedlung. Doch von seiner großen Geschichte ist nun kaum mehr als mit Unkraut überwucherte Gassen, durchhängende Zäune und nackte Betonfundamente mit verlorenen, aus Felsgestein gehauenen Stufen übriggeblieben. Der Priester kommt sich vor wie jemand, der Freunde eingeladen hat und nun feststellt, daß sie sich alle heimlich davongemacht haben und auch noch so grausam waren, ihre Schuhe zurückzulassen, damit er auch wirklich weiß, was sie getan haben.

An diesem Ort kann man die Angelusglocke nicht hören. So weiß man hier nie, wie spät es ist. Wenn seine Mutter stirbt, wird Landrigan allein unter all den verwaisten Fundamenten sein, nur er mit seinen Teetassen und den in den Nächten heulenden Winden. Dem Priester schaudert beim bloßen Gedanken daran. Die Messerklinge, die er zeitlebens in sich trägt, schneidet sich wieder in seinen Unterleib.

Dieser jämmerliche Junge hat sich die ganze Zeit nicht einmal gerührt. Den Priester packt das Bedürfnis, hinüberzugehen und sich neben ihn zu stellen.

Ihm fällt ein, daß der Kleine der Bruder dieses schweigsamen Kerls ist, der bei der Beichte immer sein Notizbuch durch das Gitter schiebt. Wie heißt er gleich wieder? Heiliger Peter von Luxemburg – das wäre der richtige Name für ihn. Die eigenen Sünden quälten ihn so sehr, daß sie unablässig aufschrieb. Was für ein Gedanke! Ein Beichtbuch in dieser Zeit! Das wäre ja wie eine tägliche Rücksprache mit Gott.

Betont lässig schlendert der Priester über den mit Schlamm und feuchtem Sägemehl bedeckten Boden, läßt den Hühnerstall und einen pyramidenförmig aufgeschichteten Stapel Holz hinter sich und erreicht ein Hügelchen am Rande des Anwesens, unter dem sich einer von mehreren Vorratskellern befindet. Dort rammt er den Schwarzdornstock in die Erde und zieht sich Schritt für Schritt hoch.

In seiner Kindheit prügelte er sich oft den Weg zu den Gipfeln aller möglichen Hügel frei und spielte gern den König. Je älter und kräftiger er wurde, desto mehr Geschmack fand er am Kämpfen. Vielleicht wäre er sogar noch auf die schiefe Bahn geraten, hätte ihm sein Onkel das nicht mit dem Stock ausgetrieben. Der schimmelige Geruch von in Eis gelagerten Steckrüben zieht aus dem Keller zu ihm herauf. Plötzlich ist er wieder ein Kind und stellt sich vor, ein Kobold, Troll oder irgendein wildes Tier hause in der Kälte unter ihm.

Als er noch zu klein für die Schule war, blieb er oft ganze Nächte wach und lauschte den Erzählungen des umherziehenden *Shanachie*, der immer erst mit der Dämmerung kam und alles über die *Sidhe* wußte. So wuchs er in der Überzeugung auf, daß sich hinter allem Sichtbaren etwas Unsichtbares verberge. Und es war sein Ziel, das Alltagsleben aufzugeben und mehr über diese andere Welt zu erfahren. Wenn er ungezogen war und seine Mutter ihm damit drohte, die bösen Hexen zu holen, wurde er nur frech und erwiderte, er wolle sowieso zu ihnen abhauen. Er schwor sich sogar, mit dem Wandervolk wegzugehen; nun, in gewisser Hinsicht hat er das ja auch später getan.

Noch weiter fort hätte er kaum fliehen können. Und jetzt, nach Jahrzehnten in mit Schweinekot verschmutzten Kapellen, mit improvisierten Altären und dunkelhäutigen Gesichtern, die sich bei der Kommunion zu ihm heben, sind seine lebhaftesten Erinnerungen die an Worte, an die Namen seiner Dorfgemeinden: Dzong, Donggala, Ok Tedi, Susuwora, Wuruf. Das waren zugleich auch die Namen der Ungeheuer, die in Vulkanen hausten, Namen, in denen die grauenhaften Schreie, die sie ausgestoßen haben mochten, nachhallten.

Aber binnen kurzer Zeit verblaßte in jeder Gemeinde der Reiz des Neuen, und seine Seele fiel in ein Loch. Er empfand einen Hunger, ein Bedürfnis, das er sich nie erklären konnte. Fest stand für ihn immer nur eins: Ich will. Er befürchtete, auch zu einem dieser bigotten Menschen zu werden, die ständig aufs neue die Stationen des Kreuzwegs hinter sich bringen, ohne einen Grund dafür nennen zu können. Er begann unter Anfällen von Schüttelfrost zu leiden, die die Symptome der Malaria in den Schatten stellten und denen regelmäßig stechende Schmerzen unter dem Herzen folgten.

Eines Tages wanderte er allein durchs Landesinnere. Gerade wollte er sich auf einem Baumstumpf ausruhen, als aus dem Nichts eine Gruppe Kukukuku auftauchte, gedrungene Steinzeitkrieger in Lendenschürzen aus Gras und mit einem Knochen durch die Nase, die, die Hände um Streitäxte und Speere geschlossen, schweigend an ihm vorbeizogen. Sie sahen durch ihn hindurch, als wäre seine bleiche Haut aus Glas. Sekunden nach ihrem Erscheinen waren sie schon wieder verschwunden. Der Busch hatte sie verschluckt. Doch in der Luft hing noch der seltsam angenehme Geruch ihrer Kriegsbemalung aus Schweinefett und Asche. Den Priester befiel jäh ein Zittern. Endlich hatte sich sein Wunsch erfüllt: Er war in der anderen Welt, in jenem unsichtbaren Reich der Boo Darbys und Butzemänner.

In dieser Nacht schrieb er seinen Vorgesetzten und klagte über Hitze und Denguefieber. Einmal mehr erwähnte er China und bat um die Versetzung in eine weiter nördlich gelegene Gemeinde. Statt nach Asien wurde er hierher geschickt, diesen Abklatsch von Irland, der ihn an all das erinnerte, wovor er eigentlich geflohen war.

Als er das Dach dieses in den Berg gegrabenen Kellers erklommen hat, kostet Father MacMurrough ein leises Triumphgefühl aus, einen Hauch von Freiheit wie damals, als er nackt in den Bächen von Blackstairs schwamm.

Die Anhöhe bietet ihm einen guten Blick auf die zum Strand leicht abfallende Wiese und das Meer. *Solwara. Bik si.* Nach drei Seiten hin begrenzt ein Zaun die Wiese, nach unten der breite Strand. *Shor.*

Landrigans Boot liegt dort unten ganz allein. Eine Hälfte wiegt sich auf den Wellen der kommenden Flut, die Spitze ruht auf dem Trockenen. Der Priester hat Mitleid mit dem kleinen Boot. Es tut ihm leid, daß es, zu keiner Entscheidung fähig, in diesem erbärmlichen Zwischenzustand ausharren muß. Selbst die auf seinen Bug gemalten Augen schauen traurig drein.

Der hochgekippte Motor erinnert ihn daran, daß er ja auf demselben Weg in die Gemeinde zurückkehren muß. Wie schade für den empfindlichen Jungen. Der Priester geht weiter und stellt sich neben das Kind. Das Leinen seiner gestärkten Soutane raschelt in der Brise. Als er sieht, wie der Junge die Fäuste ballt, überlegt Father MacMurrough, ob er ein paar Worte des Trostes sagen soll, aber ihm fällt nichts ein, außer mit dem Stock nach Osten zu zeigen und »Irland« zu murmeln.

Der Junge hebt die Augen vom Boden. Über sein Gesicht zieht ein angespanntes Lächeln. Mein Gott, der bildet sich ein, ich wäre gekommen, um ihn zu trösten. Wahrscheinlich glaubt er auch, das hätte ich seinetwegen getan, als ich ihn aus dem Krankenzimmer schickte – um ihm einen gräßlichen Anblick zu ersparen. Und ganz bestimmt glaubt auch die Alte – wenn sie überhaupt noch etwas wahrnehmen kann –, meine kleine Geste wäre nur als Trost für ihre sterbende Seele gedacht gewesen. Gott allein weiß, daß sie sich alle getäuscht haben!

Zu seiner Überraschung erblickt der Geistliche zwei Schimmel auf der Wiese. Die Tiere tänzeln, umkreisen, beschnuppern sich gegenseitig. Er fürchtet schon, daß sie gleich miteinander kopulieren, aber nein, sie spielen nur.

Die Bewohner von Arans glauben, daß ihre Pferde auf dem Grund der Bucht von Galway zwischen den Inseln hin und her galoppieren. Nun stellt sich der Priester vor, wie er und der Junge diese zwei Schimmel gemeinsam fangen und auf ihnen wie Zigeuner in wildem Galopp zum Strand hinunterpreschen. Zwischen den im Flutbett herumliegenden ausgebleichten Steinen werden sie dann traben – zwischen den Schädeln und Gebeinen in Leichentücher gehüllter und über Bord geworfener Seeleute, kopfüber in ihren Fangleinen hängender Fischer, die sich nicht mehr daraus befreien konnten, unglücklicher Seehundjäger, die auf ihren Eisschollen davongeschwemmt wurden, verzweifelter Ehefrauen und Kinder, die auf der Suche nach ihren Männern und Vätern selbst von erbarmungslosen Wellen mitgerissen wurden, tausender Schiffbrüchiger, die zwischen den Balken ihrer Schiffe verstreut herumliegen. Der Priester stellt sich vor, wie er, der Junge und die Pferde dieses Tal des Todes unversehrt durchqueren. Sie werden das alles hinter sich lassen. Sie werden über den Meeresboden galoppieren und auf der anderen Seite irgendwo an der wilden Küste von Kerry freudig aus dem Wasser springen ...

Er muß müde sein, wenn er solchen Gedanken nachhängt. Der Tag wird langsamer, die Luft klarer – plötzlich wirken die großen Kaps viel näher, als sie tatsächlich sind. Der Priester versucht, die Route für den Rückweg mit den Augen zu verfolgen. Die Bucht ist hinter mehreren Landspitzen verborgen. Wie viele das genau sind, vermag er nicht mehr zu bestimmen, denn schon beginnt die Sonne zu sinken, und die Schatten der Klippen verwischen die Küstenlinie. Auch kann er unter dem halben Dutzend Leuchttürmen den einen, den er kennt, nicht identifizieren. Vom Eisberg, an diesem Tag der hellste Gegenstand im Universum, ist von hier aus nichts zu sehen.

Er gerät in Panik. Er kennt sich nicht mehr aus.

Aus dem Eiskeller kriecht ein kalter Luftzug unter seine Soutane. Verzweifelt sucht er die Welt nach einem vertrauten Wahrzeichen ab, das ihm eine Orientierung ermöglichen würde.

Und da sieht er es. Es war ja die ganze Zeit vor ihm, nur eben so weit weg, wie das Auge reicht. Nach Osten hin ist überhaupt nichts zu sehen – kein Schiff, kein Land, kein Eis, nur das Zusammentreffen von Himmel und Wasser. Voller Liebe folgt der Priester mit den Augen der sanft geschwungenen Linie von Kap zu Kap und wieder den ganzen Weg zurück – zum vertrauten leeren Horizont.

Schau, da kommt sie.

Nell, meine Liebe, wie geht es dir? Ich hab' gesehen, wie du die Geschäfte abgeklappert hast, und da sag ich zu meinem kleinen Piraten: Da kommt sie mit ihrem Kinderwagen dahergelatscht, die gute Nell, und hat sicher den neuesten Klatsch auf Lager; da passe ich sie gleich ab und quetsche sie aus. Und wenn es keine Neuigkeiten gibt – was ich mir nicht vorstellen kann –, dann soll sie eben welche erfinden.

Ist das nicht ein toller Mittsommertag? So heiß, daß der Teer schmilzt! Das erinnert mich an den Morgen, an dem der Mister und ich vor den Traualter getreten sind. Ich sage dir, ich seh den Himmel von damals noch heute vor mir. Richtig, der Sommer ist da. Ich merke auch, daß der Wind sich legt. Und die Möwen stehen hoch am Himmel. Jede Wette, daß wir einen Sturm kriegen. Gebe Gott, daß dann der Wind vom Meer her weht und die Männer sicher heimbringt. Dieser elende Strolch. Hat sich bislang kein einziges Mal bei Tageslicht blicken lassen. Der muß inzwischen ausgetrocknet sein – ist, ohne seine Tasse zu leeren, losgezogen. Aber für den habe ich keine Tränen. Laß dir eins gesagt sein, Schatz: Als Ehemann taugt der Kerl nicht viel. Kommt nur zum Schlafen ans Land. Und ich bin mir ganz sicher, daß er das aus purer Bosheit macht. Er will mich nur auf die Palme bringen. Tut so, als würde er es irgendwo im Gebüsch mit 'ner Schlampe treiben, aber das glaubt er ja selber nicht. Ich sag' dir, was er wirklich macht: Er ist irgendwo hinter dem Head an Land gegangen, brät sich 'ne frische Makrele und lacht sich einen Ast.

Wir sind ja selbst gerade vom Einkaufen zurück, ich und der kleine Racker. Ich bin eigentlich bloß eine Briefmarke holen gegangen und habe den Brief an Ciss abgeschickt. Bei der Gelegenheit habe ich diesem Casey junior ordentlich meine Meinung gegeigt. Diese Schlange ist hinter dem Geld her wie der Teufel hinter der armen Seele. Wenn es März wird und nicht mal mehr ein Rest Butter in der Speisekammer ist und die Kohle auch schon knapp wird, verlangt der Gierhals doch glatt einen Dollar für einen Sack Mehl, der hinten und vorn nicht reicht, um die ganze Bande eine Woche lang satt zu kriegen. Eine falsche Krähe, die aus 'nem faulen Ei geschlüpft ist, das ist er. Na ja, vielleicht hat er es von seinem Vater. Von dem und der komischen Uhr da, die nie stimmt. Aber darum ging's mir gar nicht. Nein, ich hab' ihm was ganz anderes gesagt, nämlich: »Mr. Casey, Sie wissen, daß es eine Sünde ist, wenn man Alkohol an den armen alten Krüppel verkauft, nur um ein paar schmutzige Münzen mehr einzustreichen.«

Und was macht diese Qualle? Tut doch glatt so, als hätte er

mich nicht gehört, und interessiert sich auf einmal mordsmäßig fürs Barometer. Und keine Minute vorher hat mich Johnny mit seiner Fahne fast umgeworfen. Mann, hat der nach Rum gestunken! Kommt vom Strand über die Straße getorkelt und verschwindet in der Kirche. Jetzt verrat mir bloß eins, Nell: Hast du schon mal gehört, daß dieser alte Heide je einen Fuß in eine christlichen Stätte gesetzt hat? Du kannst dir ja vorstellen, auf was für eine Art von Seelenheil er aus war – die Erlösung durch den Meßwein. Wir wollten ja selbst reingehen und ein Ave Maria beten, aber das konnte ich dem Kind nicht zumuten. Die ganze Kirche stinkt nach ihm. Ist das nicht schrecklich? Wo er doch auch ein Held ist. Sicher, eine wie ich sollte einen wie ihn nicht in den Schmutz ziehen. Nicht nach seiner großartigen Tat. So ein bedauernswerter Kerl. Immer allein. Es wäre nicht so schlimm, wenn er eine normale Kneipenexistenz wäre wie die anderen. Es heißt, die Frau, der er noch am nächsten kam, war seine Mutter. Und die war so arm, daß sie ihm die Brust gab, bis er fünf war. Weißt du, Nell, manchmal glaube ich, der ganze Ort ist voller einsamer Seelen, die über die Straßen ziehen. Wie Geister, die etwas suchen, ohne zu wissen, was.

Egal. Dieser windige Kaufmann gibt mir auf nichts 'ne Antwort. Du weißt ja, gerissen wie ein Fuchs. Dann grunzt er wie 'ne Kröte und stellt sich mit seinem Fernrohr vor das Fenster. Glaubt wohl, damit wäre das Thema erledigt. Dann schaut er raus und sagt mit honigsüßer Stimme: »Bei Gott, das ist der Heilige Geist selbst, der da auf dem Wasser spaziert.« Er hat über dem Eisberg 'nen Rauchfaden gesehen. Natürlich sag' ich mir da: Das muß mein Mann sein. Bestimmt ist er wie Robinson Crusoe irgendwo gestrandet und schlägt mit einem Feuer Alarm. Aber nein, Casey sagt, es wären nur ein paar Jungs, die da draußen Unsinn treiben, sonst nichts. Kannst du dir das vorstellen? Nichts als Flausen im Kopf. Mann sollte meinen, die hätten wenigstens einen Funken Verstand. Mensch, die bringen das Ding noch zum Schmelzen und verschwinden im Meer.

Du hast sicher gehört, daß Mike Landrigan gekommen ist, um den Pfarrer zu holen. Der war übrigens auch im Laden und hat 'ne Zeitung gekauft. Bei der Gelegenheit hat er nach seinem Hund gefragt, du weißt schon, der Promenadenmischung von Father Fran. Wenn du's genau wissen willst, Father Fran hätte den Köter mit ins Grab nehmen sollen. Das war noch ein Pfarrer von echtem Schrot und Korn. Ein Heiliger trotz aller Fehler, Gott sei seiner Seele gnädig. Unser Monsignore Conroy hätte nie sterben dürfen. Und er kannte sich mit Heilmitteln aus wie kein zweiter! Wie auch immer, Casey sagt, ohne mit der Wimper zu zucken: »Um den brauchen Sie sich keine Sorgen zu machen, Pater. Der schwimmt wie ein Fisch. Wenn's drauf ankommt, holt er er auch Ertrinkende raus.« Und hinter dem Rücken des Priesters zwinkert er mir zu. Aber das stimmt natürlich nicht. Dieses stinkende Vieh frißt zwar Fische, aber nur, wenn sie angeschwemmt werden. Im tiefen Wasser würde es versinken wie ein Stein. Ein Wunder, daß es noch nicht ersoffen ist. Wie auch immer, Father Mac-Murrough müßte nur mal zur Flutlinie rausschauen, dann würde er den Köter selber finden. Wenn dieser schmutzige alte Bastard nicht so stinken würde wie mein Arsch, würde ich glauben, er wäre der Leibhaftige, so schwarz wie er ist, und bei seinem stechenden Blick.

Wenn man in so einem großen, leeren Haus wohnt und keine Ansprache hat, dann braucht man wohl so was wie 'nen Hund. Und ich glaube, der Neue war froh, daß er mal mit uns Zweibeinern reden konnte. Und er redete wie ein Wasserfall von Joe Soundso und dem anderen, der auch Joe heißt. Also, diesen Sport kann ich ja überhaupt nicht verstehen, du etwa? Da steckt man zwei Männer in einen Käfig und zahlt Geld dafür, daß man zuschauen darf, wie sie sich die Zähne einschlagen. Mein Gott, und ich habe alle Hände voll damit zu tun, daß die meinen sich nicht die Augen auskratzen! Na gut, er kann jederzeit zu mir zum Reden in die Küche kommen, und ganz umsonst. Seiner Nase nach zu urteilen, würde ich sagen, daß er selbst schon ein paar Schläge abgekriegt hat. Ein Gesicht wie das stumpfe Ende von 'ner Axt. Aber, Nell, da ist mir noch was ganz Merkwürdiges aufgefallen: Er riecht gar nicht wie ein Priester. Die haben doch alle einen ganz eigenen Geruch an sich. Father Fran hatte ihn. Und Joan

Wades Kleiner hat ihn, du weißt schon, der mit dem Gesicht wie ein alter Mann. Aber der Neue? Ich sag' dir, der ist so merkwürdig wie der heutige Tag lang.

Es war Joans Junge, der ihn aus dem Laden geholt hat. Sie schnappten sich noch schnell die Sachen für die Letzte Ölung, und schon rannten sie dem armen Mike hinterher. Bei der Alten muß wohl mit dem Schlimmsten gerechnet werden. Ich darf nicht vergessen, mir eine Karte für die Messe zu besorgen. Aber wenn das Grab der Preis ist, den man für das Leben zu zahlen hat, dann hat sie bestimmt ein gutes Geschäft gemacht. Als meine Mutter ein Kind war, da war Galena schon eine Frau in den besten Jahren. Du hast sicher auch gehört, wie das war, als ihr Mann einen Schlaganfall hatte und starb. Den ganzen Nachmittag schrubbte sie das Haus, und als sie endlich das Gefühl hatte, daß es sauber wäre, schickte sie Mike den verschneiten Pfad hinunter zu Father Fran. So wahr mir der Allmächtige helfe, was war sie in ihrer Zeit doch für eine Sünderin! Als Mike klein war, sperrte sie ihn jedesmal für drei Tage und drei Nächte in den Keller, wenn er ihr frech kam. Wie Jesus in der Gruft, sagte sie. Sie bleute ihm Gottesfurcht ein, und die ist ihm geblieben. Es heißt, sie sei konvertiert. War früher so eine verkniffene Methodistin. Aber was für eine boshafte Hexe! Früher kam niemand auf die Idee, im Sommer zu sterben – da hatte man so viel zu tun, daß für Beerdigungen keine Zeit blieb. Drum bin ich mir sicher, daß sie es aus Absicht jetzt macht. Wie auch immer, Gott sei ihrer schwarzen Seele gnädig. Ich bete dafür, daß sie einen schönen Tod hat.

Aber was für eine traurige Fahrt für einen Priester. Da muß er extra zu diesem Geisterdorf raus, um das Skelett einer alten Frau zu salben. Und wann kommen die Pfarrer sonst schon mal in ein Haus? Fast immer müssen sie sich um Kranke, Sterbende oder Tote kümmern. Was sehen sie denn schon außer Tränen? Ich sage mir oft, wenn ich ihn das nächste Mal auf der Straße sehe, dann hole ich ihn einfach auf 'ne Tasse Tee rein.

Mein kleiner Pirat hier will bald in die Heia, nicht wahr, mein süßer Sir Henry Mainwaring? Aber stell mich nicht auf die Probe. Hab doch noch ein bißchen Geduld, bis Mrs. Pelly und ich fertig sind, oder sie nimmt dich mit und verfüttert dich an die Fremden.

Ich sehe, dieses Bündel in deinem Kinderwagen ist schon beim Sandmann. Gibt keinen Pieps von sich – so lob' ich's mir. Und dein Bauch macht ja auch ganz schöne Fortschritte. Wenn es soweit ist, werde ich mich für dich hinknien; da brauchst du keine Angst zu haben. Gott sei Dank hast du das schlimme Datum ... du weißt schon, welch schreckliche Zahl ich meine – glücklich umgangen. In dieser Hinsicht ging es ja ganz knapp mit diesem Burschen hier aus. Richtig, mein Lieber, da ist dir noch gerade was erspart geblieben. Aber so ist dein Geburtstag ein Feiertag, und wenn du etwas älter bist und mehr Verstand hast, wirst du denken, die Männer würden alle dir zuprosten und sich deinetwegen betrinken. Aber, Nell, Hand aufs Herz, diese Sache mit dem Kinderkriegen ist schon eine Schinderei und Qual, findest du nicht auch? Wenn der Herr eine Frau wäre, dann blieben uns die Schmerzen erspart. Gott sei Dank haben wir dieser Tage so viel mit den Fischen zu tun, daß für den Ruf der Natur keine Zeit mehr bleibt. Manchmal wünsche ich mir, ich wäre eine Nonne und hätte mit dem ganzen Familienkram überhaupt nichts mehr zu tun. Nimm nur mal meine Bande. Als Sünder hat man nicht einen Tag Ruhe. Kaum habe ich ihnen Saubohnen, Brot und Tee gegeben, ihnen die Gesichter abgewischt, ihre Schulsachen gepackt und sie zur Tür rausgetrieben wie die Kühe, da stehen sie schon wieder da und verlangen Mittagessen.

Von früh bis spät. Sie sind keine zwei Stunden in der Schule, da gehen die Sommerferien los, und ich habe sie schon wieder am Hals. Aber wem sage ich das? Bei dir ist es ja das gleiche. Das Schlimme ist: Die piesacken mich, bis ich zu schreien anfange, aber sind sie mal nicht zu sehen, fehlen sie mir auch schon.

Und was die Prinzessin Faule Liese betrifft, kaum hat sie ihr Abschlußzeugnis in der Hand, da schleicht sie sich auch schon auf geheimen Pfaden davon. Das hat sie von ihrem alten Herrn. Weiß der Himmel, wo sie sich rumtreibt. Es heißt, man könne jemanden erst verstehen, wenn man mit ihm unter einem Dach

lebt, aber der Teufel soll mich holen, wenn ich aus ihr schlau wer-
de. Eigentlich sollte ich ihr kräftig den Kopf waschen, aber heu-
te werde ich ihr wohl verzeihen. Heute schwärmen ja alle Mäd-
chen aus und suchen den Richtigen. Krabbeln über die Felsen und
achten auf alle möglichen Zeichen. Aber meinst du, auch nur ein
Wort wäre aus ihr rauszukriegen? Zieht bloß immer eine belei-
digte Schnute. Ach Gott, ich werde einfach nicht schlau aus ihr.
Trotzdem, wenn die sich wie eine Muschel verschließt, kannst du
davon ausgehen, daß ihr was auf dem Herzen liegt, das sie los
werden will. Bei dem Gesicht, das sie heute aufgesetzt hat, wette
ich darauf, daß sie eine Vision hatte. So ein Trotzkopf. Aber wahr-
scheinlich sollte ich gar nicht jammern. Ehe ich mich versehe, ist
sie außer Haus und aus meinem Leben verschwunden. Und dann
vermisse ich sie, obwohl sie so ein Faultier ist.

Aber noch habe ich ja genug mit diesem Burschen hier zu tun.
Jawohl, ich meine dich, Peter Easton, du kleiner Seeräuber. Wo-
her habe ich dich überhaupt? Bald wirst auch du mit Schultasche
und Schiefertafel davonmarschieren, und dann habe ich nieman-
den mehr, der mir auf die Nerven geht. Sei ein lieber Junge und
versteck dein Gesicht nicht so wie 'ne Krabbe.

Apropos, gestern nacht hat mir wieder die Hexe ihren wö-
chentlichen Besuch abgestattet. Und wie sie mich diesmal ver-
folgt hat! Stell dir vor, mitten in der Nacht wache ich auf und sehe
diese weiße Katze im Zimmer. Füllte die ganze Wand aus. Auf ein-
mal erscheint ein roter Fleck auf ihrer Brust. Und aus dem Fleck
kommt eine Kralle. Die Brust öffnet sich, und ein Riesenkrebs
krabbelt heraus und setzt sich auf mich. Das war kein Traum, ehr-
lich! Ich bin hellwach und sehe, was da vor meinen Augen pas-
siert, aber ich bin vor Angst wie gelähmt. Also bete ich das Vater-
unser, verkehrt herum natürlich, und endlich läßt die Hexe von
mir ab, und ich kann mich wieder rühren. Danach stank es im
Zimmer nach verbranntem Speck. Ich habe keine Ahnung, wo-
her das kam. Wahrscheinlich liegt es daran, daß Juni ist. Was für
eine Angst ich ausgestanden habe! Ich saß aufrecht im Bett und
war schweißgebadet. Schließlich mußte ich aufstehen, die Karten
holen und ein paar Patiencen legen.

Verzeih mir, ich rede ja wie ein Wasserfall. Ich sollte besser den Mund halten. Je weniger Worte, desto weniger Fehler.

Nell, es ist Zeit, daß ich aufhöre. Ich möchte die Fische noch mal wenden, solange wir noch Sonne haben. Und danach gehe ich Löwenzahn ausgraben. Der wächst dieser Tage so schnell, daß man ihn fast schon hören kann. Tja, die Pusteblumen ... man sieht sie richtig in die Höhe schießen. Vielleicht laufen wir nachher noch ins Moor und holen uns ein paar Stengel Rhabarber. Rhabarber paßt gut zu Bückling. Und eine ordentliche Portion Bückling bringt jeden wieder in Ordnung. Besser als eine Portion Riechsalz. Ja sogar besser als der Rosenkranz. Himmel, ich muß dran denken, das Tor zu verstecken! Die Jungen stellen heute nacht doch wieder alles auf den Kopf. Danach muß ich noch mit den Ärmeln anfangen und einen Kuchen backen. Wie heißt es doch so schön – wenn man gedeihen will, braucht man nur einen halben Tag zu arbeiten; dabei ist es völlig egal, ob es die ersten zwölf oder die letzten zwölf Stunden sind. Dann muß ich den Kindern fürs Abendbrot noch Kartoffeln mit Kohl, Fisch und Pudding machen. Gebe Gott, daß die Lodden heute nacht laichen. Wäre schön, wenn man mal wieder 'ne Scheibe Brot mit ein paar von den Fischen belegen könnte. Aber ehe ich anfange, setze ich mich kurz aufs Dach und halte noch mal nach meinem Streuner Ausschau. Dem Mistkerl mach' ich die Hölle heiß, wenn er aufkreuzt, das kann ich dir jetzt schon sagen.

Nun, Sir Alexander Klappermaul, sei ein lieber Junge und mach schön Winke-Winke für Tante Nell, sonst verkaufe ich dich an die Hexen. Das ist mein voller Ernst. Oder wußtest du etwa nicht, daß schon die halbe Welt bei ihnen ist?

Nell, meine Liebe, komm gut heim und kümmere dich um deinen Mann. Schließlich ist es das einzige, was im Leben was zählt: einen Mann zu haben, der versorgt sein will. Alles andere taugt doch nichts.

* *
*

Donnergrollen reißt Johnny the Light aus seinem Nickerchen. Der alte Mann fährt hoch und lehnt sich gegen die große, kalte Platte. Die Feuchtigkeit der Erde dringt ihm bis in die Knochen. Um ihn herum rieselt feiner weißer Staub herab wie Schnee. Mit heiserer Stimme ruft er den im Schatten liegenden Ecken zu:»Jungs! Hört ihr das? Sie g-g-geben Salven für uns ab!« Seine Worte hallen von den Mauern wider, die irgendwo in der Dunkelheit rings um ihn sind. Er rappelt sich auf, findet die Flasche und trinkt. Inzwischen haben sich seine Augen an das dämmrige Licht gewöhnt, so daß er keine Streichhölzer mehr braucht. Mit eingezogenem Kopf, weil die Decke so niedrig ist, taumelt er zur Leiter zurück und klettert zur Sakristei hinauf.

Von dort wankt er zur Tür, die zur Epistelseite führt, schirmt die Augen mit den Händen ab und späht zu den Bänken hinüber. Das Kirchenschiff ist leer. So schlurft er zum Altar und will schon durch das Türchen in den Mittelgang treten, als über den leeren Bänken plötzlich ein Dröhnen losgeht und zu einem ohrenbetäubenden Höllenlärm anschwillt. Von der Orgelempore stürzt sich dieses Gedonner auf seinen ungeschützten Kopf herab. In panischer Angst humpelt Johnny zur Evangelistenseite und fällt gegen das schmiedeeiserne Gitter vor dem Kreuzgang, der dort in der Ecke versteckt ist. Hektisch fummelt Johnny am Riegel herum, schlüpft in den Kreuzgang und knallt das schwere Tor hinter sich zu. An das barocke Gitterwerk geklammert, läßt er das erstickende Donnern der Fuge über sich ergehen.

Im Kopf des alten Mannes prallen Eisfelder zusammen und explodieren mit solcher Gewalt, daß Eispfannen nach oben geschleudert werden und übereinanderstürzen. Die Bruchstelle rückt immer näher heran, der Lärm steigert sich zu einem unerträglichen Getöse, und tonnenschwere Trümmer aus kaltem Marmor drohen ihn und mit ihm seine Gefährten zu erschlagen, zu zerquetschen und zu begraben.

Die Musik erreicht ein furioses Crescendo und hört jäh auf. Ein letzter Nachhall noch, dann herrscht Stille. Schlagartig hat Johnny wieder Platz und Luft zum Atmen. Zitternd setzt er sich auf die Bank, die die ganze Breite dieses Käfigs einnimmt, und läßt den Kopf auf die Hände sinken. Dabei merkt er, daß er seine Mütze verloren hat. Er stößt einen gedämpften Fluch aus. Irgendwo im hinteren Teil der Kirche werden ungeduldig Seiten gewendet. Sogar Johnny kann das scharfe Rascheln hören. Unterdessen bimmelt hinter der Sakristei eine Glocke. Da brüllt Johnny plötzlich los, als wäre er im Freien und seine Freunde über die Felder verstreut: »Da, Jungs! Hört ihr sie? D-d-die Glocke!«

Als seine Stimme verhallt ist, herrscht Totenstille, die unvermittelt durch das Knarzen eines Stuhls im Chorraum durchbrochen wird. Dann fällt eine Tür zu, und Schuhe poltern die Holztreppe hinunter. Im hinteren Teil der Kirche tritt eine schwarze Gestalt in Johnnys Gesichtsfeld. Er sieht einen riesigen dunklen Vogel.

Mit flüsternden Schritten, begleitet von einem trockenen Klakken, das Johnny nicht zu identifizieren vermag, gleitet das Tier das Hauptschiff hinauf.

Ab und an hält es inne; sein Schnabel wirft Falten, und es schnuppert. Am Kopfende des Schiffs bleibt es wieder einen Moment stehen, hält intensiv Ausschau, lauscht, schnuppert. Dann fließt es die Stufen hinauf, öffnet das Türchen und betritt den Altarraum. Nachdem es das Knie gebeugt hat, setzt es seine Jagd fort. Irgendwie schwebt der Vogel über den Teppich, denn Johnny kann keinerlei Schritte hören. Jetzt hält er den Schnabel genau in die Richtung von Johnnys Versteck und schnüffelt erneut.

Das Tier hat den Kreuzgang schon fast erreicht, als hinter der Sakristei die Glocke von vorhin noch einmal losbimmelt. Der Vogel bleibt stehen und lauscht. Johnny sieht nun, daß er eine Klaue hat und daß diese Klaue die Glockenschläge anhand von schwarzen Perlen abzählt – sie sind es, die dieses Klacken verursachen. Als die Glocke verstummt und er zu Ende gezählt hat, stößt der Vogel zwischen den Zähnen ein Zischen aus.

Mit neuer Entschlossenheit gleitet er weiter, vorbei am Kreuzgang, durch die Tür an der Evangelistenseite, öffnet dahinter offenbar eine weitere Tür und – Johnny hört wütende Schritte verhallen – verschwindet in einem endlos langen Gang.

Johnny atmet erleichtert auf. Mit vor Schmerz verzogenem Gesicht bückt er sich, zieht seine kaputten Stiefel aus und betrachtet seine unbestrumpften Füße. Sie sind schmutzig und geschwollen. Zärtlich massieren vernarbte Finger vernarbte Zehen.

Dann trinkt er wieder, stellt die Flasche behutsam so auf den Boden, daß er sie nicht umstoßen kann, rollt sich gähnend auf der schmalen Bank zusammen und setzt seinen unterbrochenen Schlaf fort.

Nur halbherzig brummen Wish und Gus:

»Oh, wie wir toben werden,
oh, wie wir brüllen werden,
wie echte ...«

Und schon ersterben ihre Stimmen.

Die Sonne beginnt ihren Abstieg. Die See ist ruhig, die Luft merkwürdig warm. Wish und Gus knöpfen sich die Hemden auf und legen sich auf ihr Ölzeug. Von ihrer entblößten Brust steigt Dampf auf. Sie strecken die Glieder aus. Ihre Lider klappen zu. Die Stirnlocken fallen ihnen ins Gesicht. Sie sind wieder Kinder, denkt Michael.

Bestürzt sieht er zu, wie seine Kumpel einschlafen. Der Ohrwurm, den sie vorhin gesungen haben, geht ihm nicht mehr aus dem Kopf. Er versucht, sich auf etwas anderes zu konzentrieren. Voller Sehnsucht schaut er zum Boot hinunter. Vielleicht sollte er runterklettern, reinspringen und sie einfach hier zurücklassen. Aber im Moment bringt er einfach nicht die nötige Energie auf – sie reicht nicht einmal dafür, sich an dieser Vorstellung zu weiden.

Als er sich sicher ist, daß sie schlafen, zieht er aus einer Innentasche sein Buch und den mit einer Schnur daran festgebundenen Bleistift und schreibt etwas hinein. Dann schiebt er es in die Tasche zurück und lehnt sich mit dem Kopf gegen ein Eiskissen. Die Sonne brennt ihm auf die Wangen. Er erinnert sich, irgendwo gelesen zu haben, in den Bergen würden die Leute die Sonne anbeten, während Küstenbewohner eher den Mond verehrten. Weil er auf einem aus der See geborenen Berg sitzt und zudem neben der Sonne auch der Mond am Himmel steht, kann er gar nicht beurteilen, zu welcher Gruppe er denn nun gehört. Von irgendwoher dringt das Brummen des Außenbordmotors an sein Ohr, doch sein Verstand hört nur das Geräusch des Lichts.

Gelbe Halos folgen der Sonne. Pop würde sicher erklären, was für eine Art Wetter sie ankündigen, aber Michael ist zu schläfrig, um darüber nachzudenken. Obwohl die Winde sich gelegt haben, ziehen die dünnen Wolken hoch oben weiter nach Osten, wie von einer magischen Hand geschoben. Anhand des nadelspitzen Gipfels kann Michael ihren hypnotischen Fortschritt leicht ermessen.

Wenn er in den Himmel schaut, überkommt Michael das Gefühl, es seien nicht die Wolken, die wandern, sondern das Eis. Nun, die Flut hat jetzt ihren Höchststand erreicht. Vielleicht hat das Meer den Berg zu guter Letzt doch vom Riff befreit, und er segelt wie ein Schoner direkt zum Admiral's Beach, wo er wieder auf Grund laufen wird – und wo Michael – endlich – an Land gehen kann.

Der schwarze Kahn mit den Augen röhrt um die Landzunge. Erschrocken geht Mary hinter dem Felsen in Deckung.

Obwohl er in die gleiche Richtung fährt wie vorhin, sind jetzt statt einem Mann zwei an Bord. Richtig gruselig ist das. Geschickt umkurvt das Boot die Bojen und entfernt sich rasch. Als schließlich kein Motorenlärm mehr zu hören ist und die Möwen, Tölpel und Lummen sich beruhigt haben, wagt sich Mary wieder aus ihrem Versteck hervor.

Noch nie hat sie einen solchen Strand gesehen wie diesen: einen so weiten Sumpf aus glitzerndem Sand! Sie schüttelt die Schuhe ab und gräbt die Füße so tief hinein, daß die heißen weißen Körner zwischen ihren Zehen hindurchrieseln. Wenn nur Alice und Moira auch hier wären! Dann könnten sie das zu dritt genießen.

Im Zickzack läuft sie weiter, eine Spur hinter sich herziehend, bis der Sand fest und feucht wird und mit Seesternen übersät ist. Sie geht weiter, und das Wasser, das heute ungewöhnlich warm ist, umspült ihre Waden.

Zeit ihres Lebens hat sie Geschichten über den Gallows Beach gehört. »Endlich bin ich da!« schreit sie aufs Meer hinaus, wie um diese Tatsache zu bestätigen. Vorher gehörte dieser Ort zu ihrer Zukunft, genauer gesagt, er bildete einen winzigen Bereich dieser Zukunft. Jetzt dagegen umgibt sie der Strand und ist nicht nur Teil der Gegenwart, sondern füllt sie im Moment sogar voll aus.

Sie betrachtet die Klippen. Hier irgendwo muß die Nonne gehängt worden sein. Aber was diente wohl als Galgen? Vielleicht die knorrige Fichte dort oben? Sie malt sich aus, wie die Leute das Seil um den Stamm knüpften und die Verrückte in den Abgrund stießen. Sie stellt sich die schwarze Gestalt vor, die wie an einem gläsernen Faden vom Himmel herabhängt und im Sonnenschein zappelt und zuckt.

Schließlich läßt sie den Blick über das Wasser schweifen. Irgendwo dort draußen will Johnny the Light die Nixe gesehen haben. In diesem Moment erreicht der eine Flügel der Bugwelle des Außenborders das Land, während der andere gewiß am Eisberg leckt. Zugleich steigt die Flut bis zu ihren Kniekehlen, schwappt weiter und bricht sich am Strand, ein Geheimnis flüsternd, das nur sie verstehen kann.

»Hier bin ich, und das hier ist die Gegenwart«, sagt Mary mit lauter Stimme.

Ihr großer Zeh stößt gegen etwas Hartes. Sie bückt sich und gräbt eine Muschel aus dem Sand. Sie ist größer als ihre Faust und überraschend schwer. Mary wendet sie und sieht, daß tatsächlich Kiesel an ihrem Bauch kleben. Vater hat ihr eingeschärft, daß man aufs Wetter achten soll, wenn die Muscheln Ballast an sich saugen. Aber das Wasser verrät keine Anzeichen von bedrohlichem Anschwellen, und die Wolken gleiten hoch oben am Himmel und sind friedlich.

Die Nixen aus dem Buch kommen Mary wieder in den Sinn.

Sie greift nach hinten, rafft den Rock und betrachtet ihr Spiegelbild im Wasser. Langsam zieht sie den Rock höher und entblößt ihre langen Schenkel. Ihre Beine bilden eine Art Bogen: einen Pfad, einen Weg.

Warum nicht? kichert sie innerlich.

Warum nicht hier? Warum nicht jetzt? Der Leuchtturm auf der Landspitze scheint leer zu sein. Die Gemeinde liegt weit hinter ihr in der anderen Richtung. Trotzdem, man könnte sie mit einem Fernrohr sehen. In ihrem Rücken hört sie irgendwo Waldarbeiter Holzstämme mit einer Säge zerkleinern. Auf dem Wasser ist bis auf das Radschlagen der Grindwale Meilen weit draußen keine Bewegung zu sehen.

Warum sollte sie es nicht hier und jetzt einfach tun? Sie ist erwachsen und kann herschenken, was immer ihr paßt und wie es ihr paßt.

Mary watet an Land. Pirouetten drehend wie eine Ballerina, tänzelt sie den glühend heißen Hang hinauf. Sie läuft weiter, bis die Felsen sie sowohl von der Gemeinde als auch gegen den Leuchtturm hin abschirmen. An einer Stelle, an die garantiert kein Schatten herankriechen wird, läßt sie sich auf den Strand fallen. Der Sand verbrennt ihr schier die Unterschenkel.

Die Flut hat ihren Höchststand erreicht. Das Eis da draußen muß ja schon auf den Zehenspitzen stehen. Nun, wenn die Flut am Abend zurückgeht, wird der Berg der Länge nach auf das Riff krachen. Der Rauch, der vorher von seiner Rückseite aus in den Himmel stieg, hat sich aufgelöst: Der Schmied ist mit der Arbeit fertig. Bis Sonntag wird vom Eisberg nichts mehr übrig sein, aber noch zeigt er sich ihr in seiner ganzen Schönheit, ist er, hart wie der härteste Diamant, unbestreitbar da.

Und direkt gegenüber dem Eis sitzt sie.

Während sie hinter sich greift, um das Kleid aufzuknöpfen, saugt sie den herrlichen Kohlegeruch, der in ihrem Haar hängt, in sich auf. Dann lehnt sie sich zurück. Der Sand glüht unter ihren entblößten Schultern. Die Hitze bringt sie auf eine Idee, die sie in einem Buch gefunden hat. Demnach dringt die männliche Sonne in die weibliche Erde ein. Marys Hände greifen gleichzeitig nach unten und ziehen den Saum ihres Rocks höher. Sie genießt in vollen Zügen, wie die männliche Sonne nach und nach, Zentimeter um Zentimeter, ihre langen, schlanken Beine wärmt.

Plötzlich sorgt sie mit unheimlicher Schnelligkeit dafür, daß es geschieht. Während die letzten Funken versprühen, sieht sie zwischen den halb geschlossenen Lidern oben auf dem Gipfel des Eisbergs, die Hufe fest ins Eis gepflanzt, den Kopf hoch auf den Horizont gerichtet, einen schwarzen Zentaur.

Dann ist es vorbei. Befriedigt schließt sie die Augen und schläft ein.

XIII
Flut

G ROSSVATERS Achttageuhr sagt *ticktack*. Die Zeiger sagen drei Uhr.

Der Blick des gekreuzigten Christus fällt auf den schläfrigen Herd. Die Platte summt noch. Die Glut auf dem Gitter knistert. Der Schürhaken ist an die Ofentür gelehnt. Die Wiege steht ganz nahe beim Herd. Die Teekanne, der gedrungene schwarze Kessel und das Bügeleisen, das inzwischen umgekippt ist, schlummern auf der Herdplatte.

Der heilige Blick fällt auf die Splitter, Scheite und den Kohleneimer, die neben dem Herd warten, auf den abgewetzten Bodenbelag, die Gummistiefel, den neuen Besen, den verzinkten Sinkkasten, die rußige Kerosinlampe, den klobigen braunen Radioapparat, der vor sich hindämmert, den Krimskrams in der Ecke, das fallende Barometer, das gestickte »Gott segne unser Heim«, den Doyle's-Kalender mit dem Juni 1947 zuoberst, das gelbe Gebiß im gelben Becher, das Segeltuchsofa und die darauf ruhenden Kissen, den Dodd's-Almanach, die Meßbücher und die Mundharmonika auf der Anrichte, den sich an das Fenster schmiegenden Tisch, die über die Birkenholzstühle verstreuten Schulbücher, das karierte Wachstuch, die Spielkarten darauf, die Melasseschüssel, den Milchkrug, die Keksdose, die Butterschale, das Marmeladenglas, die Krustenstücke auf dem Brotbrett, den Himbeersirup, die schmutzigen Tassen, Untertassen, Messer, Löffel und Gabeln, die stumm auf der Wand leuchtenden Sonnenblumen, den Kater, der auf der halbfertigen Strickarbeit schläft und sich gegen das Fenster drückt.

Der Christus blickt auf all das herab und segnet es.

Großvaters Uhr sagt *ticktack*.

Es ist Flut.

Es ist drei Uhr.

XIV

Wächter

UNRAT IN FORM von Möwenfedern und Glasscherben ziert die Geröllhalde.

Mary nähert sich dem Plateau. Das letzte Stück muß sie sich mit den Händen hochziehen, bis sie schließlich den Fuß über die Kante schwingen kann und auf dem grasbewachsenen Head steht. Ihr Kopf ist hochrot, von ihrer Stirn perlen kühlende Schweißtropfen herab, und ihr Atem geht stoßweise. Vorsichtig umkurvt sie die Schnapsflaschen, die alle nach Johnny the Light stinken. Aus Furcht, der alte Mann könnte zurückgekommen sein, unterdrückt sie beim Ausklopfen des Kleids ihr Keuchen.

Die Stille liegt drückend auf ihr wie eine eiserne Mütze.

Zu ihrer Überraschung ist der Turm vor ihr gar nicht die schimmernde Säule, für die sie ihn zeitlebens von ihrem Fenster aus gehalten hat. Vielmehr ist er ein primitiver gedrungener Schuppen mit vier fensterlosen Seiten, die sich nach oben hin zu einem Kegel verjüngen. Man könnte meinen, Vandalen hätten hier gehaust. Tatsächlich haben Stürme einige der Dachschindeln weggerissen und die Fassade übel zugerichtet.

Der Scheinwerfer starrt von ganz oben herab und untersucht das Mädchen mit seinem traurigen Auge – dem Auge Gottes.

Mary empfindet eine leichten Kitzel dabei, derart bloßgestellt zu sein. Ihr fällt wieder ein, welche Freude sie einmal in der Kindheit empfand, als sie eines Nachmittags, sie war ganz allein in der Kirche, in den Altarraum schlüpfte und unter dem Blick des Christus auf dem weichen Teppich dieses heiligen Ortes, der Frauen verboten ist, wie erstarrt stehenblieb.

Mary folgt dem Pfad zur Westseite des Gebäudes. Dort führt ein schäbiger, niedriger Eingang ins Innere. Neben der Tür steht eine Leiter gegen die Wand gelehnt. Über sie gelangt man zum Schweinwerfer.

Im gleißenden Sonnenlicht schießt Mary jäh ein Bild durch den Kopf: Statt des Scheinwerfers hockt dort oben die Frau auf ihrem Stuhl auf dem Dach und wartet.

Erschrocken weicht das Mädchen zurück. Was immer passiert, so wie die will ich nie sein, nimmt sie sich vor. Nie.

Sie konzentriert sich auf den Eisberg. Aber bei mir und bei ihr – ihre Gedanken jagen einander – kann es doch wohl kaum dasselbe sein, oder? Obwohl vom roten Kahn noch immer nichts zu sehen ist, sagt sie sich: Das kleine Boot kann jetzt jeden Moment auftauchen. Ich muß nur etwas höher klettern, dann habe ich einen besseren Ausblick und sehe es vielleicht eher. Noch gibt es Hoffnung. Nein, so wie ich es mache und so wie sie es macht, kann es unmöglich dasselbe sein.

Mary packt die Leiter und klettert geschwind zum Licht hinauf.

»Aha, Jungs!«

Johnny the Light öffnet die Tür, die in einen langen, schmalen Gang führt. Den völlig kahlen Korridor säumen zwar zwei Fensterreihen, doch weil die Jalousien heruntergezogen sind, fällt nur spärliches Licht herein. Irgendwo hinter der Tür am anderen Ende erklingen Glocken. Johnny zählt sieben Schläge.

Der alte Mann dreht sich noch einmal zur Sakristei um und krächzt:»Ran an die Ruder! L-l-legt euch ins Zeug, Jungs. Und immer im Takt der Glockenschläge!« Er wartet, als wolle er andere vorbeilassen, dann erst tritt er über die Schwelle, zieht leise die Tür hinter sich zu und schlurft weiter. Die halb abgelösten Sohlen seiner Stiefel schlagen auf den lackierten Mahagonidielen auf.

Bei der zweiten Tür angekommen, preßt er zunächst das gute Ohr gegen das Holz. Kein Laut ist zu vernehmen. Keuchend, aber fröhlich brummt er: »Weiter so, Jungs. B-b-beeilt euch!« Er zieht den Wein aus der Tasche und trinkt. Danach macht er sich erst gar nicht die Mühe, die Flasche wieder einzustecken, sondern hält sie am Hals fest, während er mit der anderen Hand an der Tür herumfummelt, bis sie aufgeht.

Vor ihm nimmt ein quadratischer Raum langsam Gestalt an. Dieses Zimmer ist mit Vitrinen, Anrichten und Tischen vollgestellt. An den Wänden und an der Decke flackern hohe Kerzen, so daß der ganze Raum in ein blasses Licht getaucht ist. Insgesamt gibt es ein halbes Dutzend Türen, von denen eine, die Johnny gegenüberliegt, weit offen steht. Durch sie flutet Tageslicht herein. Johnnys Nasenflügel blähen sich. Der Geruch von trockener Kreide hängt in der Luft.

»Irene! Schwester Irene!«

Dasselbe hagere Vogelwesen, das ihm im Kreuzgang nachstellte, gleitet jäh durch die Öffnung. Auf einem Flügel trägt es ein Bündel – eine Tüte vielleicht – Johnny ist sich nicht sicher. Das Wesen bemerkt Johnny nicht, aber sein Bild bleibt in ihm haften, so daß er seinen Schatten auch dann noch vor der hellen Mauer sieht, als es längst verschwunden ist.

Johnny tritt in das mit Kerzen erleuchtete Zimmer. Hinter einer der Türen ist ein Murmeln zu hören; dort wird gebetet. Plötzlich greift sich Johnny vor Schreck an die Brust. Links von sich hat er eine Bewegung gesehen. Er geht hin und berührt Glas. Seine schmutzige Hand hinterläßt einen Fleck. Nur vage registriert er, daß er selbst diese alte, verkrümmte Gestalt mit dem vernarbten Gesicht und dem kahlen Kopf ist.

Das Treppenhaus und der schmale Absatz starren von Möwenkot. Die Lampe riecht nach Kerosin.

Der Scheinwerfer ähnelt einem Eisblock. Seine Vorderseite

weist ein Zickzackmuster auf. Mary kommt aus dem Staunen nicht mehr heraus. Die Kristallröhre ist nicht halb so groß wie sie, und doch ist sie die Quelle all der Lichtbalken, die die Nacht im Umkreis von Meilen durchschneiden, die ihre ganze Welt und deren Bewohner berühren.

Von dieser Warte aus kann Mary mehr von der Erde überblicken als je zuvor. Mit den Daumen und Zeigefingern bildet sie ein Fernrohr und hält es sich vor die Augen. Ganz langsam fängt sie an sich zu drehen.

Die See verschluckt den halben Horizont. Weit draußen stehen nervöse Wolken. Das Blau des Himmels wirkt jetzt viel matter. Aus großer Höhe nähert sich eine Möwe. In Marys Einbildung ist sie den ganzen Weg aus Irland hierhergekommen. Der Vogel fliegt über den Leuchtturm hinweg mitten in den Schoß der Bucht hinein. Mary verfolgt seinen Weg, bis er nur noch ein kleiner Punkt ist und schließlich ganz im Westen verschwindet. Er will zu den Gaff Topsails. Eine Möwe, die ins Landesinnere fliegt – wenn das kein Zeichen für ein Unwetter ist …

Irgendwo dort hinten verlaufen die Eisenbahngleise. Rostschienen nennt die Frau sie. Mary glaubt, daß sie vielleicht sogar den Zug entdecken könnte, wenn sie nur lang genug wartet. Sie hat ihn noch nie gesehen, obwohl sie ihn in den Nächten schon oft pfeifen und stampfen hörte.

Das Mädchen richtet sein Fernglas wieder auf die Uferlinie und findet den Gallows Beach. Bis vor kurzem gehörte dieser Strand zu ihrer Zukunft, doch jetzt ist dieses Stück Zukunft schon wieder Teil ihrer Vergangenheit. Aber das viele Grübeln bringt sie ganz durcheinander. Sie verfolgt den Weg zurück, den sie gekommen ist, vom Strand über den Pfad, der sich in der Wildnis verliert, durchs Ödland zum Feldweg, vorbei am Friedhof, weiter zur Schmiede und zu ihrem Haus. Die Gebäude sehen aus wie Puppenhäuschen.

Der Aussichtspunkt oben auf dem Gipfelkamm, eigentlich ein massiver Felsblock, wenn man darauf steht, ist aus ihrer jetzigen Warte nicht größer als ein Sandkorn. Der Goat Shore unterhalb des nördlichen Abhangs wirkt so weit und leer wie das Meer selbst.

Kein Haus oder Schuppen, nicht einmal ein Zaun ist dort zu sehen. Und ganz weit im Norden zeichnet sich das Fogo Cape ab. In der See zwischen hier und dort sollen die Gerippe zahllose Schiffe liegen, wie das der *Stella Maris*, der *Rover*, der *Saint Christopher*, der *Waterloo*, der *Hogueras*, der *Maid of Avalon* oder der *Comfort*, sowie zweier Boote, die *Rainbow* hießen. Hinter der Biegung liegen bei einem Ort namens Motion irgendwo in den Klippen die Abwehrgeschütze aus dem Krieg versteckt, und noch ein Stück weiter nördlich liegt Heart's Content, wo das Kabel seinen Weg über den Meeresboden beginnt.

Mary erinnert sich an den Tag im Krieg, an dem das Flugboot aus Amerika – die *Dixie* – in der Bucht landete. Sie wünscht, sie könnte in einem Flugzeug fliegen. Ja, sie möchte sogar ihr eigenes haben. Dann würde sie zu weit entfernten Orten fliegen und allen möglichen Fremden begegnen: Leuten mit brauner, mit schwarzer und auch mit gelber Haut. Sie würde die Maschine bis an das Ende der Welt steuern.

Am Fuß des Abhangs, direkt unter dem Leuchtturm, leckt das Meer an der Landspitze. Der gedrungene Schatten des Turms zeigt nach Norden über das Wasser. Und die Krone dieses Schattens bildet ihre Silhouette. Sie winkt, und der Schatten winkt zurück. Ihre Geste hat anscheinend den Ozean berührt, denn ein leichtes Flattern huscht über das stille Wasser.

Mary kreuzt die Arme und ergreift die eigenen Schultern. Es sind die kahlen Klippen, die dieses Zittern auslösen. Man könnte fast glauben, die schützende Einbuchtung des Landes sei nach außen gestülpt worden wie das Fell eines enthäuteten Hasen, dessen Fasern und Sehnen in blutigen Streifen herunterhängen. Kann es etwa sein, daß Johnny sich jeden Morgen auch so fühlt, wenn er hier am Rand des Nichts aus seinem Schuppen tritt? Heute ist der Ozean so leer, daß er Mary keinerlei Hinweise auf den Tag, das Jahr oder die Epoche, in der sie lebt, zu geben vermag. Man muß sich einmal vor Augen halten, was es heißt, am offenen Meer zu leben, was es heißt, das Leben eines Fischers zu führen.

Ihr fällt wieder ein, warum sie hierhergekommen ist. Sie dreht sich nach Süden und wendet sich dem Eis zu.

So angestrengt sie auch schaut, das Ruderboot ist spurlos verschwunden. Der Berg bietet sich ihr auf einmal ganz anders dar. Nun, vielleicht liegt das aber auch nur an ihrer neuen Lebenseinstellung, die sie auf dieser Landspitze gewonnen hat. Dann wieder fragt sie sich, ob sich der Eisberg mit der Flut bewegt, ja, ob er sich gedreht hat oder sogar umgekippt ist.

Eine Uhr schlägt einmal. Das Geräusch erschreckt den alten Mann, weil es in diesem mit Kerzen beleuchteten Raum so nahe bei ihm ist. Dann sieht er, daß sich in der Ecke gegenüber eine alte Standuhr verbirgt. Johnny schlurft darauf zu. Der Minutenzeiger fehlt, und der Stundenzeiger zeigt kurz nach drei Uhr an.

Er trinkt.

Als er die Flasche sinken läßt, merkt er, daß er nicht allein ist. In einer offenen Tür steht eine alte Frau und starrt ihn erschrocken an. Sie trägt ein blaßblaues Nachthemd. Ihr Gesicht ist so bleich wie Mehl, und das weiße Haar klebt ihr am Schädel. Hinter ihr kann Johnny einen Stuhl, ein Bett und an der Wand über dem Bett ein Kruzifix sehen. Die Vorhänge sind zugezogen. Während der alte Mann, der selbst ganz durcheinander ist, zurückweicht, schließt die Frau fest und bestimmt die Tür.

Johnny tastet sich zu der Tür hinüber, die von Anfang an offen stand, und findet sich in einer riesigen Küche wieder. Das Licht fällt so grell durch die Fenster herein, daß er die Augen abschirmen muß. Auf einem Herd, der Raum für ein Dutzend Töpfe bietet, blubbern in Kannen, Pfannen und Wasserkesseln alle möglichen Flüssigkeiten vor sich hin. Die Küche kommt Johnny vor wie eine Schiffskombüse, nur viel geräumiger. Er atmet die warmen Düfte ein, und plötzlich zwickt es ihn im Magen. Da merkt er, wie hungrig er ist. Er bezieht mitten im Raum Stellung, setzt vorsichtig einen Fuß vor den anderen und bleibt schwankend stehen.

In der Nähe des Herds hört er ein Rascheln; dort befindet sich eine mit einem Riegel verschlossene Holztür. Johnny hebt den Riegel an und entdeckt eine große Speisekammer, fast ein Zimmer, in der Hafer, Honig, Marmelade und dergleichen mehr aufeinandergestapelt sind. Unter einem Tisch raschelt Zeitungspapier.

»Du mußt begreifen, was ich dir sage …«

Eine wütende Stimme nähert sich. Mit ihr vermischt sich das Schluchzen einer anderen.

Auf einem Karton sitzt eine Katze und leckt sich zwischen den Hinterbeinen. Eins davon ist nur noch ein Stummel, und als das Tier sich damit kratzen will, fuchtelt der Stumpf hilflos in der Luft herum. Unter ihrem Bauch klammert sich ein Wurf blinder Kätzchen an ihren Zitzen fest. Kaum fällt Johnnys Schatten auf die Katze, starrt sie ihm ins Gesicht und faucht ihn wütend an. Und schon fährt sie die Krallen aus und schlägt nach seinen Augen.

»… Irene, mein Kind, Gehorsam ist die oberste Regel.«

Trotz der aufgebrachten Katzenmutter schlüpft Johnny in die Speisekammer, zieht die Tür hinter sich zu und beobachtet durch den Spalt zwei Vogelgestalten, die durch die Küche und direkt auf sein Versteck zugleiten.

Mary hebt den Riegel an und öffnet die Tür nur einen Spaltbreit. Das bißchen sorgt bereits für ein unerwartet lautes Knarzen. Marys Puls fängt an zu rasen. Drinnen ist es stockdunkel. Schließlich faßt Mary sich ein Herz. Sie stößt die Tür ganz auf und stellt einen Fuß auf die Schwelle. Der entsetzliche Johnny-the-Light-Gestank schlägt ihr entgegen. Unwillkürlich hält sie die Luft an. Ohne daran zu denken, daß sie ihr schönes weißes Kleid beschmutzen könnte, tritt sie ganz ein.

Der einfach auf dem Felsgestein verlegte Bretterboden und die aus ungehobelten Latten bestehende Decke, die so niedrig ist, daß das Mädchen nicht aufrecht stehen kann, sorgen für eine behagliche Atmosphäre. Schade, daß Alice und Moira nicht dabei sind. Sie könnten hier so richtig schön Familie spielen.

In der Ecke liegen auf dem nackten Fels eine zerfledderte Matratze und mehrere weggestrampelte schimmelige Decken. Auf dem Boden steht eine ganze Batterie von Rumflaschen, allesamt leer. Ihr Glas filtert das durch die offene Tür hereinfallende Licht und wirft es als graubraune Flecke an die Wände.

Im Sonnenlicht sieht Mary etwas blau schimmern. Es ist eine Holzdose von der Größe einer Zigarettenschachtel; sie steht auf einem anscheinend eigens für sie gezimmerten – wenn auch wakkeligen – Regal. In solchen Dosen werden häufig Dinge wie Eheringe aufbewahrt. Mary nimmt die Dose in die Hand und versucht, sie zu öffnen, doch der Deckel gibt nicht nach. So schüttelt sie sie. Etwas klappert. Der Gegenstand darin ist aber eindeutig schwerer als ein Ring, schwerer sogar als die goldene Zweidollarmünze, die Casey einmal herumgezeigt hat. Obwohl Mary vor Neugierde schier platzt, stellt sie die Dose wieder auf ihren Platz.

Gegen die Südwand lümmelt sich ein windiger Herd. Auf der Klappe steht der Name *Maid of Avalon*. Den wenigen Platz auf der einzigen Kochplatte machen sich ein Schürhaken, ein Wasserkessel und ein schmutziger Kochtopf streitig. Am Deckenbalken baumelt eine riesige Kerosinlampe. Neben der Tür steht ein Wassereimer, in dem allerdings Ebbe herrscht. Der wackelige Tisch ist übersät mit einem halb gegessenen Brotlaib, Marmelade, Zucker, einer Dose Kondensmilch, Teebeuteln, einer Blechtasse ohne Untertasse, einem Teller und einem verbogenen Zinnlöffel. Der Stuhl ist an den Tisch herangezogen. Mary hält nach einer zweiten Sitzgelegenheit Ausschau, entdeckt aber keine. Der ätzende Ammoniakgestank verstärkt den Eindruck, daß der alte Mann ganz nah wäre. In ihrer Phantasie sieht Mary ihn schon mit dem Rücken zur Tür auf dem Stuhl sitzen.

In diesem Zimmer gibt es keinen Spiegel, kein Bild, kein Buch und auch keine Zeitung. Nicht einmal Karten liegen herum, die dem Bewohner dabei helfen könnten, sich mit Spielen wie »Spitz, paß auf«, »Alte Jungfer« oder »Mau-Mau« die Zeit zu vertreiben. Aber wie sollte Johnny andererseits Karten in der Hand halten? Mary stellt sich vor, wie er statt mit einem Messer, das es hier nicht zu geben scheint, mühsam mit dem verstümmelten Finger Marmelade auf sein Brot streicht. Mit der Hand fischt er auch den Teebeutel aus der Tasse, bevor er Milch dazugibt, mit dem Löffel

Zucker hineinschaufelt und unbeholfen umrührt. Nach jedem Bissen nippt er an seinem Tee. Damit endet Marys Vision. Mehr kann sie sich nicht vorstellen.

Draußen streift etwas über die Dachschindeln. Es ist nur der Wind, der träge durch das Gras rauscht. Mary fühlt sich auf einmal ganz müde und gähnt. Am liebsten würde sie sich auf Johnnys Matratze ausstrecken und ein kurzes Nickerchen machen.

Aber nein, es ist Zeit, zu gehen.

Sie hat schon die Schwelle überschritten und will gerade die Tür zuziehen, als sich ihr Gewissen rührt. So kehrt sie eilig zurück, nimmt die blaue Dose vom Regal und stellt sie mitten auf den Tisch neben das Brot. Erst danach gestattet sie sich, zu gehen. Leise, als fürchte sie, einen Schlafenden zu wecken, schließt sie die Tür hinter sich. Draußen muß sie als erstes die Augen gegen die Sonne abschirmen. Trotzdem fröstelt sie im aufkommenden kalten Wind.

»Shank's Mare ist das einzig Wahre«, hatte der Priester Mr. Landrigan erklärt.»So was braucht ein Junge.«

In seiner eigenen Kindheit in Irland, fuhr der Pfarrer in einem für den kleinen Kevin völlig ungewohnten leutseligen Ton fort, wäre er für sein Leben gern gewandert. So gab Mr. Landrigan dem Jungen zwei Scheiben Brot, eine für ihn selbst und eine für die Hexen, und schenkte ihm eine Tasse Tee ein – um Leib und Seele zusammenzuhalten, bis der Junge sicher daheim ankäme. Dafür war Kevin ihm dankbar. Obwohl der Wind sich gelegt hatte und das Wasser sich nicht rührte, war er unendlich erleichtert, weil ihm eine weitere Fahrt über das Meer mit den darin schwimmenden Ungeheuern erspart blieb.

Die brennende Sonne fühlt sich so angenehm warm auf seiner Stirn an. Der Boden unter den Füßen ist fest, und er kommt rasch voran. Bald hat er die gähnend leeren Fundamente hinter sich gelassen. Der Pfad durchschneidet diagonal eine mit hohem Gras bewachsene Wiese, schwenkt dann nach links ab und folgt in vielen Windungen einer Klippe, die steil zum Wasser abfällt. Die

Luft vibriert vom Gesumme zahlloser Bienen und dem Schwirren der Libellen. Der Außenborder hat längst den Goat Shore hinter sich gelassen, und obwohl das V-förmige Kielwasser sich bereits aufgelöst und das Boot den Head umrundet hat, dröhnt Kevin noch immer sein Heulen im Kopf.

Der Junge wirft einen Blick zurück. Der Fogo türmt sich bedrohlich auf, als wäre er in unmittelbarer Nähe. Wenn die Entfernungen derart zusammenschmelzen, so ist das ein Zeichen für ein heraufziehendes Unwetter. Auf dem Meer weht bereits ein heftiger Wind, was sich schon daran erkennen läßt, daß die hoch am Himmel stehenden Wolken wie gekneteter Teig aussehen. Ein Flugzeug mit vier Propellern tastet sich in Richtung Westen, aber es fliegt zu hoch, als daß die Motoren zu hören wären. Gelden ist nun schon nicht mehr hinter dem hohen Gras zu sehen. Abgesehen von der sterbenden alten Frau ist der Junge in einem Umkreis von Meilen die vielleicht einzige lebende Seele.

In seinem ganzen Leben hat sich der kleine Kevin Barron noch nie so allein gefühlt. Nicht, daß ihn das erschrecken würde. Im Gegenteil, dieser Gedanke erregt ihn. Im Moment kann er tun, wozu er gerade Lust hat. Er kann nach Leibeskräften die übelsten Schimpfworte brüllen, und niemand wird ihn hören. Er kann sich ausziehen und nackt wie die Indianer durch die Büsche laufen, und niemand wird ihn sehen. Nur Gott wird ihn hören und sehen – natürlich. Aber Gott braucht sich nicht zu sorgen. Kevin Barron ist keiner von denen, die solche Sünden begehen würden.

Er hebt ein flaches Stück Schiefer auf und schaut nach, ob sich eine Fossilie darin findet. In seiner Phantasie sind Felsen lebende Wesen, in deren Inneren prähistorische Kreaturen eingebettet sind. Da er nichts entdeckt, läuft er bis zur Kante der Klippe und schleudert den Stein in hohem Bogen in Richtung Meer. Er möchte sehen, wie der Stein die Blasen eines Toten erzeugt, aber leider schlägt er vor dem Wasser auf den Felsen auf und rollt klappernd weiter. Ja, wenn Mikey hier gewesen wäre, er hätte es spielend geschafft.

Ein schwarzer Gestank steigt dem Jungen in die Nase. Unter

ihm liegt ein weißes Lamm mit grotesk verdrehten Gliedern auf einem Felsvorsprung. Kevin registriert ein blaues Brandzeichen und glasige Augen. Beim Sturz hat es sich den Bauch aufgeschlitzt, und jetzt dröhnt aus seinen Eingeweiden das Brummen dicker Fleischfliegen. Gedankenverloren starrt der Junge auf den Kadaver hinunter. Er überlegt, wie es nur gestorben sein könnte. Das Werk der Hexen kann das jedenfalls nicht gewesen sein, denn über Schafe haben die Hexen keine Macht. Dafür sorgt Unser Herr, das Lamm Gottes.

Kaum hat er seinen Weg fortgesetzt, findet er eine Stelle, die ideal geeignet fürs Loslösen von Steinen ist. Er tritt so lange gegen den Schiefer, bis es ihm tatsächlich gelingt, Brocken, die teilweise größer sind als er selbst, herauszubrechen. Sie poltern die Geröllhalde hinunter, reißen andere Steine mit und lösen schließlich ganze Lawinen aus, die auf den Strand niedergehen. Der Junge bricht für sein Leben gern Steine los und bedauert nur, daß er seinen geliebten Hammer und den Meißel nicht dabei hat. Am liebsten würde er bis zum Abend hierbleiben und auf die Erde einhacken, einfach nur so, weil es ihm Spaß macht.

Das Getöse schreckt einen Schwarm Sturmvögel auf. Sturmvögel vertreiben Angreifer bisweilen damit, daß sie ihnen Erbrochenes entgegenspeien, aber die hier flattern nur aus ihren Nestern und schwirren unbeholfen davon, um sich weiter draußen auf dem Wasser niederzulassen. Wie durch ein Wunder verwandeln sie sich dort in Fische und flitzen unter den Wellen so flink wie Weißdorsche hin und her. An der Oberfläche bleiben an der Stelle, wo sie aufgesetzt haben, nur Ringe zurück, die sich langsam ausbreiten.

Dann lösen sich die Kräuselungen auf. Die Welt scheint nur noch tote Materie zu sein. Die Sonne brennt heftig herunter.

Auf einmal läßt Kevin die Arme flattern, fängt an, wie eine Fliege zu brummen, und jagt die Steilkante entlang weiter, bis ihn ein Bach aufhält. Das Wasser rauscht über Gesteinstrümmer hinweg, um sich auf dem Felsen in einer Rinne zu sammeln und auf den Strand hinabzustürzen. Über dem Bach schwebt ein feiner Nebel, der nach Bratäpfeln riecht. Am anderen Ufer macht der

Pfad einen Knick nach rechts und entfernt sich von der Küstenlinie. Ein gutes Stück weiter im Landesinneren schlängelt er sich durch eine Gruppe eng beieinanderstehender hoher Fichten hindurch, erklimmt dann einen Gipfelkamm und bahnt sich seinen weiteren Weg vorbei an verkrüppelten Zwergkiefern und Sträuchern.

Der Winterpfad. Und Kevin wird ihn gehen.

Bis zu diesem Ende des berühmten Wegs ist er noch nie gewandert. Als er letzten Sommer einmal allein Indianer spielte, lief er mit seinem Pfeil und Bogen von der Gemeinde bis zum Gipfelkamm und erklomm sogar den Aussichtspunkt. Und jetzt betrachtet er ihn von der anderen Seite, diesen gewaltigen Felsblock, dessen Silhouette sich gegen den Himmel abzeichnet. Aus diesem Blickwinkel sieht er ganz anders aus, als wäre das Innerste nach außen gestülpt worden. Hat Kevin erst mal diesen Felsen bewältigt, liegt die ganze Bucht zu seinen Füßen, und er ist schon so gut wie zu Hause.

Davor liegt allerdings der breite Gürtel Wildnis. Das einzige Zeichen dafür, daß hier schon einmal Menschen gegangen sind, ist der schmale Pfad. Bleib immer auf dem Weg, hat ihm Pop einmal eingeschärft. Dann kann dir auch nichts passieren. Aber wenn du ihn verläßt, dann kannst du tausend schlummernde Gefahren wecken. Nun, das ist Kevin egal – die vagen Risiken des Winterpfads sind ihm tausendmal lieber als die tatsächlich existierenden Seeungeheuer.

Kevin findet eine seichte Stelle, an der er, von Stein zu Stein springend, das andere Ufer erreicht. Immer am Bachlauf entlang folgt er dem Pfad bergauf. Kam er zu Anfang noch an Stromschnellen und Wasserfällen vorbei, so verschwindet der Bach oben in einem Sumpfgebiet. Damit ändert auch der Pfad die Richtung. Er führt nicht durch das Moor hindurch, sondern verläuft stets an seinem Rand. Die Sonne brennt gnadenlos auf den Jungen nieder. Er ist schweißgebadet, und Wolken aus Mücken und schwarzen Fliegen schwirren vor seinen Augen herum.

Plötzlich sieht Kevin auf einer Grasinsel etwas aufblitzen – es sieht aus wie eine Flamme und hat eine rote Spitze.

Ist das am Ende …?

Kevin starrt das rote Ding an. Obwohl kein Wind geht, bewegt es sich so komisch. Sein Herz hämmert zum Zerspringen. Richtig, es könnte eine Hexenmütze sein.

Kevin Barrons erster Impuls ist, zu fliehen, bis zum Gipfelkamm weiterzurennen und sich nicht umzudrehen, bis er daheim in Sicherheit ist. Jeder weiß, daß es verboten ist, in das Gebiet der bösen Hexen einzudringen. Wer sich trotzdem hineinwagt, wird vom Unglück verfolgt. Und schlimmer noch, jetzt ist Juni, der Monat, den der *Amadahn* verzaubert hat. Und dieser Zauber hat ganz gewiß nichts mit dem Geschwätz abergläubischer alter Weiber zu tun. Es gibt ihn wirklich. Johnny the Light ist der lebende Beweis dafür. Als er jung und noch ganz normal war, sagt Anne Marie Reilly, haben ihn die Hexen verschleppt. Und als sie ihn zurückbrachten, war er häßlich und stotterte. Richtig, die Hexen gibt es wirklich, und sie sind böse. Pop meint, daß es im Gras nur so von ihnen wimmelt. Wer sonst würde denn die vielen kleinen Spuren hinterlassen? Und Pop muß es schließlich wissen. Als Junge stolperte er einmal über eine Gruppe von ihnen. Sie hockten auf einem Baumstumpf und spielten Dame. Da setzte er sich kurzentschlossen dazu und spielte mit. Und das war sein Glück. Weil er gewann, konnte er seine Seele retten. So hat er es Kevin erzählt.

Zu Tausenden müssen sie im Wald leben. Wahrscheinlich haben sie Kevin Barron schon umzingelt. Und ganz gewiß will ihn jetzt eine in den Sumpf locken, damit die anderen ihn packen, fesseln und davontragen können. Er bildet mit Daumen und Zeigefinger einen Kreis und schaut hindurch, sieht deswegen aber auch nichts anderes. Wenn er doch nur ein Mitternachtskind und mit der Gabe der zweiten Sicht gesegnet wäre! Wenn er doch nur in Todsünde leben würde! Schwarze Seelen haben nämlich ein Auge für die andere Welt. Aber kaum hat er das gedacht, bekommt er Angst, daß allein schon ein solch schrecklicher Wunsch eine Todsünde wäre.

Eigentlich bräuchte er nur davonzulaufen, doch seine Beine gehorchen ihm nicht. Statt dessen verläßt er gegen seinen Willen den Pfad. Vorsichtig, damit er nicht mit seinen teuren Schulstiefeln einsinkt, stakst er zu den Grashügeln hinüber.

Die Flamme ist nichts als die rote Spitze der Blüte einer Kannenpflanze.

Schlammsauger, so nennen manche Leute die Kannenpflanze. Wenn man nicht darauf achtet, wohin man den Fuß setzt, zieht einen das Tier, das in nassem, weichem Boden lebt, nach unten. So nähert sich der Junge der Blume ganz vorsichtig, beugt sich über den Blütenkelch und begutachtet die toten Moskitos und Mücken, die da in einer Mischung aus Regenwasser und Speichel treiben. Im Buch, in dem er heute morgen gelesen hat, stand freilich nicht Schlammsauger oder Indische Tasse, sondern *Sarracenia purpurea*. Königin Victoria setzte die Pflanze auf die Zahlenseite der Pennymünzen. Sie wächst nur in finsteren Gebieten, so daß sie aufs Fleischfressen angewiesen ist.

Aber aus der Nähe kann Kevin etwas sehen, was nicht im Buch stand: die geschwollenen lilafarbenen Lippen, die den Rand der Schüssel bilden. Die Lippen fassen das Innere sanft ein und vereinigen sich anmutig an der Spitze. Dem Jungen fällt wieder ein, wie seine beim Rosenkranz locker gefalteten Hände eine ähnlich geschwungene Form bildeten und ihn ganz durcheinander brachten.

Die Sonne brennt ihm ins Genick. Kevin Barron fühlt sich unbehaglich. Wieder ruhen Augen auf ihm und beobachten ihn. Er hört ein Murmeln und Kratzen. Kein Zweifel: Ein unbekanntes Wesen verfolgt ihn.

Ein stechender Geruch steigt ihm in die Nase. Hier, mitten in diesem Sumpf fühlt sich Kevin Barron auf einmal hilflos, so wie damals, als er nicht mehr von der Eisscholle runterkam und wohl aufs Meer hinausgetrieben wäre, hätte sich Mikey nicht sofort in den Kahn gesetzt, als er sein Schreien hörte, und wäre verzweifelt zu ihm rausgerudert, um ihn zu retten.

Kevin dreht den Kopf abrupt herum. Ihm wird schwindlig davon, und vor seinen Augen wirbelt Licht.

Es ist aber nur der würzige Harzgeruch, der von diesem knorrigen Baum am Rand des Moors herüberweht. Es kommt wohl

Wind auf – wenn er das Harz riechen kann, bevor er den Baum sieht.

Kevin findet zu trockenem Gelände zurück und setzt seinen Aufstieg fort. Die Moskitos und Mücken stechen gnadenlos. Tote Zweige und quer über den Weg wachsende Wurzeln erschweren ihm das Gehen, doch dann erreicht er felsiges Gelände, auf dem er rascher vorankommt. Danach muß er sich allerdings durch Gestrüpp wühlen. Seine Schritte schrecken ein Rotkehlchen auf, das aufgeregt aus einem Busch flattert.

Der Junge weiß, daß der Vogel nur versucht, ihn von seinem Nest fortzulocken. Und tatsächlich, nach kurzem Herumstochern entdeckt er im Unterholz ein kleines rundes Bett aus Zweigen und Heu.

Im Nest liegen sechs Eier, von dem gleichen Blaßblau wie der Schleier der Jungfrau oder die Bonbons, die man bei Casey für einen Penny das Stück bekommt. Kevin streckt die Hand aus, nimmt eins zwischen Daumen und Zeigefinger und holt es heraus. Es ist warm und fühlt sich so zerbrechlich an, daß er befürchtet, er könnte es durch die bloße Berührung zerstören. Was würde ihm in die Hand fallen, wenn er es tatsächlich zerbräche? Wäre es feucht und klebrig? Oder trocken und flaumig? Er unterdrückt den Drang, das Ei mit nach Hause zu nehmen und unter dem Kopfkissen zu verbergen.

Das Ei gehört ihm nicht, und abgesehen davon ist er keiner von den bösen Jungen, die Eier stehlen. Einige von ihnen bauen sogar falsche Nester, um die Hennen der Nachbarn dazu zu verlocken, ihre Eier bei ihnen zu legen. Behutsam setzt er es dorthin zurück, wo es hingehört.

In seiner Nähe stehende Erlen rascheln heftig. So viel Lärm kann unmöglich die Rotkehlchenmutter verursachen. Was immer das für ein Wesen sein mag, es ist größer als ein Vogel. Könnte es ein Fuchs sein? Kevin blinzelt durch das Gestrüpp. Pop sagt, Füchse würden farbige Spuren hinterlassen. So kann man mühelos feststellen, ob das Tier, schwarz, rot oder weiß ist. Gelegentlich zeigen sie sich auch, so wie Rotkehlchen und Hexen, um einen in die Irre zu führen.

Pop wurde einmal von den Hexen fortgelockt und irrte Meile um Meile umher. Wenn Kevin nur daran gedacht hätte, sich einen Eisennagel um den Hals zu hängen oder seine Kleider verkehrt herum anzuziehen, dann würden sie nicht wagen, ihn auf Abwege zu führen. Da fällt ihm das Hexenbrot ein, das ihm Mr. Landrigan mitgegeben hat, und er legt es mitten auf den Weg. Der Pfad führt den Jungen nun in das Fichtenwäldchen, das er von unten gesehen hat. Hier ist die Luft kühl und frisch, ja, stellenweise sogar so kalt, daß er zittert. Auf manchen Stellen sitzt der Teufel, denkt Kevin. Er weiß aber auch, daß das nur Flecken sind, an denen sich der Schnee tief im Unterholz gehalten hat, der Schnurrbart eines alten Mannes sozusagen. Das bringt ihn auf Gletscher, auf Eis, das mit einer so dicken Staubschicht zugedeckt wird, daß darauf vielleicht einmal Pflanzen, wenn nicht sogar Wälder wachsen können. Das Eis darunter schmilzt indessen. Früher oder später verändert sich die Landschaft einfach. An Orten wie diesem kann eben alles passieren.

Der Pfad schlängelt sich in aberwitzigen Windungen weiter und wird schließlich so schmal, daß Kevin vorsichtig wie ein Seiltänzer einen Fuß vor den anderen setzen muß. Nach einer weiteren steilen Kurve versperrt ihm jäh ein Drahtzaun den Weg; doch weil der Pfad auf der anderen Seite weiterführt, als wäre nichts, könnte man fast meinen, das Hindernis sei eine Fata Morgana. Von der Wiese unten war von einem Zaun keine Spur zu sehen gewesen. Wozu wurde er hier überhaupt errichtet? In beiden Richtungen verliert sich der Zaun zwischen hohen Bäumen, ohne daß ersichtlich wird, was geschützt werden müßte.

Der Junge legt eine Hand auf den höheren Pfosten und stellt einen Fuß auf den untersten Draht. Er wünscht sich, er könnte so sauber wie Mikey springen. Mike schwingt sich mühelos über solche Zäune. Kevin will sich schon hochziehen, als er in seinem Rücken ein Zischen, Platschen und Tröpfeln hört.

Als erstes schießt ihm der Gedanke an die alte Hexe Martha durch den Kopf. In der Fastenzeit kam er einmal in der Abenddämmerung auf dem Weg zur Benediktion an ihrem Schuppen vorbei, als er dieselben Geräusche vernahm. Und da kauerte sie auf der Türschwelle –, nein sie berührte mit den Gesäßbacken die Treppe –, hielt den Rock hoch, und zwischen ihren Beinen spritzte ein Strahl so dick wie bei einem Pferd mit solcher Wucht durch das Dunkel, daß Staub aufwirbelte. (Er fragt sich, warum Mädchen eigentlich im Hocken pinkeln und nicht im Stehen. Auch würde er gern wissen, warum Johnny the Light es auch so macht, obwohl er ja kein Mädchen ist. Kevin wünscht sich oft, er hätte eine Schwester, dann wüßte er über diese Dinge Bescheid.) Die Alte grinste ihn von unten mit ihrem zahnlosen Mund an, während Kevin Barron wie immer, wenn er sich fürchtete, so tat, als würde er nichts sehen, und zügig weiterging.

Aber die alte Hexe kann doch unmöglich hier draußen am Ende der Welt sein. Nein, es ist bestimmt einer der bösen Jungen – einer von den großen mit Warzen, schwarzen Fingernägeln, Schorf, Rotzglocken unter der Nase und Mundgeruch. Genau, es sind garantiert mindestens drei oder vier, die sich einander gegenüber im Kreis aufgebaut haben und um die Wette pissen. Sie treiben wieder eins ihrer Spiele mit ihm. Jetzt haben sie keine Schule mehr, so weit draußen sind keine Nonnen, die ihn schützen könnten, und da tun sie nichts lieber, als ihn zu hänseln und zu quälen.

Kevin Barron nimmt sich vor, auf keinen Fall zurückzuschauen. Diesen Gefallen wird er ihnen nicht tun. Bei dem Spiel, das sie mit ihm vorhaben, wird er ganz einfach nicht mitmachen. Er wird so tun, als wäre überhaupt niemand da. Das ist immer sein Rettungsanker, wenn die Jungen ihn quälen. Und manchmal klappt es ja auch. Manchmal geben sie auf und suchen sich ein anderes Opfer.

Das Problem ist nur, er merkt, daß er ebenfalls dringend einmal muß.

Er hört, wie jemand den Schleim hochzieht und spuckt – so machen es die großen Jungen immer, wenn sie mit dem Pinkeln fertig sind. Und jetzt hindert sie nichts mehr daran, ihn zu verfolgen.

Zitternd löst er sich aus seiner Lähmung und schwingt sich über den Zaun. Dabei verfängt sich sein Stiefel im Draht, und er fällt mit dem Gesicht voran ins Gras. Er befreit sich sofort und rappelt sich auf. Angestrengt sein Keuchen unterdrückend, setzt er seinen Weg, so lässig er es vermag, fort.

Im Moment sieht er nur noch den Kamm über sich, aber nicht mehr den Felsblock. Er betet inständig, daß er den richtigen Weg finden wird. Durch ein ausgetrocknetes Bachbett klettert er weiter. Zwar ist der Weg steil, doch auf dem nackten, felsigen Gelände, hier und dort unterbrochen von Inseln aus Sand, kommt er mühelos voran. Der Junge ist schweißnaß. Das Haar klebt ihm am Kopf, nur die Stirnlocke fällt ihm immer wieder vor die Augen. Die Moskitos und Fliegen fressen ihn bei lebendigem Leib. In einem fort schlägt er wütend nach ihnen, reibt und kratzt.

Er ist vielleicht zehn Schritte gelaufen, als er das Ächzen des Zaunpfahls weit hinter ihm und dann Schritte hört. Erleichtert stellt er fest, daß sie nur von einer einzelnen Person stammen können. Sie muß feste Schuhe tragen, soviel kann er blind vermuten. Obwohl sie mit derselben Schrittfrequenz wie er läuft, gibt Kevin mit keinem Zeichen zu erkennen, daß er sie wahrnimmt. Anders kann er sich ja auch kaum verhalten, wenn er weiter so tun will, als wäre überhaupt nichts. Genausowenig kann er versuchen, davonzulaufen.

Das Bachbett weicht nach und nach einem Geflecht von Trampelpfaden. Da ihm immer noch nichts geschehen ist, fragt sich Kevin allmählich, ob der Kerl hinter ihm wirklich einer von den gemeinen Jungen ist. Wäre es einer von seinen ihm nur zu gut bekannten Peinigern, hätte er ihn doch längst mit seinen schmutzigen Händen gepackt, ihn gezwickt, an den Haaren gezogen, ihm einen Fausthieb zwischen die Beine versetzt oder ihn sonstwie geärgert, um ihn zum Heulen zu bringen.

Mit einem Schlag ersterben die Schritte.

Wer es auch ist, er will ihn reinlegen. Bestimmt hat er angehalten, starrt den Jungen jetzt grinsend von hinten an und will ihn dazu provozieren, sich umzudrehen. Ohne sein Tempo zu verlangsamen, schaut Kevin nach oben und klettert weiter.

Kevin schwitzt aus allen Poren, sein Herz rast. Über seine Unterlippe tropft eine süße, heiße Flüssigkeit: Seine Nase blutet wieder. Er schnieft und will das Blut hochziehen, doch es fließt zu schnell. So hält er nach Spinnweben in den Büschen Ausschau, mit denen er die Blutung stillen könnte. Inzwischen tröpfelt das Blut auf den Boden, aber Kevin will nicht, daß sein Verfolger das sieht. Verzweifelt versucht er, das Blut mit der Zunge aufzufangen.

Die Schritte setzen wieder ein, in einem schnelleren Tempo jetzt. Vielleicht ist es Johnny the Light, denkt Kevin. Der alte Mann wandert ja gern über den Kamm, einfach um sich die Zeit zu vertreiben. Jeder in der Gemeinde weiß das. Andererseits ist Johnny um diese Zeit zu betrunken, um noch gerade gehen zu können, und außerdem humpelt er.

Der Pfad verliert sich in trockener, grasbewachsener Erde. Weil der Junge sich allzusehr um einen lässigen Gang bemüht, strauchelt er. Er hofft inständig, daß der andere das nicht bemerkt. Die Insekten rauben ihm schier den Verstand. Seine Haut brennt wie Feuer.

Es könnte vielleicht ein Fremder sein. Außer mit dem Pfarrer, hat Kevin noch nie mit Unbekannten gesprochen. Und wenn es ein Fremder mit einem Gewehr ist …? An jenem Sommernachmittag letztes Jahr hat Kevin auf dem Abstieg vom Gipfelkamm in der Ferne eine Gestalt gesehen. Sie machte sich an einem Stock zu schaffen, der wie eine alte Muskete aussah. Als Kevin wieder hinschaute, war die Gestalt hinter den Bäumen verschwunden.

Kevin wünscht sich, er hätte jetzt eine Flinte unter dem Arm, Pops zwölfkalibrige zum Beispiel. Sie müßte nicht mal geladen sein. Hauptsache, man hat sich eine Waffe über den Rücken gehängt, dann sieht jeder, daß man einen Grund hat, hier draußen zu sein. Und wenn ihm jemand über den Weg liefe, könnte er ihm so wie Pop früher fröhlich zurufen: »Toller Tag, um 'nen Vogel zu schießen!« Im Grunde würden ihm aber auch schon seine Pfeile und der Bogen genügen, den er sich ganz allein gebastelt hat. Für den Bogen hat er eine Weidenrute und eine Angelschnur verwendet, und an den Pfeilen hat er Hühnerfedern befestigt. Ja, und wenn er das dabei hätte, dann könnte er jetzt so tun, als spielte er Indianer.

Als ein Zweig an seinem Ärmel hängenbleibt, macht der Junge vor Schreck einen Satz. Er wünscht sich verzweifelt, er könnte losrennen, doch er zwingt sich, das bisherige Tempo beizubehalten. Wenn doch nur ein geweihtes Fenster vor ihm auftauchen würde, eine gesegnete Tür, ein Portal! Er würde einfach hindurchgehen, und schon wäre alles gut und er in Sicherheit, denn er wäre an einem heiligen Ort.

Er hat sich nicht getäuscht. Die Schritte kommen näher. Die Sohlen poltern über den harten Boden. Könnte es ein Pirat sein? Jedermann weiß, daß sich eine Horde von Herrenlosen Gesellen, allesamt Riesen, im Landesinneren verbirgt. Früher waren sie Piraten, die ihren Feinden als Trophäe ein Ohr abschnitten. Er malt sich aus, wie ein fetter rotbärtiger Freibeuter mit einem Spaten über der Schulter nach seinem verlorenen Gold sucht. Schließlich liegen am Mittsommertag die Schätze offen in der Erde und warten nur darauf, daß man über sie stolpert. Wenn Piraten in der Gegend sind, hört man im Wind die Musik von Fiedeln, heißt es. Kevin lauscht angestrengt, vernimmt aber nur das Trapp-trapp-trapp der schweren Stiefel.

Ausgerechnet jetzt werden die Schritte leiser. Ob sein Verfolger die Stiefel abgestreift hat? Kevin versucht sich zu erinnern, ob Johannes der Täufer eine Fußbekleidung trägt. Er stellt sich vor, der Heilige sei hier in der Nähe, barfuß, nur mit seinen Fellen bekleidet und in den Armen ein blökendes Lamm tragend. Oder ist die Gestalt hinter ihm vielleicht der letzte Beothuki-Indianer, splitternackt in ockerfarbener Kriegsbemalung und mit richtigem Pfeil und Bogen? Wie auch immer, eins steht für Kevin Barron fest: Was für ein Wesen das auch sein mag, das ihn da verfolgt, ein Riese ist es nicht. Dem geringen Lärm nach zu urteilen, den es jetzt macht, muß es ähnlich schmächtig sein wie er selbst.

Der Geschmack von Mr. Landrigans Tee steigt Kevin in den Mund und erinnert ihn daran, daß er einmal muß. Der Tee verdrängt auch den Geschmack des Bluts, das inzwischen auf seinen Lippen festgetrocknet ist. Andere Gedanken schießen ihm durch den Kopf, und plötzlich stellen sich ihm die Nackenhaare auf, als ihm einfällt, daß das Wesen hinter ihm womöglich die alte Mrs. Landrigan sein könnte, daß sie soeben gestorben ist und jetzt in ihren klauenartigen Händen das Frettchen oder die Bisamratte hält, die unter ihrer Decke leben, daß ihre dürre Leiche ihm hinterherjagt, um ihm das eine oder andere ins Ohr zu flüstern, das er lieber nicht hören möchte. Eine Leiche, die man gesehen hat, kann einen später nicht verfolgen. Kevin hat auf einmal den sündigen Wunsch, die alte Frau wäre vor seinen Augen gestorben.

Er kommt an einer Lichtung voller herrlicher roter Erdbeeren vorbei. Wie gern würde er ein bißchen verweilen und sich einen Mundvoll pflücken! Doch er traut sich nicht.

Ein leichter Wind trägt ihm einen strengen, ätzenden Gestank entgegen. Kann es sein, daß sein Verfolger kein menschliches Wesen ist? Irgendein wildes Tier ist hinter ihm her, ein Zentaur vielleicht, mit einem gewaltigen Ding, so wie das, das am Unterleib des Hengstes des Schlaglochflickers baumelt. Oder ein hungriger Wolf auf der Jagd nach Kindern. Oder es ist nur der Hund des Priesters. Genau! Jackman ist dem Außenborder über den Kamm bis nach Gelden nachgelaufen, und jetzt hetzt er zurück. So etwas ist dem Kerl durchaus zuzutrauen. Andererseits laufen Zentauren, Wölfe und Hunde auf vier Pfoten. Kevin hat schon wieder eine neue Vision: Ein gehörnter Seeskorpion, so gewaltig wie ein Grindwal, schlittert auf seinen zwei riesigen schuppenbedeckten Flossen über das Gelände.

Kevin wünscht sich, er hätte einen Hund, einen großen goldbraunen Labrador mit einem Namen wie: Wächter. Ja, wenn ihm doch nur ein braver Hund Gesellschaft leisten würde. Der könnte auch vor ihm herlaufen und Gefahren auskundschaften, heimliche Pirschjäger verbellen, und er bräuchte nie wieder Angst zu haben.

Aber ist der, der ihm nachstellt, überhaupt ein Wesen aus Fleisch und Blut? Ist er nicht vielleicht ein Gespenst oder Geist, am Ende sogar sein eigener Schutzengel, der von seiner Schulter gefallen ist und verzweifelt versucht, wieder hinaufzugelangen? Oder die Todesfee, die eigentlich Mrs. Landrigan holen sollte,

sich aber irgendwie verirrt hat? Es könnten aber auch die Sumpf-
hexen sein. Vielleicht haben sie Kevin ja doch in die Irre geleitet.
Siedendheiß fällt ihm ein, daß er gar nicht sagen könnte, wie vie-
le Minuten oder Stunden seit seinem Aufbruch von Gelden ver-
gangen sind.

Er sieht noch eine andere erschreckende Möglichkeit: Woher
weiß er denn, daß er den Hexen wirklich entkommen will? Viel-
leicht sehnt sich seine Seele danach, ihr Geheimnis zu entecken,
was immer es sein mag.

Ein Klappern dringt an sein Ohr. Kevin kennt dieses Geräusch
nur zu gut. Er sieht die schwarzen Perlen, die Kugeln, die am
Gürtel baumeln. Es hört sich an wie die Gewichte der Wurfnet-
ze, wenn sie gegeneinanderschlagen. Ja, er kann sogar die Worte
auf dem Riemen lesen:

HÄ

NG

MI

CH

AUF

Demnach ist es also ein Gespenst, der Geist der verrückten Non-
ne, die sie am Gallows Beach gehängt haben. Um ihren Hals ist
ein Seil geschlungen, dessen Ende hinter ihr über die Erde
schleift. Sie will Kevin Barron am Ohr packen und ihm zur Süh-
ne für all seine schmutzigen Sünden Schläge ins Gesicht und auf
die Hände verabreichen. Unter seinen Füßen knackt ein trocke-
ner Zweig, doch der Junge hört etwas anderes, nämlich den
schrecklichen Riemen, der auf seine Handfläche niedersaust. Er
spürt schon, wie der jähe Schmerz seinen Unterarm hinaufjagt.

Dann wiederum – aber natürlich! warum hat er nicht gleich
daran gedacht? – könnte dieses Wesen genausogut der Boo Dar-
by sein. Jeder weiß, daß der Darby in Wirklichkeit der Teufel ist.
Kevin riecht ihn schon: ein dreckiger Ziegenbock mit Bart, weit
ausladenden Hörnern, gespaltenen Hufen und festgetrocknetem
Kot am After, der feixend auf den Hinterbeinen hinter ihm her-
stolziert.

Kevin murmelt ein Gegrüßet-seist-du-Maria, wie es auch die Seemänner in Momenten höchster Gefahr tun. Jetzt wünscht er sich, er hätte seinen Ministrantenrock nicht abgelegt, denn der würde seinem Flehen mehr Macht verleihen. Und hätte er doch nur das Gebetbuch dabei! Dann würde er alle Gebete aufsagen, die ihm vielleicht Rettung bringen könnten. Er fragt sich, ob er versuchen sollte, ein eigenes Bittgebet für diese Situation zu erfinden. Aus der Hosentasche zieht er seine Perlen, die er stets mit sich trägt, und beschließt, im Gehen den Rosenkranz aufzusagen. Die Nonnen machen das auch so, wenn sie bei schönem Wetter durch den Klostergarten spazieren. Heute sind die schmerzhaften Geheimnisse dran. Das erste lautet: Jesus, der Blut schwitzte: *Es ward aber sein Schweiß wie Blutstropfen, die fielen auf die Erde.* Lautlos formt Kevin Barron die Worte: *Im Namen des Vaters ...*

Doch er ist zu aufgewühlt, um weiterzubeten. Statt dessen zeichnet er mit dem Daumen das Kreuzzeichen über dem Herzen. Auf diese Weise bekreuzigt sich der Pfarrer allein während des Heiligen Opfers zweiundfünfzigmal. Die gleiche Anzahl will Kevin Barron auch erreichen. Aber in seiner Nervosität verzählt er sich bald und verliert den Faden. Jetzt stellt er sich einen wütenden Kampf in der Luft um sich herum vor. Die abscheulichsten Tiere, Ungeheuer, Geister und Dämonen streiten sich erbittert um seine unsterbliche Seele. Er glaubt, daß ihm jetzt nichts anderes mehr übrigbleibt, als kräftig auf den Pfad zu spucken. Speichel hat schließlich magische Kräfte. Er versucht es auch sofort, doch lediglich ein Gemisch aus Blut und Spucke rinnt über sein Hemd.

Der Abstand verringert sich. Das Wesen ist ihm jetzt dicht auf den Fersen.

Kevin Barron erreicht den Gipfelkamm. Dort oben weht vom Meer her ein steter Wind. Er kühlt ihm die Stirn und vertreibt die lästigen Insekten. Überraschend nahe vor ihm – selbst für einen schwachen Arm wie den seinen nur einen Steinwurf entfernt – türmt sich der Ausblickfelsen auf.

Auf der Spitze stolziert eine Krähe herum.

Endlich beschließt der Junge, loszurennen. Der Felsblock wird ihn beschützen.

Er sieht den Felsen fest an und gibt seinen Beinen den langersehnten Befehl. Und sie gehorchen ihm auch. Doch obwohl sie förmlich über den Boden fliegen, ist er davon überzeugt, daß sie sich überhaupt nicht bewegen. Zu seinem Entsetzen ist er in einen seiner allerschlimmsten Alpträume gestolpert, der ihn in der letzten Zeit so oft gequält hat. Darin liegt er hellwach, doch gelähmt auf dem Bett und starrt mit weit aufgerissenen Augen die Schatten an, die sich aus den Ecken seines Zimmers lösen und in aberwitzigen Spiralen auf ihn einstürmen. Er kreischt, er möchte rennen, egal wohin, nur weg von hier, aber seine Beine mögen noch so wirbeln, seine Seele kommt keinen Zentimeter voran.

Direkt am Fuß des Felsens bricht Kevin zusammen. Er streckt die Arme aus, und seine Hände schließen sich um einen Stein. Stellenweise breiten sich Flechten, einem Leprageschwür gleich, auf dem Felsen aus. Kevins Gebetsperlen klappern auf dem Granit. Über seine Hand krabbelt eine Ameise. Wieder brennt die Sonne auf seine Stirn herunter. In seinem Kopf dreht sich alles. Seine Augen sehen im Gestein ein Muster – es ist spiralförmig und kommt ihm vor wie Wasser, das durch den Abfluß in der Spüle gesaugt wird.

Die Krähe fliegt davon. Mit zitternden Gliedern klettert der Junge auf den Felsen.

Der Eisberg ragt aus der Bucht heraus und erinnert ihn an die Hexeninseln, die alle neun Jahre aus dem Nordatlantik auftauchen sollen. Wenn er nur so laut schreien könnte, daß seine Stimme das Wasser erreichte, dann würde Mikey bestimmt herbeieilen und ihn retten. Aber der rote Kahn ist nirgendwo zu sehen. Das einzige Boot auf dem Wasser ist Mr. Landrigans schwarzer Außenborder, der jetzt wieder dem aufkommenden Wind entgegen nach Gelden fährt. Kevin kann sogar ein schwaches Brummen hören. Jetzt wäre er trotz der See und all ihrer Schrecken froh, könnte er in diesem Boot sitzen.

Der verlassene Schulhof wirkt von hier aus klein und verloren.

Von den Häusern sind nur die Fassaden bemalt. Hinten sind sie alle grau. Kevin macht sein eigenes Haus aus, sein Tor und sogar die Tür zur Küche seiner Mutter. Zwischen dem Kai und der Kirche geht eine schwarzgekleidete Gestalt die Straße hinunter. Der Priester. Father MacMurrough trägt die Tasche mit Kevins Ministrantenrock. Der Junge möchte ihm zuwinken, schafft es aber nicht, den Arm zu heben. So sieht er zu, wie der Priester sich der Kirche nähert und die Treppe emporsteigt. Endlich öffnet der Junge den Mund zu einem Schrei, doch aus seiner Kehle dringt kein Laut. Die Tür fällt zu, und der Pfarrer ist verschwunden.

Jetzt bricht Kevins Widerstand zusammen. Schicksalsergeben senkt er den Kopf. Ein Hase, der in die Enge getrieben worden ist. Er ergibt sich, wie er es so oft im Schulhof tut, wenn die warzigen Hände ihn packen, wenn Flucht nicht mehr möglich, wenn Widerstand vergeblich ist. Pop hat recht: Es gibt Stellen auf dem Wasser, an denen man zum Ertrinken verdammt ist und keiner was dagegen tun kann. Es ist der Wille Gottes.

Er hört das Zischen und Plätschern, noch bevor die Nässe sich in seiner Hose ausbreitet. So gern würde er weinen, doch seine Augen sind ausgetrocknet und brennend heiß. Ihm ist, als sei seine ganze Körperflüssigkeit zwischen seinen Beinen hinuntergelaufen. Der Wind pfeift durch das Gras, und da, wo er naß ist, wird ihm kalt.

Kevin schließt die Augen und sieht plötzlich den anmutig geschwungenen lilafarbenen Kelch der Kannenpflanze vor sich. Und obwohl er es sich verbietet, auch nur in die Richtung zu blinzeln, aus der er gekommen ist, so bemächtigt sich seiner dennoch der unbändige Wunsch, dorthin zurückzukehren, den ganzen Weg zu diesem schauerlichen Sumpf zurückzulaufen und noch einmal in diesen fleischfressenden Schlund hinabzuschauen.

Etwas ist neu an der Welt. Da, wo sein Körper naß ist, zuckt er und schmiegt sich an die kühle, feuchte Unterwäsche. Etwas bis dahin Unbekanntes ist sonderbar, mächtig und gefährlich. Und er hat Angst.

Wenn er sich doch nur in einen Vogel verwandeln könnte,

dann würde er sich in die Lüfte erheben und elegant den ganzen Weg den sanft geschwungenen Hang entlang bis zur Küche zu seiner Mutter gleiten. Dann wäre er daheim – in Sicherheit.

Es soll kein Zerstoßener noch Zerschnittener in die Gemeinde des Herrn kommen.

Das Fünfte Buch Mose. Das Buch, das ihn schon immer als eine Litanei der göttlichen Verfluchungen beunruhigt hat. Den Priester stören dabei weniger das Bild von der Verstümmelung oder der Gedanke an die entsetzlichen Schmerzen bei der Kastration, sondern die Brutalität, mit der Menschen aus der Gemeinschaft ausgeschlossen werden. Um sich zu beruhigen, blättert er wie schon in seiner Kindheit zurück und findet bei seinem eigenen Namen Trost.

Gersam haben seine Eltern ihn nach dem Kind im zweiten Kapitel des Zweiten Buchs Mose getauft. Sie gaben ihm das sanfte »G« wie in »Gerald« und nannten ihn Baby Ger, später Gerry. Und noch später hieß er Gerry Mack! – Das klang aufregend, vor allem, wenn man vor dem Mack innehielt. Der richtige Name für den Boxring.

Der Boxring. Da fällt ihm ein, daß die Zeitung immer noch in seiner Tasche steckt. Er zieht sie heraus und überfliegt die Schlagzeilen:

MOLOTOW ANGEKOMMEN IN ...
ERNENNUNG VON DEWY ERSCHEINT JETZT ...
KANADISCHES PARLAMENT BERÄT ÜBER ...

Aber das interessiert ihn alles nicht. Eilig blättert er weiter und ignoriert auch den Leitartikel zum

JOHANNISTAG

genauso wie die Anzeigen:

MÄDCHEN GESUCHT

Es sind die Sportmeldungen, die er sucht:

WELTMEISTERSCHAFTSKAMPF IM
SCHWERGEWICHT
K.O. GLEICH IN DER ERSTEN RUNDE ERWARTET

Er faltet sich die Zeitung zurecht und beugt sich über den Artikel. Die Worte wecken Erinnerungen in den tiefsten Winkeln seiner Seele.

Es war beim Jahrmarkt von Enniscorthy. Eine johlende Menge schaute bei dem Nachmittagskampf zu; der Himmel überflutete das Gelände am Fuß des Schlosses mit den herrlichsten Farben. Es ist schon so lange her, doch er erinnert sich an jeden einzelnen Schlag: Das Knirschen, als ihm dieser schlaue Fuchs von McHugh O'Byrne die Nase zertrümmerte, der Geschmack von Blut im Mund, seine rasende Wut danach, das Trommelfeuer von Hieben auf O'Byrnes Schläfe und – schließlich! – der glorreiche Moment, der perfekte Augenblick, in dem ihm O'Byrnes verdrehte Augen verrieten, daß sein Gegner gleich zu Boden gehen würde.

Danach liefen ihm die Mädchen hinterher. Ganze Horden waren es, und sie alle waren wild auf ihn und seinen Siegergürtel. Einige folgten ihm sogar den ganzen Weg nach Ferns bis zum Haus seines Vaters. »Gerry Mack!« sangen sie vor der Tür. »Der siegreiche Held!«

Gerry Mack. Wie viele Jahrzehnte sind seitdem vergangen? Das einzige, was in all den Jahren einem richtigen Namen wenigstens nahe kam, war wahrscheinlich das *»Pata Weiman, duich einsprak«*, das der Goroka damals mit einem so freundlichen Lächeln sagte, als er sein Angebot annahm, gemeinsam mit ihm Pfeife zu rauchen. Die Opfer der Ordenskette unterscheiden sich kaum von denen des Schleiers: man gibt sogar seinen Namen auf.

Und was bekommt man im Gegenzug? Der Priester genießt das zweifelhafte Vergnügen, sich die Geheimnisse anderer Menschen anzuhören. Aber wie Father MacMurrough schon lange weiß, ist das Sakrament der Buße Gottes makaberster Scherz, denn diese Geheimnisse gehen immer nur in eine Richtung. Die Gedanken des Priesters nimmt keiner wahr, und wenn zu guter Letzt die Schritte verhallen, die große Tür zuschlägt und in der Kirche Stille herrscht, sitzt man allein hinter seinem Beichtgitter und ist so einsam wie auch schon vorher. Vielleicht sogar noch einsamer.

Er stopft die Zeitung in die Tasche zurück, klappt die Bibel zu – wer war derjenige, der sie den ganzen Tag hat offen liegenlassen? – und plaziert sie so, daß alles seine Ordnung hat. Dann stellt er den Hostienkelch in die Vitrine und hängt den Ministrantenrock des Jungen in den Kleiderschrank. Gerade will er seine schwarze Soutane zusammenlegen, als ihm das Meßbuch auf den Boden fällt.

Er hebt es auf und durchblättert es aufs Geratewohl.

Die dunkelroten Worte, die immer wieder aus dem Meer schwarzer Buchstaben auftauchen, rufen im Priester ein Bild wach: Ein Verband von kleinen roten Schiffen treibt über einen ständig dunkler werdenden Ozean. Die Gerüche von Leder, Papier und Tinte steigen ihm in die Nase, und mit einem Mal füllt sich das Meßbuch mit Leben. Eine Stimme kommt aus dem Buch, ein erstickter Schrei wie das Röcheln eines Ertrinkenden, kurz bevor er versinkt. Der Priester hält die Seite an sein Ohr und lauscht dem verzweifelten, geflüsterten Kreischen.

Am anderen Ende des Kirchenschiffs rattert und klappert eine Eisentür. Ein freudiges Lächeln erhellt das Gesicht des Pfarrers. Er steckt das Meßbuch wieder ein. Dabei berührt er auch den Stein, der tief in der Tasche vergraben wartet, und streichelt ihn. Ohne sich um den Stock und den Hut zu kümmern, die er neben der Bibel liegen läßt, eilt er in den Altarraum.

Obwohl die Kirche menschenleer ist, schwelgt der Pfarrer in der Vorstellung, die Leute säßen Schulter an Schulter auf den Bänken. Er hört wieder das Klappern: Ach ja, der Riegel.

Ohne die übliche Verbeugung durchquert er eilig den Altarraum, hastet den langen Gang hinunter und stößt das Portal weit auf, als wolle er Freunde bei einem großen Fest willkommen heißen.

Doch niemand steht draußen.

Der Priester stößt ein verächtliches Lachen aus. Wenn er so weitermacht, wird er bald diesem komischen Jungen ähneln ... Er tritt ins Freie. Der Wind frischt auf. Er zündet sich eine Zigarette an und beginnt, vor sich hinzuträumen: Wenn er statt des Tabaks Betelnuß zum Kauen hätte, könnte er die Winde so wie damals in Bulolo in all ihren Farben und Formen sehen. Oder wenn er einen dieser Drachen fliegen lassen könnte, die es, wie er gelesen hat, an den Sandstränden von Tsingtao zu bewundern gibt ... Die Straße ist leer. Der Schulhof, auf dem vor wenigen Stunden noch Kinder herumtollten, verbreitet bereits eine Stimmung von Verlorenheit und Verlassensein. Die ganze Welt erscheint auf einmal hohl.

Auf dem Hang unter dem Hügelkamm ist keine Spur von dem Jungen zu sehen. Der Priester fragt sich, ob er überhaupt den Weg gefunden hat. Eine innere Stimme flüstert ihm verschämt zu, daß er sich irgendwie freuen würde, wenn das Kind verschollen wäre.

Als er die Zigarette fertig geraucht hat, hängt er die Tür am Haken in der Wand ein und geht in die Kirche zurück. Jetzt orientiert er sich nach rechts zur Epistelseite. Durch die Fenster verfolgt er erregt, wie sich über dem östlichen Horizont dunkelgraue Wolken dramatisch auftürmen und rasch auch den Eisberg verdunkeln. Bald wird vom Eis nichts mehr zu sehen. Es verblüfft den Priester, daß der Berg nach wie vor so robust, so gewiß, so wirklich erscheint. Dieser abweisende Skellig hat den schier endlosen Ozean überquert, nur um zu diesem Zeitpunkt und genau an diesem Ort anzukommen, einzig und allein mit dem Zweck, seine Seele zu verhärten.

Eine verzehrende Sehnsucht steigt in ihm hoch. Er wünscht sich, es gäbe jemanden, dem er von all dem erzählen könnte. Wenn doch nur jemand käme!

Einen solchen Drang hat er seit seiner Kindheit nicht mehr verspürt, als er am Tag seiner ersten Beichte stundenlang in sich ging – so begierig war er darauf, seine Sünden zu schildern – und dann den ganzen Katalog nicht nur aufschrieb, sondern auswendig lernte und ein ums andere Mal wie ein Gedicht mit lauter Stimme aufsagte.

Vor dem Schrein der Heiligen Jungfrau bleibt er stehen – *Vertjen* nennen sie sie in den Bergen, *Thien Hau* in der Hafenstadt Canton, wo Matteo Ricci gemeinsam mit Eunuchen vom königlichen Hof den christlichen Glauben verbreitet haben soll, indem er kurzerhand der chinesischen Göttin der Seefahrer Marias Eigenschaften überstülpte.

Er bückt sich nach einem verlorengegangenen Penny und wirft ihn in den Opferstock. Diesmal beugt er vor dem Altar – *tebol tambu* – die Knie und wechselt zur Evangelistenseite hinüber. Ihm fällt auf, daß sein Weg durch die Kirche genau dem Kreuzzeichen entspricht.

Im westlichen Querschiff setzt er sich in die Bankreihe gegenüber dem Beichtstuhl und atmet in tiefen Zügen den herrlichen Duft des Holzlacks ein, durch den diese Nische sich auszeichnet. Derselbe Geruch, so scheint es ihm, haftet jedem Beichtstuhl in jeder Kirche, selbst in der ärmsten an. Er stellt sich vor, dieser Duft sei der jener Rose, die über der Tür ins Holz geschnitzt ist, der Rose, die so herrlich nach Eingeständnis, Reue und Absolution, nach Reinigung, nach Erlösung – nach Gemeinschaft riecht.

Er fällt in einen Halbschlaf und beginnt zu träumen.

In diesem Traum geht er einen immer breiter werdenden langen Gang hinunter auf eine Flügeltür aus lackiertem Kiefernholz zu. Dahinter ist eine andere, kleinere. Und dahinter liegt der Eingang zu einem Tunnel. Über dem Eingang schwebt ein mit einem Chorrock bekleideter Arm, senkt sich nach unten und erteilt ihm das Sterbesakrament. Der Priester streckt gerade die Zunge heraus, um es entgegenzunehmen …

… als er erschrocken hochfährt.

Er zieht das Meßbuch aus der Tasche, blättert es eilig durch und findet die Beichtgebete. Die über das Schwarz verstreuten roten Worte flüstern ihm eindringlich ins Ohr.

Bedenke, daß dies deine letzte Beichte sein kann und du danach nie wieder Gelegenheit hast, Buße zu tun.

346

Father MacMurrough sehnt sich danach, die Wahrheit zu sagen, und sei es auch nur ein einziges Mal. Er spürt den Drang, das neue Geheimnis weiterzuerzählen – von dieser Möglichkeit zu berichten, von dieser wunderbaren Chance, die so greifbar ist wie der Stein, den er seit heute morgen in der Tasche mit sich herumträgt.

O Vater des Lichts, der Du jeden Menschen erleuchtest, der in diese Welt geboren wird, sende einen Lichtstrahl in mein liebendes und leidendes Herz, damit ich die Sünden, die ich wider Dich begangen habe, erkennen, verabscheuen und beichten kann. Ich möchte meine Sünden in ihrem ganzen ungeheuerlichen Ausmaß erfahren, so wie Du sie siehst; um Deiner Liebe willen möchte ich sie verabscheuen und mit der gleichen Aufrichtigkeit beichten, wie ich sie Dir in der Stunde meines Todes entgegenbringen will.

Allerdings – den Priester beunruhigen diese Worte. Mein Geheimnis ist doch wohl kaum eine Sünde, denkt er.

Unter dem Portal hört er ein Scharren, dann Schritte auf dem Holzboden. Jemand geht das Schiff auf der Evangelistenseite hinunter. Diesmal ist es nicht bloß das Rauschen des Windes. Er hat sich nicht getäuscht.

Father MacMurrough huscht auf Zehenspitzen zum Beichtstuhl und öffnet die Tür. Doch dann setzt er sich nicht hinein, sondern kniet sich auf die Büßerbank. Leise zieht er die Tür hinter sich zu.

Hier drinnen ist es kalt. Der Priester fröstelt, seine Seele dagegen glüht vor Freude. Dies ist sein erhabener Moment, und er kostet ihn voll aus! Jetzt ist er mitten im Schwemmland der Möglichkeiten! Er ertastet den Stein in seiner Tasche. Durch das Gitterfenster sickert trübes Licht herein. Father MacMurrough beugt sich vor und flüstert laut, wie er es auch vor seiner ersten Beichte tat. Er übt ein, was er sagen wird.

»Segne mich …«

Wind und Wellen haben eine Grotte in das Eis gehauen. Ihre Wölbung erinnert Michael Barron an zum Gebet gefaltete Hände, die sich nur an den Fingerspitzen berühren. Wie tief sie ins Innere des Bergs hineinführt, läßt sich von draußen nicht beurteilen. Den Jungen befällt auf einmal dieselbe vage Angst vor dieser Grotte, diesem Schlund, die er auch vor dem Zorn Gottes hat. Er wendet sich ab, schaut wieder zur Gemeinde hinüber, zum blauen Haus, und wünscht sich, seine Gefährten würden mit diesem Unsinn endlich aufhören. Wie sehr er sich wünscht, sie würden den Kahn wenden, und zwar auf der Stelle, und zügig auf den Kai zuhalten.

Die Oberfläche der Bucht wird unruhig. Wind kommt auf. Gebe Gott, daß er vom Meer her bläst und nicht umspringt. Gebe Gott, daß die Heimfahrt nicht zum Alptraum wird.

Eine Eisschicht bedeckt die Einfahrt in den Tunnel, aber der Bug durchbricht sie mühelos. Das Boot schlüpft in den Bogen hinein und gleitet weiter durch den Matsch. Von der Decke hängt ein gewaltiger Eiszapfen von fast einem Meter Länge herab. Als sie darunter hindurchfahren, tauft er die Jungen einen nach dem anderen mit lebhaft heruntertröpfelndem Schmelzwasser.

In dem letzten Moment, bevor die Höhle sie schluckt und die Kirche, der Brow, und das blaue Haus verschwinden, sieht Michael den Bug von Caseys Motorboot, der sich wie eine schnüffelnde Ratte mit der Schnauze nach unten aus dem Schatten des Kais tastet. Da der Wind das Donnern des Motors auf die Berge zutreibt, bewegt sich das Boot in gespenstischer Stille.

Wie die Indianer tauchen Wish und Butt die Ruder im Knien ins Wasser. Der Kahn gleitet so sanft, so reibungslos durch den Tunnel, daß man schwören könnte, die Höhle sei eigens für ihn geformt worden. Die Wände sind ähnlich gewölbt wie Rippen. Als Michael die Hand ausstreckt und die Decke berührt, zieht er sie gleich wieder zurück. Über das Eis fließt Wasser, das so kalt ist, daß es ihm schier die Finger verbrennt.

Schließlich dringt der Kahn so tief in den Tunnel ein, daß die Jungen nicht einmal mehr die Hand vor Augen sehen. Weder Wish noch Gus sagen ein Wort. Draußen zieht das gedrosselte Pott-pott-pott von Caseys Motorboot vorbei. Das pulsierende Hämmern des Motors löst in Michael eine neue Phantasie aus. Er stellt sich vor, er und seine Kameraden wären in den Bauch eines riesigen Dinosauriers eingedrungen.

Die Wände um sich herum weichen auseinander, so daß sie sich nicht mehr ertasten lassen. Überall stürzen dicke Tropfen herab. Dem Hall beim Aufprall auf dem Wasser nach zu urteilen, sind die Jungen in einer Kuppel gelandet, einem Bau von der Größe und der Gestalt einer Kapelle.

Staunen – und vielleicht auch Furcht – haben Wish und Gus die Sprache verschlagen. Sie ziehen die Ruder an Bord und lassen den Kahn treiben.

Ein wenig Licht hat doch noch Eingang in diese Kuppel gefunden; von der Decke sickert ein Schimmer herab. Es ist das gleiche Blau, das Michael am Morgen gefiltert durch die Membrane des Salzwassers gesehen hat. Das Licht hier scheint aus dem Innern des Eises selbst zu kommen – Sternenlicht ohne Sterne, oder vielleicht der Schein einer einsamen, hinter Buntglas brennenden Kerze. Dieses Nachtleuchten ist zu schwach, als daß sich etwas darin erkennen ließe, es kann nur zeigen, wie unermeßlich die Dunkelheit hier ist.

Michael Barron lehnt sich zurück. Er starrt hinauf zur blauen Decke, mitten hinein in das sanfte, bange Pulsieren. Hier endlich, vielleicht, hat er seine Stimme gefunden – vielleicht, endlich, hat er einen Weg gefunden, das, was in ihm ist, auszudrücken.

»Schau dir nur die Wolken an, Schwester Mary.«
»Und wie windig es ist.«
»Ich fürchte, ein Sturm zieht herauf.«
»Die Bäume, Schwester Mary; bald wirst du sehen, wie sie die Knie beugen.«
»Die Möwen fliegen schon auseinander.«
»Jede woandershin.«
»Die sind eben klug und wissen, was sie zu tun haben.«
»Sie wissen, daß heute noch was runterkommt.«
»Ein erbarmungsloser Orkan.«
»Einer, der die Bäume umwirft.«
»Die Dächer abdeckt.«

»Die Hühner rupft.«

»Wieder so ein Sturm wie am siebten Juni.«

»Höchste Zeit, die Häuser anzuketten.«

»Sie mit Kieseln zu füllen.«

»Dieses Kloster sollte woanders stehen.«

»Dann würden wir einen kleinen Blizzard vielleicht sogar genießen.«

»*Sheila's Brush.*«

»Kommt aber zu spät. Um Monate.«

»Schnee im Juni!«

»So sind halt die Feiertage bei den Fischern.«

»Beten wir, daß die Fischer nicht mehr draußen sind.«

»Gott schütze die armen Männer.«

»Beten wir, daß die Kleinen daheim sind.«

»Sind sie bestimmt. Der Spielplatz ist verwaist.«

»Ich vermisse sie schon. Sogar die Nachzügler, die Faulen und die Rabauken. Heute morgen habe ich zwei von den Kleinen erwischt, wie sie nach dem Glockenschlag durchs Tor kamen. ›Guter Gott‹, sage ich, ›der Unterricht fängt an. Ihr habt wohl die Glocke nicht gehört, mit euren kleinen Ohren, was? Nun, wo habt ihr euch so spät rumgetrieben?‹ Da sagen sie: ›Am Strand, Schwester.‹ Und ich frage: ›Sagt mir, was ihr dort angestellt habt, ihr kleinen Teufel …‹«

»Pst. Schau.«

»Irene?«

»Ja. Da geht sie.«

»Das arme Kind. Was für ein schwerer Gang.«

»Wo sie doch ein so weiches Herz hat.«

»Ein Mutterherz.«

»Aber sie kennt die Vorschriften nicht, oder?«

»Noch nicht.«

»Schwester Mary, ich mag das nicht mit ansehen.«

»Ich auch nicht.«

»Komm, gehen wir.«

»Ja, gehen wir und denken wir an schönere Dinge.«

»Bitte, gehen wir schnell.«

»So.«

»So ...«

»Was macht unser Mann?«

»Nun, Gott segne ihr gutes Herz, es war Irene selbst, die ihn zum Küchentisch geführt und ihm ein Essen aufgetragen hat, das allein schon reicht, um seine Seele zu retten. Und damit er nicht mit der Hand essen muß, hat sie ihm Messer und Gabel gebracht. Ich habe durch die Ritze in der Tür spioniert. Saß ganz allein da wie der Heilige Vater. Und nimmt nie den Mantel ab. Man könnte meinen, er würde einen Schatz darunter verbergen.«

»Unsere Irene ist eine wunderbare Christin. Es ist ein Segen, daß wir sie unter uns haben.«

»Irene war auch diejenige, die ihn gefunden hat. Versteckt in der Speisekammer. Was wir heute schon alles in der Speisekammer entdeckt haben ... Und er war wie ein Kind, das Blindekuh spielt.«

»War bestimmt auf der Jagd nach einer Flasche.«

»Ganz bestimmt. Aber so wie er die Kartoffeln in sich reinstopfte, war er vor allem hungrig. Man hätte meinen können, das sei sein letztes Abendmahl. Aber den Fisch und die Flossen schaute er nicht mal an.«

»Mich wundert nur, daß die Mutter Oberin einen Mann bei uns reingelassen hat.«

»Ach, Johnny stört sie nicht. Der kann keiner Fliege was zuleide tun.«

»Außerdem führt er sowieso keine von uns in Versuchung – bei dem Gestank, den er verbreitet. Wußtest du übrigens, daß ...?«

»... natürlich wußte ich das. Das arme, umnachtete Geschöpf.«

»Ich frage mich nur, ob der auch mal ein Stück Seife in die Hand nimmt.«

»Es ist ein Wunder, daß er mit seinen verkrüppelten Fingern überhaupt was in die Hand nehmen kann.«

»Nichts als Stummel.«

»Eine ganz schlimme Form von Lepra.«

»Gott erbarme sich seiner. Bei ihm muß ich an die Heiligen denken.«

»Sankt Isaak Jogues höchstpersönlich!«

»Fehlt nur noch eine dicke Flasche, an der er sich festhalten könnte. So wie er die Hände aneinanderlegt, sieht er aus, als würde er beten.«

»Einmal im Jahr macht er das ja. Immer wenn das Eis runterkommt, steht er da und betet.«

»Ich weiß. Man kann den Kalender nach ihm einteilen.«

»Ein Fall für Judas Thaddäus, weil der sich doch der Verzweifelten annimmt.«

»Wie hieß dieses Schiff eigentlich? War es die *Southern Cross*?«

»Nein, es war die … ach, ich habe es vergessen. Sag mal, weißt du, wie dieser Krieg anfing?«

»Der Krieg vor dem Krieg?«

»Genau.«

»Ist ja schon eine Ewigkeit her.«

»Aber er muß schrecklich gelitten haben.«

»Und ob! Schneeblind und was weiß ich noch alles.«

»Wind und Kälte.«

»Und nirgendwo ein Unterschlupf.«

»Nicht mal eine Plane.«

»Und diese Leere.«

»Das ist das Allerschlimmste.«

»Wohin man blickt, nichts als Eis.«

»Keine Markierungen.«

»Und kein Kompaß.«

»Nicht mal ein Klumpen Lehm unter den Füßen.«

»Eins kann ich dir sagen: In so einem Fegefeuer würde ich keine fünfzehn Minuten durchhalten.«

»Die Angst und das Entsetzen.«

»Was für ein Glück, daß wir hier sein können.«

»Das kannst du laut sagen.«

»Trockenes Land.«

»Warme Wände, die uns schützen.«

»Sicher wie in Gottes eigener Hosentasche.«

»Wir und … unsere Gemeinschaft.«

»Richtig, Schwester Mary. Unsere Gemeinschaft.«

»Aber vergessen wir das andere nicht: Dieser bedauernswerte Mann hat so viele gerettet.«

»Wem sagst du das?«

»Und dafür hat dieses Wrack einen Orden vom König bekommen.«

»Er war ein Held.«

»Ein Lebensretter.«

»Kaum zu glauben bei seinem Zustand heute.«

»Und wußtest du auch, daß er in seiner Zeit ein Prachtexemplar von Mann war?«

»Wer würde das für möglich halten?«

»Er war der Schwarm aller Mädchen.«

»Und sieh ihn jetzt nur an ...«

»Was soll aus dem armen Kerl nur werden?«

»Er muß eine einsame Seele sein.«

»Hat keinerlei Ansprache.«

»Niemanden außer sich selbst.«

»Vielleicht brabbelt er deshalb unaufhörlich.«

»Er hatte ja schon immer eine Schraube locker.«

»Er und Zebrinas, Gott segne die beiden.«

»Die zwei würden ein schönes Paar abgeben.«

»Ein Herz und eine Seele.«

»Schwester Mary, es gibt schon merkwürdige Dinge auf dieser Welt.«

»Und das wenigste kriegt man mit.«

»So vieles geschieht und wird nie bekannt.«

»So viele Geheimnisse.«

»Genau.«

»Manchmal, weißt du, wenn es Abend ist und dunkel wird, da sitze ich am Fenster und schaue hinaus auf die Häuser, und meine Gedanken schweifen umher, in so einer Art Wachtraum, verstehst du?«

»Ja.«

»Und in meinem letzten Traum ist ein Unglück geschehen. Eine Flutwelle, eine schlimme Epidemie ... auf alle Fälle etwas ganz Entsetzliches. Die Leute sind alle aus ihren Häusern gestürzt und haben sie leer zurückgelassen. Ich komme aus dem Kreuzgang und sehe, daß die Straßen voll von Tieren sind, die aus den Wäldern geflohen sind. Hirsche, Hasen und Füchse, und alle so zahm, daß keins wegläuft, wenn man sich ihnen nähert. Ich komme mir vor wie der heilige Franziskus. Dann gehe ich in eins von den Häusern und untersuche es von oben bis unten; kein Zimmer lasse ich aus. Als ich damit fertig bin, nehme ich mir das nächste vor und so weiter, bis ich sämtliche Geheimnisse der ganzen Gemeinde kenne. Oh, die Dinge, die ich da erfahren habe …«

»Still! Hast du das gehört?«

»Die Fenster klappern.«

»Das müssen ja gewaltige Brecher sein am Brow unten.«

»Die Wellen krachen richtig gegen die Klippen.«

»Gott bewahre uns, Schwester.«

»Gott bewahre uns.«

Hier bin ich! Kommen Sie über die Straße. Kommen Sie ruhig, bei dem Lärm versteht man sonst nichts.

Ich habe gesagt, das sind die Kobolde. Die ziehen einen aus purer Bosheit aus. Die reißen einem den Hut vom Kopf und rollen ihn die Straße hinunter, und bevor man weiß, was los ist, drücken sie ihn einem wieder in die Pfote. Aber sie üben nur, das ist alles. Heute nacht treiben doch die Hexen ihr Unwesen. Nach Einbruch der Dunkelheit werden die Miststücke erst so richtig unverschämt, und dann reißen sie alles an sich, was man vergessen hat, in Sicherheit zu bringen. Sobald die Sonne untergegangen ist, fangen die Schiffe an zu fliegen, darauf können Sie Gift nehmen, Father.

Wissen Sie was? Kommen Sie doch einfach rein.

Hören Sie, so wie das stürmt, hat man draußen doch nichts verloren. Der Wind weht einen noch davon. Machen Sie es sich mal bei 'ner Tasse heißen Tee gemütlich und wärmen Sie sich die Knochen auf. Keine Sorge, das macht mir wirklich keine Umstände.

Tja, ich wußte, daß wir Besuch kriegen würden. Die Katze hat sich vorhin nämlich das Gesicht geputzt. Gesellschaft ist doch das einzige, worauf es in dieser Welt ankommt, finden Sie nicht auch? Und immer wenn Ihnen der Sinn nach einer Tasse Tee steht, brauchen Sie sich keinen Zwang anzutun, Father. Und halten Sie sich erst gar nicht mit Anklopfen auf. Dieser Unsinn ist nur was für Fremde. Marschieren Sie einfach durch die Tür. Die Teekanne steht auf dem Herd und ist voll bis zum Rand. Sie wartet nur noch auf uns.

Tja, ich wußte, daß wir Besuch kriegen würden.

Ich und mein kleiner Liebling, Hochwürden Erasmus Stourton, sind nur geschwind rausgesprungen, um das Gartentor auszuhängen. Jetzt liegt es gut verwahrt in einem sicheren Versteck, und die Hühner passen darauf auf. Tja, heute nacht sollten Sie Ihr Plumpsklo am Palast festbinden, sonst kann es passieren, daß Sie es vergeblich suchen, wenn Sie morgen beim Frühstück zum Fenster rausschauen. Außerdem sollten Sie unbedingt auch Ihren alten Hund anketten. Wer weiß, ob er nicht auch zu den Geistern gehört. Haben Sie den Streuner wieder gefunden? Er treibt sich bestimmt irgendwo auf dem Schwemmland draußen herum. Die Hinterbeine im Sand und die Nase im Seetang. Aber um den brauchen Sie sich wirklich keine Sorgen zu machen. Der paßt schon auf sich auf. In den Wochen, bevor Sie kamen und sich um ihn kümmerten, hat er immer selber genug zu fressen gefunden: Seetang, angeschwemmte Aale und was weiß ich noch alles.

So, da wären wir. Eine gemütliche, ruhige Küche ist wirklich ein Segen. Meine Bande hat ihren Tee geschlürft und ist gut abgefüllt. Jetzt tollen sie Gott sei Dank draußen auf den Felsen rum. Bei dem Krach, den sie im Haus machen, versteht man ja sein eigenes Wort nicht. Ich schreie sie in einem fort an, sie sollen endlich mal die Klappe halten und sich anständig benehmen. Wenn ihr Daddy daheim wäre, dann gäbe es diese Faxen nicht, das können Sie mir glauben. Father, Sie wissen gar nicht, wie gut Sie es haben, daß Ihnen diese Qual erspart bleibt.

So, geben Sie mir Ihren Hut und legen Sie den Mantel ab. Wir hängen beides über dem Herd auf; der treibt die Kälte schon raus.

Und Ihren Stock lehnen wir in die Ecke dort drüben. Und Sie machen es sich am besten auf der Couch bequem. Da können Sie auftauen ...

Musch! Weg da! Ich schwöre Ihnen beim Allmächtigen, gäbe es die Politiker nicht, würde ich das Mistvieh in den Ofen stecken und backen. Aber wenn Wahlen sind, dann ist es was Wunderbares. Da kommen die Politiker und schwärmen von deinem Prachtkater in den höchsten Tönen. Sie ziehen sogar 'nen Fünfdollarschein raus und kaufen ihn dir ab. Aber dann sagen sie augenzwinkernd: »Ich komme das Tier später holen.« Es macht Ihnen doch hoffentlich nichts aus, daß wir in der Küche sitzen, Father. Das Wohnzimmer ist zugesperrt, seit bald einem Jahr schon. Wenn Ihnen zu warm ist, kann ich das Fenster für Sie aufmachen. Sie kennen sicher schon den Witz, wie es kommt, daß die Luft bei uns so rein, wohltuend und gesund ist: Weil die Leute nie die Fenster aufmachen! Ist ja auch egal, wenn Sie in einem so großen Herrenhaus leben, werden Sie unsere Hütte sicher für armselig halten. Na, jetzt bin ich aber mal 'ne Minute still und hole das Service aus dem Schrank.

Ach, übrigens, Father, in meinem ganzen Leben habe ich erst einmal den Fuß in den Palast gesetzt. Monsignore Conroy, Gott sei seiner Seele gnädig – er wollte immer, daß wir ihn Father Fran nennen –, lud letztes Weihnachten alle, die im Krieg Schwesternhelferinnen waren, zum Tee in den Palast ein. Aber stellen Sie sich nur vor, wir Damen mußten den Tee und das Gebäck mitbringen. Ich habe gesehen, wie Sie heute vormittag sein Grab gesucht haben. Zu meiner Beschämung muß ich Ihnen gestehen, daß ich schon Ewigkeiten nicht mehr auf dem Friedhof war. Egal – wie Sie sicher auch schon mitgekriegt haben, hatte Father Fran seine Schwächen, aber er war weiß Gott für jeden Spaß zu haben! Ganz anders als sein Vorgänger ... Stellen Sie sich nur vor, ich hab' mir nicht mal seinen Namen gemerkt! Der Kerl hatte in der Nacht nichts Besseres zu tun, als durch die Gassen zu pirschen und die Pärchen mit der Rute zu verdreschen.

Father Fran dagegen sang und tanzte viel und erzählte für sein Leben gern Geschichten. Im letzten Winter kam er mal zu einem gesellingen Abend in der Academy Hall reingeschneit. An Mariä Lichtmeß war das. Wenn man da das Fenster aufmachte und die kalte Luft reinließ, konnte man alle Nägel auf dem Boden sehen, weil sich gleich Rauhreif darauf bildete. In Null Komma nichts hatte Father Fran alle Frauen aufs Tanzparkett geholt und wirbelte sie rum. Ein Bild für die Götter. Und tanzen konnte er! Methodistenzehen hatte der bestimmt nicht. Die Zeit verging wie im Flug, und wir feierten bis Sonnenaufgang. Mein Mann blies sich die Lippen an der Mundharmonika wund – die, die da vorn liegt – und kam schon auf dem Zahnfleisch daher, aber Father Fran war nicht kleinzukriegen und tanzte, daß von seinem Nacken Dampf aufstieg. Na ja, bald danach wurde der gute Mann von einem Höheren abberufen und erhielt seine ewige Belohnung. Da hieß es überall, er sei ins Paradies getanzt. In Wahrheit saß er aber an dem Morgen, als der Herr seine Seele holen kam, auf dem Plumpsklo. Gott sei ihm gnädig. Er war schon ein Spaßvogel. Für jeden Scherz zu haben und ganz und gar nicht wie ein Priester.

So, fertig. Eine dampfend heiße Tasse. Lassen Sie mich noch die Melasse und die Dosenmilch holen. Ich hatte schon befürchtet, meine Vielfraße hätten das Frühstücksbrot bis auf den letzten Brösel weggeputzt, aber die Krumen haben die Gierhälse übersehen. Um so besser, dann können Sie und ich sie aufessen. Es wäre schön, wenn ich Ihnen frisch gegrillte Lodden anbieten könnte. Die passen vorzüglich zum Tee. Na ja, wenn sie zum Laichen an den Strand kommen und mein Mann das Netz auswirft, schicken wir einen Eimer voll zu Ihnen in den Palast. Ich sehe, daß Sie den Tee ohne alles trinken … Hoffentlich ist er Ihnen nicht zu bitter. Mein Mann beschwert sich immer, ich würde den Tee so stark machen, daß der Löffel drin steckenbleibt und man ihn kauen muß.

Bleiben Sie ruhig sitzen und genießen Sie Ihren Tee, Father. Ich setze mich nur ans Fenster und schaue mit einem Auge raus. Als ich meine Große zuletzt gesehen habe, stiefelte sie durchs Ödland. Ging auf dem kürzesten Weg zum Leuchtturm. Wollte mir bestimmt aus den Augen kommen. Mein Gott, war die heute morgen knatschig! Und schnippisch! Aber ich sollte nicht schlecht über sie reden. Ihr liegt auch so genug auf der Seele. Heute sind doch die Mädchen alle auf der Jagd nach ihrem Liebsten. Na ja, ich hab' ihr gesagt, in dieser gottverlassenen Gegend, wo die Nächte lang sind, laufen die Männer nicht gerade in Herden rum. Da stößt sie höchstens auf ein, zwei stinkende Ziegenböcke. Gebe Gott, daß sie keine Dummheiten macht. Aber dem Himmel sei's gedankt, daß ich den Turm mit bloßem Auge ausmachen kann. Wir sagen hier: Wenn man den Leuchtturm sehen kann, wird es regnen, und wenn man ihn nicht sehen kann, regnet es schon.

Aber, Father, ist das nicht ein merkwürdiger Tag? Erst so herrlich und dann ... Aber ich habe es kommen sehen – die Spinnen sind zu lebhaft. Als es heute morgen so mild und sonnig war, sagte ich zu mir: Endlich hast du die Gelegenheit, was Schönes im Garten zu pflanzen. Es wäre doch nett, ein paar Blumen, ein bißchen Farbe in diese Wildnis zu bringen, dann ist es hier nicht mehr ganz so düster. Klar, Sie haben ja selbst gesehen, was für ein Wunder die Nonnen mit ihrem kleinen Garten vollbracht haben. Wie auch immer, der Wind auf dem Meer, die Schmetterlinge und der Duft von Flieder heute morgen haben mich wieder an meinen Hochzeitstag erinnert. Der Frühlingsschnee war gerade geschmolzen, und die Glocken läuteten, als wir mit einem kräftigen Westwind nach Labrador segelten, um dort den ganzen Sommer lang zu fischen. Das schönste daran war – an der Landspitze verabschiedeten uns ganze Wolken von Möwen, die der Sonne entgegenflogen. Ja, wie ich meiner Mary gesagt habe: Heirate in Weiß, dann wird der Erfolg dir immer recht geben.

Aber jetzt wird der Wind so kalt und heftig. Haben Sie schon mal einen so stürmischen Tag erlebt? Wenn der Ostwind Schmutz mitbringt, gibt es heute nacht bestimmt keinen Spuk. Entfacht man bei Sturmwind ein Freudenfeuer, kann es leicht passieren, daß man die ganze Gemeinde in Schutt und Asche legt. Es ist wie bei einem Schwein, dem man die Borsten wegbrennt. Da fällt mir eine Mittsommernacht ein, als ich noch klein war. Maurice Duggan – Sie wissen schon, Moe – mopste aus dem Feuer ein Holzscheit und lief damit über sein Dach. Das soll Glück bringen. Angeblich ist dann das Haus für den Rest des Jahres gegen alles gefeit. Aber als Moe fast schon das andere Ende erreicht hatte, da stolperte er, und das Scheit fiel auf die Dachpappe. Im Nu stand das Dach in Flammen, und das Haus brannte bis auf die Grundmauern ab. Einzig der Kamin blieb stehen. Tja, in dem Sommer hatten wir zwei Freudenfeuer. Ein Jahr drauf holte Moe sein altes Gewehr raus. Er war so stockbetrunken, daß er die Telegraphendrähte zerschoß. Auch wenn er an keinem Krieg teilgenommen hat, nannten ihn die Leute danach Moe the Gunner oder einfach Gunner.

Aber hören Sie sich nur an, wie der Wind am Fenster rüttelt, Father. Ich sage Ihnen, heute wird noch was Weißes runterkommen, bevor die Sonne untergeht. Ich kann den Schnee förmlich riechen. Und schauen Sie sich nur den Eisberg an. Wie die Wellen daran hochschlagen! Der wird nicht mehr lange leben, das garantiere ich Ihnen. Und diese dummen Jungen treiben sich dort noch immer herum …

Und sehen Sie sich nur das an! Was wagt die sich ausgerechnet jetzt aus ihrer Hütte? Wenn sie nicht aufpaßt, wird der Wind sie wie einen schwarzen Drachen über die Klippe wehen.

Fall es Sie interessiert, wo mein Mann ist, Father, er ist immer noch auf dem Wasser. Gott steh ihm bei. Vor zwei Jahren hatte er einen großen Rochen am Haken. Der war so schwer, daß das Boot fast kenterte. Und als mein Mann sah, was für ein Ungetüm das war, klappte ihm die Kinnlade runter. Er dachte schon, nicht er hätte das Vieh gefangen, sondern umgekehrt. Und weil er den Mund nicht mehr zubrachte, fiel ihm sein neues Gebiß raus und versank wie ein Stein. Bestimmt hat ein Seeskorpion es sich aufs Maul geklemmt und platzt vor Stolz, weil er jetzt so schön grinsen kann. Na ja, mein Mann hat längst ein neues, aber jetzt traut er sich kaum noch, damit das Haus zu verlassen. Was es so alles gibt, hm? Wie auch immer, der Wind hat sich gedreht, und er wird sicher bald hereinstolzieren. Hinter meinem Rücken wird er Ihnen zuzwinkern und sich beklagen, daß ich an allem schuld bin, weil ich ihn angeblich verzaubert habe.

Hören Sie! Eine Trompete! Warst das du, Obediah Morash? Oh, du Schmutzferkel! Vor einem heiligen Priester furzen – macht man so was? Du stinkender Ziegenbock. Haben Sie so was schon mal gesehen, Father? Wenn Father MacMurrough sich über dich und deine schlechten Manieren ärgert, verwandelt er dich noch in einen richtigen Bock.

Es tut mir leid, daß der Rest der Brut nicht da ist und Sie nicht beschnuppern kann. Ich jammere von früh bis spät über sie, aber ich liebe sie alle. Die Große ist sechzehn, und danach kommt eine ganze Kette von weiß Gott wie vielen. Die Zwillinge sind noch mal unser Sargnagel. Und dieser kleine irische Freund hier liegt noch in den Windeln. Richtig, ich rede über dich, du Stinktier. Du bist so irisch wie der Father selbst. Ob Sie's glauben oder nicht, Sie sind der erste Ausländer, der dieses Haus betreten hat. Hier, möchten Sie ein Rosinenbrötchen?

Ach, mein Kind, werd' jetzt nicht unausstehlich. Meistens ist er ja friedlich wie ein Lamm, aber jetzt will er seinen Tee – na ja, ich nenne es Tee. Heute stellt er mich wirklich auf die Probe, Father. Jawohl, mein Schatz. Heute ist mir einfach alles zuviel. In der Nacht haben mich die Hexen verfolgt, und jetzt muß ich noch eine Menge schaffen, ehe es dunkel wird. Ich muß Wasser pumpen, den Löwenzahn putzen, den wir drüben auf der Wiese ausgegraben haben – Löwenzahn ist gut fürs Herz –, und Teig kneten, damit er über Nacht gehen kann, und dann das Abendbrot machen. Aber bevor ich damit anfange, muß ich den Fisch von der Stellage reinholen, ehe der Himmel seine Schleusen öffnet. Wissen Sie, Father, Fische ausnehmen und alles, was so dazugehört, ist hier Frauenarbeit. Meine Ciss – ich habe ihr heute geschrieben – ist vor fünfzehn Jahren in die Boston States gezogen, um dort eine Stelle zu finden, und wissen Sie, was sie sagte, als sie gefragt wurde, was sie denn so alles kann? »Kehlen aufschlitzen, Ma'am ...«

Musch! Father, geben Sie mir schnell den Schürhaken. Der Kerl ist ja genauso schlimm wie die Kinder. Heute morgen hat er mir direkt in die Augen gestarrt, und ich brauche Ihnen wohl nicht zu sagen, was das bedeutet. Tatsächlich habe ich dann gehört, daß

Sie mit Mike Landrigans Außenborder um die Landspitze gefahren sind, und da wußte ich: Das ist bestimmt die alte Galena. Das muß ja Schwerstarbeit für Sie gewesen sein, von dieser Schreckschraube eine richtige Beichte zu bekommen. Ein ganz schwerer Fall. Es heißt, sie hätte seit dem Tod ihres Mannes kaum noch ein zivilisiertes Wort von sich gegeben. Und Sie kennen wohl auch schon die berühmte Geschichte von seiner Beerdigung. Als Ed diesen Schlaganfall erlitt und seine Kumpel Totenwache hielten, zogen sie die Leiche aus dem Sarg und ruderten im Kahn mit ihm raus, damit er ein letztes Mal fischen gehen konnte – sagten sie. Natürlich waren sie alle so besoffen, daß ihnen die Leiche über Bord kippte und auf Nimmerwiedersehen verschwand. Sein guter Anzug ging dabei auch verloren. Na gut, Galena wollte die teure Kiste nicht umsonst gekauft haben; so stellte sie den Sarg auf der Treppe ab, füllte ihn mit Erde und pflanzte Glockenblumen rein. Und Mike trug sie auf, den Deckel als Arbeitsfläche zu benutzen.

Seit Eds Tod hagelte es fast nur noch Flüche auf den armen Jungen herab. Die Kinder auf Gelden hatten alle furchtbar Angst vor der alten Schreckschraube. So wirkt sich der Fluch einer Witwe aus, heißt es. Aber ich denke, sie brauchen nicht unbedingt zusammenhängende Worte zu hören, um die Sünden eines Menschen zu erfahren, nicht wahr? Manchen Menschen sieht man die Sünden ja schon an der Nasenspitze an. Wie auch immer, ich bete ein Gegrüßet-seist-du-Maria, daß sie einen guten Tod haben kann. Gott ist gerecht, nicht wahr, Father? Das habe ich auch Nell gesagt. Kaum hat er einen Menschen zu sich genommen, setzt er schon einen neuen in die Welt. Ich glaube, wer stirbt, liegt auch in einer Art Mutterleib. Ob so oder so, man ist auf dem Weg in eine neue Welt. Wenn das so ist, dann muß es eine Erleichterung für die alte Galena sein, nach dem vielen Elend in ihrem Leben.

Na ja, mir ist aufgefallen, daß Mike die Route die Küste entlang gewählt hat. Da müssen Sie direkt über die *Pegasus* gefahren sein, die schwarz wie die Nacht unten auf dem Sand liegt. Das war ein altes Walfangschiff. Rammte die Felsen … ähm … 1777.

Das war noch, bevor sie den Leuchtturm bauten. Diese Route hieß Friedhof der verlorenen Schiffe. In jeder Küche dieser Gemeinde gibt es alles mögliche, das aus den dort gesunkenen Wracks geborgen wurde. Der Stuhl zum Beispiel, den ich ans Dach genagelt habe, ist mein *Pegasus*-Stuhl.

Wissen Sie, Father, ich frage mich oft, ob ich sündige, wenn ich Tag für Tag auf diesem wurmstichigen Ding da oben hocke. Aber man sitzt nun mal so bequem darauf. Er hat nie richtig Zeit zum Auskühlen, weil ich ihn ständig benutze. Wenn er nur geborgen worden wäre, dann gäbe es auch nichts dagegen zu sagen. So was ist nicht schlimm. Aber es heißt, die Überlebenden wurden überfallen, als sie an Land schwammen – und einige hätte man sogar umgebracht. Jedesmal, wenn ich mich darauf setze, überlege ich also, ob seinetwegen einer ermordet wurde. Und deshalb frage ich mich, ob es eine Sünde ist, darauf zu sitzen, einfach zu sitzen und auf meinen Mann zu warten – auch wenn das Verbrechen verübt wurde, als noch kein Mensch an meine Ururgroßeltern dachte.

Um die Wahrheit zu sagen, Father, manchmal stelle ich mir die Frage: Was ist überhaupt eine Sünde? Nehmen wir zum Beispiel Johnny the Light … Sie kennen doch den alten Johnny? Die Leute hier behandeln ihn wie ein Stück Dreck, aber Tatsache ist nun mal, daß er ein Held war. Nicht alle in der Gemeinde wissen es, aber er hat einer Gruppe von Robbenfängern das Leben gerettet. Dafür bekam er sogar einen Orden vom König. Aber dann hat er alle möglichen Lügen darum herumgesponnen. Und egal, was er seinen Kumpeln erzählte, sie glaubten ihm jedes Wort.

Sie wurden aus heiterem Himmel – gerade so wie heute – von einem Blizzard überrascht. Und sie alle waren in Hemdsärmeln. Keiner hatte einen warmen Mantel dabei. Da standen sie also auf dem Eis und fanden nicht mehr zu ihrem Schiff zurück. Zwei Tage lang wütete der Sturm. Der Hagel prasselte senkrecht herunter. Aber Johnny schreit: »Dort, Jungs, dort drüben ist unser Schiff!« Und schon macht er sich auf den Weg und hüpft von Eisscholle zu Eisscholle. Und seine Männer folgen ihm. Aber als sie Meile um Meile gelaufen sind, ist immer noch weit und breit nichts von einem Schiff zu sehen. Da schreit er: »Nein, Jungs, es ist da drüben!« Und so gehen sie im tobenden Sturm den ganzen Weg zurück, und Johnny gönnt ihnen nie eine Pause, obwohl sie schon halb erfroren sind. Aber das war es, was ihnen am Ende das Leben gerettet hat.

Zu guter Letzt fanden sie das Schiff sogar. Sie sichteten das Elmsfeuer in den Gaffeltopsegeln. Es soll wie ein brennendes Kruzifix ausgesehen haben. Und so wurden Johnny und seine Gruppe gerettet, während der Rest der Mannschaft draufging. Sie erfroren im Stehen oder beim letzten Gebet im Knien. Einfach wie Statuen erstarrt.

Na gut, als sie Johnny an Bord hievten, konnte er weder essen noch trinken, noch reden. Er wollte nur in der Koje, in der Dunkelheit liegen. Dort kuschelte er sich zusammen wie ein Baby und weinte und zitterte. Und die Ohren, Finger und Zehen brachen ihm ab wie dürres Holz. Sie haben doch nicht gedacht, er wäre als Krüppel auf die Welt gekommen, oder? Als sie ihn schließlich einigermaßen aufgewärmt hatten, kreischte er drei Tage lang unaufhörlich, und zwar wirklich jede Minute, bis das Schiff den Hafen erreichte. Seitdem hat er sich nie wieder gerade aufrichten können.

Aber ich will auf die Lügen hinaus, die er allen erzählt hat. Das mit den Lichtern, Glocken und Kreuzen. Er konnte sie nur durch Täuschung retten. Sie wissen ja selbst, im Katechismus steht eine Frage dazu, und die habe ich auswendig gelernt: *Ist es statthaft, für einen guten Zweck zu lügen?* Und die Antwort brauche ich Ihnen wohl nicht zu sagen: *Kein Zweck, wie gut er auch sein mag, kann eine Lüge rechtfertigen, denn jede Lüge an sich ist eine Sünde und schlecht.* Aber, Father, das leuchtet mir nicht ein. Wie kann Johnny the Light in den Augen Gottes ein Sünder sein, wenn er eine so wunderbare Tat vollbracht hat?

Das ist meine Meinung, Father, wenn Sie sie wissen wollen.

So, da habe ich noch ein paar Kekse und einen Rest Preiselbeerenmarmelade. Essen Sie sie auf.

Sich einfach gegen den Wind lehnen – das ist die Antwort.

Das Problem ist nur, daß die Böen sich überraschend legen und dann wieder die Regeln der Schwerkraft gelten. Mary muß unwillkürlich grinsen, als sie sich vorstellt, wie die Leute aus keinem ersichtlichen Grund massenweise auf die Nase fallen.

Aber heute wird sie keinen solchen Anblick zu sehen bekommen. Wie die Möwen, die sich mit unter den Flügeln vergrabenen Schnäbeln in ihre Felsritzen kauern, so haben sich auch die Leute verschanzt. Die Gärten, Wiesen, Stellagen und auch die Dächer liegen einsam und verlassen. Fast könnte man glauben, es gäbe hier überhaupt kein Leben mehr. Selbst der stinkende Ziegenbock, der ihr die ganze Zeit gefolgt ist, hat aufgegeben und sich unter einer Hecke verkrochen. Die Böen haben sogar die Düfte von Flieder, Teer und Blaubeeren vertrieben. Es liegt eindeutig Schnee in der Luft.

Fröstelnd schlingt Mary die Arme um ihre Schultern. Jetzt bedauert sie, daß sie nach dem Essen ohne Schal davongestürmt ist. Ihr Haar flattert waagrecht vor ihren Augen, und ihr Rock bläht sich wie ein Segel. Der Wind droht sie in die Höhe zu heben.

Sogar auf der Straße, von der aus sie das Wasser nicht sehen kann, hört Mary die Brandung gegen die Felsen donnern. Der Krach erinnert sie an den schlimmsten Sturm ihres Lebens, den Orkan vom 7. Juni. Und der war – das muß man sich mal vor Augen halten – vor zwölf Jahren.

Als der Wind am schlimmsten heulte, wickelte Vater sie in ein paar Decken ein und marschierte mit ihr auf den Brow. Einfach nur so, weil das Spektakel so aufregend war, erklärte er der Frau. Der Ozean zog sich so weit zurück, daß die sich windenden Algen, zappelnde Fische und der Grund selbst wie eine klaffende Wunde bloßlagen. Mary drehte sich bei diesem Anblick der Magen um. Sie dachte, sie sehe etwas Geheimes, Sündiges und streng Verbotenes. Doch die Übelkeit und Furcht hielten nicht lange an, denn Vater stand ja neben ihr und drückte sie an sich. Ja, auf einmal kamen ihr das Donnern, die Gischt und der nasse Felsen, auf dem sie standen, ganz still und friedlich vor. So friedlich wie das Innere einer leeren Kirche in der Mittagszeit.

Dieser Sturm riß nicht nur einen mit Erde und Gras bedeckten Hügel am anderen Ende des Admiral's Beach fort, er entblößte auch den Rumpf einer Fregatte – auf dem Heck stand der Name *Old Polynia* –, die fünfzig Jahre zuvor aufgelaufen war, machte sie wieder flott und trieb sie mitsamt aller Kanonen an Bord aus der Bucht hinaus aufs offene Meer, wo sie nie wieder gesehen wurde. Nachdem der Wind sich endlich gelegt hatte, erfuhren sie, daß Fischer hinter dem Brimstone Cape einen gestrandeten Schoner gesehen hatten, den dann die Wellen zu streichholzgroßen Einzelteilen zermalmten; nicht einmal sein Name war noch zu lesen gewesen.

Zu ihrer Überraschung sieht Mary eine in einen schwarzen Umhang gehüllte Gestalt von der Kante der Klippe auf sie zueilen. Erst glaubt sie, das sei jemand, der sich für heute nacht verkleidet hat, doch dann erkennt sie Schwester Irene.

Mary, die noch nie erlebt hat, daß eine Nonne das Klostertor hinter sich ließ, überlegt im ersten Moment, ob die Laienschwester vielleicht ihr Gelübde gebrochen hat.

Normalerweise verleihen ihre Pausbacken Schwester Irene das Aussehen einer Birne mit Grübchen. Und wegen ihrer fröhlichen Augen sieht sie immer so aus, als würde sie über alles gleich zu lachen anfangen. Aber jetzt ist ihr Gesicht verzerrt und rot angelaufen, und ihre Wangen sind ganz naß.

Die Füße der Nonnen zerfetzen die Löwenzahnblüten. Wortlos und ohne jede Geste stürmt sie an Mary vorbei. Das Mädchen dreht sich noch um und sieht ihr nach. Der Wind preßt ihr das Habit so gegen den Körper, daß sich ihre Beine, es sind die einer jungen Frau, deutlich darunter abzeichnen. Plötzlich schießt es Mary durch Kopf, daß die Schwester nicht viel älter als sie selbst sein kann. Der Sturm wirbelt den Staub durch die Luft und rüttelt an ihrem Schleier. Jäh reißt er ihr Haube und Schleier vom Kopf – oder ist es Schwester Irene selbst, die das tut? Mary ist sich nicht sicher – und entblößt leuchtend rotes, kurzgeschorenes Haar. Der feuerrote Schopf über dem schwarzen Habit kommt Mary nun wirklich befremdlich vor. Jetzt will sie nicht mehr ausschließen, daß sich vielleicht doch nur jemand verkleidet hat.

Die Nonne hastet durch das Klostertor. Kaum ist sie verschwunden, befallen Mary Zweifel an ihrer Beobachtung. Ist das wirklich passiert oder nur eine Art Traum?

Feine graue Fäden steigen aus Marthas Kamin in die Höhe. Hinter der schmutzigen Fensterscheibe lauert ein Schatten, der auch das böse Gesicht der Alten sein könnte. Der Rauch senkt sich herab und berührt Mary, als sie vorbeieilt. Ein trauriges Dröhnen mischt sich in den Wind. Es klingt unheimlich und weit entfernt wie die Klage eines Nebelhorns, doch es ist nur der Sturm, der durch die Mündung der Feldkanone pfeift.

Im Weitergehen dreht sich Mary ganz langsam um, so daß die Kirche nach und nach vor ihren Augen zu versinken scheint wie ein Schiff im Meer; diesen kleinen Trick hat Vater ihr gezeigt. Selbst in der Talsenke unten vereinigen sich das Summen der Telegraphenleitung, das Pfeifen der Fichtenzweige und das Heulen des Windes um die Dachvorsprünge zu einer gespenstischen Sinfonie. Mary verschlingt die Fassade der Kirche förmlich mit den Augen und rezitiert mit gellender Stimme, über den Lärm hinweg, die Zeilen, die sie sich gemerkt hat:

>»Darum sind sie nicht mehr zwei,
sondern ein Fleisch!«

Mary überquert die Brücke rückwärts und erreicht das Haus der Barrons. Obwohl sie zahllose Male daran vorbeigegangen ist, nimmt sie es heute zum erstenmal bewußt wahr. Der frisch gestrichene Gartenzaun, das Segelschiffmodell im Fenster, die Glockenblumenwiese davor – all das erscheint ihr wie geweihtes Gelände.

Von der der Klippe zugewandten Seite des Hauses dringt ein metallenes Klappern an ihr Ohr. Dort kauert ein kleiner Junge über einem Stein und bearbeitet den Granit mit Hammer und Meißel.

Es ist der Bruder.

Soweit Mary das beurteilen kan, treibt er den Meißel nur zum Zeitvertreib in den Stein, und doch hämmert er mit solcher Verbissenheit, daß man meinen könnte, er wolle sich durchs Innere der Erde einen Weg nach China hacken. Mary bleibt stehen und wartet, daß er innehält und zu ihr aufsieht. Sie will das Gesicht sehen, an das sie sich den ganzen Tag zu erinnern versucht hat, doch der Junge ist zu sehr in seine lächerliche Aufgabe vertieft. Seine schmächtigen Schultern sind gekrümmt wie die eines alten Mannes, und von Zeit zu Zeit heben sie sich voller Kummer. Jetzt fällt es ihr wieder ein. Er war es, der Liebling der Lehrerin, den die Größeren im Schulhof gequält haben.

Mary dreht sich nun wieder um. Auf dem Dach ihres eigenen Hauses thront wie immer der Stuhl und stellt sich trotzig dem Sturm. Bei seinem Anblick schwappt Ekel in ihr hoch. Voller Wut nimmt sie sich vor: Wenn ich Wache halte, werden dem keine solchen Lügen zugrunde liegen. Sie wird hart und wahrhaftig sein.

Als hätte die Frau ihre Gedanken gehört, geht genau in diesem Moment die Tür auf. Unwillkürlich duckt sich Mary schuldbewußt unter die Stellage ihres Vaters. Dann lugt sie zwischen den darüber gebreiteten Zweigen hindurch. Könnte sie nichts sehen, würde sie immer noch wissen, wo sie ist, denn die intensiven Gerüche der abgefallenen Fichtennadeln, der modrigen zerlumpten Netze und Planen und – am strengsten von allen – der in Salz eingelegten Fische sind unverkennbar. Die Innereien sind inzwischen verschwunden; damit haben die Möwen, Krähen und Katzen kurzen Prozeß gemacht. Nur noch einzelne verschrumpelte Häute liegen auf der Erde herum.

Mary sieht die Frau auf die Veranda treten. Hinter ihr taucht eine schwarzgekleidete Gestalt im Türrahmen auf – der Gemeindepfarrer.

Die Frau und der Priester stehen Seite an Seite vor der Brüstung. Die Frau deutet aufs Meer, und der Mann schaut in die ihm gewiesene Richtung. Trotz der Windböen kann Mary ihre Stimme hören. Die Frau erzählt ihm – nicht einmal den Priester verschont sie damit – ihre verrückten Geschichten. Ihre Säcke voller Lügen.

Das muß man sich mal vorstellen: Er hat in dieser Küche gesessen! Er hat gesehen, was sie dort alles aufbewahrt!

Der Priester sagt etwas zu ihr. Die Frau neigt den Kopf, und der Priester macht das Kreuzzeichen darüber. Dann setzt er seinen Hut auf und geht, auf seinen Stock gestützt, den gewundenen Weg zur Straße hinunter. Als die Frau irgend etwas hinterher bellt, blickt er noch mal über die Schulter und winkt ihr zu. Er muß den Hut mit einer Hand festhalten. Seine Soutane bläht sich, er kommt nur mühsam gegen den Wind voran. Um sich seinem Blick zu entziehen, krabbelt Mary über das Gras zu dem umgedrehten Dory und klettert darüber hinweg. Unter ihrer Hand zerbröselt eine Planke. Wenn es Gott gefällt, ist das Ding heute nacht Asche, denkt sie. Heute nacht wird alles, was spukt, verbrannt.

Mit vorgebeugtem Oberkörper kämpft der Priester gegen den Wind an. In dieser Haltung sieht er wie ein uralter Mann aus. Da Mary weiß, daß Pfarrer auch im Hinterkopf Augen haben, kauert sie sich hinter einen Felsen. Auf einmal preßt der Wind die Soutane so fest gegen seine Beine, daß sich nicht nur ihre Form abzeichnet, sondern auch die eines Klumpens dazwischen. Bis dahin ist ihr nie in den Sinn gekommen, daß man Geistliche auch so sehen kann.

Der Wind schlägt die Haustür zu. Die Frau ist wieder in die Küche gegangen. Jetzt steht sie hinter dem Vorhang und sieht dem Priester nach. Wer es nicht wüßte, würde eher an ein eingerahmtes Gemälde denken.

Ein Brecher donnert gegen das Felsgestein und zerbirst in tausend Tropfen, die sich über Mary ergießen. Sie fröstelt. Obwohl die Flut sich zurückzieht, springen die Wellen immer noch an den äußeren Pfeilern der Stellage hoch. Und schon wälzt sich die nächste Woge heran und kracht gegen die Pier.

Ohne auf ihr Kleid zu achten, das längst vollkommen verdreckt ist, klettert Mary wieder auf den Kiel des Dory und läßt sich mit unter die Schenkel gezogenen Füßen gegenüber dem Eisberg nieder.

Vom Horizont drängen riesige Wolken auf die Bucht zu.

Wenn sie ihn nur sehen könnte! Wenn ihr Auge doch nur in der Lage wäre, die Stelle zu fixieren, an der der rote Kahn verschwunden ist! Dann wäre all das Schlimme, das sie sich vorstellt, ausgeschlossen: Weder könnte dann der Eisberg zerbersten, noch würden sich seine Hälften im Wasser umwälzen. Genausowenig könnte er vom Riff rutschen und wie ein Brecher am Strand zerschellen oder vor den Klippen zu Matsch schmelzen. Bliebe sie jetzt auf dieser einen Stelle, wäre ihr Glaube stark genug – der Glaube ohne Lügen –, dann würde das Gute, das sie sich wünscht, ganz gewiß geschehen: Das Boot wird heil und unbeschädigt wieder auftauchen, und wenn es ihrem Blick nicht mehr entkommen kann, wird sie es mit ihren Gebeten in die Bucht lenken, in den Windschatten des Kais, in Sicherheit. Nach Hause.

Mary hat die Frau Litaneien und Fürbitten murmeln hören. Für ihre eigene Wacht wählt sie jedoch ein einziges schlichtes Wort: Fischer. Ein ums andere Mal sagt sie es laut:

»Fischer. Fischer …«

Die Wellen sind jetzt so hoch, daß sie den unteren Teil des Eisbergs verdecken; von ihrer Warte am Strand aus kann sie nur noch die Spitze sehen. Die Wogen türmen sich schäumend vor ihr auf und zerschellen. Einen kurzen Moment sieht es so aus, als würde das, worauf sie sich konzentriert, endlich enthüllt, doch da wälzt sich schon die nächste, hoch höhere Welle heran.

Wollen die Elemente sie denn foppen? Mary merkt, wie Panik in ihr aufsteigt. Aber sie muß es doch sehen. Sie muß! Völlig verzweifelt sucht sie den Strand nach einem höheren Aussichtspunkt ab.

Michael überlegt träge, wieviel Zeit vergangen sein mag.

Draußen ist in der Ferne ein endloses Donnergrollen zu hören. Aber in dieser Gruft nimmt er es nur als verträumtes Murmeln wahr, das sich in seiner Vorstellung mit dem widerhallenden Plätschern der dicken Wassertropfen zu einer eindringlichen Melodie vermischt; und natürlich sieht er weiterhin das zarte blaue Licht, auch wenn es bloß eine Ahnung dieses Raums vermittelt.

Plötzlich bleibt ihm die Luft weg. Ein gewaltiges Dröhnen jagt durch die Höhle, kriecht seinen Rücken hinunter, und mit einem

Schlag ist er schweißgebadet. Die Vibration ist sogar im Bootskörper zu spüren. Schwarzes Schmelzwasser stürzt herein und spritzt sein Ölzeug voll. Dann stürzen sich Messer von oben herab und durchstoßen die Oberfläche der Lagune.

Von draußen kommt ein Brüllen; gleich darauf steigt das Wasser, wirft sich mit seinem ganzen Gewicht gegen die Wand, prallt zurück und hebt nun den Kahn hoch, um ihn gleich wieder so tief fallen zu lassen, daß er gegen den entblößten Grund stößt. Im nächsten Moment schlagen die Wellen gegen die andere Wand, kommen zurück und heben das Boot erneut. Michael klammert sich an die Ruderbank. Wish wimmert wie ein Welpe. Gus flucht.

Langsam beruhigt sich das Wasser wieder und mit ihm das Boot.

Michaels Puls schlägt im selben Rhythmus wie das Pott-pott-pott von Caseys Motor, das jetzt wieder hörbar ist. Er rast jetzt mit Vollgas dahin. Bald erstirbt das Motorgeräusch, und im Innern des Eisbergs herrscht wieder Totenstille. Selbst die Wassertropfen fallen nicht mehr herunter. Die Stille erinnert Michael an jenen Nachmittag vor drei Jahren, als sie alle wie besessen die Angelschnüre einholten, die Tintenfische sich verzweifelt wehrten und man in dem allgemeinen Gejohle die eigene Stimme nicht mehr hören konnte. Völlig unerwartet ruderte dann eine alte Frau in einem Boot zu ihnen raus und verkündete, daß der Krieg vorbei sei. Mit einem Schlag herrschte Stille.

Die Tropfen beginnen langsam wieder zu fallen. Der salzige Gestank des Seehundkadavers, den sie im Mittschiff liegen haben, vergiftet die reinen Gerüche von frischem Wasser und vorzeitlicher Luft.

»Halt die Klappe!« zischt Gus.

»Ich hab' doch nix gesagt!«

»Schnauze, verflucht! Alle beide!«

In unmittelbarer Nähe steigt ein Stöhnen auf.

Zähne klappern in wachsender Panik. Das kann nur Wish sein.

Gus packt wortlos das Ruder und steuert den Kahn auf die Ecke zu, in der er den Tunnel vermutet. Aber der Bug stößt nur gegen eine Wand.

Frustriert entzündet Gus ein Streichholz – der Schlund des Tunnels tut sich direkt vor ihnen auf. In den kurzen Sekunden bis zum Erlöschen des Zündholzes empfindet Michael ein leises Bedauern darüber, daß das blaue Licht nicht mehr zu sehen ist. Statt dessen bemerkt er nun überall die Schatten von Säulen und gezackten Spitzen, die bedrohlich von der Decke herabhängen. Genausogut könnte das der Meeresgrund sein, der sich irgendwie herumgewälzt hat. Und dann erhascht Michael noch das Aufblitzen von zwei traurigen Augen, die so rot glühen wie Altarlampen.

Unvermittelt packt Wish fluchend die Flinte und spannt den Hahn. Da dreht Gus durch. »Du Trottel!« brüllt er ihn an.́»Willst du, daß uns das Dach auf den Kopf fällt?«

Gus manövriert den Kahn zurück in den Tunnel. Die Öffnung ist jetzt enger als vorhin. Die Wände sind dichter aufeinander zugerückt, so daß die Jungen die Ruder nicht mehr benutzen können. Mit bloßen Händen schieben sie das Boot Zentimeter um Zentimeter durch die Röhre. Stellenweise kratzt der Vordersteven an der Decke, und sie müssen sich ducken. Wenn das Boot steckenbleibt, überlegt Michael, haben sie kaum noch eine Überlebenschance. Entweder fällt der Eisberg über ihnen zusammen und zerquetscht sie, oder er schmilzt langsam, und sie werden hier draußen erfrieren oder verhungern. Irgendwann werden dann ihre aufgeblähten Leichen an den Kieselstrand vom Admiral's Beach geschwemmt.

Licht.

Ogivales weißes Licht zieht das Boot, beschleunigt es, bis es durch den Bogen in die grelle Sonne schießt. Und doch verspürt Michael den Wunsch, ja, sogar eine brennende Sehnsucht danach, ins Innere zu dem sanften blauen Licht zurückzukehren.

Der Eiszapfen hängt immer noch über der Öffnung, auch wenn er jetzt kleiner ist. Die von der Sonne beschienenen Wolken, die sich am westlichen Himmel behaupten konnten, spiegeln sich in seinem Prisma tausendfach wider. In dem Moment, in dem der Kahn unter dem Zapfen hindurchgleitet, ergreift Michael die Axt, richtet sich auf und nimmt Maß. Doch der Eiszapfen kommt fast von selbst herunter, als hätte er das ohnehin vorgehabt, und fällt ihm in die Arme. Behutsam legt Michael ihn im Heck auf den Boden.

Nach der Stille und Dunkelheit in der Höhle sind sie vom Lärm des Windes, dem blendenden Licht und der schwindelerregenden Weite und Freiheit ganz benommen. Während sie sich von dem Schreck noch erholen, lassen sie das Boot einfach im Windschatten treiben.

Legionen von Wellen mit weißen Kronen galoppieren an beiden Seiten des Eisbergs vorbei und reißen dort angeschwemmtes Treibgut und Matsch mit sich. Das Schwemmland ist schaumbedeckt. Brecher schlagen gegen den Brow. Bestimmt hockt Pop jetzt in seine Decke gehüllt beim Ofen, befingert seinen Rosenkranz, zieht zwischendurch an seiner erloschenen Pfeife und verkündet: »Die Wellen kennen ja noch so was wie Gnade, aber die Felsen, die sind gnadenlos.«

Michael sichtet das Heck von Caseys Motorboot in dem Moment, als es in den Schatten des Kais schlüpft. Es ist voll beladen mit Fischen. Der Junge ist bis auf die Knochen durchgefroren und betet, daß seine Kumpel endlich aufgeben und den Heimweg antreten, zumal der Wind sie heimtragen würde. Er sehnt sich nach dem merkwürdigen Gefühl, das man hat, wenn man wieder Land betritt: dem Schwindel im Kopf, dem Taumeln in den Beinen, die so wackelig sind, daß man schwören könnte, man sei in die umgekehrte Richtung gesprungen – vom Kai in ein schwankendes Boot.

Der Wind hat alle Leute von der Straße vertrieben. Dennoch sitzt auf dem Dach des blauen Hauses wie immer eine Gestalt mit durchgedrücktem Rücken. Die Frau verblüfft ihn. Sogar in so einem Sturm!

Um den salzigen Geschmack aus dem Mund zu bekommen, leckt er am Eiszapfen. Das harte, trockene Eis brennt ihm auf der Zunge. Er drückt es gegen das Ohr. Seine Wange beginnt zu kribbeln. Zugleich hört er ein leises Zischen. Das sind Luftblasen, die jetzt aufplatzen. Die darin enthaltene Luft stammt aus der Zeit vor John Cabot, vor den Wikingern und dem heiligen Brendan, ja, sogar vor Jesus Christus. Über die ungeheure Weite von Zeit und Raum hinweg hat Gott das Eis für Michael Barron bewahrt, damit er hier und jetzt sein Wasser trinken und seine Luft atmen kann.

»Diese Scheißwitwen«, brummt Wish, der sich so weit erholt hat, daß er wieder den starken Mann markieren kann. »Die kriegen einen doch jedesmal dran. Eigentlich hätten wir das Scheißvieh abknallen sollen.«

»Jetzt mach schon, Butt, du dummer Arsch.« Gus verankert die Ruder in den Dollen. »Wir müssen die Kurve kratzen, sonst sind wir dran, und zwar im wahrsten Sinne des Wortes, oder hab' ich etwa nicht recht, Barron? Aber wenn wir hier erst mal weg sind, dann geht's im Flug nach Hause.«

Brummend nimmt Wish seinen Platz am Ruder ein. Dann bugsiert er das Boot gemeinsam mit Gus um das Eis herum, und sie rudern mitten in den Rachen des Sturms hinein.

Die Wellen werfen den Kahn hin und her. Pop sagt, nicht die siebte sei die kritische, und auch nicht die neunte, sondern die neunzehnte. Michael fängt an zu zählen, doch weil die Hiebe so schnell gegen den Bug prasseln, verliert er bald den Faden.

Gus und Wish steuern den Kahn langsam an der Nordseite des Eisbergs vorbei. Obwohl sie nun dem Wind schutzlos ausgesetzt sind, ziehen sie die Köpfe nicht ein. Plötzlich steht das Boot fast auf der Nase, und Michael starrt wie von einem Brunnenrand vom Heck auf seine Kumpel und den eingeschlagenen Kopf des Seehundes herab. Dann stellt sich das Boot wieder auf die Hinterbeine, und seine Kameraden zeichnen sich vor der wütenden schwarzen Wolkenwand ab.

Als sie die Stelle erreichen, an der Casey seine Reuse aufgebaut hatte, bringen sie das Boot durch gleichmäßiges Gegenrudern zum Stehen. Der galoppierende Schaum erweckt den Eindruck, das Boot würde auf den Horizont – auf Irland – zujagen, doch Michael weiß genau, daß er und seine Kumpel sich im Moment nicht von der Stelle rühren.

Die Jungen sind total durchnäßt. Michael zieht sich das Ölzeug über den Kopf, versucht, wenigstens das Gesicht zu schützen, und beobachtet die Sturmschwalben. Die kleinen Vögel flattern durch die Wellentäler, tanzen auf dem Wasser oder fliegen – zumindest sieht es so aus – mitten durch die Wogen, als würde sie das Toben der See überhaupt nicht berühren. Und auch Michael erlebt inmitten dieses Donnerns und Brüllens einen Moment des inneren Friedens.

Gus deutet mit dem Kinn auf den Eisberg und stößt einen Fluch aus, der vom Wind davongeweht wird.

Das Plateau, auf dem sie den Nachmittag verbracht, auf dem sie gegessen und geschlafen haben, ist eingestürzt. Seine Trümmer blockieren jetzt die Einfahrt. Der Anlegeplatz, auf dem das Boot so geduldig gewartet hat, verschwindet unter Eis und Geröll. Dieser Anblick stimmt Michael traurig und flößt ihm Angst ein. Wellen katapultieren die blauen Lenden des Eisbergs in die Luft, die unvermittelt grün werden, während sie ins Wasser zurückfallen. Wegen des Windes spielt sich die ganze entsetzliche Zerstörung scheinbar lautlos vor ihren Augen ab. Gerade das macht sie aber um so trostloser. Gus und Wish bräuchten bloß mit dem Rudern aufhören, überlegt Michael, sie bräuchten bloß die Ruder einzuholen, dann würden sie alle drei binnen Minuten an diesen Eisklippen zerschellen. So wenig ist vonnöten, um ihre Tage zu beenden. Er schlingt die Arme um den Eiszapfen, als wäre der ein Kind.

Der Wind pflückt Wish die Mütze vom Kopf und schleudert sie in die Wellen. Instinktiv setzt der Junge zu einem Sprung an, läßt das dann aber doch bleiben und sieht zu, wie die Wogen die Mütze auf den Eisberg zutragen. Gus bricht in unbändiges Gelächter aus. Wish, der auf der hinteren Ruderbank sitzt, knurrt Verwünschungen in Richtung des Genicks von Gus.

Ohne darauf zu achten, reckt Gus das Kinn zu den sich schnell über ihnen auftürmenden Wolken und schreit: »Der Heilige Geist ... will 'ne Ladung weiße Scheiße ... auf uns runterlassen!« Er und Wish setzen einen Moment mit dem Rudern aus. Sofort legt sich der Kahn quer, und sie können ihn um den südlichen Hang des Eisbergs herumbugsieren. Der Gipfel, den Michael bezwungen hat, stiert düster auf ihn herab. Möwen gleiten wie von Zauberhand gelenkt im Rückwärtsflug an ihnen vorbei auf den Strand zu, auch wenn sie ganz so aussehen, als wollten sie aufs offene Meer hinausfliegen. Wollen sie etwa dem Boot nacheifern? Dann korrigieren die Jungen den Kurs wieder und rudern in westlicher Richtung weiter zur Leeseite. Um sich die steifgefrorenen Knöchel massieren zu können, lassen sie kurzzeitig die Ruder ruhen.

Erneut betrachtet Michael die sanft geschwungene Wölbung, die den Tunnel umrahmt. Als hätte er ein Heiligenbild vor sich, senkt er unwillkürlich den Blick. So bemerkt er noch vor den anderen den Dämon, der auf sie zugeschossen kommt.

Beim Anblick dieses sich vor dem Kahn aufbauenden weißen Ungetüms drängt sich Michael eine andere von Pops Geschichten auf: Er zog ein Netz ein, das ihm ungewöhnlich schwer vorkam. Doch gegen alle Erwartungen entdeckte er keinen Ertrunkenen darin und auch keinen Wal, sondern eine Mine, ein ganz tückisches Ding. Im ersten Schreck war er wie gelähmt. Statt das Ungeheuer sofort loszuschneiden, starrte er es lange benommen an. Als der alte Mann Michael davon erzählte, überlegte er laut, ob sein Zögern vielleicht darauf zurückzuführen gewesen war, daß er sich in seinem tiefsten Inneren gewünscht hatte, das Ding möge explodieren und ihn töten.

Das Wasser schwillt an und explodiert mit einem gewaltigen Knall. Das Ungetüm ist ein Eiskalb, eine tonnenschwere Zinne, die ins Meer gestürzt ist. Sie drückt Wishs Ruderblatt gegen den Rumpf und zerbricht es. Dann wälzt sie sich jäh herum, enblößt ihre smaragdgrüne Unterseite, und während noch auf allen Seiten Wasserfälle herabschießen, beruhigt sie sich wieder und treibt weiter. Das Boot schaukelt wild. Wären sie in nordsüdlicher Richtung gerudert, hätte der Eisblock es zerschlagen.

Wish hat ein Bein über das Dollbord geschwungen, als wolle er seinem kaputten Ruder hinterherschwimmen. Die zwei Teile treiben rasch davon. Reaktionsschnell packt Gus das intakte zweite Ruder von Wish gerade noch rechtzeitig, ehe es sich ebenfalls selbständig machen kann. Mit der zufriedenen Miene eines

Mannes, der alles von vornherein hat kommen sehen, rudert er gelassen aus der Gefahrenzone.

Fluchend, um seine Verlegenheit zu überspielen, und mit zerzaustem Haar wälzt sich Wish ins Boot zurück. In dick aufgetragenem Zorn nimmt er die Flinte, spannt erneut den Hahn, nimmt die Spitze des Eisbergs ins Visier und drückt ab. Der Rückschlag wirft ihn auf die Abdeckung des Stauraums. Über dem Eisberg hat sich eine große weiße Wolke gebildet, die sofort vom Wind zerstäubt wird.

»Laß deine Scheißspiele!« schnaubt Gus. »Hauen wir lieber hier ab.« Er wendet das Boot und rudert – endlich – auf den Kai zu.

Überall wirbeln Wolken. Hysterisch kreischende Möwen geben ihre Versuche auf, im Wind zu treiben, und retten sich in wilder Flucht an Land.

Der Kahn verläßt den Schutz des Eisbergs und wird erneut zum Spielball der Elemente. Er sackt nach unten, schaukelt und dreht sich. Auf einmal sticht eins von Gus' Ruderblättern in die Luft. Fluchend holt er beide Ruder ein, schiebt eins über den Boden auf Michael zu und schreit: »Da, Barron, du fauler Sack! Mach dich nützlich!«

Dann steigt Gus auf die Ruderbank, stellt sich breitbeinig hin, öffnet seine Gummijacke und breitet sie zu einem primitiven Segel aus. Das wirkt. Der Kahn schießt auf das Land zu.

Im Süden ist von der Mine bei Barnaby's Gun eine Detonation zu hören. Trotz des Eiszapfens im Arm schafft Michael es, das Boot mit Hilfe des Ruders um Eistrümmer, die überall auf den Wellen treiben, herumzusteuern. Beim Wasserfall von Freshwater sieht er eine Wasserhose. Gespenstisch. Wenn sie doch nur Schwerter hätten, denkt er. Dann könnten sie die Klingen kreuzweise aneinanderschlagen und so die Dämonen vertreiben. Michael stellt sich vor, er wäre ein vom Gottesglauben durchdrungener Forscher wie Brendan, der Seefahrer, der nach langer Reise auf die Gestade des ihm verheißenen Landes zusteuert.

Als Wish nach vorn krabbelt und am Bug in einer Wasserspeierpose Stellung bezieht, wird ihr Kahn in Michaels Phantasie zu einem Langschiff der Wikinger mit einem prächtigen Segel und einem Drachenkopf als Galionsfigur und er selbst zu Leif dem Glücklichen. Gleich darauf sieht er sich als Cabot, der, nachdem er dem Eis, den Ungeheuern und den Stürmen getrotzt hat, endlich vor der Entdeckung seines neuen Territoriums steht.

Wish brüllt in Richtung der Gemeinde: »Bläst der Wind nach Osten ...!«

Und Gus vollendet für ihn: »... sind wir auf verlor'nem Posten.«

Gemeinsam grölen sie gleich noch einmal:

> »Bläst der Wind nach Osten,
> sind wir auf verlor'nem Posten.«

Wieder und wieder brüllen sie wie zwei Irre denselben Reim und bemühen sich unentwegt, einander zu überschreien.

Weiße Schwaden steigen über dem Meer auf. Michael muß an Rauhreif denken. Eine halbe Meile weiter vorn sieht er einen Brecher gegen den Brow schlagen. Das muß Welle Nummer neunzehn sein. Die Gischt spritzt hoch in die Luft, um sogleich vom Wind als Sprühregen zerstreut zu werden. Es sieht aus, als wolle sie das blaue Haus und die Gestalt segnen, die immer noch auf dem Dach sitzt.

Michael klemmt sich das Ruder unter den Arm und putzt mit dem Hemdschoß die Brille. Dann setzt er die Brille wieder auf und schaut.

Und endlich sieht er, was er gesucht hat.

Doch in diesem Moment überholt der Sturm das Boot. Von allen Seiten stürzen Schneeflocken senkrecht herab, um sofort im Wasser zu schmelzen. Sekunden später hüllt das Schneetreiben auch das Land ein. Die Wolke verdunkelt die Sonne. Schlagartig hat sie auch die Salzkiste verschluckt, und Michael Barron erkennt nach all den Gefahren des Eisbergs, den Ungeheuern und dem Sturm das wahre Verhängnis, das heute auf ihn lauert.

XV

Sheila

DER WIND FÄHRT durch die Knochen.
In tönender Stille verschlingt der Schneesturm den Leucht-
turm und den Eisberg. Einen schrecklichen Moment lang schau-
kelt das Ruderboot gerade noch jenseits seiner Klauen, doch bald
frißt der Schnee auch die kleine Nußschale mitsamt den Schaum-
kronen, die sie bis dahin vor Gefahren behütet haben.

Der Sturm breitet sich in aller Gelassenheit aus. In seiner Ju-
gend mag er noch ein verheerender Orkan gewesen sein, aber
jetzt, nach Jahrhunderten des Wanderns über das Meer, ist er mit
dem Alter milde geworden und wirft nur noch stetig ein riesiges
graues Netz über der Welt aus.

Binnen weniger Herzschläge hat er auch das Schwemmland
zugedeckt. Der Schnee legt sich auf den Kai und die dahinterlie-
genden sargförmigen Gebilde, die leise aneinanderstoßen und auf
ihre Beladung warten; er deckt auch die Schule zu, die Kirche, die
Häuser, die Stellagen und alles, was wirklich ist. Einzig der Schorn-
stein entkommt ihm. Der ist und bleibt ein schemenhaft über ei-
nem See aus weiß gefärbter Dachpappe schwebender Geist.

Die kalten Schneeflocken setzen sich auf die nackte Haut und
schmelzen.

Der Wind wirbelt den Schnee Welle um Welle durcheinander.
Der Wind ist sichtbar geworden. Doch trotz des strudelnden
Lichts geschieht in der Welt nichts wirklich. Sie verfällt in einen
lautlosen Schwebezustand. Sie könnte eine Minute, eine Stunde,
sogar ein Jahr darin verbleiben, und nichts würde passieren.

Irgendwo – ob in der Nähe oder in weiter Ferne, läßt sich nicht
beurteilen – ruft eine Stimme voller sehnendem Verlangen: »Shei-
la!«

Es ist die Stimme eines alten Mannes.

Und wieder ruft die Stimme: »Sheila!«

Unvermittelt taucht die Gemeinde so abrupt auf, wie sie ver-

378

schwunden ist. Die Schneeflocken werden dünner. Kirche, Schule und Kai erheben sich aus der Düsternis.

Ein heller roter Tupfer – die einzige Farbe im Universum – ragt aus dem Schiefergrau des Hafens heraus. Der Kahn ist bereits an der Leeseite des Kais vertäut. Ein Wunder? Drei junge Männer stehen eng beieinander auf dem Steg. Ihre Beine sind wackelig, ihre Bewegungen unsicher. Offenbar finden sie sich auf festem Boden noch nicht zurecht.

Die Wolken brechen auseinander. Mit jedem Atemzug läßt der Wind nach. Der Schneesturm zieht ins Landesinnere weiter. Vielleicht will er die Welt umrunden, um ein halbes Jahrtausend später an der gleichen Stelle noch einmal aufzutauchen. Vielleicht verpufft er aber auch ganz einfach an den Felsen der Gaff Topsails.

Spätnachmittagssonnenlicht flutet durch die Risse in der Schneewand herab und senkt sich auf die Felsensäulen. Die Luft ist klar im Innern dieser Lichtkuppel. Auf Meilen ist alles deutlich zu sehen. Ein Regenbogen rahmt die kleine Kaskade bei Freshwater Room ein.

Jede Fläche ist mit einer Glasur überzogen. Jede Fläche ist ausgespült und gereinigt.

Die jungen Männer packen ihre Ausrüstung zusammen und schreiten wie Ritter in ihrer Rüstung die geheiligte Straße hinunter.

XVI

Dämmerlicht

EIN SCHATTEN, der sich bewegt. Er kam aus der Sakristei hereingejagt, schlüpfte lautlos an der Wand entlang und kroch unter die Ministrantenbank.

In der Kirche ist es totenstill. Die Altarlampe glüht nun intensiver, da das natürliche Licht verblaßt.

War das Ganze etwa eine Täuschung in diesem Dämmerlicht?

Aber da kommt er schon wieder.

Der Schatten schießt unter der Bank hervor und huscht über den Altarraum. Was immer das für ein Wesen sein mag, es humpelt grotesk auf drei Beinen.

Unbeholfen stößt das Ding sich mit seinem einen Hinterbein vom Boden ab, und als es auf der Marmorbrüstung der Kommunionbank hockt, zeigt es sich endlich in seiner Gänze. Es hat das Aussehen einer großen verstümmelten Ratte.

Von seinem Posten aus wirft das Wesen einen prüfenden Blick auf die Bänke. Sein Schädel wackelt, dreht sich erst in die eine, dann in die andere Richtung. Es schnuppert aufgeregt. Grüne Augen blitzen auf. Jäh krümmt es sich und leckt an seinen geschwollenen Zitzen, als müsse es einen brennenden Schmerz lindern.

Dann läßt sich das Tier wieder zu Boden gleiten. Es faucht sein eigenes, von der Handglocke verzerrtes Spiegelbild an, schleicht die Stufen hinauf und pirscht sich an das Hinterglasgemälde vom Letzten Abendmahl heran. Mit einem Blick mißt es die Höhe des Altars ab, duckt sich und schnellt unter Aufbietung aller Kräfte in die Höhe. Die Krallen der Vorderpfoten bekommen die Altardecke zu fassen, und es klettert hinauf.

Von dort oben ist es nur ein kleiner Sprung zum Dach des Tabernakels. Aus der Höhe läßt das Tier erneut den Blick über das Kirchenschiff schweifen. Weil es nichts sieht, stößt es ein trauriges, herzzerreißendes Heulen aus. Schließlich rutscht es resigniert auf den Boden zurück, humpelt zur Sakristei und verschwindet.

Father MacMurrough sitzt in seinem Gemach. Benommen, ja hypnotisiert hat er das Tier beobachtet. Draußen preßt sich ein dunkelroter Sonnenuntergang gegen das Rosettenfenster. Endlich löst sich der Priester aus seiner Erstarrung. Er muß das bißchen, was von diesem Tag noch übrig ist, einfangen.

Er muß *sehen*.

Also packt er seinen Schwarzdornstock und eilt zur Tür.

Obwohl das Schwanzende des Schneesturms noch über dem nördlichen Rand des Kamms zu sehen ist, bringt eine hartnäckige Wärme die Luft bereits wieder zum Sirren. Die Straße ist staubtrocken, das noch feuchte Gras dagegen glitzert und duftet frisch. Doch es vermag den Blick des Priesters nicht zu bannen. Der konzentriert sich unwillkürlich auf den Keil, den die Erde und der westliche Himmel bilden.

Die Sonne – noch ist sie eine Halbkugel – wird jeden Moment am Rande der Welt versinken. Vor ihr zeichnet sich die Silhouette eines einsamen Pferdes ab, das einen Karren über die Kuppe zieht. Es ist auf dem Heimweg zu einem verborgenen Tal jenseits der Grenzen der Gemeinde und versinkt exakt gleichzeitig mit der Sonne am Horizont, so daß es aussieht, als würde der Karren sie in die Nacht fahren.

Der Priester ist dem Kutscher bitterböse, entführt er doch das letzte Licht. Mit bangem Blick fixiert er die Hügelkuppe. Halb hofft er, halb fordert er, daß das Gefährt mit seiner Ladung umkehrt.

Aber die Sonne geht unter. Zurück bleibt ein dunkelroter Himmel, der sein Blut auf die Erde verströmt.

Über dem Kai erheben sich Möwen und schwärmen schwarz und bedrohlich auf die letzten violetten Ränder des Tages zu.

Nur noch zwei andere Menschen sind zu sehen: die Frau im Stuhl auf dem Dach und der Säugling, dem sie die Brust gibt. Dem Priester versetzt es einen Stich, daß sie so tiefen inneren Frieden erreicht hat, und das zu einem lächerlich geringen Preis – gerade mal eine Handvoll läßliche Sünden.

Wie durch ein Wunder haben sich die Fluten, die soeben noch tobten, wieder gelegt. Der Brow treibt langsam der Dunkelheit entgegen. Es herrscht Abendruhe. Der Tag ist in dieses verzauberte Grenzgebiet zwischen Hell und Dunkel gefallen – das Dämmerlicht des Sommers.

Vom Sonnenuntergang ist nur noch eine dünne, dunkelrote Pfütze übriggeblieben, und auch die verdampft schnell. Der Priester trinkt sie mit gierigen Augen aus. Bis zum letzten Tropfen.

Die Dunkelheit verschluckt die Straße und mit ihr die Häuser und Gartenzäune. Rechteckige gelbe Fensterläden stecken die Konturen der Gemeinde ab. Lumineszierende Sonnen und Monde verhexen die Scheunen und Abtritte. Bei den Wiesen weiter hinten, wo niemand lebt, flackert ein Streichholz auf und erlischt. Löwenzahnblüten leuchten wie Kerzen im Gras. Das Dorf erinnert ihn an die Vorstellung, die er als Kind von der Vorhölle hatte: winzige Seelen, die, weit voneinander entfernt, jede für sich, bei mattem Licht durchs Nichts treiben.

Zwischen den Häusern und Gartenzäunen huschen flüsternde Schatten die Straße hinunter. Ob es die Gestalten von Menschen oder Tieren, von Christen oder Heiden sind, kann der Pfarrer nicht beurteilen.

Der Sichelmond zerteilt die Wolken in dünne Scheiben. Er wirft ein dämmeriges Licht auf die Erde, doch eigentlich scheint es aus ihrem Innern an die Oberfläche zu strömen. Es liegt als vernickelte Scheibe über der Gemeinde und verbreitet einen ganz eigenartigen matten Glanz, wie das Negativ eines Fotos oder auch wie die quälende Klarheit des Denkens nach dem Erwachen mitten aus einem Alptraum. Das ätherische Licht fällt auch auf den Eisberg, und das Eis pulsiert stumm, als hätte der Mond ihm einen Stoß versetzt.

Die Flut fällt. Das Meer weicht zurück und entblößt sein Schwemmland – sein erhabenes Territorium des Dazwischen.

In dem Graben, der es von Caseys *Octagon* trennt, funkeln kleine Glassplitter wie Sterne. Die Schindeln stehen nackt und deutlich hervor. Der Priester saugt die von ihnen ausgehende Helligkeit in sich auf. Die Schlichtheit der Holzmaserung mit den geraden, waagrechten Rillen entzückt ihn. Seine Augen verfolgen sie von rechts nach links, bis es nicht mehr weitergeht, und halten inne. Um die Ecke wartet irgend etwas auf ihn, das steht für ihn fest. Etwas Erhabenes harrt seiner in dieser brennenden Nacht.

Zärtlich streichelt er den Stein in seiner Tasche. Er starrt auf einen Punkt hinter der Ecke. Und während er sich darauf konzentriert, durchdringt ihn die absolute Finsternis, die vollkommene Finsternis, die nur auf ihn gewartet hat.

XVII

Flinte

SCHNUPPER, schnupper. Bei Gott, ich riech' Gefahr!
Ha! Den dicksten schmor' ich mir. Ach, das muntert gleich richtig auf. Dafür mach' ich mir 'nen Drink.

Au weia! Das ging ins Auge. Haste 'ne volle Breitseite abgekriegt. Da wird man unter den Achseln feucht.

Und ... da ... ein tiefes Loch ... es ist weg.

Aha. Geschafft. Jetzt leg dich ins Zeug.

Moment mal. Stell die Lauscher auf ...

Hast du gehört?

Und ob. War ja auch höchste Zeit. Unbedingt.

Na gut. Das ist ein Labsal für müde Augen. Wach auf, mein Kind, und schau dir die Bescherung an.

Schritte schlurfen über den Korridor.

»Schön von Ihnen, daß Sie kommen, Father. Schön, Sie zu sehen. Aber Sie brauchen mir wirklich nichts zu beichten. Jeder Zeitmesser gibt mal den Geist auf. Klar, es war einfach höhere Gewalt, nicht wahr?«

Die Schritte erreichen die Tür. Alsbald tritt eine pummelige junge Frau in das Empfangszimmer. Es ist die Laienschwester. *Suesta. Vertjen.* Sie bringt Tee und Kekse auf einem Tablett.

»Lassen Sie sich deswegen keine grauen Haare wachsen, Father. Die Kinder haben doch ihre Abschiedspredigt bekommen. Doch, doch, ich selbst habe sie mit einer feurigen Ansprache in die Ferien entlassen.«

Die Augen der Laienschwester sind verquollen, ihre Wangen rot angelaufen. Sie muß geweint haben. Obendrein ist – wie schockierend! – eine Strähne flammend rotes Haar unter ihrer Haube herausgerutscht und klebt an ihrer feuchten Stirn.

Die Laienschwester stellt die Untertassen und Tassen auf den Tisch und schenkt dem Priester aus der schwarzen Kanne ein. Mit keinem Wort, keinem Blick, keiner Geste gibt sie zu erkennen, daß außer ihr noch jemand im Zimmer ist. Doch als sie die Mutter Oberin bedienen will, beginnen ihre Hände zu zittern.

»Tja, ich habe den kleinen Ungeheuern die Hölle heiß gemacht. Das werden sie sich garantiert bis Mariä Himmelfahrt hinter die Ohren schreiben – mindestens.«

Die Hände zittern so sehr, daß etwas Tee danebenspritzt. Die Mutter Oberin seufzt. Mit einem Knall stellt die Laienschwester die Kanne auf das Tablett und stürmt hinaus. Ihre Schritte klappern noch lange über den Flur, bis sie schließlich in – so scheint es – weiter Ferne verhallen.

Beiläufig hebt die Mutter Oberin die Untertasse und gießt den verschütteten Tee in ihre Tasse zurück. Dann schiebt sie Zucker und Milch auf Father MacMurrough zu. Der lehnt jedoch ab und reicht ihr beides zurück. Noch während sie ihren Tee süßt, fängt sie an zu sprechen:

»Zeit? Was bedeutet denn die Zeitmessung, Father? Was ist schon eine Stunde, ein Leben im Vergleich zur Erhabenheit der Ewigkeit Gottes?«

In der Tat, was ist Zeit?

Wie viele Jahre ist es jetzt her, daß er sich jenem anderen Frauenhaus mit dem gleichen dringenden Verlangen näherte wie heute abend? Er muß fast laut lachen, als er diese Frage für sich formuliert.

Es war im ersten Semester, weit weg von daheim. Als er an einem kalten, verregneten Abend vor Einsamkeit und Verzweiflung nicht mehr ein noch aus wußte, schlüpfte er in die Mary Street hinaus. Vor einem bestimmten Haus blieb er zwischen den Pfützen auf dem Pflaster stehen und starrte durch den Sprühregen zu den erleuchteten Fenstern hinauf. Eine ganze Stunde lang verweilte er auf diesem Platz, dann wandte er sich schließlich ab und wanderte die Kais entlang, kehrte dann noch einmal zurück und rauchte eine Zigarette, ehe er sich endgültig trollte.

Am nächsten Morgen kam er zu dem Schluß, daß es nicht Mut war, woran es ihm gebrach, sondern Glaube. Er hatte es nicht über sich gebracht, zu klopfen, weil ihm die Überzeugung, der Glaube fehlte, daß hinter diesen Mauern Trost zu finden war, der ausreichen würde, ihn zu retten. Er hatte ganz einfach nicht das Vertrauen, daß dort Erlösung, in welcher Form auch immer, auf ihn wartete.

»Und, Father, kaum hatten wir die Kinder entlassen, da hatten wir es mit einem anderen Früchtchen zu tun. Sie kennen doch den Helden unserer Gemeinde, ja? Johnny Spracklin. Nun, Johnny verirrte sich heute in unser Kloster. Er war völlig verstört. Ich entdeckte ihn selbst, als er sich in der Speisekammer verbarg. Ein Wrack von einem Menschen!«

Aber heute, in dieser Nacht, kostete es ihn keine Schmerzen, sich zu nähern, zu klopfen. Es fiel ihm leicht, nicht weil er so spät in seinem Leben ein gewisses Mindestmaß an Glaube oder Hoffnung aufbrachte, sondern aus dem weniger erhabenen Grund, daß er seine wahren Absichten anders als früher geschickt verhehlen konnte. Heute abend trat er forsch ans Tor und klopfte. Die Mutter Oberin nahm ihm seine Ausrede ab, zog ihn mit ihren kalten Fingern, die sich wie Klauen um die seinen schlossen, ins Kloster und sperrte hinter ihm zu.

»Er hatte einen Schatz dabei, der mir irgendwie bekannt vorkam. Und tatsächlich: Eine dicke Flasche aus der Sakristei hat er gemopst. Unseren Meßwein! Ich bin gleich rübergegangen und habe ein Vorhängeschloß angebracht. Erinnern Sie mich daran, daß ich Ihnen nachher den Schlüssel gebe.«

Die Nonne schüttelt verwundert den Kopf.

»Und er schrie, daß einem das Blut in den Adern gefrieren konnte. Er zischte mich an, sage ich Ihnen ... aber Sie wissen ja, wie er ist. Unser lieber, lieber Johnny.«

Und jetzt, da ihn ihre kalten Finger hereingezogen haben, seine Täuschung unentdeckt geblieben ist und er im Warmen sitzt und mit Tee bewirtet wird, läßt er den Blick durch den Raum schweifen. Er sucht ihn nach irgendeiner Form der Erlösung ab.

Ein riesiger brauner Christus mustert ihn über die Schulter der Mutter Oberin hinweg. Das Gesicht grinst: Von mir kannst du keine Hilfe erwarten, du alter Narr. Siehst du denn nicht, daß ich gekreuzigt bin? Zu seinen Seiten hängen wie die zwei mit Jesus gekreuzigten Diebe Kerzenhalter an der Wand. Ihre Dochte sind weiß; sie sind noch nie angezündet worden. Statt dessen sorgen elektrische Lampen für Helligkeit. Ihre graubraunen Schirme sind jedoch so groß, daß das Licht nur auf den Boden fällt; die Decke bleibt im Dunkeln.

Ein vergilbtes, schwarz eingerahmtes Foto zeigt eine Gruppe Nonnen – wahrscheinlich die vor langem verstorbenen Gründerinnen dieses Hauses. Um den Tisch stehen noch fünf weitere Stühle. In der Ecke lauert hinter vertrocknetem Laub wie ein Kobold die Gipsstatue eines Heiligen. Er ist bärtig, trägt einen langen Umhang und hält Hammer und Säge in den Händen. Joseph, der Schutzheilige all derer, die mit den Händen arbeiten. Der Priester unterdrückt ein Grinsen.

»Er und Monsignore Conroy waren dicke Freunde, wußten Sie das nicht? Zwei vom gleichen Schlag sozusagen. Father Fran hat Johnny seine Sünden jedesmal vergeben. Und umgekehrt genauso – möge Gott mir verzeihen, daß ich das sage.«

Father MacMurrough streichelt die Armlehne seines Stuhls. Das Holz ist so glatt, rein und kalt wie Marmor. In der Luft hängt ein penetranter Geruch – ist es Kampfer, Seife, Möbelpolitur oder alles zusammen? Der Priester schnuppert noch einmal. Es riecht leicht abgestanden. Ein stechender Schmerz schießt durch seinen Unterleib, vergeht aber gleich wieder.

»Armer Johnny. Möge der Herr ihm gegen seine Leiden helfen. Ich bin mir nicht mal sicher, ob der alte Mann überhaupt begriffen hat, daß sein einziger Freund auf dieser Erde von ihm gegangen ist.«

Sie nippen an ihrem Tee. Aus dem Kloster dringt kein Laut mehr an ihre Ohren, keine Schritte, keine Glocken, zu seiner Überraschung nicht einmal das gedämpfte Murmeln von Gebeten. Draußen ruft unterdessen eine junge Männerstimme einen Gruß. Eine junge Frau antwortet. Eine Horde Jugendlicher johlt.

»Hören Sie sich das an. Heute nacht erben Sie Father Frans Amt: Sie müssen die Fackel halten.«

Die Mutter Oberin schenkt ihnen beiden frischen Tee ein. Während sie noch herumhantiert, fällt dem Priester ein ganz merkwürdiger Laut auf, ein Stöhnen aus tiefster Kehle. Zunächst meint er, es dringe durch die Bodenritzen nach oben, aber nein, es kommt vom Korridor, aus dem Zimmer, das dem Empfangsraum gegenüberliegt. Das Stöhnen geht in ein entsetzliches Kreischen über. Einen Moment lang überlegt der Priester, ob es die Laiennonne ist, die da so heult, verwirft den Gedanken jedoch gleich wieder. So schreit kein Mensch. Es ist das Brüllen des Wesens, das vorhin durch die Kirche geschlichen ist.

Die Mutter Oberin spricht mit aufgesetzt fröhlicher, lauter Stimme, als versuche sie, den Schrei zu übertönen.

»Und ist diese Nacht nicht ideal dafür? Ich meine ... nach dem Schneesturm. Er heißt bei uns *Sheila's Brush*. Dieses Jahr kommt er freilich sehr spät. Aber jetzt ist die Nacht so klar, mild und ruhig. Das ist das Werk des Herrn. Er meint es wirklich gut mit Ihnen. Bitte, nehmen Sie Milch und Zucker ... ach Gott, ich hatte ganz vergessen – Sie trinken Ihren Tee ja ohne alles.«

Das Stöhnen schwillt zu einem wütenden Heulen an. Dann entfernt es sich langsam, bis schließlich nichts mehr zu hören ist. Im Kloster herrscht wieder Stille.

Als die Nonne die Untertasse in die Hand nimmt und die Tasse an den Mund führt, klappert das Porzellan. Sie verschüttet den Tee und setzt die Tasse ab, ohne getrunken zu haben. Zitternd lehnt sie sich zurück und schaut zum Fenster.

»Father. Heute ...«

Ihr Tonfall hat sich verändert. Auf einmal spricht sie mit der gedämpften Stimme einer Frau, die ihre Sünden beichtet. Und prompt kommt das geräumige Empfangszimmer dem Priester so eng und bedrückend vor wie ein Beichtstuhl. Mit neuer Aufmerksamkeit mustert er das Gesicht der Frau. Während sie nach den richtigen Worten sucht und sich eine Formulierung zurechtlegt, zuckt ihr rechter Mundwinkel.

»Aber sie müssen das verstehen, Father. Jeder muß gehorchen. So will es die Regel.«

Die Jugendlichen draußen stoßen ein rauhes Jubeln aus, das schnell in ein allgemeines Stimmengewirr übergeht. Eine Menschenmenge versammelt sich.

Die Mutter Oberin beugt sich vor und schaut so tief in die Tasse, daß Father MacMurrough schon glaubt, sie hätte etwas darin entdeckt, ein winziges Tier vielleicht. Ihre Finger betasten die dicken Gebetsperlen, die an ihrem Gürtel baumeln. Die Kugeln fallen klappernd auf den Mahagonitisch. Ihre Stimme wird brüchig.

»Ich habe ihnen gesagt, Father ... ich habe gesagt ...«

Sie preßt die Lippen aufeinander, daß alle Farbe daraus entweicht; genausogut könnten es die Lippen einer Toten sein. Waren sie überhaupt jemals lebendig, voll und feucht? Haben sie jemals so etwas wie eine reife, saftige Traube geschmeckt? Haben sie je geküßt? Die Haube, der Schleier und ihr Gesicht bilden einen weißen See in der schwarzen Landschaft aus Habit und Tuch. Der Priester starrt die Frau derart angestrengt an, daß das Bild, das er im Hinterkopf von ihr hat, eine gespenstische Verwandlung erfährt. Blitzschnell tauschen Licht und Dunkel miteinander die Plätze wie Schwarz und Weiß von Negativ zu Foto, und vor ihm sitzt ein junges Mädchen in einem weißen Kleid.

»... ich habe ihnen gesagt: ›Wir sind mit Jesus verheiratet, und zwar jede einzelne von uns. Mit unserem Herrn Jesus Christus und sonst niemandem.‹«

Jetzt weiß er, woher dieser abgestandene Geruch kommt: von dieser Frau selbst. Es liegt an ihrer völligen Entsagung. Einen Moment lang stellt er sich vor, alle Lebewesen auf der Welt – nicht nur diese Nonne, sondern sämtliche Fische, Landtiere, Pflanzen und Menschen – wären genauso blutleer und ausgetrocknet wie Gipsstatuen.

Das Gipsgesicht des gekreuzigten Heilands schaut feixend auf ihn herunter: Da hast du, was du dir ergattern wolltest – deine Erlösung. Bist du nun zufrieden?

Mit einem ekstatischen Strahlen sieht der Priester zu Jesus auf, denn die Antwort lautet – ja. Father MacMurrough ist dankbar für den Seelenfrieden, der ihm gewährt wurde, obwohl es doch schon so spät ist. Es befriedigt ihn, daß er die Freude gefunden hat, die diesen besonderen Ort, diesen erhabenen Moment erhellt – dieses herrliche Schwemmland zwischen Entscheidung und Tat.

Na ja, ich hab' ein bißchen mit dem Teufel Whist gespielt, als ich auf der Treppe Schritte höre, und da sag' ich zu dem Kleinen: Das werden die Hexen sein, die auf 'ne Partie reinkommen wollen.

Du weißt wohl schon, daß die halbe Gemeinde sich gefragt hat, hinter was du in Gottes Namen heute nur her warst. Wir wollten schon 'nen Suchtrupp losschicken.

So, mein Schätzchen, komm aus der Wiege. Dein Daddy ist wieder daheim. Endlich. Trocken und in einem Stück, Gott sei Dank.

Na denn, mein Mann, dann vergiß die schwarze Nacht und komm rein in die gute Stube. Und leg das Ölzeug ab. Das ist ganz naß und stinkt nach Fisch. Gib's mir; ich hänge es gleich über dem Herd auf. Aber bevor du irgendwas machst, drückst du zuallererst deinen Sohn an dich und gibst ihm einen dicken Kuß ...

Michael Barron schlängelt sich vorbei an all den Keschern, Wurfnetzen, Karren und Fässern, die auf der Straße stehen und liegen. Er bahnt sich einen Weg durch die seilhüpfenden kleinen Mädchen; die vor dem *Octagon* hin und her flitzenden kleinen Jungen; die Halbwüchsigen, die gegen die Schindeln gelehnt dastehen, rauchen und sich Witze erzählen; die Frauen, die ihre Babys mit Tüchern an sich gebunden haben und mit Milchflaschen, Decken, Laternen und zur Abwehr von allem Bösen mit Sonnenschirmen beladen sind; und durch die Männer, die miteinander plaudern und sich ein Melodium oder irgendein anderes Musikinstrument, eine Flasche Rum oder – wie er – eine Flinte unter den Arm geklemmt haben.

Die anderen müssen bereits drinnen sein. Michael Barron kämpft sich zum Fenster durch. Dort angekommen, preßt er die Brille an die Scheibe und späht durch die Lücken zwischen den Buchstaben des Wortes »Bestattungen« ins Innere. Eine einzige nackte Glühbirne schafft es, den gesamten Raum in ein grelles Licht zu tauchen. Der Laden ist gedrängt voll. Männer laufen mit Krügen voll mit schäumendem Bier zur Kneipentür hinein oder hinaus. Frauen spielen Whist und knallen die Karten wie Trommlerinnen auf ein Bierfaß, das ihnen als Tisch dient. Jugendliche konzentrieren sich auf eine Partie Billard. Zwischen ihnen rennen kleine Jungen herum und spielen Fangen. Natürlich ist der Lärm bis hier draußen zu hören und mischt sich mit dem Trubel auf der Straße. Michael ist schon ganz benommen davon. Die Litfaßuhr zeigt halb zehn.

Richtig, Gus und Wish sind schon drinnen. Sie stehen bei den gesalzenen Fischen. Wie er selbst hat sich Gus seinen langen Mantel angezogen. Wish trägt seine verrückten Holzpantinen, und jetzt, da er seine Mütze verloren hat und sein feuerroter Schopf nicht mehr bedeckt ist, könnte man fast glauben, er wäre in der Kirche. Sein Gesicht leuchtet unter der grellen Birne dunkelrot. Das von Gus wirkt ebenfalls dunkler und mit noch mehr Pusteln übersät als im natürlichen Sonnenlicht. Michael wird mit einem Schlag klar, wie sehr sich seine Kumpel voneinander unterscheiden, und vor allem, wie wenig er mit ihnen gemein hat. Ihm kommt in den Sinn, daß sie zwar alle drei im Abstand von nur wenigen Wochen geboren wurden, daß er aber im Vergleich zu ihnen in der letzten Zeit ungleich älter geworden ist. Heute hat er eine weite Reise hinter sich gebracht und lebt jetzt in einem entfernten Land, das für sie unerreichbar bleibt.

Gus und Wish, beide mit schuldbewußter Miene, linsen verstohlen zur Kneipentür, durch die jetzt Casey in Weste, aber ohne Jackett hereinkommt. Seine Wangen sind farbiger als sonst. Unter dem Arm trägt er eine Papiertüte. Er schiebt seinen massigen Körper durch die Menge geradewegs auf die zwei wartenden Jungen zu. Sobald er sie erreicht hat, stecken sie zu dritt die Köpfe zusammen. Nach einer Weile trennen sie sich, und die Jungen streben zum Ausgang. Der Ladeninhaber wendet sich ab und tut so, als würde er sich mit den Hummern beschäftigen.

Nichts davon interessiert Michael Barron.

Doch dann …

Dann sieht er, halb versteckt hinter den anderen, mitten unter der kahlen Birne gegen den Tresen gelümmelt, einen staubverschmierten weißen Rocksaum und in seinem Schatten die vertraute Rundung einer blassen Wade, jetzt schweißglänzend. Irrtum ausgeschlossen.

Plötzlich spürt Michael den leuchtenden blauen Lauf der Flinte in seiner Hand. Dieses Jahr darf er sie zum erstenmal tragen – um Pops Lippen spielte ein geheimnisvolles Grinsen, als er es ihm erlaubte –, und er ist stolz darauf, daß er heute nacht der jüngste ist, der eine Waffe bei sich hat. Wie immer sind hier die verschiedensten Gewehre vertreten: zwölfkalibrige mit einem einfachen Lauf wie seine Flinte, aber auch doppelläufige, die fast schon tragbaren Kanonen ähneln, Flinten mit Kaliber 16, die in dieser Gesellschaft freilich bloßes Spielzeug sind, oder – damit kann nichts und niemand mithalten – ein uralter Vorderlader, den der Gunner zweimal im Jahr aus dem Schrank holt, nämlich an Silvester und am Tag der Entdeckung durch John Cabot.

»Hallo, Vier-Auge, wie war dein Schönheitsschlaf?« begrüßt ihn Wish.

»Reine Zeitverschwendung, wie jeder Idiot auf den ersten Blick sieht«, wiehert Gus und versucht, Michael in die Hoden zu boxen.

Wish zieht Michael in den Schatten. Kichernd wedelt er mit der Papiertüte unter Michaels Nase. »Riech mal, Barron. Schau, was uns Casey für den Seehund gegeben hat. Sein fettes schwarzes Herz sei gesegnet. Ist doch viel besser als seinen mickrigen Fisch gegen ein halbes Dutzend Biere zu tauschen. Menschenskind, riech nicht, sondern gönn dir 'nen Schluck. Mach schon. Die beste Medizin gegen jedes Wehwehchen.«

Aus der Tüte steigt ein süßer Duft von Melasse auf. Michael führt die Flasche an seine Lippen und trinkt einen kleinen Schluck. Der Rum raubt ihm die Luft zum Atmen und fließt brennend die Kehle bis zum Magen hinunter.

Aber dann reißt Gus ihm die Flasche aus der Hand. »Also gut, Barron, wenn du was trinken willst, dann lauf doch heim und hol deinen Eiszapfen. Casey gibt dir sicher auch 'ne Flasche Dock dafür. Dumm genug ist er ja.« Er zerfetzt die Papiertüte, so daß alle Umstehenden sehen können, was er da hat, wischt den Flaschenhals ab, hebt die Flasche wie um einen Toast auszusprechen und trinkt. Dann reicht er sie mit einem Rippenstoß an Wish weiter. »Hey, Butt! Was sagst du dazu?«

Moira Nolan und Alice Keating stürzen kreischend aus dem Laden. Noch in der Tür schauen sie zurück, ehe sie die Treppe zur Straße hinunterspringen. Ihre Haare lösen sich unter den Kopftüchern, die Röcke wehen und entblößen nackte Schenkel. Casey folgt ihnen in unbeholfenem Galopp. Grinsend schwenkt er einen großen roten Hummer. Die Leute im Laden biegen sich vor Lachen.

Gus legt die Hände an den Mund und schreit: »Paß auf, Moira, sonst beißen dich die Hummer!« Dann blickt er beifallheischend um sich.

Der Meute stolz in einigem Abstand folgend, tritt nun auch ein schlankes weißes Kleid langsam und mit der Erhabenheit eines Schoners in die Nacht hinaus. Michael verschlägt es den Atem: das ist kein Funke mehr, kein Kerzenlicht weit entfernt von ihm jenseits eines kalten, einsamen Wassers, sondern eine Fackel in seiner unmittelbaren Nähe, zum Greifen nahe, auf der gleichen staubigen Straßenseite wie er, so dicht vor ihm, daß er es fast nicht wagt, hinzusehen. Namenlose Angst fährt ihm durch sämtliche Glieder, und unwillkürlich krümmt sich sein Finger um den Hahn der Flinte.

Moira und Alice tanzen im Kreis um den Ladenbesitzer herum und hören nicht auf, ihn zu foppen. Bald gibt Casey auf. Mit einem dümmlichen Grinsen, keuchend und rot im Gesicht, aber weiterhin mit dem Hummer drohend, zieht er sich in den Laden zurück. Die Menge klatscht Beifall. Jemand packt seine Ziehharmonika aus, und schon fassen sich die Leute an den Armen und tanzen.

»Ich bin der Mann, der Fische fängt
und heim zu seiner Lisa bringt.«

Das Kleid segelt majestätisch durch die Horde. Michael Barron sieht gebannt zu. Er hat das Gefühl, die Erde bewege sich unter seinen Füßen. Als das Kleid sein Ziel erreicht hat – Alice und Moira –, kehrt es der Meute seinen langen, prächtigen Rücken zu.

»Na, was macht deine Mieze?« grunzt Gus. Er faßt sich an den

Schritt und glotzt den Mädchen lüstern nach. Dann reißt er Wish die Flasche aus der Hand und trinkt sie mit einem gierigen Schluck fast ganz leer. Wish sieht empört zu, wie der Rum in Gus' Kehle verschwindet. »Butt!« brummt Gus und schmatzt mit den Lippen. »Geh doch heim zu deiner Mutter und sag ihr, daß sie dich festhalten soll.«

Immer mehr Menschen strömen aus dem Laden oder tauchen aus der Dunkelheit auf. Sie lehnen sich gegen das Fenster, sitzen auf der Stufe oder stehen einfach auf der Straße herum. Sie trinken, rauchen, reden und warten. Michael hört nur immer Gesprächsfetzen.

»... sie kann jetzt jeden Tag von uns gehen ...«

»... war die Sheila nicht wunderbar? Wenn auch etwas spät ...«

»... ich setz' mein Geld auf Joe ...«

»... *aber der Paddy, der ...*«

»... keine Angst, wir werden ein Gegrüßet-seist-du-Maria für sie beten ...«

»... *und Sheila folgt mit langem weißem Kleid ...*«

»... meinst du Joe? Oder Jersey Joe? ...«

»... ja, es war ein wunderbar friedliches Schneetreiben. Und so sanft ...«

»... am Sonntag wird's rundgehen ...«

»... herrliche Blüten. Eine richtige Daunendecke aus Schnee.«

»... möge sie in Gottes Frieden ruhen ...«

Auf einer Rasenfläche liegt Billy Nolan mit vor Anstrengung gerötetem Gericht auf dem Rücken und stemmt seinen fetten, glänzenden Arsch in die Höhe. Fernie Furey hält eine brennende Zigarette vor den Spalt in den Backen. Dann brüllt Billy: »Volley!« Eine blaue Flamme flackert auf und verpufft erst nach geradezu obszön langer Zeit. Zurück bleibt faulig riechender Rauch.

Die Menge jubelt. Als Billy sich vorbeugt, um sein Werk ebenfalls zu bestaunen, lächeln seine Augen.

Mit einem Mal verstummt die Versammlung. Schließlich gibt sich eine Frau einen Ruck: »Guten Abend, Father.«

Die schwarze Gestalt umklammert den Stock in ihrem Rücken

mit beiden Händen und geht in der Dunkelheit vorbei. Ein ganzer Chor von Stimmen grüßt sie nun. Eine Antwort bekommen sie nicht.

Die Gestalt wird von der Nacht verschluckt.

»... einen schönen guten Abend, Hochwürden ...«

»... was für ein Problem hat er? Ist er stumm oder was?«

»... ob er Hämorrhoiden hat ...?«

»... ach was, er hat's bloß eilig; muß dringend zum Scheißhaus ...«

»... während sie steht ...«

»... oder er hat soeben die weisen Jungfrauen besucht ...«

»... und das Ketchup-Boot war doch am Kai vertäut ...«

»... und jetzt fühlt er sich einsam und verlassen ...«

»... will heim in den Palast und wieder zu sich kommen ...«

»... na gut, beten wir, daß er zurückkommt und seine Pflicht tut ...«

» ... hey, habt ihr von der Nonne gehört, die den Priester um die Kirche gejagt hat ...?«

Fernie Furey schlendert auf Gus und Wish zu. Billy Nolan folgt ihm. Im Gehen wischt er sich das Gras von der Jacke und zupft hinten an seiner Hose. Gus verbirgt die Flasche hastig in der Jackentasche.

»Hey, ihr zwei Scheißer, wo habt ihr euch denn an einem so schönen Tag wie heute rumgetrieben?« fragt Billy und bietet ihnen selbstgedrehte Zigaretten an.

»Wir waren draußen.« Gus gibt sich nonchalant, kann aber einen stolzen Ton nicht ganz unterdrücken. »Hinter dem Riff.« Er nimmt die ihm gereichte Zigarette.

Das Kleid dreht auf den Zehenspitzen eine Pirouette. Der Saum hebt sich, Waden blitzen auf, feuchte Kniekehlen werden sichtbar. Auf einmal schwitzt Michael Barron aus allen Poren. Gerade als die weißen Schenkel entblößt werden, zuckelt ein dämlicher kleiner Junge vor seinen Augen mit einem Leiterwagen vorbei. Als der Kerl sich endlich verzogen hat, ist der Vorhang längst gefallen.

Aber weil er solche Sturzbäche schwitzt, ist Michael Barron

dem dummen Jungen fast dankbar, daß er sich ihm in den Weg gestellt hat.

»Hinter dem Riff?« fragt Billy. Obwohl er sich alle Mühe gibt, keine Bewunderung erkennen zu lassen, so wandern doch seine Augenbrauen nach oben. Er zündet allen die Zigaretten an. »Hab' ich doch gesagt – hinterm Riff. Zum Fischen. Und danach sind wir auf den Eisberg rauf. Wir haben Besitz davon ergriffen. Für den König, verstehst du. Und wir waren auf Seehundfang.«

»Seehundfang?«

»Na klar. Was sonst?«

»Ach was.« Fernie spuckt ungläubig auf den Boden. »Mir kannst du keinen Blödsinn erzählen.«

Als hätte er schon mit einer solchen Reaktion gerechnet, erwidert Gus in bewußt gelassenem Ton: »Frag doch Casey, wenn du mir nicht glaubst. Er wird euch das Fell zeigen.« Mit dramatischer Geste zieht er die Rumflasche aus der Tasche und trinkt.

Am anderen Ende der Menge kitzelt Alice ihre Freundin Moira unter den Achseln und läuft weg. Moira verfolgt sie kreischend. Die jungen Frauen machen einen Bogen um die Burschen und rennen dann in die Dunkelheit davon.

Mit vor Aufregung heiserer Stimme ruft Fernie: »Los! Worauf warten wir noch?«

»Genau!« zischt Billy. »Wer macht mit?«

»Schaut euch nur ihre Hügel an!« schwärmt Fernie. »Eine Cousine von mir, wißt ihr.«

»Die zwei rammeln wie die Hasen«, flüstert Billy.

Doch Gus schüttelt nur den Kopf. »Ach was. Die wollen uns nur heiß machen und dann abhauen. Scheiß drauf.«

Die Entfernung zwischen ihm und dem weißen Kleid, das jetzt in vornehmer Einsamkeit dasteht, ist etwas größer als die Strecke, die er im Tauchen bewältigen könnte, ohne einmal Luft zu holen, überlegt Michael Barron. Doch selbst wenn er sich entschlösse, das Schwimmen bleiben zu lassen und ihr einfach zuzuwinken, dessen ist er sich sicher, würde ihm auch dazu der Mut fehlen.

Während Fernie und Billy noch lüstern ins Dunkel glotzen, fängt Gus unvermittelt an, mit ihren Abenteuern am Nachmittag zu prahlen. Der Rum hat ihm die Zunge gelöst, und er spricht mit lauter Stimme. Der hinter ihm stehende Wish schweigt beleidigt. Gelangweilt zündet er Streichhölzer an, eins nach dem anderen, und läßt sie zu Boden fallen. Bevor sie von selbst ausgehen, löscht er sie, indem er lange, schleimige Fäden auf sie spuckt.

Im Mondlicht pulsiert die Front der Kirche. Das große Kreuz, dasjenige, das die Seemänner vor dem Untergang bewahren soll, streckt sich den Sternen entgegen.

Auf den Stufen, die zur Kirche führen, sitzt eine elfenhafte Gestalt. Das sieht ganz nach seinem kleinen Bruder Kevin aus, auch wenn Michael sich bei dem schummerigen Licht nicht ganz sicher ist. Joan hat sich beklagt, daß der Junge nicht zum Abendbrot heimgekommen ist. Michael sagt sich, daß er rübergehen und Kevin fragen müßte, was denn los war, doch in diesem Augenblick brüllt Gus ihm ins Ohr:

»Stimmt's etwa nicht, Barron? Ein furchtbares Ungeheuer, was immer es für ein Vieh gewesen sein mag. Es war größer als der ganze Scheißkahn. Und es hat den Haken mitsamt der Schnur geschluckt. Hätte uns fast in die Tiefe gezogen.«

Michael weicht Gus aus und schaut noch mal zur Kirche hinüber, doch die zierliche Gestalt ist verschwunden.

»Mensch, ich hab' den gottverdammten Seehund persönlich aus einer Entfernung von gut dreißig Metern abgeschossen. Mit dieser Kanone hier. Und voll ins Auge getroffen. Danach habe ich ihm das Gehirn zu Mus geschlagen. Der schieläugigen Memme da fehlte der Mut. Und was Barron betrifft, Mann, der Nichtsnutz ist auf dem Berg rumgebummelt.«

Wish verdreht mißmutig das schielende Auge. Ein Hundewelpe kommt in die Reichweite seines Stiefels. Er tritt nach der kleinen Promenadenmischung, verfehlt sie aber.

Bridey Thomey schiebt einen Kinderwagen durch die Menge. Alice und Moira zeigen mit dem Finger auf sie und versuchen, ein Kichern zu unterdrücken. Da ihnen das nicht gelingt, lenken sie davon ab, indem sie hintereinander herjagen. Trotz all des Treibens rundherum behauptet das Kleid seine Stellung, ruhig und beständig wie die Sonne.

»Ja, so wahr mir Gott helfe, aber ich habe das Hirn nicht aufs Eis verspritzt.«

Das Kleid dreht sich nun wieder, aber so langsam, daß der Saum unten bleibt und die Waden nicht zum Vorschein kommen. Statt dessen suchen auf einmal wütende Augen die Menge ab und richten sich genau auf die Stelle, an der Michael Barron mit seinen Kumpeln steht. Wie das Licht des Leuchtturms halten sie inne, um dann wieder aufzublitzen. Der Blick ist wild und entschlossen – und blau. Denselben Ausdruck hat Michael Barron schon einmal gesehen – es ist der bedingungslose, unbarmherzige Glaube in den Bildern von Märtyrern.

Er senkt den Blick, damit diese Augen nicht auf ihn aufmerksam werden. Ansonsten hätte er keine Luft mehr zum Atmen. Zugleich ärgert es ihn, daß er dazu gezwungen wurde, wegzuschauen. Seine Hand gleitet in seine Tasche und stößt auf seine zwei hohlen, kastrierten Muscheln. Dann ertasten die Finger seinen Kamm – Gott sei Dank, wenigstens ein schlichtes und vertrautes Ding. Nervös holt er ihn heraus.

Fernie langweilt Gus' Bericht zusehends. Er stößt Billy an. »Heiliger Jesus, Nolan! Schau dir das nur an!«

»Mich laust der Affe!« ruft Billy in gespieltem Erstaunen.

»Hast du Barron je mit einem Kamm in der Hand gesehen?«

»Wer hat dir denn den Gebrauch von so was beigebracht, Barron?«

»Was ist los, Michael? Bist du krank oder was?«

Aus Verärgerung darüber, daß keiner ihm mehr zuhört, zerzaust Gus das Haar Michaels. Kurz überlegt Michael, ob er ihm eine mit dem Gewehrkolben überziehen soll, doch er zügelt seine Wut und wartet, bis Gus seine Geschichte wieder aufgreift. Dann kämmt er sich wortlos.

»Da zünde ich eben ein Feuer an und brate den zwei hilflosen alten Weibern da ein Festmahl aus Flossen. War doch ein prima Fraß, oder, Jungs?«

Ein Schatten fliegt an Michaels Gesicht vorbei. Er ist so flüchtig, daß der Junge sich schon fragt, ob er ihn sich nur eingebildet hat. Doch dann sieht er, daß Alice und Moira ihn auch bemerkt haben. Sie ducken sich und reißen die Arme hoch.

»Fledermäuse!«

Das weiße Baumwollkleid wird am Knie gerafft, so daß der lange Oberschenkelmuskel und eine hohe, harte Hüfte sich deutlich unter dem Stoff abzeichnen.

Das Wesen in der Luft lenkt die Zuhörer endgültig von Gus und seiner Geschichte ab. Erbost knurrt er: »Hey, Alice, ich hab' 'ne Fledermaus für dich, wenn du sie unterm Rock haben willst ...«

»Mensch, Gallant, dann tu's doch. Zieh ihn raus und wink ihr damit!«

Der bittere Ausruf kommt von Wish Butt.

Gus fährt verblüfft herum. Aber dank des Rums ist er mutig geworden. »Und sonst willst du nichts, Butt?«

Michael hat seine Kumpel noch nie so miteinander reden hören.

Billy sieht eine Chance, sich über sie lustig zu machen. »Erzähl uns keinen Scheiß, Gallant. Raus mit der Wahrheit. Wie viele *Fische* hast du gefangen?« Er zwinkert den anderen zu.

»Aber die kleinen Weißdorsche gelten nicht!« ruft Fernie dazwischen.

»Ich kann euch sagen, was er gefangen hat«, sagt Wish mit einem boshaften Kichern. »Einen nutzlosen Kabeljau, den wir weggeworfen haben. Einen Seeskorpion. Und einen Rattenschwanz, weil das dumme Arschloch seinen Haken verloren hat.«

»Du hast wirklich deinen Haken verloren, Gallant?« prustet Billy los. »Tja, kein Wunder, daß du ihn den Mädchen nicht zeigen kannst.«

»Das ist ja eine gewaltige Menge«, meint Fernie mit einem verwunderten Kopfschütteln. »Offen gestanden hätte ich Gallant eine so große Ausbeute gar nicht zugetraut.«

»Das Ding hat sich im Grund verhakt, und der Trottel hat es nicht mehr hochgekriegt!« Wish blitzt Gus an. »Dumm wie ein Pfund Scheiße!«

Fernie schüttelt betrübt den Kopf. »Gallant, mein Junge, du enttäuschst uns. Selbst die Legion Marias hätte am Sonntag vor der Messe eine größere Ausbeute eingefahren.«

Gus Gallants Halsadern schwellen an.

Alice und Moira haken ihre Arme beim Kleid ein und führen es durch die Menge, direkt auf Michael zu. Wer ihnen im Weg steht, wird kurzerhand weggeschubst. Die blauen Augen blitzen auf.

Michael packt seine Flinte fester.

Gus beruhigt sich wieder. Er hält es für das Beste, einfach so zu tun, als wäre nichts. So trinkt er einen Schluck Rum und schwadroniert etwas lallend, aber über den ganzen Platz vernehmbar weiter: »Und dann sind wir mit dem Kahn zum Eisberg gefahren. Einfach in 'ne Bucht rein. Mitten rein in die miefige Fotze.«

Das Kleid bleibt eine Kirchenbanklänge vor Michael Barron stehen. Ein beängstigendes Glühen geht von ihm aus. Moira und Alice hören jetzt zu, wie auch Billy, Fernie und all die anderen, die herangetreten sind. Es ist nicht so sehr die Geschichte selbst, die sie angelockt hat, sondern Gus' überdrehtes Gebaren. Er redet ohne Punkt und Komma, als befürchtete er, jemand könnte bei der noch so geringsten Pause ein Wort dazwischenwerfen. Die wilden blauen Augen sind geschlossen und lauschen verzaubert.

»Wir dachten schon, jetzt wären wir verratzt. Um uns herum sind lauter gottverdammte Eiszapfen runtergefallen. Und ich konnte nicht mal die Hand vor Augen sehen. Da dachten wir wirklich, jetzt ist es aus, jetzt werden wir aufgeschlitzt wie Hühner.«

Die Augen klappen auf. Sie verschlingen Gus förmlich, oder zumindest seine heftigen Worte.

»Der ganze hintere Teil war eingestürzt! Fragt Casey, wenn ihr mir nicht glaubt. Er war auch draußen. Er hat es auch gesehen. Um Haaresbreite sind wir davongekommen!«

Am Rand der Versammlung stehende Kinder schreien: »Püschta! Püschta!«

»Und dann kam der gottverdammte Block vom Meeresboden

nach oben geschossen. Das Scheißding hätte fast das Boot erwischt. Hat dann aber nur das Paddel zerbrochen. Ich sag' euch, dieses Teufelseis griff uns von allen Seiten an!«

Der Kopf schwankt unentwegt. Eine lange, schlanke Hand kriecht den Rücken hoch und zerzaust die Mähne.

»Ich hätte keinen Pfifferling mehr für unsere Rettung gegeben, aber dann haben wir unser Segel rausgeholt und sind vor dem Wind zurückgefahren. Die haben dieser Bucht schon den richtigen Namen verpaßt. Es ist ja so verdammt schwer, da reinzufinden.«

»Hast du deinen Rosenkranz gebetet, Johnny?«

Die Kinder quälen wieder Johnny the Light.

Der alte Mann ist gegen alle Gewohnheit barhäuptig, als er, bedrängt von den Kindern, die Kirchentreppen hinuntertorkelt. Wie um irgendwelche Juwelen vor Räubern zu beschützen, stopft er die Hände in die Taschen. Ängstlich umkreist er die Menge. Dabei versucht er, über die Köpfe der Leute hinweg ins Innere des Ladens zu spähen.

Die Kinder weichen ihm nicht von den Fersen. Sie halten sich die Nasen zu und johlen:

»Johnny, du stinkst wie die Pest!«

»Püschta! Püschta! Püschta!«

»P-p-püschta!« zischt der alte Mann zurück.

Mit einem entzückten Kreischen stieben die Kleinen davon. Er sieht mit hervorquellenden Augen zu, wie ihre Eltern ihnen eins an die Ohren geben, weil sie so frech waren.

Gus freut sich, als er den Alten erblickt. Er winkt mit der Flasche und erreicht so seine Aufmerksamkeit. Als wären sie alte Freunde, legt er den Arm um Johnnys Schultern und sagt: »M-m-möchtest du 'nen Schluck mit uns trinken, mein Alter?«

Johnny strahlt, aber sein Lächeln erstirbt gleich wieder. Mißtrauisch beäugt er die Flasche.

Gus grinst die Leute um ihn herum an. Dann hält er dem alten Mann die Flasche unter die Nase. Johnnys Mund klappt auf, und seine Zunge hängt heraus. Mit beiden Händen greift er nach der Flasche, doch seine verstümmelten Finger vermögen sie nicht zu fassen, denn Gus hat sie schon wieder weggezogen. Im nächsten Moment hält Gus sie sich senkrecht über den eigenen Mund und fängt die letzten Tropfen mit der ausgestreckten Zunge auf.

Zu Michaels Entsetzen verabschiedet sich das weiße Kleid von Moira und Alice und stolziert ganz allein davon. Am anderen Ende des *Octagon* bleibt es noch einmal stehen. Aus keinem ersichtlichen Grund starrt es die nackte Wand an, als täte sich dort zwischen den Schindeln eine Öffnung auf, durch die es ein verzaubertes Königreich sehen könnte. Im nächsten Moment schwebt das Kleid um die Ecke und verschwindet in der Dunkelheit des Admiral's Beach.

Zurück bleibt die schwarze, kalte Nacht.

Michaels Puls pocht wie verrückt. Er hört ihn sogar gegen sein Trommelfell hämmern. Wie die Sonnenpriester in den Anden, die auf den Bergen sitzen und für den Sonnenaufgang beten, so läßt er die Hausecke nicht mehr aus den Augen und fleht, die Hitze, das Leuchten möge doch zurückkehren.

Gus wedelt mit der leeren Flasche vor Johnnys Augen herum und schleudert sie mit einem höhnischen »P-p-püschta!« in die Bordsteinrinne.

Der alte Johnny weicht erschrocken in den Schatten zurück.

»Warum zum Teufel hast du das getan?« herrscht ihn Wish empört an.

»Ach, halt's Maul, Wish. Der Alte spinnt doch.«

»Er ist ein Krüppel.«

»So wie du, Butt. Ziel bitte mit deinem Scheißschielauge woandershin. Ich habe es satt bis dorthinaus! Mir wird ganz schwindlig davon.«

Ein Glühen wie vor der Morgendämmerung wärmt den Rand von Michaels Gesichtsfeld. Das Kleid ist zurückgekehrt – aber nicht an die Stelle an der Hausecke, die er in seinem Gebet gemeint hat; statt dessen strahlt das Licht in seinem Rücken. Es hat das *Octagon* umkreist.

»Gallant, du bist ein Arschloch, wußtest du das?«

»Ach, Butt, lauf doch heim und heul dich bei deinem Vater aus – wer immer er auch sein mag.«

Das Licht nähert sich Michael von hinten. Es riecht nach süßen Beeren. Sein Herz macht einen Satz. Sein Finger krampft sich um den Hahn.

Mit leiser Stimme, fast flüsternd, sagt Wish: »Gallant, du bist im wahrsten Sinn des Wortes ein Schwanzlutscher.«

Michael Barron läuft der Schweiß über die Stirn. Das Licht ist hier, direkt bei seiner Schulter. Seine Lunge ist wie gelähmt, und das ärgert ihn über alle Maßen.

»Hey du, Vier-Auge«, fordert eine rauhe Stimme. »Leih uns den Kamm da.«

Gus senkt den Blick. Erst stößt er ein nervöses Kichern aus, dann verzieht er die Lippen zu einem dümmlichen Grinsen. Mit einem resignierten Kopfschütteln beginnt er, seinen Mantel aufzuknöpfen.

Also, Daddy, schmeiß deine salzigen Stiefel in die Ecke, steck dir deine Zähne in den Mund und setz dich an den Tisch. Ich wärme dir schnell das Essen auf. Ich hab' schon dafür gesorgt, daß die kleinen Aasgeier dir einen Teller übriglassen. Du mußt ja ausgehungert sein, du armer Teufel. Ja, setz dich da hin, und wir schieben noch ein paar Scheite in den Herd, daß es hier auch wirklich behaglich wird. Und wenn wir Kohle nachlegen, dann singt der Kessel auch gleich. Ich mach' dir 'ne schöne dampfende Fischsuppe; was meinst du, wie schnell dir das die Kälte aus den Knochen zieht. Und wenn du aufgegessen hast, schnappst du dir am besten die Mundharmonika und läufst zum Brow raus. Ich hab' nämlich der halben Bucht versprochen, daß du was spielst.

Was hab' ich doch für einen einsamen, langen Tag hinter mir. Und die ganze Zeit habe ich nach dir und den anderen Ausschau gehalten. Von Sonnenaufgang bis in die Nacht habe ich oben in Sonne und Wind gesessen, wenn ich nicht gerade Holz gehackt habe, Wasser geschleppt, Wäsche gewaschen und aufgehängt, gebügelt und gestrickt habe. Und dann hab' ich noch an Ciss geschrieben – gebe Gott, daß sie uns dieses Jahr besuchen kommt –, habe Fische gewendet, Löwenzahn gepflückt, Rhabarber geerntet, Seetang getrocknet, Kartoffeln geerntet, den Glückskuchen gebacken, Brot angesetzt und gebacken und Frühstück, Mittagessen und Abendbrot für die gefräßigen Kleinen gemacht. Jetzt bin ich fix und fertig, sag' ich dir. Die Rasselbande treibt sich draußen rum und grast die Gegend nach allem möglichen Brennbaren ab. Na ja, wenigstens ist die Nacht milde. Aber hütet euch vor dem Darby, habe ich ihnen eingeschärft. Ja, ja, sie sind alle unterwegs und haben mich mal wieder allein gelassen. Keiner da, der der armen Mutter Gesellschaft leistet, außer dem kleinen Piraten Francis Bodkin hier. Er vertritt mir schon den Mann, und gar nicht mal so schlecht.

Stimmt doch, Süßer, oder?

Tja, Daddy, leider hab' ich eine traurige Nachricht für dich. Unsere Große … wir haben sie verloren. Kaum ist die Sonne hinter dem Riff untergegangen, kommen sie schon ihre zwei Schatten abholen. Als sie die Treppe runtersteigt, frage ich sie gleich: »Wo ich euch doch die ganzen Ratschläge gegeben habe, hat eine von euch rausgefunden, welcher der ihre ist?« Meinst du, die hätten auch nur 'ne Andeutung fallen lassen? Also versuche ich's auf die schlaue Tour und sage: »Wollen wir uns nicht auf 'nen Tee hinsetzen und ein paar Runden Whist spielen? Dann könnt ihr mir den Klatsch erzählen.« Aber die feine Dame setzt eine finstere Miene auf und durchbohrt mich schier mit den Augen. Die Schnute kann ich gleich gar nicht haben. Ich sag' also: »Geh gefälligst rauf und zieh dir ein anderes Kleid an; mit diesem Fetzen da bist du ja durch die halbe Schöpfung strawanzt. Oder bügel ihn zumindest auf.« Aber natürlich hört sie erst gar nicht hin, sondern geht gleicht zur Veranda. Ich ruf' ihr noch nach: »Dann nimm wenigsten 'nen Pullover mit; sonst holst du dir bei der Kälte noch den Tod.« Ich war noch nicht fertig, da knallt die Tür zu, und sie sind weg. Und nicht ein Wort! Also stimmt es wohl, daß sie ihn erraten hat, wer er auch sein mag. Tja, Daddy, ich spüre es: Sie hat einen. Sie ist weg. Wenn wir sie das nächste Mal sehen, gehört sie nicht mehr zu uns. Sie hat uns verlassen, und zwar endgültig.

Als die ganze Bande mich allein gelassen hatte, ließ ich die Katze rein und hörte mir die Nachrichten an. Der große Kampf, der in New York hätte steigen sollen, wird wegen des schlechten Wetters verschoben, heißt es. Und das Licht von Belle Isle ist ausgegangen, und ein Schiff mit dem Namen *Rose* ist dort an den Klippen zerschellt. Wie schrecklich – die vielen Kleinen, die jetzt ihre Väter verloren haben! Und die Familiennachrichten sind auch im Radio gekommen. Ein halbes Dutzend Frauen wurde im General Hospital operiert, und es geht ihnen allen gut. Und ein halbes Dutzend Männer schicken ganz liebe Grüße aus ihren Holzfällerlagern. Ist das nicht eine tolle Erfindung, die Nachrichtensendung von Doyle? Immer wenn mein armer Vater zum Labradorstrom fuhr – und das dauerte ja Monate –, gab Mutter ihm Umschläge mit ihrer Adresse und Briefmarken darauf mit, einen für jedes Postboot, damit er ihr immer einen schicken konnte, wenn er einem begegnete. Er brauchte nur einen Haken hinzukritzeln – mehr hätte er ohnehin nicht fertiggebracht –, und so erfuhr sie, daß es ihm gutging. Ja, ja, die Nachrichten von Doyle sind schon was Tolles.

Und dann bringen sie auch den Dampferreport. Es klingt ja so wunderbar – wie ein Lied –, wenn man von den Schiffen hört, die alle die Namen von furchtbar weit entfernten romantischen Gegenden tragen: *Argyle, Bruce, Clyde, Dundee, Ethie, Fife, Glencoe* und *Home*. Home – ist das nicht ein herrlicher Name für einen Ort?

Und ich starre die Blumen an der Wand an, die Sendungen über den Barrelman und die Big Six gehen vorbei, und ich sage mir: Bei Gott, eines Tages raffe ich mich auf, und dann kann mich nichts mehr bremsen. Dann gehe ich in den Garten und lege ein Beet mit Blumen an, die ich schon immer haben wollte: Eine Reihe mit wohlriechenden Veilchen; das ist alles, was ich brauche.

Aber die Nächte sind einfach zu lang. Oder hab' ich etwa nicht recht? Drum brauchen wir neue Baldriantabletten. Schließlich hab ich mir gesagt, knie dich hin und bete ein Gesätz vom Rosenkranz, um dir die Zeit zu vertreiben … aber da ist mir eingefallen, daß der Pfarrer heute nachmittag auf 'ne Tasse Tee da war, und das ist genug Religion für einen Tag. Also, dieser Mann ist schon ein komischer Heiliger. Hat die ganze Zeit kaum einmal ein Wort rausgebracht. Ich hab' versprochen, ihm einen Eimer Lodden rüberzuschicken. Sie werden heute nacht bestimmt ans Ufer kommen. Die kleine Sheila hat heute ja fast das ideale Loddenwetter mitgebracht. Aber sind sie nicht gerissen? Kommen erst raus, nachdem die Möwen schlafen gegangen sind. Aber meinst du, der Priester hätte den Mund auch nur einmal zu einem Lächeln verzogen? Der läuft bloß immer den ganzen Tag lang die Straße rauf und runter, na, vielleicht auch in der Nacht – wer weiß. Im Winter werden wir ihn mal einen Sonntagabend zu einem Essen und 'nem Glas Branntwein reinholen und mit ihm Karten spielen.

Tja, er und Johnny the Light, die sind schon ein trauriges Paar, wie sie immer wie verlorene Seelen durch die Straßen geistern. Der arme alte Johnny bechert ja ganz schön wild. Was um Himmelswillen ist nur aus dem Kerl geworden? Wo er doch früher so vielen Männern das Leben gerettet hat ... Na ja, heute müßte er selber gerettet werden.

Also, was mache ich am Ende? Ich spiele ein paar Runden – Chicago, Solowhist, Alte Jungfer und was weiß ich noch alles. Zwischendurch schaue ich zum Fenster raus und sehe eine Horde von Männern, alle mit ihren Gewehren in der Hand, die Straße runtermarschieren. Und das erinnert mich an was Bestimmtes. Es kam mir so vor, als wäre es bei uns erst gestern geschehen. Erinnerst du dich noch? Aber klar, du weißt es genauso wie ich! Wie hättest du es auch vergessen können? Es war ja eine Riesensache. Tja, das Mädchen haben wir verloren, Daddy. Und bald steht eine neue Feier ins Haus.

Ja, ja, das Mädchen wird sein weißes Kleid tragen. Die Kirchenglocken werden läuten, und die ganze Gemeinde wird das Paar – das Brautpaar! Stell dir das nur vor! – zum Kai begleiten. Die Männer werden ihre Gewehre abfeuern. Der Priester wird ihnen seinen Segen geben, und dann werden sie den prächtigen weißen Schoner besteigen, und der wird blitzblank geputzt sein. Und dann wird es auch schon losgehen. Ein kräftiger Westwind wird sie aus der Bucht hinaus an irgendeinen weit entfernten romantischen Ort bringen – vielleicht sogar in eine Gegend mit dem Namen Home. Und die Möwen werden über ihren Köpfen im Wind flattern wie Gottes Konfetti.

Ist das Mikey da drüben?
Unter dem schräg durch das Ladenfenster einfallenden Licht kann der kleine Kevin Barron in der Menschentraube nur vereinzelte Fragmente erkennen: eine Brille, einen Kamm, den schimmernden blauen Lauf der Flinte.
Die Masse verläuft sich etwas. Richtig, es ist Mikey. Aber er ist nicht allein. Die große Dürre aus der elften – wie heißt sie nur? – umkreist ihn, immer wieder, wie in einer Art Schulhofspiel. Und die ganze Zeit kämmt sie sich dabei die langen Haare. Wenn er Mikeys Gesicht so ansieht, könnte er fast schwören, daß er sie gar nicht wahrnimmt. Seine Augen starren ins Leere. Hat er am Ende eine schreckliche Halluzination? Es ist derselbe weit entfernte Blick, den er an sich hat, wenn er in sein Buch schreibt – das geheiligte Buch, das er nicht wegzusperren braucht, denn weder Kevin noch sonst jemand in der Gemeinde, außer dem Priester, würde wagen, es zu lesen.
Das Mädchen legt die Hände um Michaels Ohr und flüstert ihm etwas zu.
Die Menge schließt sich wieder. Anscheinend gibt es da eine Schlägerei. Und als die Leute auseinanderweichen, sind die zwei verschwunden.

* *
*

Ad securae taciturnitatis portum me transferre intendo.
Father MacMurrough schaltet das Licht erst gar nicht an. Das durch das Küchenfenster hereinströmende Mondlicht sorgt für genügend Helligkeit. Die Feder in seiner Hand und ihr Schatten auf dem Papier vereinigen sich zu einem dunklen V, so daß er sich nicht ganz sicher ist, ob seine Hand die Wörter schreibt oder die Wörter die Bewegungen seiner Hand bestimmen.
Das Mondlicht summt geradezu. Seine Strahlen liebkosen sei-

nen Nacken voller Zärtlichkeit und lösen in ihm eine magische Empfindung aus, wie er sie seit seiner Kindheit kaum mehr empfunden hat, nämlich schlichten Seelenfrieden.

Nach der Klarheit, die ihm das Kloster schenkte, ist er jetzt in seinem herrlichen Grenzland sicher, darf er doch endlich den gesegneten Moment erleben, nach dem er sich sein Leben lang gesehnt hat. Und er wird nicht zulassen, daß man ihm das besudelt. Darum hat er die Ablenkung durch die Menge nicht an sich herangelassen. Er hat sich geweigert, sich von der Panik überwältigen zu lassen, die ihn stets befällt, sobald er sich einem Menschenhaufen nähert. Deswegen hat er im Vorbeigehen einfach die Augen geschlossen. Und deswegen behandelte er die Gemeindemitglieder wie Luft. Sollen sie ihn doch für übergeschnappt oder eingebildet halten – was kann ihm das jetzt noch anhaben?

Ein hohles Geräusch von Holz, das auf Holz klopft, irritiert ihn. Ob es von innerhalb oder außerhalb des Palasts kommt, kann er nicht beurteilen. Seine Feder hält inne. Er lauscht. Seine Zunge betastet den Gaumen und entdeckt einen Nachgeschmack von dem Tee im Kloster. Ein lächerlicher Gedanke schießt ihm durch den Kopf: Heute habe ich ja gar nichts zum Abendbrot gegessen!

Er tut das Klopfen als Hirngespinst ab, unterzeichnet das Geschriebene mit *Pata Weiman* und schiebt das Papier in die Mitte des Tischs. Dann nimmt er die auf dem Fensterbrett liegenden Steine in die Hand und spricht sie einzeln an. Liebevoll läßt er dabei ihre Namen auf der Zunge zergehen: »Dzong. Donggala. Ok Tedi. Susuwora. Wuruf.« Schließlich verteilt er sie in den Taschen seiner Soutane, wo die anderen bereits auf sie warten.

Als er fertig ist, ergreift der Priester beiläufig, als wolle er nur zur Segnung in die Kirche schlendern, Hut und Stock, öffnet die Tür und tritt hinaus in die milde Nacht.

Den größten Krawall veranstalten Gus Gallant und Wish Butt. Sie spielen »Tritt bloß nicht auf meinen Mantel!«

Das umstrittene Kleidungsstück liegt so auf der Straße, wie Gus es hingeworfen hat. Wish nimmt die Herausforderung an und springt mitten darauf, ja, er wischt sich sogar die Stiefel daran ab. Doch statt nun den anderen zu packen und in den Staub zu schleudern, wie es die Regeln eigentlich vorsehen, tut Gus etwas ganz Eigenartiges: Er holt weit aus und klatscht Wish eine gewaltige Ohrfeige auf die Wange.

Der Knall prallt wie ein Feuerwerkskörper von den Schindeln ab. »Volltreffer!« johlt einer von den Zuschauern, Schlagartig erstirbt alles Lachen, Reden und Musizieren. Wer vorher noch nichts mitbekommen hat, eilt nun ebenfalls herbei. Um die Streithähne bildet sich ein Ring.

Kevin Barron schlängelt sich durch die Menge näher zum Zentrum des Geschehens heran und hockt sich zwischen aufgeregt stampfenden Beinen auf die Erde. Ein Gestank steigt ihm in die Nase – er stammt von niemand anderem als ihm. Seine Hose klebt ihm feucht und kalt am Unterleib. Außerdem hat er Hunger. Aus Scham ist er heute nicht zum Abendbrot heimgegangen. Er hatte Angst, seine Mutter würde es riechen und alles herausfinden.

Anfeuerungsrufe werden laut.

»Na los! Worauf wartest du! Gib ihm eins aufs Maul!«

»Reiß ihm die Augen aus!«

»Gib ihm Saures!«

»Zeig ihm, wo der Boden ist!«

»Stopf ihm das Gesicht in den Arsch!«

»Nur zu! Nur zu! Nur zu!« Das ist Mr. Caseys Fistelstimme. Atemlos vor Aufregung steht der dicke Ladeninhaber schwankend in der Tür und ballt seine pinkfarbenen Hände zu Fäusten.

Nach dieser Ohrfeige müßte Wish Butt rot sehen, doch komischerweise grinst er nur. Der Schlag hat ihm seinen offenbar angeborenen leeren Blick wie eine Maske vom Gesicht gerissen und ihn in einen anderen Menschen verwandelt – einen Lächler.

Klar, sagt sich Kevin Barron, die Jungs wollen doch auch nur ein bißchen Spaß haben.

Wish weicht ein paar Schritte zurück, und ohne die Augen von Gus zu wenden, ruft er den Umstehenden zu: »Alles herhören! Ich sag's euch, wie es ist. Dieser Gallant will nur eins, und zwar Schwänze lutschen. Jede Wette, daß ihr das noch nicht wußtet!«

Wish tritt wieder vor und wischt sich ausgiebigst die Füße auf dem Mantel ab. Dabei feixt er unaufhörlich in Gus' Richtung.

»Oder stimmt das etwa nicht, Gallant? Zier dich nicht so, gib's zu. Sag uns die Wahrheit!«

Gus Gallants dunkles Gesicht ist merkwürdig verzerrt. »So wahr mir der gekreuzigte Scheißjesus helfe, Butt, ich schlag' dir die Zähne ein, daß sie dir durchs Arschloch fliegen!« Gleichwohl können seine unflätigen Beschimpfungen nicht verhindern, daß ihm Tränen in die Augen schießen.

Wegen Wish Butts Schielauge kann keiner erkennen, in welche Richtung er schaut und was er als nächstes vorhat. Wie beiläufig schlendert er auf Gus Gallant zu, doch urplötzlich jagt er ihm die rechte Faust mitten auf die Nase. Der Treffer hört sich exakt so an wie das sanfte Zischen, das ein Lippfisch von sich gibt, wenn man ihn gegen den Kai knallt. Kevin Barron, der im ganzen Leben noch nie gesehen hat, wie jemand einen richtigen Haken ins Gesicht bekommt, kämpft gegen einen Brechreiz.

Gus schwankt. Seine Miene verrät fassungslose Überraschung. Aus beiden Nasenlöchern sprudelt Blut und läuft ihm über das Kinn, um sich dort mit seinen Tränen zu vermischen.

»So wahr mir der Scheißjesus helfe!« heult er. »Ich reiß' dir deine dämliche Fresse runter und zeig' sie dir!«

»Halt's Maul, Gallant. Du Angeber faselst Tag und Nacht von Fotzen, dabei hast du noch nie eine gesehen. Du pockennarbiger Schwanzlutscher!«

Kevin Barron kennt die Schimpfworte, die sie da ausspucken, aber bislang hat er sie nur in schmutzigen Witzen gehört. Er versteht nicht, warum sie auf einmal so viel Macht haben, warum es keine Lachsalven gibt, warum sie die Menschen zur Weißglut reizen können.

Gus schwingt die Faust voller Wut und verfehlt. Wish wiederum stolpert bei dem Versuch, sich zu ducken, über die eigenen übergroßen Holzpantinen und fällt zu Boden. Er hat sich noch nicht aufgerichtet, als Gus ihm die Wange mit dem Absatz in den Kies drückt.

»Pfui!« schimpft eine Frau. »Das gehört sich nicht!«

»Nur zu! Nur zu!« schreit Mr. Casey, der mit weit aufgerissenen Augen zuschaut und vor Aufregung immer heftiger schwankt.

Wish rollt sich weg und rappelt sich auf. Sein Gesicht ist mit Blut und Staub verschmiert. Zwischen seinen Lippen stecken kleine Kiesel.

»Leg ihn in den Schnee!«

»Seif ihn ein!«

»Polier ihm die Fresse!«

Aufgepeitscht von der Meute, liefern sie sich einen erbitterten Schlagabtausch. Kevin Barron möchte zusehen, zugleich aber würde er am liebsten weglaufen. Was die da machen, ist kein Spiel mehr. Es ist blutiger Ernst, und er hat Angst davor.

Wish und Gus stolpern über die ausgebreiteten Netze und packen sich wütend an den Armen. Ineinander verknäuelt torkeln sie zur Mitte der Straße. Dabei treten sie auf einen getrockneten Pferdeapfel. Ihre Füße zermalmen ihn. Jemand nimmt sein Melodium und quetscht eine Tanzmelodie heraus. Die Menge singt lachend mit:

> »Zwei Kähne in unser'm Hafen liegen,
> sie können die Fahrt nicht erwarten …«

Gott sei Dank. Kevin hofft, daß das Ganze sich jetzt vielleicht doch noch als Blödelei herausstellt.

Plötzlich packt Gus jedoch eine Schaufel und schlägt damit nach Wish. Der kann sich gerade noch ducken. Die Waffe rutscht Gus aus der Hand und schlittert scheppernd über die Straße. Im nächsten Moment hat sich Wish auf ihn gestürzt und nimmt ihn in den Schwitzkasten. Mit der freien Hand drischt er Schlag auf Schlag in Richtung der Augen. Unwillkürlich zählt Kevin Barron die Hiebe an seinen Gebetsperlen mit.

Schließlich entwindet sich Gus dem Griff und weicht zurück, um sich das Blut aus dem Gesicht zu wischen. Es hat sich in eine übel zugerichtete Masse verwandelt, und seine Augen quellen auf die gleiche verrückte Weise aus den Höhlen wie sonst immer die von Wish Butt. Der grinst und spuckt einen langen Faden aus Blut und Speichel auf den Kies. Sein Mund hängt auf einer Seite herunter und entblößt eine Lücke, an deren Stelle vorher noch ein Zahn war.

Die blutverschmierten Fäuste schwingend, umkreisen die zwei einander auf wackligen Beinen. Aus ihnen sind Wilde geworden, die nur noch eines wollen: den anderen umbringen. Ihre Gesichter sind geschwollen, überall sind sie mit Blut beschmiert, so daß man sie kaum noch auseinanderhalten kann.

Wish schlägt zu und trifft Gus an der Schläfe. Die Wucht des Hiebs reißt den Kopf des Jungen nach hinten.

Ein heißer Tropfen fällt auf Kevin Barrons Lippen. Er leckt ihn ab und schluckt. Es schmeckt wie Meßwein.

In rasender Wut tauschen Wish und Gus eine Serie von Schlägen aus. Ohne Unterlaß hageln Treffer auf Nasen, Wangen, Augenbrauen, Kinnspitzen, Ohren und Schläfen nieder. Die Menge heult, klatscht und stampft.

Mitten in diesem Tumult erlebt Kevin etwas höchst Ungewöhnliches – einen langen Moment von Ruhe, eine Pause, vollkommenen Frieden. In dieser erhabenen Stille hört er ein Flüstern. Das Tier, das sündige flüsternde Ungeheuer, das ihn den ganzen Tag schon so schrecklich quälte, das ihm auf dem Winterpfad gefolgt ist, ist hier, mitten auf diesem Platz …

Kevin Barron springt auf und flieht. In großen Sätzen jagt er die Straße hinunter, fort von diesem beängstigenden Frieden.

Die Mondschatten sind spitz. Die Nacht ist warm. Kein Hauch regt sich.

Der Lärm der Menge kommt über die Kronen der Birken zu ihm. Irgendwo tief unten, dem Anschein nach unter der Erde, ist das Murmeln der Meereswellen zu hören. Wie alte Freunde rufen sie nach ihm: das sanfte, wissende Flüstern vom Schwemmland her, der kurze, schnell unterdrückte Ruf unter dem Kai, das gedehnte Kreischen vom Brow – so viele gute Freunde, und sie alle warten auf ihn.

Er schickt sich an, den Hof zu überqueren, als ihn ein Gestank, in der Nacht so real wie ein unsichtbarer Zaun, jäh aus seinen Gedanken reißt.

Dort, beim Plumpsklo! Da schleicht doch eine Gestalt herum. Ein Heulen zerreißt die Dunkelheit. Der Priester zuckt zusammen. Er weicht in den Schatten der Mauer zurück.

Es ist nur dieser dämliche Köter. Jackman kauert sich auf die Vorderpfoten und knurrt das Häuschen drohend an, als wolle es nach ihm treten.

Die Tür, die nur noch an einer Angel hängt, geht knarzend auf. Eine Gestalt tritt heraus. Sie beugt sich über den Hund und flüstert etwas in liebevollem Ton. Das Tier hört auf zu knurren. Ganz gerade steht es da, wedelt mit dem Schwanz und schnüffelt glücklich im feuchten Gras herum. Beruhigt trollt es sich schließlich ins Gestrüpp.

Dieser Alte – es ist Johnny – torkelt aus dem Schatten. Unbeholfen zieht er seine Hose hoch, verknotet mühselig den Gürtel und schlüpft in einen zerlumpten Mantel. Zärtlich streichelt er eine Tasche, als enthielte sie eine zerbrechliche Kostbarkeit. Er sieht auf, und erst jetzt bemerkt er den Pfarrer.

»F-f-father Fran …!«

Johnny schlurft zu Father MacMurrough herüber und klopft ihm mit zitternder Hand auf die Schulter. Der Priester ist so verwirrt, daß er in Abwehrhaltung den Stock hebt.

»Wie geht's Ihnen so?«

Der Gestank des Alten verschlägt dem Pfarrer den Atem. Er weicht, so weit es geht, von dem Gesicht zurück, das strahlend zu ihm aufsieht, weicht zurück vor den Ohren und der Nase, die von weißen Narben entstellt sind, und dem riesigen Leberfleck, aus dem ein Büschel schwarze Haare wächst. Der kahle Schädel glänzt im Mondlicht. Der Mund lächelt unter irren Augen.

Das Wasser ruft. Der Priester wünscht sich, der Alte möge gehen. Warum können er und der ganze Rest nicht einfach verschwinden und ihn diesen vollkommenen Augenblick in Frieden genießen lassen?

Doch Johnny klammert sich an seinen Arm. Der Priester spürt, wie die Hand zittert. Der alte Mann pfeift und keucht.

»Die S-s-sonne! Sie is' untergegangen. Geht sie morgen wieder auf? Sagen Sie, Father Fran, kommt sie morgen wieder? Was meinen Sie?«

Father MacMurrough löst sich aus Johnnys Griff, weicht zurück und mustert den alten Mann mit abschätzigem Blick, als wäre er nur ein Hindernis. Mit einem Seufzen fügt er sich schließlich in sein Schicksal. Kurz angebunden, als hätte er ein Kind vor sich, befiehlt er ihm: »Bleib stehen und warte.«

Er geht ins Haus zurück und öffnet die Tür zur Speisekammer. Weil er sich weigert, das Licht anzuknipsen, muß er blind herumtasten, bis seine Finger auf etwas stoßen, das der Form nach das Gesuchte sein müßte. Er nimmt die Flasche vom Regal, trägt sie zum vom Mond erhellten Fenster, wischt den Staub vom Etikett und liest: Dock.

Johnny steht exakt so da, wie ihn der Priester verlassen hat. Er schwankt wie ein Kahn bei gefährlichem Seegang. »W-w-issen Sie«, brummelt der alte Mann, »es gibt viele wie Sie und mich. Viele.«

Den Priester beschleicht ein Gefühl, als spräche Johnny nicht mit ihm, sondern mit einem in der Nacht unsichtbaren Wesen, und als wäre er sogar von dieser geheimnisvollen Gemeinschaft ausgeschlossen. Einer seiner Alpträume fällt ihm ein: Er ist auf einem Fest, bei dem eine herzlose Verfügung es den Gästen verbietet, mit ihm zu sprechen. Er möchte vor diesem Grauen fliehen, doch die Tür ist verriegelt.

Während er den Verschluß aufschraubt und die Flasche Johnny wütend entgegenstreckt, stimmt er einen sarkastischen Sprechgesang an: »*Corpus Domini nostri Jesu Christi custodiat animam tuam in vitam aeternam. Amen.*«

Johnny reißt die Flasche an sich und hält sie sich senkrecht über die ausgestreckte Zunge. Der Rum stürzt einem Wasserfall gleich seine Kehle hinunter. Der Priester betrachtet seine verstümmelten Finger. Seine Gedanken schweifen unterdessen in eine andere Richtung: Er fragt sich, welche Schmerzen wohl die Chinesinnen mit ihren verformten Füßen erleiden mögen. Ich werde nie die Kanäle von Soutschau sehen, ich werde nie das Venedig des Ostens zu Gesicht bekommen, denkt er wehmütig, als

Johnny plötzlich heftig zu husten und zu spucken beginnt und sich unter Zuckungen krümmt. Doch genauso schnell erholt er sich wieder. Kerzengerade steht er mit glasigem Blick vor dem Geistlichen, als erlebe er eine mystische Vision und krächzt: »I-i-ich mach's nicht mehr lange, Father Fran. Ja, wirklich. Mit mir geht's dem Ende zu.« Er reicht dem anderen die Flasche. »Wollen Sie 'nen Sch-sch-schluck?«

Der Priester macht eine wegwerfende Handbewegung. »Behalte sie. Behalte sie, mein Sohn.«

Mit dem Stiefelabsatz gräbt Johnny eine kleine Vertiefung in den Kies. Dann bückt er sich und legt die Flasche in die so entstandene Senke. Sobald er sich wieder aufgerichtet hat, wühlt er in den Manteltaschen herum, bis er Tabak und Papiere findet. Mühsam macht er sich daran, eine Zigarette zu drehen.

Father MacMurrough klappert mit den Steinen in seiner Tasche. Das Meer flüstert, ruft, schreit nach ihm. Er zieht seine eigenen selbstgedrehten Zigaretten hervor und hält sie Johnny unter die Nase. Der ist immer noch damit beschäftigt, sein Eigentum zu ordnen. Entsprechend lange dauert es, bis er begreift. Als er das Angebot endlich annimmt, ist der Priester soweit, daß er ebenfalls eine Zigarette vertragen könnte.

Nach mehreren Zügen wendet sich Johnny dem Seelsorger zu und erklärt mit fester Stimme: »Wir sind zwei Benachtete.«

Father MacMurrow hat keine Ahnung, was der alte Mann damit meinen könnte. Mit einem verächtlichen Nicken zur Flasche hin brummt er: »*Du langlang wiski.*«

»Wenn es d-d-dunkel wird, werden wir alle der eine«, beharrt Johnny.

Der Priester lauscht dem Meer. In seinen Ohren donnert es wie das bumm-bumm-BUMM-bumm-bumm-BUMM der *Kundu*-Trommeln im Hochland, die in der Nacht bei Tänzen um große Lagerfeuer geschlagen werden. Er stellt sich das Meer in Flammen vor.

Imperno. Hölle.

An niemanden im besonderen und ganz gewiß nicht an Johnny gerichtet murmelt er: »*Solwara shor lait.*«

Darauf antwortet Johnny: »Der W-w-wind, wissen Sie, der saust mir immer in den Ohren rum. Ich sag' Ihnen, das Geräusch, das er macht, das hört nie auf.«

»*Bik si, fai ya.*«

Die zwei Zigaretten glühen in der Nacht. Der Priester richtet den Blick nach Osten und bemerkt, daß der Leuchtturm dunkel ist. Da fällt ihm ein, daß dafür doch der Mann neben ihm zuständig ist. Der hat unterdessen die aus der Soutane herausschauende Zeitung entdeckt. »Father Fran«, platzt er heraus, »w-w-was macht der Krieg?«

Father MacMurrough treibt den Zigarettenstummel mit dem Absatz in die Erde. Dann sieht er Johnny unverwandt in die Augen. Es ist höchste Zeit. Wie weit entfernt der alte Mann auch sein mag, er muß versuchen, ihn zu erreichen.

Mit leisen, wohlüberlegten Worten sagt er: »Ich muß gehen. Sofort.«

Johnny hat offenbar nichts gehört. Mit leuchtenden Augen packt er die Flasche und saugt so gierig daran wie ein ausgehungerter Säugling an der Brust seiner Mutter. Sabbernd setzt er sie wieder ab und schaut in die Dunkelheit hinaus. Unvermittelt schreit er: »Aye, J-j-jungs. Schaut! Da kommt unser Schiff!«

Mit wehendem Mantel humpelt Johnny in seinen zerfetzten Stiefeln im Zickzack über den Hof. Im Licht des Mondes vermischen sich sein Körper und sein Schatten. Ein ums andere Mal bleibt er stehen, wie um seine Chancen abzuschätzen, dann jagt er wieder mit einer Beweglichkeit, die der Priester ihm nicht zugetraut hätte, mal in die eine, mal in die andere Richtung. Im Zickzack kehrt er schließlich zu Father MacMurrough zurück und packt ihn am Arm. Mit wild verdrehten Augen zerrt er ihn mit. »Kommt endlich, Jungs! Sie bringen uns T-t-tee!«

Der Priester reißt sich los, doch Johnny nimmt ihn wieder bei der Hand und hält sie mit festem Griff.

Der Kontakt der leprösen Finger mit seiner geweihten und zarten Haut bricht Father MacMurroughs Widerstand. Er unterwirft sich – fürs erste zumindest – dem Willen dieses betrunkenen, stinkenden und verrückten Mannes. Was macht es denn schon aus?

»So ist's gut, J-j-jungs. Kommt mit. Wir sind gerettet! Da vorn liegt unser Schiff.«

Johnny the Light zieht Father MacMurrough hinter sich den Kiesweg hinunter durch den Tunnel aus Birken, deren Blätter im Mondlicht glänzen.

Aus dieser Entfernung gesehen erinnert das durch das Ladenfenster flutende Licht Kevin Barron an Gemälde von Christi Geburt.

Er kauert sich hinter dem Zaun vor der Kirche nieder. Unter dem Mondlicht werfen die Pfosten und Querbalken ein Gitterwerk aus schwarzen Schatten auf das glitzernde Gras. Bizarre Visionen ziehen heran. Gestalten, möglicherweise leibhaftige Gnome, rollen Fässer vor sich her. Ein Maskierter ohne Kopf kommt auf ihn zugeschwebt – er berührt den Kies überhaupt nicht. In der Krone einer Esche hängt ein großer Gegenstand, der Kevin stark an ein Ruderboot erinnert.

Und hinter dem Friedhof, wo doch niemand lebt, stimmt eine Fiedel einen Jig an. Als die Musik aufhört, nimmt der Junge das Geräusch des Ozeans wahr, der sich das Schwemmland hinaufwälzt. Es grollt wie das entfernte Rattern eines langsamen Güterzugs. Gleichzeitig kann er die Woge, die in einem weiten Bogen auf den Admiral's Beach zurollt, leuchten sehen. Das Geräusch ist sichtbar geworden.

Der Eisberg wartet weit draußen in der Nacht auf den Mond.

Eine Gestalt schlurft vom Strand kommend den Abhang herauf. Als sie sich nähert, erkennt der Junge, daß es sich um ein Wesen mit zwei Köpfen handelt. Es steuert geradewegs auf die Kirche zu – und jetzt stellt sich heraus, daß es zwei verschiedene Körper sind. Sie klammern sich so verzweifelt aneinander, daß man meinen könnte, sie trügen einen Ringkampf aus.

Jetzt taumeln sie durch das Tor. Es sind ein Mann und eine Frau. Über den Rasen torkeln sie auf den Teil zu, in dem sich das Längsschiff und das Transept vereinigen, wo die Schatten am dunkelsten sind. Eine der Gestalten bückt sich und betastet das Gras. Eine Männerstimme stößt einen wüsten Fluch aus.

Sie verlassen die Nische und gehen auf Umwegen zurück. Offenbar wollen sie die vom Mond beleuchtete Mauer unbedingt vermeiden. Kevin steht vor einem Rätsel: Wenn sie nicht ringen und auch nicht spielen, warum müssen sie sich dann so wild aneinander pressen? Das Paar schlüpft durch das Tor und eilt um die Ecke zu den Stufen, wo er es nicht mehr sehen kann. Kevin hört nur noch, wie das Tor aufgeht und zufällt.

Der kleine Junge sitzt mit dem Rücken gegen den Zaun gelehnt auf der Erde. Allmählich fröstelt er auf dem feuchten Gras. Er starrt zur Fassade hinauf. Im hohen Fenster spiegeln sich der Mond und die Sterne. Er stellt sich vor, das wäre gar kein Spiegelbild, sondern das Glas wäre durchsichtig – er sähe mitten in Gottes Himmel hinein. In seiner Phantasie ist das Paradies im Altarraum dieser schlichten Gemeindekirche verborgen.

Ein quälender Gedanke schießt ihm durch den Kopf: Es war doch dieses heilige Fenster, das ihn heute morgen so beunruhigt hat. Sein Auge zeichnet die Form nach. Bis zu diesem Moment hat er immer nur seine Botschaft beachtet – Johannes der Täufer, der durch seine Farben lebt –, aber nie seine Konturen: die Art und Weise, wie der Turmschaft himmelwärts schwebt und sich oben zu einem weichen Punkt verjüngt. Er erinnert sich an sein unbehagliches Gefühl beim Rosenkranz, an seine Beklemmung beim Anblick der eigenen gefalteten Hände. Und schließlich sieht er wieder die Form der Kannenpflanze vor sich, die um den offenen Schlund gekräuselten tiefroten Lippen, die an der Spitze mit einer sanften Berührung zusammenfinden.

Hier endlich stellt er sich ihr: der Silhouette, der schrecklichen Gestalt, die ihn den ganzen Tag schon verfolgt, vor der er solche Angst hat.

Weißt du, als ich klein war, da nahm er mich in Nächten wie dieser, in denen die Bucht so glatt war wie ein Spiegel und man die Sterne im Wasser sehen konnte, mit hinaus und trug mich zu dieser gemütlichen Stelle hier unten und sagte mir, ich solle den Lachsen zuhören, wie sie in der Dunkelheit aus dem Wasser springen …

Verzeih mir mein Gequassel. Ich werde ja noch so schlimm wie diese Frau da. Heute nacht wird sie wieder Gift und Galle spukken, weil ich mein schönstes Kleid befleckt habe. Mein Gott, ich werde ihr von Minute zu Minute ähnlicher. Eines Tages werde ich so enden wie sie. Möge Jesus mich retten.

Na, Gott sei Dank sind wir wenigstens diesen Blödeleien und dem Trubel entkommen. Tja, jetzt sind wir hier gelandet. Da wären wir also. Habe ich dir nicht gesagt, daß ich ein hübsches und trockenes Fleckchen kenne, wo man sich hinsetzen kann? Zu irgendwas muß so ein modriges Wrack ja taugen. Und ich kenne auch noch andere Stellen …

Lob sei dem Herrn, daß er uns das Mondlicht geschenkt hat. Was für ein Spektakel er uns heute bietet! Das Eis sieht aus wie eine Brauttorte, die mitten aus dem Wasser aufsteigt. Während des Angelus hast du noch dort oben gestanden. Kaum zu glauben, was? – erst warst du dort, und jetzt bist du hier.

Die Zeit ist schon was Merkwürdiges, findest du nicht auch? Vergangenheit, Gegenwart und Zukunft kommen doch eigentlich eins nach dem anderen, heißt es. Aber manchmal gilt das eben nicht.

Den ganzen Tag hatte ich ein wirklich eigenartiges Gefühl. Ich bin mir sicher, ich weiß, ich *weiß* ganz einfach, daß etwas passieren wird. Es kommt mir so vor, als läge die Zukunft schon in der Gegenwart.

So muß auch der Herr alle Dinge sehen. Er muß so ein merkwürdiges Gefühl haben, dazwischen zu sein, und zwar immer, siehst du das nicht auch so? Nehmen wir an, er stellt sich vor, daß nächsten Sonntag nach der Messe ein Mädchen in Irland drüben eine Sonnenblume pflückt. Dann passiert natürlich nächsten Sonntag nach der Messe in Irland genau das: Das Mädchen pflückt die Sonnenblume, komme, was wolle. Selbst wenn sie eigentlich ein Kleeblatt oder ein Gänseblümchen oder eine Lilie haben wollte. Oder überhaupt nichts.

Seit ich aufgestanden bin, ist es bei mir heute schon den ganzen Tag genauso. Die Zukunft liegt in der Gegenwart. Ich weiß – ich weiß ganz einfach –, daß was passieren wird.

… und hier, das ist sie bei ihrer ersten Kommunion. Man könnte fast glauben, daß sie in einem weißen Kleid auf die Welt gekommen ist. Die erkennt man überall sofort: Sie hat die Augen von ihrem Daddy. Die dichten schwarzen Brauen.

Hör nur!

Kannst du es hören?

Ist das nicht ein trauriges Geräusch – ein Zug, der in der Dunkelheit vorbeifährt? Angeblich ist das ein Zeichen für ein Unwetter, aber ich denke dabei eher an weit entfernte Gegenden. Gegenden, in denen ich noch nie war.

Eines schönen Morgens packen wir uns einen Picknickkorb ein, mein Hübscher, und machen eine Wanderung ins Landesinnere, bis wir zu den Gleisen kommen. Und dort warten wir auf den Töff-töff. Hättest du Lust dazu? Ja, der große Zug und dann der kleine Güterwagen, der hinterher schlittert wie ein Fohlen hinter einer Stute. Genau, bevor der Sommer zu Ende ist, machen wir das, du und ich zusammen.

Lieber Gott, bin ich müde! Beten wir, daß die Hexe mich wenigstens heute nacht in Frieden läßt.

Komm, mein Sohn, es ist Zeit, dich fürs Bett fertig zu machen. Zeit für die Heia. So, zieh dir schön dieses hübsche Höschen an. Ja, du bist ein braver Junge! Wir lassen noch ein paar Kartoffeln für die Feen liegen; man weiß ja nie, ob sie vorbeischauen und sich ihre pelzigen kleinen Zehen wärmen wollen.

Machen wir das Licht aus, damit auch die Motten mal Ruhe haben, und setzen uns noch ein bißchen ans Fenster. Halt dich einfach an mir fest, und ich halte mich an dir fest, dann können wir uns gegenseitig wärmen.

Richtig, das einzige, was zählt, ist Gesellschaft. Oder stimmt das etwa nicht, mein Entchen? Du und ich, wir setzen uns da hin und halten in der Dunkelheit nach der Fackel Ausschau.

Jetzt sind wir schon wieder vierundzwanzig Stunden dem Friedhof näher, du und ich. Aber jeder Nacht folgt ein Tag – das darfst du nie vergessen.

Oh! Das war aber ein großes Gähnen. Na, dann schlaf schön ein. Schlaf auf deiner Reise zum Sandmann. Bald ist die Welt für dich tot. Bald ist von dir kein Pieps mehr zu hören. Bald legen wir dich in deine Wiege, auf deinen Ruhealtar.

Gott segne dich, mein Kind. Gott segne alles, was wir sehen und was wir nicht sehen.

Am unteren Ende der Allee treten die zwei Männer aus dem Schatten der Birken ins Mondlicht. Sie gehen Hand in Hand.

Johnny hält an, um zu trinken. Obwohl sie noch weit vom Wasser entfernt sind, obwohl Johnnys fauliger Atem die Luft verpestet, saugt der Priester den salzigen Geruch der See gierig ein.

»Kommt schon, J-j-jungs! Beeilt euch!«

Johnnys Haut ist trocken und fleckig, aber seine Stummelfinger sind die eines Kindes. Allen möglichen Unsinn vor sich hinbrabbelnd, zieht er Father MacMurrough durch das Tor zur Straße. Der Mond scheint mitten auf seine Glatze, so daß sie vor den Augen des Priesters wie ein Leuchtfeuer durch die Dunkelheit schwebt.

Johnny biegt nach rechts ab und orientiert sich in Richtung Westen.

Zu ihrer Linken klettern Gestalten wie Affen über den Brow. Trotz des Lachens der Leute kann der Priester jetzt das Meer hören. Hinter der Anhöhe verborgen, stößt es seinen Atem am Fuß der Klippe aus. Sein Ohr verstärkt die harmlos plätschernden Wellen zu gewaltigen Brechern. Noch einmal genießt er denselben bangen Kitzel, den er vor Jahrzehnten empfand, als er mit dem Rad auf jenem schmalen Pfad über dem Atlantik um den Slea Head fuhr und erkannte, daß er, gäbe er sich jetzt der Pracht des vor ihm auftauchenden Kerry hin – dem schönsten Ort in Gottes Schöpfung –, daß er dann in die Tiefe, in einen vorzeitigen Tod stürzen würde. Das Gewicht der Steine, die seine Taschen ausbeulen, zieht ihn hinunter, dem Wasser entgegen, das er riecht, das er hört, auch wenn er es immer noch nicht sehen kann. Und es ist nur der Griff eines leprösen Betrunkenen, der ihn daran hindert, loszurennen, der ihn davor bewahrt, in den endlosen Ozean zu stürzen.

Johnny umrundet den Brow und führt den Priester weiter berg-
auf.

Die Fenster des Teerpappeschuppens sind dunkel, aber sein
Kamin spuckt noch eine faulig riechende Rauchfahne aus. Father
MacMurrough fühlt sich leicht schwindlig. Prompt erinnert er
sich an den bedeutungslosen Umstand, daß er nichts zum Abend-
brot gegessen hat. Gegenüber der alten Feldkanone sieht er be-
nommen Schatten hin und her flitzen. Ein Teil davon scheint kei-
nen Kopf zu haben, ein anderer nur drei Beine. Ohne darauf zu
achten, zieht Johnny den Pfarrer durch den Staub, den diese Ge-
stalten aufwirbeln, weiter voran.

»Halt! Stehenbleiben!« bellt eine Stimme.

»Püschta!« zischt Johnny, worauf die Schatten sich auflösen,
und die zwei setzen ihren Marsch unbelästigt fort.

Rechts von ihnen erstreckt sich eine vor Feuchtigkeit glänzen-
de Weide. Hinter dem Zaun ist ein diffuses Murmeln zu hören,
das wie eine Erzählung auf irisch klingt. Doch soweit der Priester
das beurteilen kann, gibt es auf dem Feld nur Schafe und Ziegen.
Seltsamerweise drängen sich die Tiere aneinander. Am anderen
Ende der Weide zittert eine Fichte. Auf einer Anhöhe schimmert
der Rohbau eines Hauses im Mondlicht wie die Knochen eines
Skeletts.

Der Weg schlängelt sich nun den Hang hinunter und führt mit-
ten in den Sumpf. Auf der Brücke über den Bach ist die Luft tot
und abgestanden. Zu ihrer Linken, zwischen dem Weg und dem
Meer, verbirgt sich hinter einem Zaun ein hübsches Häuschen.
Sein wie von Elmsfeuern voll beleuchtetes Fenster umrahmt die
Silhouette einer aufgetakelten Barke. Das Haus flüstert ein Ra-
dioknistern in die Nacht. Westlich davon steht eine aufgegebene
Stellage in der Landschaft und scheint zu warten wie ein Schei-
terhaufen. Von ihrem Rahmen geht ein Geruch nach verfaultem
Holz und verwestem Fisch aus. Der Priester starrt auf ihr Unter-
teil, und endlich sieht er ihn, wie er friedlich die gedrungenen
Beine des Gestells umspült, schwarz und herrlich vom Mond be-
leuchtet – den Nordatlantik.

Jetzt versteht er die Bergvölker der Kukukuku. Mit Speeren

und mannsgroßen Bögen bewaffnet zogen sie über Berge, durch Sümpfe und durch die Gebiete feindlicher Stämme, nur um das unendliche Meer zu sehen, den Pazifischen Ozean, von dem sie so viele unglaubliche Geschichten gehört hatten.

Sein sanftes Plätschern rauscht gegen sein Trommelfell.

Unvermittelt macht Johnny einen Schwenk nach links. Der Stuhl auf dem Dach der Salzkiste ist jetzt gespenstisch leer. Fledermäuse flattern im Mondlicht. Der alte Mann zieht ihn eine Art Kieselböschung hinunter. Das Ein- und Ausatmen des Universums ist so sichtbar geworden wie beim Blasebalg eines Schmieds. Der Kieselstrand führt zu einem Steg, von dem unter ihren Stiefeln das bumm-bumm-BUMM der *Kundu*-Trommeln widerhallt. Die Sterne der südlichen Hemisphäre tanzen in den Konstellationen, die er vor Jahrzehnten für sich erfand: Gecko, Cuscus, Wildschwein, Skunk und – die prächtigste von allen – Raggiana. Die Steine liegen schwer in seinen Taschen. Alle die Wesen, die bei den Sternen leben, erzeugen ein Wirbeln und Donnern, als braue sich in seinem Kopf ein kosmischer Sturm zusammen.

Er gerät ins Stolpern. Sein Blick wandert von den Sternen nach unten. Plötzlich entdeckt er, wohin er sich hat führen lassen; er sieht, daß er von drei Seiten vom Wasser des unendlichen Nordatlantik umgeben ist.

Duftet der Flieder nicht herrlich? Und wie schön lila er ist! Der Strauch ist vom Schnee noch feucht. Warte, ich pflücke dir eine Blüte. Die steckst du dir ins Knopfloch. Nicht, daß du nicht auch so umwerfend riechen würdest! Der Geruch eines Fischers ist immer toll. Und dazu noch 'nen Schuß Rum, um ihm eine männliche Note zu verleihen. Du hast was getrunken, das habe ich schon gemerkt.

Gott allein weiß, warum ich noch Angst vor ihrem Gerede habe. Das sieht doch ein Blinder, daß die Frau jetzt schläft wie ein Stein. So, jetzt lehn die Flinte gegen den Sägebock. Ich will dir nämlich was zeigen. Es heißt, es würde einem sieben Jahre lang Unglück bringen, wenn man den Mond in einem Spiegel anschaut. Aber ich sage, das ist alles dummer Hokuspokus von dieser alten Hexe.

Sieh nur! Ich hab's dir doch gesagt. Er sieht so groß und nah aus, daß man ihn packen möchte. Und die Sterne dahinter sind genauso greifbar. Man könnte glauben, der Himmel wäre auf die Erde gefallen, oder der Heilige Geist wäre zu uns gekommen.

Erstaunlich beweglich hüpft der alte Mann auf den Kai, reckt den Arm in den Nachthimmel und krächzt fröhlich:

»Unser Schiff! Es ist endlich da und b-b-bringt uns heim! Beeilt euch jetzt, Jungs!«

Der Priester kommt zu ihm herüber und starrt angestrengt in die Dunkelheit im Osten, auf die Johnny deutet. Das einzige, was er sieht, ist der Eiszahn des Skellig.

»Aye, Jungs. Da ist es! Es ist überstanden! Kommt mit; sie brauen uns Tee! Heißen Tee!«

Das Meer plätschert um die Pfähle unter ihren Füßen. Die Flut steigt, und mit jeder Welle kriecht sie auf der Leiter ein Stückchen höher und leckt schon begierig an der nächsten Sprosse. Die Steine in den Taschen des Priesters ziehen die Soutane nach unten. Sind das seine Todesboten?

»Es stimmt, Jungs! Sie kommen unseretwegen! Beeilt euch!«

Etwas treibt dort zwischen den Pfosten. In steter Regelmäßigkeit entziehen die Wellen es dem Gesichtsfeld des Priesters und spülen es wieder heran.

Es ist eine tote Möwe.

Der Kadaver ist in etwas verstrickt, das wie ein kaputter Drachen aussieht. Teile von zersplittertem Bambus und eine verknäulte Schnur sind zu erkennen. Das Tier ist entsetzlich zugerichtet; einzig der Kopf ist noch heil. Daraus blickt ein Auge nach oben, so daß man ständig das Gefühl hat, der Vogel würde zwinkern. Er scheint andeuten zu wollen, was dort unten wartet: die ausgebleichten Knochen Tausender Ertrunkener und dazwischen die Leichenschänder, die sie abgenagt haben – die Flundern, Aale, Quallen, Krabben, Hummer, Tintenfische und die schleimigen, gehörnten Seeskorpione.

»Unser Dampfer! Ich seh' die ganze Flotte so deutlich wie bei Tag. Die *Stephano*, die *Florizel* und die *Bell*. Die *Beothic*, die *Nascopie*, die *Bonaventure*, die *Diana*, die *Eagle* und die *Kite*! Warme Kojen! Bald sind wir daheim, Jungs!«

Der Priester schaut angestrengt auf das tiefe, dunkle Wasser der Bucht hinunter. Er möchte wissen, was die tote Möwe verheißt. Wartet dort unten der Himmel oder die Hölle? *Antap* oder *imperno*?

Die stille Wasserfläche läßt sich jedoch nicht durchdringen, sie ist zum Spiegel geworden. Die Milchstraße glitzert darin. Eine Sternschnuppe kitzelt die Wellen. Lockend wiegt sich der Himmel in ihnen. Zu seinen Füßen wartet kein unterseeisches Grauen, sondern nur die dreidimensionale Form des Firmaments.

Die Sterne gähnen ihm ins Gesicht, strecken wie eine Frau die Arme nach ihm aus. Er schwitzt aus allen Poren. Ihm ist nicht klar, ob er nun in einen bodenlosen Abgrund hinunter oder hinauf zum Himmel starrt. Er sieht einen Verband von Särgen vorbeigleiten. In seinem Kopf hämmert das gnadenlose bumm-bumm-BUMM der *Kundu*-Trommeln.

Der Mond stürzt in Spiralen auf seinen Kopf herab …

Im rechteckigen Spiegel betrachtet Michael Barron das rechteckige Küchenfenster.

Hinter dem Glas sitzt die Frau mit vom Mond gepudertem Gesicht aufrecht am Tisch. Sie schläft. Der Säugling liegt zusammengerollt in ihren Armen.

Das weiße Kleid, das den Spiegel hält, kann nicht wissen, was für ein Bild Michael in seinem Glas sieht, doch wie um die Frau und auch das Kind vor all dem, was diese Nacht noch bringen mag, zu schützen, hält es seinen elfenbeinfarbenen Arm darüber.

Eine süße Flüssigkeit tröpfelt von seiner Stirn in die Augen hinunter und von dort in den Mundwinkel. Seine Zunge schleckt sie ab. Sie schmeckt nach Melasse.

Er stützt sich mit einer Hand ab und merkt, daß er auf dem schmierigen Holz des Kais sitzt.

O Gott, fast wäre er ins Meer gefallen.

Seine Brille baumelt an einem Ohr. Er schiebt sie sich wieder auf die Nase. Sein Hut fehlt. Er sieht, daß er weggerollt ist und drüben beim Holzschuppen auf einem Haufen säuberlich aufeinandergeschichteter ausgetrockneter kleiner Fische liegt.

Johnny the Light versucht, die Rumflasche an die Lippen des Priesters zu führen. In seinem Ungeschick bespritzt er ihm aber die Stirn. Da ergreift Father MacMurrough selbst die Flasche und trinkt.

Sein Atem beruhigt sich. Die Welt kehrt zu ihrer normalen Ordnung zurück.

Er streckt die Hand nach oben und reicht Johnny den Rum. Mit Hilfe seines Stocks richtet er sich auf, doch als er zum Schuppen geht und sich nach seinem Hut bückt, stürzt er schon wieder. Unfähig, von selbst aufzustehen, dreht er sich auf den Rücken und ächzt: *»Helfin mi? Du helfin mi?«*

Johnny kauert sich über den Priester und tätschelt ihm mit seinen kaputten Händen die Wangen.

»Verdammt noch mal, Mann, ich weiß, was du willst: Du willst ins Wasser gehen, stimmt's? Aber so wahr mir Gott helfe, das wirst du bleiben lassen. Solange ich Wache halte, bleibst du hier. Wie heißt d-d-du überhaupt, Junge?«

»Ger«, flüstert der Priester. »Gerry Mack.«

»Hör mir gut zu, Gerry Mack. Du gehst weiter, Junge. Du mußt immer w-w-weitergehen. Ich lass' nicht zu, daß du stehenbleibst. Ich befehlige diese Gruppe, ich habe die Verantwortung. Und bei mir gibt's auch kein Beten. Beten nützt sowieso nichts. Wenn du auch nur Anstalten machst, dich hinzuknien und zu beten, Gerry Mack, dann bist du h-h-hin. Hin.«

In diesem Wortschwall vernimmt der Priester, nicht anders als ein Hund, nur einen einzigen Laut klar und deutlich – den seines Namens. Vage Erinnerungen, verbunden mit der Art von Freude, wie man sie beim Durchblättern eines alten Fotoalbums empfindet, kehren zurück.

Michael Barron bleibt vor der Fliegentür stehen. Er lauscht einer Stimme, die draußen auf der Straße spricht. Sie ist rauh, kehlig, fast tastbar. Beinahe glaubt er, sie auf der Zunge zu schmecken.

Die Stimme erteilt einer Horde von Männern und Jungen Anweisungen. Sie haben das alte Wagenrad, das sie bis hierher geschleppt haben, abgesetzt und lauschen aufmerksam. Die Worte sind allerdings undeutlich. Nach einer gedämpften Diskussion, bei der viel gestikuliert, genickt und zustimmend gebrummt wird, stemmen sie das Wagenrad wieder hoch und setzen ihren Marsch in Richtung Brow fort.

Kaum sind sie außer Sicht, nimmt Mary die Flinte und legt an. Worauf, das ist nicht ersichtlich, nur daß sie auf etwas über ihr zielt – eine Fledermaus vielleicht, den Mond oder eine Sternschnuppe.

Michael schiebt die rechte Hand in die Tasche und klappert mit den ausgehöhlten Muscheln. Sein Geschenk trägt er in der linken Hand. Obwohl es ihm die Finger verbrennt, ist er noch nicht so weit, daß er es ihr geben könnte. Statt dessen schaut er weiter durch das Fliegengitter hinaus.

Seine ganze Aufmerksamkeit gilt dem Zaun.

Es ist derselbe Zaun, der von jeher vor dem Haus steht. Erst im Frühling hat er die Latten und Querbalken weiß und die Spitzen grün gestrichen. Die Pfosten sind in Zementsockel versenkt, die er mit Steinen vom Strand dekoriert hat. Etwas Schlichteres und Gewöhnlicheres könnte er sich kaum vorstellen. Und doch erscheint ihm dieser banale Zaun auf einmal so fremd, daß er Angst bekommt. Je länger er ihn anstarrt, desto unruhiger wird er. Die Latten, die Pfosten, die Querbalken und die Steine, alles hat eine bizarre, monumentale Dimension angenommen, eine fremdartige Struktur, als wäre es härter geworden, um nicht zu sagen: wirklicher als wirklich.

Hinter sich kann er in der verdunkelten Küche Pops unregelmäßiges Schnarchen hören. In Decken gehüllt und einen Rosenkranz um die Hand gewickelt, schläft der alte Mann unruhig auf dem Ruhebett. Am liebsten würde Michael seinen Großvater jetzt wecken, ihm in die Augen sehen und sagen: »Pop, hilf mir.

Ich bin weit draußen. Ich bin hinterm Riff. So weit wie jetzt habe ich mich im ganzen Leben noch nicht vom Strand entfernt. Hilf mir.«

Aus dem Ödland kommt der einsame Schrei der Lokomotive. Der Zug ist auf seiner nächtlichen Fahrt in den Westen. Jäh begreift Michael Barron, daß er es trotz allem geschafft hat: Er hat sich auf die schmale Schwelle der Gewißheit gestellt, die zwischen den Gleisen auf ihn wartet. Er steht in dieser Gefahrenzone, und jetzt donnert der Zug, dessen er sich so sicher gewesen ist, den er schon immer tief in seiner Brust hat rumpeln hören, auf diesem Gleis heran – geradewegs auf ihn zu.

Er holt tief Luft, stößt die Tür auf und tritt in die Nacht hinaus.

»Nein, Gerry Mack, mein Sohn. Du s-s-stellst dich sofort wieder auf die Beine. Und dann drehst du dich um und gehst weg von hier. Ich lass' nicht zu, daß du stehenbleibst. Der Allmächtige im Himmel zieht mich sonst zur Veranwortung. Aber bei Gott, ich lass' nicht zu, daß du dich hinkniest.«

Father MacMurrough sitzt wie ein Kind zusammengekauert da und weint leise vor sich hin. Über ihm ragt Johnny auf. In seiner Glatze spiegelt sich halbkreisförmig das Mondlicht.

Johnny stellt die Flasche ab. Dann greift er in die Manteltaschen und kramt seine Rauchutensilien hervor, aber statt die mühselige Prozedur auf sich zu nehmen, sich eine Zigarette zu drehen, breitet er sie alle feierlich auf den Holzplanken aus. »Für die anderen«, brummt er. »Falls sie mal p-p-paffen wollen.«

Dann schlüpft er aus seinem Mantel. Behutsam, als fürchte er, der Stoff könnte Schaden nehmen, faltet er ihn zusammen und legt ihn zu den anderen Dingen auf die Holzplanken. Dort steht auch noch die Flasche. Er führt sie an die Lippen und trinkt. Das tut er so andächtig wie ein Priester bei der Kommunion des Heiligen Blutes, ja, es wirkt fast wie der Höhepunkt eines eigenen Ritus. Nachdem er die Flasche abgesetzt hat, greift er nach seiner Mütze und stößt einen Fluch aus, als er merkt, daß sie nicht auf seinem Kopf sitzt. Unbeholfen zieht er jetzt die Stiefel aus, dann das Hemd und zum Schluß die Hose.

Johnny steht nackt im Mondlicht. Seine blasse Haut schimmert wie der Marmor einer Statue. Damit wird der Schaden, den die Kälte all seinen Gliedern zugefügt hat, in seinem vollen, entsetzlichen Ausmaß kenntlich. Genausogut hätte er seine letzte Beichte ablegen und sich das Geheimnis seines Lebens von der Seele reden können.

»So, Jungs, ich hab's euch ja versprochen. Der D-d-dampfer ist gekommen. Und hat jede Menge Tee mitgebracht.«

Der alte Mann trägt den Rum zur Leeseite der Plattform. Vorsichtig stellt er die Flasche knapp am Rand ab. Dann dreht er sich um, macht einen Schritt zur Leiter und klettert sie zügig hinunter, bis sein Kopf nicht mehr zu sehen ist. Zwei körperlose Hände greifen über die Kante, bergen die Flasche und verschwinden. Man könnte glauben, Johnny the Light wäre ins Wasser gegangen.

Lange bleibt Father MacMurrough sitzen, völlig apathisch in sich zusammengesunken. Die leeren Stiefel auf dem Steg vor ihm erinnern ihn irgendwie an ein Pferd ohne Reiter. Der Gestank von Johnnys Kleidern weht zu ihm herüber. Wie Meßgewänder riechen sie vage nach verzuckertem Schnaps.

Unter dem Mantel bewegt sich etwas. Es zuckt wie ein gefangenes kleines Tier in panischer Angst. Bald rührt sich unter dem Mantel nichts mehr. Hat sich der Priester die Bewegung in seinem Delirium vielleicht nur eingebildet?

Ein stetes hohles Geräusch prallt von den Sternen ab. Es könnte der Schlag der *Kundu*-Trommel sein. Eine Stimme singt laut:

»K-k-kommt mit, Jungs!«

Um die Spitze des Kais taumelt ein rotes Ruderboot. Trotz des schlechten Lichts ist das Wort *Ra* auf dem Bug gut zu lesen. Mit ungeschickten Händen bewegt Johnny die Ruder. Wie ein Geist fährt er in die Nacht hinaus. Er hält Kurs nach Osten, auf die Mündung der Bucht zu.

Michael Barron stößt die Tür auf und tritt ins Freie. Die Nacht summt in seinen Ohren.

Er überquert den Hof und geht durch das Tor im Zaun. Die Flinte ruht gegen die Zaunlatten gelehnt.

Auf der Straße wartet Mary mit hinter dem Rücken verschränkten Händen.

Er stellt sich neben sie und tritt in den Kokon, der sie umgibt. Zu zweit nehmen sie einen kleinen Ort ein, der in ihrer eigenen Zeit und Welt, abseits der verbleibenden Ewigkeit existiert. Das Blut trommelt gegen seine Ohren: Sein Herz brüllt im Innern seines Kopfes. Er denkt an jenen Winter in seiner Kindheit, als er ein Iglu baute, sich hineinkuschelte und, hypnotisiert vom Karomuster des Sonnenlichts auf der Decke, einen verzauberten Nachmittag zwischen den Schneewänden erlebte.

Andächtig hebt er sein Geschenk aus dem prähistorischen blauen Eis hoch. Ihre langen, schmalen Finger nehmen es entgegen.

Im ersten Moment berühren sie es vorsichtig, denn es scheint heiß und kalt zugleich. Zärtlich streichelt ihre Hand den Schaft, erforscht seine Gestalt, befühlt ihn und wiegt ihn. Ihre Finger werden davon naß. Ihre Augen fixieren ihn mit starrem Blick.

Ihre Hände halten das Eis an ihr Ohr. Sie lauscht. Ihre Augen lächeln. Ihre Hände ziehen das Eis über ihre Stirn und ihre Wange. Glitzerndes Schmelzwasser zeichnet die Umrisse ihres Gesichts, die Form ihrer Lippen, den sanften Bogen ihres Halses nach. Das Wasser bildet winzige Lachen auf ihrer reinen Haut und rinnt wie Tränen darüber, wie Blut. Ihre feuchten Lippen sind leicht geöffnet, als wollten sie sprechen.

Aber sie sprechen nicht. Statt dessen entdeckt Michael, daß er ein Wesen mit der Hand berührt, das zittert wie ein verängstigter kleiner Vogel.

Ihre Knochen sind dünner als die seinen, ihre Haut ist weicher. Zunächst sind ihre Finger naß und kalt. Sogleich schließt er die seinen darum und wärmt sie.

Irgendwann zupfen ihre Finger an den seinen und ziehen seinen Hand, seinem Arm, seinen ganzen Körper in eine andere Richtung. Mit der freien Hand nimmt er die Flinte an sich, und sie gehen los.

Sie laufen nach Osten. Warum es ihn gerade dorthin zieht, weiß er nicht. Er kommt sich vor wie Cabot, die Wikinger oder

der heilige Brendan, die alle über den Horizont hinaus in unbekannte, geheimnisvolle Gewässer segelten, ohne zu wissen, was sie dort erwartete. Doch er hat keine Angst vor dem Unbekannten mehr, weil die bloße Berührung ihrer Hand schon seine wahre Bestimmung ist. Die er jetzt erreicht hat.

XVIII

Lodden

SCHWEFEL REIBT gegen Kiesel, und die Flamme schießt wie der Funke der Schöpfung aus dem Nichts.

Köperlose Hände schließen sich um das Streichholz. Die Finger nehmen die blaßrote Färbung des Dauerlichts an, das bei Totenwachen brennt. Sie heben die Flamme zur Opferung hoch.

Father MacMurrough dreht seine Zeitung zu einem Zylinder und hält sie über die Flamme, bis das Papier sich entzündet. Die brennende Fackel hoch in die Luft haltend, umrundet er den Scheiterhaufen. In der anderen Hand hält er den Stock. Damit stochert er hier und dort im Gerümpel herum. Er sucht die günstigste Stelle. Als er schließlich eine Rolle Dachpappe findet, bückt er sich und schiebt die Fackel hinein.

Einen nervösen Atemzug lang ist die Nacht wieder verdunkelt, die Flamme gelöscht. Doch dann springen blaue Feuerzungen hoch. Aus den Spalten steigen leuchtende Rauchwolken auf. Die Pappe blubbert, zischt und knackt. Das Licht taucht die Menge, die der Priester bislang nur als Schatten am Rande wahrgenommen hat, die jetzt aber näher herandrängt, in ein rotes Licht. Die Leute jubeln und pfeifen.

Schnell breitet sich die Hitze aus und zwingt den Pfarrer dazu, zurückzuweichen. Erneut brandet Beifall auf. Diesmal gilt er ihm, nicht dem Feuer.

Sein Gesicht hellt sich auf; ein Rest an Zweifel bleibt jedoch bestehen. Das Licht fällt auf Grübchen, die er einem bei ihm ungewohnten Lächeln verdankt, es verrät aber auch die Spur der getrockneten salzigen Tränen. Als der Jubel verebbt, treten ihm schon wieder Tränen in die Augen. Um sie zu verbergen, nimmt er die Brille ab und tut so, als sei ihm etwas ins Auge geflogen.

Der dicke Mann, der ihm das Streichholz gegeben hat – es ist der Schmied –, tritt nahe an ihn heran und sieht ihm aufmerksam ins Gesicht. Hinter ihm nähert sich ein zaundürrer Bursche mit einem Steinkrug in der Hand. Es ist der Mann, der immer die Straße ausbessert.

»Hier, Father«, sagt der Dürre. Er ist betrunken. »Trinken Sie 'nen Schluck. Monkey Rum. Das wahre Zeug.«

Der Pfarrer nimmt den Krug. Die zwei Männer klopfen ihm freundlich auf die Schultern und wenden sich wieder ab, um das Inferno zu betrachten.

Father MacMurrough trinkt. Der Schnaps fließt seine Kehle hinunter in den Magen. Dort breitet er sich aus, ein kleines Herdfeuer, das ihm den Unterleib angenehm wärmt. Die Stimmung um das Feuer steckt nun auch ihn an. Wie die anderen läßt der Priester sich von dem Spektakel verzaubern.

Die Flammen haben den gesamten Scheiterhaufen erfaßt. Wie der Pfarrer vor der Zeremonie der Kommunion, wenn er die Hostie hochhält, beleuchtet das Feuer all die heiligen Dinge, die es gleich verzehren wird: Splitter, Scheite, Hobelspäne, Sägemehl und den Sägebock, auf dem es erzeugt wurde, Fässer, Dauben von Ölfässern, die Wannen von Schubkarren mitsamt verfaulten Fangnetzen, stark riechende Zweige und Stecken, die von Stellagen heruntergefallen sind, zerlumpte Segel, zerbrochene Ruderblätter, einen Schaufelgriff, einen Ankerstein mitsamt Tau, Hummerfangtöpfe mit Schnüren und Bojen, Bleifische, kaputte Wurfnetze, alte Weltkarten, eine zerbrochene Bambusrute, eine tote Möwe, ein totes Lamm, einen mit Ziegelsteinen und sechs erträngen Kätzchen gefüllten nassen Jutesack, getrocknete Kuhfladen, Zigarettenstummel, Pferdegeschirr, mit Damenwäsche behängte Leinen, Zaunpfosten und Querbalken, ein intaktes Tor, Dachpappe, Schindeln, einen Zweilitereimer Indigofarbe, Kerosindosen, einen Mop, Kopfkissenfedern, Seehundknochen, Schlitten, Schlittschuhe, einen zerschlissenen Baseball, das Zifferblatt einer Wanduhr, ein zerschlagenes Kristallservice, Bleistifte, Hefte und Schuluniformen, ein Paar Fäustlinge, eine zerfetzte Hexenmaske, löcherige Gummistiefel und Gamaschen, zerrissenes Ölzeug, eine Brille, eine kleine blaue Schachtel, einen Küchentisch mit Wachstuch und passenden Stühlen, Bodenbelag, eine Sitzgarnitur, das Kopfteil eines Betts, eine Matratze, angeschimmelte Decken, Fenstervorhänge, einen Spiegelrahmen, zahllose Besen, zu einem Netz verflochtene Leinen, Kerzenstummel, Kerngehäuse von Äpfeln, einen halb gegessenen Brotlaib, zwei Kartenspiele mit Eselsohren, Briefmarken, alte Zeitungen, Kalender und Almanachs vom letzten Jahr, ein Spinnrad, den Zahn eines Kindes, blutgetränkte Lumpen, Windeln, drei Klobrillen aus Kiefernholz, einen Rosenkranz mit Holzperlen, eine in Leder gebundene Bibel ...

Die Feuerzungen kriechen weiter und schließen das Podest, auf dem der Pfarrer vorhin noch gestanden hat, von zwei Seiten ein. Als die Flammen sich vereinen, warten sie noch eine Weile und begnügen sich damit, es zu belagern. Dann beginnt der Sturmangriff.

Der Fuhrmann, der Schmied und ihre betrunkenen Kumpel verschwinden unter viel Augenzwinkern in der Dunkelheit, und plötzlich ist Father MacMurrough allein mit seinem Krug.

Die Flammen knacken, zischen, schnalzen und fauchen. Jedes Geräusch für sich ist gering, doch vereint wachsen sie sich zu einem Donnern aus. Das Feuer versendet gleichzeitig ein Inferno von Gerüchen – Harz, abgestandener Rum, Makrelen- und Seehundfett, Teer, Mist und Knochen. Vorhänge aus unbezähmbarem Rauch fliehen vor dem Gerümpel und sprühen, verfolgt von den hochschießenden Flammen des Hexenfeuers, in senkrechten weißen, violetten und dunkelroten Spiralen zu den Sternen hinauf. Die Gluthitze treibt die Menge zurück. Im flackernden Licht glüht jedes Gesicht in dämonischem Rot.

Ein der Länge nach brennender mannshoher Zaunpfosten rollt vom Scheiterhaufen herab und bleibt zwischen dem Feuer und den Leuten liegen. Zwei Hexen lösen sich aus der Menge und laufen darauf zu. Sie tragen Lumpen aus der Zeit ihrer Großmütter. Ihre Gesichter sind mit Spitzen verhüllt, die so schmutzig sind wie alte Fischernetze. Im Laufen heben sie die Röcke und springen über den Pfahl hinweg. Die Flammen beleuchten kurz ihre Schenkel. Der Priester spürt, wie sich etwas an seinem Körper rührt.

Bei der Landung fallen die Schleier herunter und enthüllen die Gesichter. Sie gehören den zwei Mädchen, die heute früh kurz in der Kirche waren. Die Männer und Jungen klatschen und pfeifen.

»Los, Alice, Liebling, zeig's ihr!«

»Höher, Moira! Nur zu!«

Andere junge Frauen mit maskiertem Gesicht schließen sich an. Mittlerweile galoppieren junge Burschen, brennende Stecken wie Fackeln schwingend und unentwegt kreischend, auf imaginären Pferden in alle Richtungen um das Feuer herum. Dabei müssen sie sich immer näher an die Flammen heranwagen, sonst würden sie auf die Klippe geraten, deren Steilabhang in der Dunkelheit lauert. Die verheirateten Frauen schlagen jubelnd auf ihre Töpfe, Pfannen und Eimer. Ihre Männer lassen Krüge voller Fichtenbier herumwandern. Ein Alter spielt auf seinem Melodium. Die betagten Frauen klatschen und stampfen mit den Füßen. Ein Sänger schnappt die Melodie auf, und alsbald grölen die Leute aus vollen Lunge:

> »Rosmarin und Terpentin,
> Mescalin und Glyzerin …!«

Father MacMurrough kennt den Text nicht, aber er tut so, als würde er singen.

> »Hängebacken, Ingwerbier und Tee,
> Schweinefüße, Katzenfleisch und Speck,
> gut verrührt im Bettuch kochen …«

Im Kloster starren sieben Gesichter durch sieben verdunkelte Fenster in die Nacht hinaus und versuchen, aus den Silhouetten, die sie vor dem Feuer tanzen sehen, aus den Geräuschen, die sie hören, schlau zu werden.

Die jungen Leute beginnen eine Kußkette, die rasch wächst, da ständig neue Münder geküßt werden. Sie schlängelt sich durch die Menge, zieht um das Feuer, wobei sie gelegentlich glühenden Teerfässern und Vogelscheuchen ausweichen muß, die die kleinen Jungen ins Feuer geschleudert haben.

Doch kaum hat sich die Kette von selbst gesprengt, weil sie einfach zu lang geworden ist, jammern die Jugendlichen auch schon über die Hitze und verziehen sich an dunklere, kühlere Stellen. Dabei teilen sie sich wie von selbst in Pärchen auf. Die verheirateten Frauen sehen ihnen grinsend nach und klopfen dazu auf ihre Pfannen und Eimer, während ein paar freche Bengel sie verfolgen. Die Erwachsenen und die Kinder, die am Feuer zurückbleiben, singen weiter:

»Da war'n Dan Milly, Joe Lilly
Tantan und Mrs. Tilley ...«

Im Westen der Gemeinde sieht eine Frau verschlafen vom Küchentisch auf und schaut durchs Fenster auf das in der Nacht lodernde Feuer. Für den Säugling, der in ihrem Schoß schlummert, summt sie leise:

»Da war'n Bill Mews, Dan Hughes,
Wilson, Taft und Teddy Roose ...«

Ein langes Gebilde von der Form eines Sargs segelt aus der Dunkelheit heran. Sechs Männer tragen es auf ihren Schultern. Die Menge tobt.

Die Männer wuchten den Gegenstand ins Feuer. Sogleich wirbelt schwarzer Rauch in die Höhe. Die Leute schütteln sich vor Lachen. Dann löst sich der Deckel aus der Verankerung und fällt polternd auf die Erde. Eine gespenstisch glänzende runde Form leuchtet im Feuer.

»Jim Fling, Tom King,
und Johnson, der Herr im Ring ...«

Der Pfarrer zögert einen Moment, dann stellt er den Krug und den
Stock auf den Boden und befördert den Deckel zurück ins Feuer. Jubelgeschrei schlägt ihm aus allen Mündern entgegen. Der
Dicke, der Dürre und all ihre Freunde klopfen dem Priester auf
die Schultern und schreien ihm, betrunken wie sie sind, ins Gesicht:
    »Keine Sorge, Father. Wir bauen Ihnen ein neues.«
    »Gleich als erstes morgen früh.«
    »Rechtzeitig für den Morgenkaktus.«
    »Eins mit zwei Löchern, wenn Sie wollen, Father.«
    Zwei kräftige Frauen packen ihn an den Armen und tanzen mit
ihm, bis ihm schwindlig wird.

Eine Meile davon entfernt, hinter den Häusern, wo es nach reifen
Blaubeeren duftet, der Lärm sanft über das Wasser treibt und sich
mit den dumpfen Lauten der gegen Dollborde schlagenden Ruder mischt, raunt eine heisere Stimme in ein Ohr: »Küß mich!«

Johnny the Light hat vergessen, daß er sich vor dem Meer fürchtet.
    Am Anfang ist er noch so ungeschickt, daß die Ruderblätter
auf das Wasser klatschen, obwohl kein Seegang ist. Hin und wieder rutschen ihm die Ruder sogar aus den verstümmelten Händen. Aber bald finden seine Arme von selbst den uralten Rhythmus, und der Kahn gleitet stetig in Richtung Osten.
    Als er am Brow vorbeifährt, dringen Stimmen an sein gutes Ohr.
Sie singen etwas. Sein Auge entdeckt auf dem Wasser tanzende
Funken. Und dann treibt das ganze Freudenfeuer in sein Blickfeld.
    Die große Flamme, die dort auf dem Felsen majestätisch in
den Himmel ragt, leuchtet in seinen Augen so hell wie die Altarlampe. Prompt hat er wieder den Geschmack des Meßweins auf
der Zunge. Er läßt die Ruder los, greift nach der Rumflasche, die

er mittschiffs aufbewahrt hat, und trinkt. Die Flamme, so stellt er es sich vor, wärmt seinen nackten Körper. Er starrt ins Feuer, bis es ihn hypnotisiert, bis es für ihn der Nabel des ganzen Universums wird, um den herum es unaufhörlich wirbelt. Er hört die singenden Stimmen, und in seinem Bewußtsein mischt sich beides, so daß die Stimmen direkt aus dem Feuer zu kommen scheinen.

»Jim Bryne, Din Ryan, Flipper Smith und Caroline;
ich sag' euch, Jungs, das war zum Schrei'n ...«

Der alte Mann wirft den Kopf zurück und heult voller Freude:

»Bei den Kelligrews im Feuerschein ...!«

Seine Nasenflügel blähen sich, als er den herrlichen Geruch von brennendem Teer bemerkt. Da richtet er das Boot nach dem auf das Wasser strahlenden Lichtstrahl aus und rudert geradewegs auf die Mündung der Bucht zu.

Mit zunehmender Entfernung vom Strand verhallen die Stimmen. An ihrer Stelle vernimmt Johnny den Trauerruf des Nachtzugs auf seiner langsamen Fahrt durchs Ödland. Und unterschwellig hört er in dem heftiger werdenden Atmen der sich auf das Schwemmland zuwälzenden Flut eine entsetzliche Wehklage.

Über seiner Schulter steht bedrohlich der Mond. Und jetzt vernimmt er auf einmal hoch oben im Himmel die Musik der Sphären – die kosmische Oktave. Die Zeit verliert für Johnny the Light jede Bedeutung. Soweit er das beurteilen kann, könnte der heutige Tag genausogut gestern gewesen sein, könnte dieses Jahr Millionen von Jahren zurückliegen.

Für ihn steht nur eines fest: Seine Seele ist bereits in die Ewigkeit eingegangen.

Vom Friedhof her steigt ihm der Duft saftiger Blaubeeren in die Nase. Und in diesem Moment spürt er unter dem Rumpf ein beruhigendes An- und Abschwellen, als würde unmittelbar unter der spiegelglatten Wasserfläche ein mächtiges Wesen, einem ewigen Instinkt folgend, an ihm vorbei zum Strand ziehen. Und noch etwas anderes steigt ihm in die Nase – eine schwere Duftnote, salziger noch als das Meer. Auf einmal lächelt der alte Mann. Aus den Tiefen seiner Erinnerung kehrt er zu ihm zurück: der Geruch seines Spermas.

Während noch etwas Weiches mit milchigem, salzigem Geschmack erst an seinen Zähnen, dann an seiner Zunge leckt, ein Pulsschlag hinter seinem Ohr pocht, der Duft von reifen Blaubeeren und der einsame Ruf einer Stimme zu ihm herüberwehen, löst sich das Eis aus dem Griff der schlanken Finger. Das flammende Eis stürzt zu Boden und zerbirst in tausend Diamanten.

Kevin Barron tastet sich von Bank zu Bank voran.

Er folgt einem Flüstern. Einem Zischen, Stöhnen, Ächzen. Es kommt vom östlichen Querschiff. Betet dort vielleicht jemand? Um diese Zeit?

Obwohl es dasselbe Geräusch ist, das ihn den ganzen Tag schon verfolgt, obwohl er Angst hat, schleicht er auf Zehenspitzen nach vorn zur Epistelseite.

Er späht um die Ecke ins Querschiff.

Durch das Buntglasfenster fällt der Schein des Freudenfeuers herein. Er sieht niemanden vor dem Schrein knien. Niemand sitzt auf den Bänken. Doch das Stöhnen hört nicht auf. Der Junge sucht die dunkelsten Ecken ab.

Dort drüben.

Unter der baufälligen Treppe, die zur Empore führt, stehen zwei Gestalten gegen die Wand gelehnt. Es könnten Statuen sein, eine für alle Zeiten in Gips festgehaltene Szene. Sie könnten etwas Heiliges darstellen.

Aber die Hände führen Bewegungen aus. Es sind ruckartige, zerrende, verzweifelte Gesten. Sie suchen, packen und klammern. Noch nie zuvor hat der Junge so etwas gesehen. Er versteht nicht, was es bedeuten soll. Ein Spiel ist es jedenfalls nicht – soviel ist ihm bereits klar. Aber was wollen sie nur?

Eine der Stimmen – sie ist weiblich – flüstert etwas.

Der Junge hat diesen einfachen Satz schon oft gehört, auf dem Schulhof, auf dem Kai, manchmal sogar auf den Kirchenstufen.

Was die Worte bedeuten, weiß er nicht, nur daß sie schlimm sind. Er selbst hat es nie gewagt, sie auszusprechen, nicht einmal insgeheim, und kann sich auch nicht vorstellen, warum sie gerade an diesem heiligen Ort und noch dazu in einem so dringlichen Ton gesagt werden. Die Worte scheinen ihr eigenes Fleisch, eine feste, sichtbare, vor ihm in der Luft hängende Gestalt zu haben, die so wirklich ist, daß er nur noch danach zu greifen bräuchte.

Das Freudenfeuer lodert höher. Wie der Blitz einer Fotokamera fällt ein Lichtstrahl kurzzeitig auf ein angewinkeltes festes Bein, auf einen Strumpf mit schwarzer Naht, auf niedergeschlagene Augen – und dann auf das weit entfernt wirkende Gesicht mit offenstehendem Mund, das Kevin gut kennt.

Johnny the Light rudert an der jetzt dunklen Stelle vorbei, auf der sein Leuchtturm steht.

Als er durch die Öffnung der Bucht aufs offene Meer gelangt, vernimmt sein Ohr den Ruf eines Schoners. Das Schiff umrundet auf seinem Weg nach Norden das Fogo Cape. Längs der Küste offenbaren sich ihm andere Feuer, die eins nach dem anderen hinter ihren Biegungen auftauchen. Obwohl sie aus der Ferne allenfalls stecknadelkopfgroß sind, schwellen sie vor seinen schwachen Augen an. Und weil die stille Wasserfläche die Lichter reflektiert, sieht er sogar doppelt so viele Feuer. So bildet er sich ein, das Land von der Küstenlinie bis weit ins Innere zu den Bergen stehe in Flammen.

Er zieht die Ruder an Bord, ergreift wieder die Flasche und trinkt sie leer. Zum erstenmal seit langem erinnert er sich, wie er in seiner Jugend in der Nacht des heiligen Johannes vom Banks aus die Weiße Flotte vorüberziehen sah. Auf jedem Schiff wurden brennende Fässer den Mast hochgezogen, und jetzt stellt er sich vor, die Flotte sei zurückgekehrt, sie sei jetzt hinter ihm, und nicht nur das Land, sondern auch der Atlantik, ja, die ganze Welt seien von einem einzigen Feuer umschlossen.

Er wirft die Flasche über Bord. Sofort versinkt sie mit einem Blubbern. Vor Kälte zitternd legt er sich wieder in die Ruder.

Der kleine Kevin Barron huscht in Chorhemd und Ministrantenrock zurück in die Sakristei. Seine dünnen Ärmchen zittern unter dem schweren Kerzenanzünder, den er vor sich herträgt.

Hinter ihm hallt im Hauptschiff noch der Knall wider, mit dem das Portal zugefallen ist. Der Kerzenschein auf dem Hauptaltar, den Seitenaltären und vor den Schreinen, das durch die Buntglasfenster hereinfallende Glühen des Mondes und des Feuers und nicht zuletzt das Leuchten der Altarlampe vereinigen sich, um jeden Winkel von Gottes heiliger Kirche zu erhellen, zu wärmen und zu segnen.

Ein Knacken, so gespenstisch wie das Geräusch von auseinanderbrechendem Eis, dringt aus der Tiefe nach oben. Johnny the Light hebt die Ruder und läßt den Kahn treiben. Er versucht mit dem guten Ohr zu lauschen.

Über das Plätschern der von den Ruderblättern herabfallenden Tropfen hinweg erhebt sich von irgendwoher hinter ihm ein einsamer Schrei – das Stöhnen einer verwitweten Nixe. Und so nah! Doch der alte Mann dreht sich erst gar nicht um. Wozu auch? Seine Augen sehen inzwischen ohnehin nichts mehr.

Unter dem Boot spürt er die Nähe eines großen, heimtückischen Wesens, von dem ein dunkles Glühen ausgeht, das sich streckt und versucht, ihn zu umschließen. Ein eiskalter Schatten fällt auf seinen Rücken. In seine Nase steigt der Geruch eines blauen galvanischen Brausens.

Erneut taucht er die Ruder ein und hält auf die Eiseskälte zu. Bald spürt er, wie der Bug dünnes Eis und Matsch durchbricht.

Bald, sehr bald wird er seinen heißen Tee bekommen.

Besonders verwegene Jungen reißen brennende Stecken aus dem Scheiterhaufen, tragen diese Fackeln zum Rand der Klippe und winken damit, als wollten sie verirrten Seeleuten den Weg weisen. Dann laufen sie den Abhang zum Admiral's Beach hinunter, waten ins Meer hinaus, bis das Wasser ihnen in die Schäfte ihrer Stiefel schwappt, schwenken die Fackeln in Kreisen unmittelbar über den Wellen und laufen zurück, um Treibholz zu sammeln und neue Feuer zu entfachen, die bald wie die Perlen eines Rosenkranzes das gesamte Schwemmland überziehen.

Father MacMurrough stakst auf unsicheren Beinen zum Abhang. Dort hebt er die rechte Hand, schlägt über der anschwellenden Bucht das Zeichen des Kreuzes und ruft: »*Unsere Heilige Jungfrau der ewigen Hilfe, Stern des Meeres, gib, daß Dein Sohn dieses Gewässer heiligt und uns Seinen Segen schenkt!*«

Unmittelbar darauf schreit vom Strand her ein Junge: »Die Lodden!«

Die Leute auf dem Brow nehmen den Schrei auf.

»Sie laichen!«

»In die Boote!«

»Sie sind da!«

Casey bläst in sein Jagdhorn. Schlagartig verlassen alle das Feuer und laufen zum Strand hinunter. Die Männer schießen in die Luft, laden ihre Gewehre hektisch nach und schießen wieder. Der Gunner läßt seine große Muskete donnern.

Kleine Fische bringen den Wasserspiegel zum Brodeln. Vom Strand bis zu der Grenze, ab der sich das Meer im Dunkeln verliert, wühlen Millionen von silbrigen Stinten das Wasser auf. Sie werfen sich auf den Strand und legen ihre Eier im Sand ab. Das Schwemmland wird von ihrem Samen ganz naß und klebrig und fängt an zu leuchten.

Die Zeit ist zu kurz, um in die Boote zu steigen.

Die Männer stürmen mit Wurfnetzen, die sie um den linken Arm gelegt haben und am anderen Ende mit den Zähnen halten, in die Flut. Sie bleiben stehen, mustern das Wasser, dann werfen sie die kreisförmigen Netze mit einer blitzschnellen Bewegung aus dem Handgelenk aus, ohne das Ende des Bands loszulassen. Die am Rand mit Kugeln beschwerten Netze rollen sich im Flug rasend schnell aus, legen sich sanft auf das Wasser und versinken. Mit einem kräftigen Ruck ziehen die Männer die Bänder zusammen, so daß die Kugeln gegeneinander stoßen, und holen die Netze heraus, die jetzt mit Stinten gefüllte große, tropfende Säcke sind. Die Beute werfen sie in Karren, die mit den Rädern im Wasser stehen, während die Pferde geduldig im Trockenen warten.

440

Dann jagen sie zurück ins tiefere Wasser, um noch mehr zu fangen. Die Frauen, Mädchen und Jungen wühlen unterdessen bis zu den Achseln im fast schon gallertartigen Wasser. Mit Keschern, durchlöcherten und so zu Sieben umfunktionierten Blecheimern oder schlichtweg mit Schaufeln holen sie die Fische aus dem Wasser und befördern sie in Wannen oder Schubkarren. Selbst die ganz Kleinen waten hinaus, so weit sie sich trauen, sammeln die Lodden mit bloßen Händen auf und stopfen sie sich in die Taschen.

Father MacMurrough staunt über die Szene, die sich da unten abspielt. All das muß es schon lange geben, schießt es ihm durch den Kopf; vielleicht ist es seit Ewigkeit schon millionenfach geschehen.

Man hat ihn mit dem Feuer allein gelassen. In den Flammen entdecken seine Augen alle Arten von Menschen: die Mönche von Skellig, plündernde Wikinger mit ihren fürchterlichen Streitäxten, einen Trupp von Kukukuku aus Neuguinea, eine in Tränen aufgelöste Nonne, einen rotbärtigen Mann, der lachend einen Knüppel aus Schwarzdornholz schwingt, eine Pirouetten drehende junge Frau in einem sich bauschenden weißen Kleid, einen nackten und verstümmelten verrückten Alten …

Der Priester wendet sich vom Feuer ab. Seine Augen bleiben noch eine Zeitlang vom Licht geblendet, bis sie sich an die Dunkelheit gewöhnt haben. Dennoch richtet er sich schwankend auf und tastet sich bis zur Kante vor.

Einen nach dem anderen zieht er die Steine aus der Tasche und wirft sie ins Wasser. In dem Moment, in dem seine Finger sie loslassen, nennt er sie – vom ersten bis zum letzten, den er Paradies getauft hat – noch einmal bei ihren Namen. Er lauscht dem gutturalen Blubbern nach, der »Luftblase eines Toten«, das jeder Stein von sich gibt. Der Priester ist sich sicher, daß er trotz der Dunkelheit sehen kann, wie die Kreise sich im Wasser ausbreiten und auflösen.

Freudig erklingt von der Kirche das Läuten der Glocken.

Als hätte Gott in die Hände geklatscht, verschwinden die Lodden mit einem Mal.

Das Meer ist leer.

Die Leute stapfen zum Land zurück. Bevor sie das Wasser verlassen, taucht der eine oder andere den Zeigefinger ins Meer wie in Weihwasser und bekreuzigt sich. Die Kleinen grasen den Strand nach zuckenden Schatten ab. Nach und nach wandert die gesamte Gemeinde, von der Wärme angezogen, zum Brow zurück und versammelt sich wieder um das langsam erlöschende Feuer.

Die Leute kauern sich möglichst nahe an die Flammen, spießen die kleinen Fische an Drähten auf, grillen sie, bis sie von allen Seiten knusprig sind, und essen sie, wie sie sind, mit einem Bissen.

Noch einmal tauchen sechs Männer aus der Dunkelheit auf. Und erneut tragen sie ein sargähnliches Gebilde auf den Schultern. Diesmal handelt es sich um ein vermodertes ockerfarbenes altes Dory. Ehrfürchtiges Schweigen breitet sich aus. Feierlich drehen die Männer das Boot um und werfen es ins Feuer. Einige Leute bekreuzigen sich; andere tun es ihnen gleich. Ein betrunkener kleiner Mann mit dem spitzen Gesicht einer Ratte kichert: »Verbrennt eure Boote, Jungs!« Sofort fordern ihn andere Stimmen empört auf, zu schweigen. Die Flammen versengen als erstes die Farbe des Boots und schwärzen es. Schnell fängt das trockene Holz dann Feuer und verbrennt.

Jetzt bemerkt Father MacMurrough die jungen Paare. Mit geröteten Gesichtern torkeln sie benommen aus den Schatten, kehren sichtlich verlegen widerstrebend zum Licht zurück. Als der Priester die Hand hebt und den Jugendlichen seinen Segen erteilt, erkennt er, daß er betrunken ist.

Eine aus der Richtung der Kirche kommende einzelne Gestalt mischt sich unter die Pärchen. Es ist Kevin Barron. Der Junge wirkt verloren und verängstigt. Mit vor Entsetzen weit aufgerissenen Augen starrt er die Verliebten an. Vielleicht jagen sie ihm wirklich Angst ein, sagt sich der Pfarrer. Vielleicht ahnt der Junge ja die Existenz dieses Ungeheuers, das auf uns alle lauert, das selbst diesen Jungen verschlingen wird, wenn die lange Nacht über ihn hereinbricht – und sie wird bald kommen –, wenn er erfährt, was es heißt, allein zu sein.

Ein Geräusch läßt den Geistlichen herumfahren. Er bekommt gerade noch mit, wie das Skelett des Dory zu Asche zerfällt und der Rauch sich verflüchtigt.

Die Stufen ächzen.

Großvaters Achttageuhr sagt *ticktack*.

Der gekreuzigte Christus segnet mit seinem Blick den Herd, das Reisig, die Holzscheite und die Kohle hinter dem Aschenkasten, den Schürhaken auf der Herdplatte, das Bügeleisen, die an den Ofen herangezogene Wiege, die Gummistiefel, den neuen Besen, den verzinkten Senkkasten, die Kerosinlampe und die nackte Glühbirne, das braune Radio, den Doyle's-Kalender mit dem Juni 1947 zuoberst, das im gelben Becher versenkte gelbe Gebiß, das Segeltuchsofa, den Dodd's-Almanach, die zwei zusammengemischten Kartenspiele, den Stapel mit umgedrehten Fotos, den Rosenkranz und die Meßbücher, die Mundharmonika, die erkalteten Reste von Fisch und Eintopf im Teller, die Butterschale und die Melasseschüssel, den Milchkrug, die Keksdose, das Marmeladenglas, die an der Wand leuchtenden Sonnenblumen.

Über der Decke knarzt rastlos das Bett, doch bald verstummt das Haus ganz.

»Aus dem Weg!« Jungen nähern sich mit Geschrei und schieben im Laufschritt einen Karren voller brennender Lumpen durch die Menge. Beim jetzt schon recht flachen Scheiterhaufen angekommen, geben sie dem Karren einen letzten Stoß; er überschlägt sich und löst einen Funkenregen aus. Die Lumpen bringen das Feuer schnell zum Auflodern.

Über das Prasseln hören die Leute ein langgedehntes Donnern. Ihm folgen eine Flutwelle und ein Knall, der sich anhört, als wäre ein Damm gebrochen. Die Leute schirmen die Augen ab und versuchen in die Nacht hinauszuschauen.

»Der Berg! Er ist eingestürzt!«

Tatsächlich. Dort, wo vorhin noch das Eis in der Dunkelheit schimmerte, klafft jetzt ein schwarzes Loch.

Da fällt Father MacMurrough etwas ein. Er geht um die Biegung des Hügels herum und birgt ein Bündel, das er zuvor dort versteckt hat. Feierlich wirft er nun die Stiefel, den zerschlissenen alten Mantel und den ganzen Rest ins Feuer. Eine Zeitlang wollen sie überhaupt nicht brennen; das Feuer weigert sich wohl, sie anzunehmen.

Als in der Nähe des Friedhofs ein Gewehrschuß losdröhnt, drehen sich die Leute alle in diese Richtung und warten. Bald darauf erhellt eine Stichflamme den Himmel und vergeht so schnell wie eine Sternschnuppe. Wenige Sekunden später donnert wieder das Gewehr. Die Schüsse fallen im langsamen Rhythmus einer Totenglocke.

Eine kleine Welle kriecht das Schwemmland herauf, zieht sich zurück und schüttelt dabei leicht die Kieselsteine. Doch die Leute auf dem Brow sind zu müde und schläfrig, um darauf zu achten.

Kinder nehmen ihre Väter bei der Hand und zerren sie nach Hause. Die jungen Paare mit Kinderwagen, die hochschwangeren Frauen, die alten Männer, die getragen werden müssen, sie alle zieht es jetzt heim. Den Weg beleuchten ihnen Laternen.

Die zerlumpte Horde, die zurückbleibt, drängt sich um das Feuer. Weil nichts Brennbares mehr da ist, sacken die Flammen allmählich in sich zusammen.

Eine Stimme singt:

»Krönt der Sonne Strahl deine Fluren,
und hält der Sommer über dich die Hand …«

Nach und nach fallen andere Stimmen in das Lied mit ein.

Als die Strophe zu Ende ist, kauern sich die Leute in diesen Kokon aus Licht und Wärme. Ihren Rücken jagt jedoch ein Kälteschauer hinunter. Etwas Kaltes lauert hinter ihnen in der Dunkelheit. Etwas Schreckliches und Gefährliches. Sie wissen das und rücken noch näher an das ersterbende Feuer. Sie sehen zu, wie der

Rauch in den Himmel steigt, den Sternen am Rand des Universums zustrebt. Und in der kurzen Zeit, die ihnen in dieser Nacht noch bleibt, wollen sie sich miteinander verschwören und so tun, als ob.

Gemeinsam wollen sie so tun, als ob dieses Ungeheuer nur eine Fabelgestalt, nur pure Einbildung wäre und in Wirklichkeit überhaupt nicht existierte.

Epilog

DAS GRAU VERLEIHT der Morgendämmerung weiche, verschwommene Konturen.

Die alte Frau stochert in der Asche herum. Ihr Stock entfacht noch einmal dünne Rauchfäden. Wie Geister wirbeln sie um ihren Schal, bevor der Wind sie über den Ozean trägt.

Bald verliert sie das Interesse an den Überresten des Feuers und starrt auf das Meer. Sie erwartet etwas Bestimmtes.

Doch der Horizont ist leer.

Jäh verläßt die Frau die Feuerstätte und steigt zum Strand hinunter.

Es herrscht Ebbe. Das Schwemmland ist mit weißen Eissplittern übersät. Selbst im matten Licht strahlen sie ein gespenstisches Funkeln ab. Noch mehr davon treiben im Wasser. So merkwürdig es ist, aber sie stemmen sich gegen den Wind.

Die alte Frau humpelt über den feuchten Sand. Drei Krähen hacken auf steif gewordene Loddenkadaver ein. Als sie vorbeigeht, fliegen die Vögel nicht davon, sondern weichen ihr nur kurz aus.

Sie steht im nassen Schwemmland und schaut über das Meer. Bald – und das, obwohl der Wind in die entgegengesetzte Richtung weht – wird etwas, worauf sie wartet, an den Strand getrieben werden. Dann wird es endlich ihr gehören.